▲ 本书著者在德国特里尔城的马克思故居留影

▲ 本书著者漫步在德国柏林墙墙基上

▲ 富有浓郁地中海风情的埃及亚历山大城堡

▲ 马德里的西班牙广场

◀ 本书著者与法国巴黎卢浮宫三大镇馆之宝之一的达·芬奇《蒙娜丽莎》原作合影

▲ 本书著者在马来西亚马六甲

▲ 印度红城

▲ 俄罗斯莫斯科郊外的乡村教堂

▲ 本书著者摄于美丽的俄罗斯莫斯科河

▲ 土耳其伊斯坦布尔勾连欧亚的博斯普鲁斯海峡

▲ 匈牙利马加什大教堂

▲ 举世闻名的德国科隆大教堂

▲ 金碧辉煌的俄罗斯圣彼得堡伊萨基辅大教堂

本书著者在波兰克拉科夫古城堡

捷克的克鲁姆洛夫小镇

宏伟壮观的哥特式建筑匈牙利国会大厦

▲ 奥地利维也纳城市公园里的小金人——圆舞曲之王小约翰·施特劳斯

▲ 埃及开罗国家博物馆

▲ 气势恢宏的法国凡尔赛宫

▲ 本书著者在英国莎士比亚故居

▲ 本书著者在英国剑桥大学

◀ 印在非洲沙漠上的人迹踪影

南非开普敦好望角 ▶

◀ 壮丽的俄罗斯莫斯科红场

▲ 本书著者在狮城新加坡

▲ 本书著者在美国纽约联合国总部留影

▲ 本书著者在阿联酋

▲ 本书著者夫妇在捷克克鲁姆洛夫

▲ 埃及亚历山大城可爱的孩子们

◀ 富有南亚民俗风情的斯里兰卡高跷钓鱼

◀ 南非开普敦酣畅淋漓的街头热舞

目　光

——美学家带你看世界

程孟辉　著

世界图书出版公司
上海・西安・北京・广州

图书在版编目(CIP)数据

目光：美学家带你看世界 / 程孟辉著. —上海：上海世界图书出版公司，2021.1

ISBN 978-7-5192-7835-9

Ⅰ. ①目… Ⅱ. ①程… Ⅲ. ①游记—作品集—中国—当代 Ⅳ. ①I267.4

中国版本图书馆 CIP 数据核字(2020)第 167883 号

书　　名　目光——美学家带你看世界
　　　　　Muguang——Meixuejia Dai Ni Kan Shijie
著　　者　程孟辉
策　　划　东方云子
责任编辑　吴柯茜
封面设计　钟　颖
出版发行　上海世界图书出版公司
地　　址　上海市广中路 88 号 9 - 10 楼
邮　　编　200083
网　　址　http://www.wpcsh.com
经　　销　新华书店
印　　刷　上海景条印刷有限公司
开　　本　787mm×1092mm　1/16
印　　张　18
插　　页　6
字　　数　400 千字
版　　次　2021 年 1 月第 1 版　2021 年 1 月第 1 次印刷
书　　号　ISBN 978-7-5192-7835-9/I·81
定　　价　98.00 元

序　我们如何读世界

东方云子

一

60年前，他眼里的世界是孩童心中以安徒生、格林童话为代表的欧洲经典文学作品编织的童话王国；50年前，他眼里的世界是视野开阔的海军航空兵视角的海天一色；48年前，他眼里的世界是身在花城美丽学府心驰万里外的西方哲学精神殿堂；33年前，他眼里的世界不再只是华夏的土地、山川、天空、海洋和西洋人文素养，他步出国门，脚踏狮城，首次与异邦零距离。

1987年，36岁的他出访新加坡。那时的中国文化机构与国外的文化交流才露小荷尖尖角。他自豪地说："我来自北京的商务印书馆。"其时，中国经济、文化等各方面相对比较落后，国人都以能到访"亚洲四小龙"之一的新加坡为荣。30年后，风水转了。2017年9月14日，新加坡总理李显龙应中国国务院总理李克强的邀请对中国进行正式访问。李显龙访问中国前于9月16日接受新华网记者独家专访时，用流利的汉语说了很多话，其中让我印象深刻的有几段："我在中国至少坐过两次高铁……非常方便，很平稳，很舒服。""我朋友告诉我，中国现在都已经不用现金了，都是用支付宝或者是微信支付，所以出门人家说'不怕口袋没钱，只怕手机没电'，这对居民来说是一个很方便的支付系统。我们还没有达到这个境界，我们还在努力做。但是看到中国能做到这个境界，我想激励新加坡人，中国能够这么做，我们应该学习他们，借鉴他们的经验，应该也可以做得到。""我走访中国已经30多年了。30多年来，我见证了中国巨大的改变，所有的城市，所有的省份，都比以前繁荣发达了许多，翻了很多倍。""最让我们印象深刻的是，中国人的思想改变了，生活方式不同了，还有中国人对未来的期望、解决问题的决心、寻求新突破的勇气，这个很难得。"

李显龙先生的话道出了很多外国政要及民众的心声，那就是中国30年间发生了翻天覆地的变化，变得日益通达强盛，令世界刮目相看。我也采访过很多外国人士，他们的赞叹，让我听到一个强音：中国在努力与各国一道推动着这个世界走向新时代。正像韩国前驻华大使金夏中用中文写作的《腾飞的龙》一书的书名一样，中国龙在腾飞。这本书记录了一个异国外交官对中国的所见所感，中国的腾飞可谓是世界变化的晴雨表和观象台。

而上述行文一直描述的"他"，30多年间，游历亚、非、欧、美等洲的40多个国家。他

“看世界”的结晶正是读者眼前的这本书——《目光——美学家带你看世界》。本书及其承载的他的足迹和思想印记正是腾飞的中国向世界开放、走向世界舞台的最好见证。

他，就是本书的著者程孟辉。他是著名哲学家、美学家、出版家，具有 120 多年历史的中国出版界“老字号”商务印书馆的资深编审，曾主持中国第一家中外合资出版机构商务印书馆国际有限公司工作。

二

当河南省郑州市一位女教师以别致的辞职信“世界那么大，我想去看看”走红网络的时候，我注意到一个现象或叫怪圈却在误导着亿万有条件出游的国人，那就是将“看中国、看世界”看成走出家门去旅游。怎么游呢？随团到各个景点走马观花，照照相，留留影，发发微信朋友圈，买点纪念品，购物，吃点当地小吃，集合上车，算是到此一游，不虚此行了。了解更多的人文和历史内涵？没兴趣，时间也不允许。这样的旅游和“看世界”方式占大多数。因此，我说现在大众旅游的质量并不高，付出了时间和衣食住行的经济成本、代价，推动了全域旅游经济的发展，催富了旅游目的地，但出游个体的文化收获（指的是有含金量的获得感）实在太少，“看世界”的结果与付出极不对称。而这也是短期内无法扭转和改变的普遍现象。

一位供职于某文化事业单位的女性朋友，家底殷实，自费去了几十个国家和地区，签证颇难的英国去了三次。美国、日本、加拿大、法国、意大利、西班牙、巴西、印度、俄罗斯、埃及都去了多次，到东南亚国家就更频繁了。但问她大英博物馆、奥赛博物馆、林肯纪念馆如何，都说没去，没兴趣。古寺名刹、庭园遍布的日本京都，简直就是古建筑博物馆，她也不去，只是冲着冯小刚导演的电影《非诚勿扰》去看了北海道风光。她说出国就是“三宝”：去自然风景区看看、尝尝当地美食、购物。她几乎不接触当地人，总是花钱请华人做导游、翻译。你说她读到的世界丰富吗？她真的了解世界吗？我没去过的国家，知道的人和事儿比她还多。她真是一问三不知。这也不怪她，理念决定行动和最终结果。旅游收获的大小与人文素养有关。

现在看祖国的山川、民俗、风物都比较容易，说走就走。但出境游（除了免签的国家）还需要办一定的手续和做必要的准备，不同的季节费用也有大差异。有的国家处于战争和恐怖威胁状态，想去也不行；有的签证门槛高，条件苛刻，被拒签也不奇怪。基于此，借助本书著者程孟辉的慧眼和文字，投入五大洲 32 个国家的怀抱，体验纸上“看世界”的感觉，是一切渴望了解外国历史和自然人文风貌的读者不错的选择。

当然，怎么看世界，或者说如何读世界，每个人的理念和做法是不一样的，也不可能千篇一律。但最接地气的办法是找机会走出去，与一方水土养一方人的“人”接触一下，沟通一下，哪怕不与当地居民直接交流，也可以见缝插针地与见多识广的当地导游有意识地聊一些问题，增加对那个地方的了解，结合书本介绍的基础信息，更深地读懂所到国家和地区。另外，多去几个地方，在不同时期去同一个地方，容易有比较，看世界的评价也相对客观一些，否则容易道听途说而“误入歧途”。比如很多人说中欧和东欧经济落后，大家都愿意去西欧、北美、澳大利亚、新西兰。谁知今天的中欧和东欧也不是“吃素”的，经济水平稳步上升，文化活力呈现一片光亮。在2016年北京国际图书博览会上，中欧和东欧16国为主宾国，其展示的多元、别样和丰富的文化艺术活动、讲座交流及新书故事会等，使来自世界各国和地区的出版商及参观者为之倾倒。这是“16+1”框架下文化交流的成果之一。本书著者程孟辉在亲访波兰、捷克、匈牙利、奥地利等国后撰写的几篇文章中多次表达自己过去对中欧和东欧国家的误读和偏见在亲身游历后一一破除。世间万事同理——偏听和偏见源于一叶障目、坐井观天。

三

世界很大，人很渺小。以小见大，人人可为。上天登月、潜深海探险不再是人类的空想和神话。抛开远方的星外世界，单说我们脚下和眼前的这个世界——人类与万物共同生活的家园地球，它现在的样貌，是自然与人类双重力量交织叠加的结果。10万年前，天意的安排，使人类从食物链中脱颖而出，成为这个星球最高级的动物；7万年前语言的诞生和5 000年前文字的创造，又把人类送上地球生命绝对主宰者的宝座。人类依靠智慧，发明了飞机、火车、轮船、汽车、摩托车、自行车等交通工具，修建了无数的高楼大厦、桥梁和铁路、公路、机场、海港码头，将苍茫无垠的地球变成了实实在在的地球村。

有一本书叫《我们该怎样认识这个世界?》，被认为是对人生终极问题的最好回答。著者季羡林先生说的“世界”侧重于人文的世界。由商务印书馆出版、被评为2016年度“中国好书”的《世界是通的》，说的依然是以人文主导的世界。

《世界听我说》是中国中央电视台中文国际频道一档“全球华人辩论大会”的节目名称。2017年11月27日首播之夜，我写下这样一句话：“世界听我说，五个霸气的字，我喜欢，更希望世界听见全球华人的声音。”

2017年10月10日，新华社发布了一条震惊世界的消息：当日中国科学院国家天文台宣布，被誉为“中国天眼”的500米口径球面射电望远镜（FAST）经过一年紧张调试，已实现指向、跟踪、漂移扫描等多种观测模式的顺利运行，并确认了多颗新发现脉冲星。这是我国天文望远镜首次发现脉冲星。脉冲星由恒星演化和超新星爆发产生，因发射周期性脉冲信号而得名。

我们的心和视野已到达遥遥的脉冲星，浩瀚的宇宙正一步步走近人类。而我们仍然一如既往生活在蔚蓝色的星球——地球。它依然是我们70多亿地球人赖以生存的家园。

四

中国是个标语文化的大国和强国，而北京天安门城楼的巨幅标语“世界人民大团结万岁”，在我看来是最接地气、最具世界和平情怀和理想的温暖心灵的标语。它用一气呵成的大白话诠释了世界和平、同住地球村的村民们相安无事的无比金贵，而这一切的前提是世界人民的大团结，没有世界人民的团结，一切和平的愿景都是美丽的泡影。它道出了几代中国领导人和亿万中国人民的心愿和梦想，也用汉字在世界最大广场的核心和平台传递了爱好和平、渴望安居乐业的世界各国人民的共同心声。

天上飞，地上跑，水里游，地下钻，人们和各种人类创造的智能工具，与自然界的动物一道满世界奔跑。有几个人跳出来思考一个问题：我们生生不息忙碌着，追逐着，到底为了什么？我一直在想，我们拼命去看世界、读世界、占有世界，是精神思想上为扩充视野、充实和武装自己的脑袋，还是为小家庭、家族和小利益集团的兴旺发达而出发？抑或盲目地随大流旋转在世界的舞台中央和边缘，游荡在地球村的角角落落？

如何读懂我们身处的大千世界，是一个既大又小的命题，也是难题。当我们从城际到省际、从国际到洲际再到星际，由小世界穿越到大世界，我们是变得渺小还是高大，是视界的迷茫还是视野的澎湃？这些都是"看世界"的"困惑剂"和"提神剂"。

本书以 40 万字的篇幅呈现作者程孟辉到访过的 40 多个国家中的 32 篇纪行文章和见闻思考，借用北京三元西桥南侧的中国国际展览中心大门额上的 8 个大字概括本书恰如其分——展现世界，展示精彩。俗话说"他山之石可以攻玉"，在程孟辉驻足过的国家中，不论大国强国还是弱国穷国，它们都有各自的魅力和精彩，值得我们思考、反思和借鉴。更何况作者详细描述的内容或点睛之笔都是他邦之玉，大可弥补我山之石的缺憾。这就回答了前面的问题——"看世界"的初始目的是丰富完善美化自我，更大的目标是提升我国及公众所在城市、乡村的文明水准和综合能力，激发经济文化等多方面的活力。

五

中国大陆以"世界"两字打头的大出版社有两家：一是外交部主管的世界知识出版社，二是隶属中国出版集团公司的世界图书出版公司。前者，其社长、总编辑多由驻外大使回国后担任，我与他们办过公益活动，合作非常愉快。后者，简称"世图"，尚归国家科技部主管时，有关负责人即带几位部门主任数次约我面谈，以优厚待遇诚邀我离开供职的国家新闻出版署机关报，出任世图副总经理兼总编辑（几乎同一时间，商务印书馆总经理、人民文学出版社社长亦相继抛出橄榄枝，希望我到商务印书馆或人文社任职），我婉拒了，但世图人的善意、真诚和朴实不张扬的作风给我留下美好深刻的印象。我梦想有一天把自己策划或主编的选题交给世图出版。现在，如愿以偿了。之所以把《目光——美学家带你看世界》和《目光——一个美学家的人文思考》同时交给世界图书出版上海有限公司出版，有几个因素：一是该公司是隶属中国出版集团公司的出版"国家队"（与本书作者程孟辉供职的商务印书馆同属一个大家庭），办公地址在程孟辉的家乡上海，圆了我把作者的书放在其故乡出版的梦；二是世界图书出版上海有限公司总经理陆琦女士，与我相识多年，其务实、低调、真诚和直率的个性和风格，与她带领的团队的工作作风和当初我对世图人的印象如出一辙；三是该公司非常重视出版学者的著作，本书作者程孟辉又是国内有影响力的哲学家、美学家和资深出版家，其新作交给该公司推出，是我和作者共同的心愿。

目 录

亚　洲

跨过鸭绿江

——朝鲜之行断想

多年前，机缘巧合，我去了一趟朝鲜，至今印象深刻。

朝鲜是我国的友好邻邦。中朝两国人民间的友谊源远流长。由于地理位置的紧密相连，由于血缘种族的相似相近、生活习性和文化源流的相似相近以及传统习惯和民风民俗的相似相近，中朝之间似乎有着一种难以割舍的地缘和历史关联，故两国人民只要有机会走到一起，就自然会有一种本能自发的亲近感和亲切感。民间往来也犹如走亲戚，彼此没有陌生感，更谈不上拘束和拘谨。

记得那次赴朝，尽管一路顺风，但我的内心仍不免夹杂着几分探秘的感觉。当然，对于从来没有到过朝鲜的中国人来说，还真有几分新鲜和好奇。我们是从丹东出发的，当我们乘坐的老式蒸汽机火车过了新义州，进入朝鲜境内，一种既陌生又熟悉的景象映入了我们的眼帘：沿铁路两旁的田野上，生长着挺拔又茂盛的绿树，不远处有穿着朝鲜民族服

本书著者在平壤金日成广场

装、头上顶着东西的美丽姑娘正朝着我们的方向姗姗走来，原野上金灿灿的稻穗已经开始弯腰低头，向我们示意微笑。看到生长在朝鲜土地上的稻穗，此时此刻，我不禁联想到我国东北大米的柔软爽滑，我相信朝鲜的稻米一定也好吃。我是上海人，从小爱吃米饭，尤其爱吃用东北大米做出来的米饭。记得早年在海军东海舰队服役时，部队为了照顾北方兵，每周六晚上“规定”吃包子或饺子，对此，北方兵乐不可支，但对我这个从小一天三顿离不开米饭、一吃面食就头疼的南方兵来说委实不是一件令人开心的事。无奈之下，我只得去求助主管伙房的司务长，希望他吩咐炊事班长给我留点儿米饭。司务长挺照顾我，如我所愿地对伙房作了嘱咐，但炊事班长说没有菜，我说只要有米饭，吃点咸菜萝卜干之类就可以了，如果咸菜萝卜干之类也没有，酱油汤和味精拌饭也是可以的。由此足见我对大米饭的情有独钟。故当我进入朝鲜境内，看到那里金灿灿的稻浪在微风吹拂下起伏翻滚时，触景生情，在进入这个神秘国度的第一时间就本能地对它产生了好感。的确，在随后的若干天行程里，我们几乎天天能吃到一点儿也不逊色于东北米的高丽大米，这真算是老天眷顾，三生有幸了。

列车继续以每小时六七十公里的速度匀速前行，不久，我们便看到了那些坐落于铁路两旁的村落和工厂。朝鲜的村落很美，美就美在它很原始、很古朴，用泥坯垒砌的土墙顶起厚重的茅草铺就的屋顶，这就是朝鲜村民温馨的家。绿荫婆娑的村落在明媚阳光的照耀和蓝天白云的衬托下，显得格外有田园风情，富有诗意。铁道两旁的那些工厂看上去像是化工厂或水泥厂之类，不太高大的烟囱却正在冒着与其形体不太相称的滚滚浓烟。我们的列车经过此地的时间，大约是在中午 11 点半，只看到一些穿着藏青色卡其布劳动服的男女工人们三三两两地从一个看似车间模样的大房子里走出，男工人有的戴着鸭舌帽，有的戴着防风眼罩，有的披着劳动上衣；女工们除了穿劳动服的，也有一个看上去较年轻的姑娘，梳着两条长辫子，穿着一身像是的确良一类的连衣裙（我估计那是个小领导或不用下车间干活的行政管理人员）。他们走在田埂小路上，有的交头接耳聊着天，有的哼着小曲，也有的自得其乐地用筷子敲着手中的搪瓷碗，边敲边走，似乎十分快乐。工厂规模看上去不算很大，估计是个一两百人的小厂。厂房并不高大，更谈不上现代化，颜色灰灰的，肯定是国营或集体所有制性质。此情此景，不禁让我想起二十世纪六七十年代我们国内的生活景象，眼前一晃而过、稍纵即逝的一幕，是何等的熟悉啊！朝鲜的今天，不就是我们的昨天嘛，他们的这一切，离我们心灵的记忆并不遥远。

朝鲜很穷，真的很穷，穷得让人心酸落泪；但朝鲜又很美，美得让人如痴如醉、不愿离去。在平壤，我们确实也看到了高楼大厦，外观也很气派，但据说，高楼里面是空的，许多楼内几乎没有人住。平壤的城市街道很整洁，可谓一尘不染！给我的总体感觉是，马路虽然很干净整洁，但在马路上行驶的车辆却很稀少，在我们这些习惯了城市道路拥挤的人看来，朝鲜的道路资源有点浪费。当然，在马路上偶尔也能看到一些骑自行车者，估计骑车者的身份背景也非一般。我们也接触了一些当地的居民，朝鲜人民对中国人总是会表露出高度的热情与亲切，这是我在整个入朝期间的一个明显感觉。毕竟是一衣带水啊！朝鲜人民很善良，他们待人非常诚恳。我是从小在中朝两国友好的氛围中成长的“50 后”，从小看《上甘岭》的电影，从小听邱少云、黄继光、罗盛教的故事，从小唱着《中国人民志愿军战歌》等歌曲，故从小就对朝鲜和朝鲜人民怀着无限的深情。正是基于这样的情怀，当我一踏上这块神奇美丽的土地，就对这里的一山一水、一草一木、一城一村乃至风土人情倍加留意和关注。在平壤，我们看到有许多市民蹲在城市街区的某座英雄纪念碑的草坪上仔细地拔出杂草，后来才知道，这是首都市民利用星期日参加社会义务劳动，难怪平壤街区总是显得那么整洁，那么一尘不染。尽管他们的物质生活比较匮乏，但从人们的脸上，我们一样读出了快乐和幸福。在游人如织的平壤公园里，我们看到一对新婚夫妇向我们走来。男士是一位朝鲜人民军军官，很年轻，看上去二十六七岁，个头 1.75 米左右，挺拔的身材，一头微微卷曲的乌发(他身穿军装，但未戴军帽)，眼睛炯炯有神，英气逼人；女士一袭红衣，年纪二十二三岁，皮肤白皙，身材高挑，神态举止落落大方，一头浓密的齐耳秀发令其显得秀美婉约。看得出，这对新婚燕尔的年轻夫妇不是一般的朝鲜平民，萍水相逢间，我们也不宜多问。交谈过程中，当他们得知我们是来自北京的中国客人时，小两口显得特别友好和客气，我们也了解到年轻军官毕业于朝鲜顶尖军事院校并受过特种军事训练，他的妻子则刚毕业于平壤大学，品学兼优。匆匆间，我们祝愿这对郎才女貌的新婚伉俪白头偕老，婚姻幸福！我们的祝福让他们异常兴奋和激动，他们觉得“今天是个非凡的吉祥日子”，因为他们意外地在首都平壤公园这个令全朝鲜人民向往的吉祥之地获得了来自中国朋友的美好祝愿。的确，有时候人们的幸福感受往往来自意外！

朝鲜尽管国家建设发展速度不快，经济发展也相对滞后，但这些都不影响这个国家人民的生活信念和气质。在平壤，我们不但遇见了上述那对气质不凡的新婚夫妇，还看到了平壤街头的另外一道风景，那就是女交通警察。真的，朝鲜这个国家也是一个盛产俊男靓女的国度。平壤值勤的女交警很美，甚至也可以说是很酷、很帅：一身洁白的警服(下身是白色短裙)，身高大都在 1.65～1.7 米，庄严挺拔的英姿，更令其风姿绰约之外，显出一种冷峻和婉约兼具的美。自朝鲜回国已多年，许多记忆随着时间的流逝而逐渐淡忘，但唯独“平壤女交警”这道明丽的风景，至今镶嵌在我的记忆中，挥之不去。联想到最近在网络上盛传的由观察者网联手朝鲜音乐网推出的朝鲜牡丹峰乐团为中国人民志愿军抗美援朝纪念日演绎的中国红歌，真是令人耳目一新。此乐团号称朝鲜“第一国民天团”，可谓人才云集，同时也是美女云集。的确，朝鲜还是很有它自己的长项、特色和过人之处。除了像牡丹峰乐团这样令人叫绝的音乐团体，朝鲜在其他不少方面也同样卓尔不群。例如，我们在朝期间，观看了朝鲜平壤杂技团精妙绝伦的演出。那场表演真可谓精彩纷呈，高潮迭起。其中空中翻滚的高难度动作，绝非常人所能想象(患有心脏病和高血压者是绝对不能观看的，以免受到刺激而病发)。杂技表演以前我也曾看过无数，而且由于自己特别喜欢观看杂技，故前些年我还专程去我国著名杂技之乡河北沧州吴桥观摩。如果谁要来问我，朝鲜平壤杂技团和中国河北沧州吴桥杂技团哪个演得更精彩，实事求是地回答，答案当然是前者。如果再拿中国杂技团与朝鲜平壤杂技团作比较，谁胜谁负？我看答案也很有悬念。

中国同胞到任何一个国家，都免不了要去逛一逛当地的超市和商场。然而，到了朝鲜，这项活动就无法实现了，因为那里确实没有什么可逛的(商店倒是有，就是里面没有什么东西可买)。不过,不逛商场可以欣赏市容啊。因此,上街去看看平壤的高楼大厦和街景也是一项不错的选择。于是,乘坐一趟令朝鲜人深感自豪的平壤地铁几乎成了我们的首选。乘坐以后,给我的总体感觉是:平壤的地铁,无论是内在结构还是外观设计与我们北京的一号线十分相似。朝鲜人,尤其是生活在平壤的朝鲜居民,他们颇为看重平壤地铁及其科技含量。

这次,我们除了在平壤等城市考察外,也有选择地去了一些乡村和郊区。应该说,朝鲜的地理位置其实很不错,它不但与中国接壤,而且也与俄罗斯有边境交界。朝鲜国内山川湖泊和平原兼有,其河网稠密,河流多发源于北部和东部山地,西流注入黄海,故而形成不对称的水系特点,一般流程较短,上游湍急多瀑布,水利资源丰富,尤其以鸭绿江和图们江为之最。人口密度也较适中,又属温带的东亚季风性气候,自然风光没得说,总之,人美、物美、山川美。如果今后能扩大开放力度,那么朝鲜定将是中国游客趋之若鹜的旅游目的地。

据我所知,中国有许多人很想去朝鲜看看,但鉴于朝鲜目前尚处于不是很开放的时期,故中国人去一趟朝鲜也并不容易。我记得我们去朝鲜时,还是设限多多。例如,在赴平壤的列车上,朝鲜负责国家安全方面的机构将我们一行人随身携带的手机等通信工具一律收缴并由他们统一保管。到了平壤后,安全机构又专门派了一位工作人员全天候陪同我们。此人是一位女性,二十四五岁的样子,很年轻,1.68 米左右,身材颀长挺拔,由于不太与我们说话,故我们私下里称此女为朝鲜的“冷面克格勃”。后来,我们听说此女具有高学历,先是毕业于平壤大学,后又赴古巴留学。我们猜想,此女尽管不苟言笑,自始至终在与我们相处过程中,对我们施以冷面,但一定不是她内心之本意,而是此项职业的性质要求使然。当然,我们一行对她也没有什么不适应。因为,早在国内我们就做足了功课。世界上的事情再复杂玄妙,只要有备而来,那还有什么难题可以困扰我们?我们也非常理解并积极配合朝鲜有关方面做好工作。中国有句俗语叫“入乡随俗”,你到了人家的国度,当然要遵守所在国的政策和规矩,换言之,无论是大到国与国之间,小到人与人之间的交往,都要做到设身处地、换位思考,从而达到真正的理解!彼此理解了,什么事情都好办。

到了朝鲜,那条世界著名的与韩国分界的“三八线”是必须要去参观的,而且也确实值得一去。在去“三八线”的路上,有一个小插曲对于我们进一步了解朝鲜很有帮助。记得那天我们是坐火车去“三八线”的,陪同我们去的是平壤某旅行社的一位男导游。此人 30 出头,个头不是很高,平壤大学旅游专业毕业,业务不错,性格随和,总是笑眯眯的,给人以一种亲近感。上了车后,闲来无事,我就和这位导游在两节车厢之间的连接处聊天(导游会讲中文,而且讲得很不错)。期间,我拿出一支香烟递给他,然后我自己点燃后抽了起来。结果,我将一支烟抽完,导游仍没有抽那支烟,而是将它夹在自己的耳朵上。我感到很奇怪,于是便问他为何不抽我刚才给他的那支烟。他问我那支烟值多少钱,我如实告诉了他。那是一包在中国丹东买的“礼花”牌香烟,当时国内价格是人民币 24 元,而这位导游的月工资据说是 1 美元,按照当时的汇率,相当于 8 元人民币。当导游知道此烟的价格后,他说要将这支烟带回去送给他父亲抽。没想到眼前这位毕业于平壤大学的导游是一位孝子。他的这一番回答深深地打动了我，于是乎，我就干脆将刚刚拆开的一包“礼花”（还剩下 18 支）全部送给了他，起初导游死活不接受，后来我就说：“我不是送给你的，我是送给你的老父亲，一点小意思。”也许是导游看出了我的一片诚心，最终还是将其余 18 支“礼花”烟全部收下。看得出，他挺高兴的，因为做儿子的，这次出差回去有好东西可以孝敬父亲了。不过，事后想想，由于经济的落后、物质的匮乏，勤劳智慧的朝鲜人民那时的生活状况确实没法恭维。但愿这个国家以后能有时来运转的发展转机，让广大的朝鲜人民过上越来越美好的生活。最近，倒是经常听说今天的朝鲜较之我们去的时候要好了一些，听说今天的朝鲜已呈逐渐开放状态，平壤马路上小汽车和出租车比当年多了，超市也开始多了起来，电脑和手机等新兴通信工具也日益普及，市民的衣着也越来越漂亮和讲究了。面对今日朝鲜的可喜变化，我觉得我们这个一衣带水的邻邦，还是很有希望的。写到这里，我不禁想起了中国民主革命的先行者孙中山先生的名言：世界潮流浩浩荡荡，顺之者昌，逆之者亡！我们由衷祝愿朝鲜这个友好邻邦各项事业顺利发展，不断取得新的成就。

自然之魅

——日本箱根行

初春，我随中国出版代表团赴日本参加2001年国际图书博览会，博览会结束后，有关方面安排我们去箱根观光。尽管在那里逗留的时间十分有限，但作为日本一个著名的旅游胜地，箱根给我们留下的印象是十分美好而又深刻的。

记得那天我们从东京都出发，汽车先是沿着高速公路行驶，后又拐入蜿蜒曲折的山路，大约经过三个多小时，我们终于到达了目的地——箱根。这是一个山清水秀、风光绮丽的地方，漫山遍野的苍松翠柏和竞相怒放的鲜花，加之清新洁净的空气，使初来乍到的异国游客都为日本良好的生态环境而赞叹。可以说，箱根基本呈现着一种原生状态，我们在夜间睡眠时都能感觉到空气中负氧离子的饱满和充足。处于这样的生态环境中，人也显得格外精神，这一点，在代表团的几位中老年朋友身上表现得尤为明显，尽管他们白天奔波不息，但到晚上仍然精神饱满，有的甚至直到深夜仍无困意。因此，有的团员似有发

宁静而致远的箱根别墅

现地发表“宏论”：难怪日本男性的平均寿命高达79岁，女性的平均寿命高达83岁，雄居世界首位，其奥秘即在于此。对于这种说法，我不能完全认同，因为人的健康长寿原因是多方面的，比如还取决于医疗条件、营养状况、工作环境、精神因素和遗传基因等，但是，我们不能不承认随着现代工业和高新科技的迅猛发展，自然生态环境的被破坏对人的生存和生命质量产生了负面影响。正是从这个意义上看，上述说法有其合理性。

箱根的温泉浴举世闻名。到东京的旅游者，大多要慕名去箱根领略一下那里的湖光山色和温泉浴给人的快慰。箱根的温泉很有特色。我们所去的那家，浴池分两种不同的类型：一种呈长方形，另一种则呈椭圆形，每种面积大都有十八九平方米。长方形浴池盛的是清澈的淡水，建造在室内，保温效果很好；椭圆形浴池盛的是带有硫黄成分的淡水，建造在与长方形淡水池仅一墙之隔的户外，上面有像廊棚一样的顶覆盖着，四周都是敞开的，既通风又透光。人们在此洗浴，既可以眺望深邃无垠的蓝天长空，又可以聆听来自附近丛林中的鸟叫蛙鸣声和远山的潺潺溪流声。当气象骤变、狂风大作、电闪雷鸣之时，对于那些沉浸在温泉池里的人们来说，更是欣赏大自然美景的好时机。特别是到了隆冬季节，外面下着鹅毛大雪，躺在温暖水中的人们却丝毫感受不到寒意。他们边聊天边悠闲自得地欣赏着白雪纷飞的寒冬美景，心中不免荡漾起阵阵愉悦和快意。所谓硫黄温泉，正是因为水中带有硫黄，故呈淡黄色。据说，这种硫黄水有消毒和灭菌的功用，因此，许多人就用它来治疗各种皮肤疾病，日本国民得皮肤病的很少，泡硫黄温泉也许是一个重要原因。在温泉浴池中，大家一边洗澡一边海阔天空地神聊，有的讲述自己的旅行经历，有的讲述在国内的生活状况，还有些初次相识者在互相询问对方的尊姓大名和工作单位。此时此刻，人际交流显得格外友善和亲切，因为在这样一种格局氛围中，无论你是功勋卓著大名鼎鼎的巨匠大腕，还是身居高位主政一方的显贵首脑，谁还能装腔作势，自命不凡呢？在这里，一切等级观念和尊卑贵贱都荡然无存。有人因此而生发出感慨：要是整个社会都像在浴室里那样平等友善该有多好啊！日本是一个多火山的国家，地下温泉到处都是。因此，泡温泉成了日本民族的一大习俗也就不足为奇了。

这次到箱根，令我感受颇深的还有那里的接待方式。我们下榻的据说是箱根地区最好的五星级宾馆。按照一般的想象，既然是五星级的宾馆，又是当地最好的，接待人员一定是青春靓丽。但事实完全不同。当我们到达宾馆时，首先出来夹道欢迎的是一群已年过半百的女士。开始，我们还为之一怔，后来，我们从这些颇有些特别的服务人员的出色服务中，读出了其中的韵味和奥妙。在与其短暂的接触中我们发现，尽管她们不可能有十八九岁年轻姑娘那种楚楚动人的美貌，但个个举止高雅、端庄大方，且温良恭谦，服务周到。因此，反而使客人产生几分敬重感。记得临走的那天晚上，我们用完晚餐，觥筹交错之后，便进入即兴联欢，团员们个个情绪高昂，有说有跳有唱，我发现，当我们尽兴欢愉的时候，她们的脸上也始终洋溢着由衷的喜悦。尤其是当一位团员用日语唱起动人的《拉网小调》时，整个晚会进入了高潮，这时她们皆有节奏地击掌助兴。此情此景，使得身在异国的我们，似乎从她们身上感受到了某种如母似姐的风范，从她们的庄重、亲切、和蔼、真诚中感受到了真善美的神圣和力量。

有待深度开发的国度

——仲春时节访老挝

仲春时节，我踏上了东南亚社会主义国家——老挝，圆了我对这个国家实地考察之梦。

老挝，全称老挝人民民主共和国，属于内陆国家，国土面积不大，只有23万多平方公里，地势北高南低，境内北部与我国云南的滇西高原接壤，南部与柬埔寨王国毗邻，东临越南，西南、西北分别紧挨泰国和缅甸，境内80%为山地和高原，且大多被森林覆盖，素有“印度支那屋脊”之称。老挝全国共有17个省和1个直辖市（首都万象市），地理上大致被划分为上寮、中寮和下寮三个大区，首都万象是“檀木之城”的意思。万象不但是现代老挝的政治、经济和文化中心，它更是一座历经沧桑、年代久远的历史古城，自从1560年澜沧王国塞塔提腊国王从琅勃拉邦迁都于此后，就一直是这个国家的政治、经济、文化中心。万象位于湄公河中游北岸的河谷平原，与泰国隔河相望。由于万象古城沿湄公河岸延伸

老挝万象的凯旋门

发展，呈略微弯状的新月形，故万象亦被誉为“月亮城”。老挝有50个民族，其中的老龙族、老听族、老松族等是其主要民族，语言分属老泰语族系、孟-高棉语族系、苗瑶语系、汉藏语系等。国民多信奉上座部佛教。在老挝的华侨、华人约3万多人。

老挝是一个以农业为主的经济欠发达的国家，工业基础薄弱。这个国家与越南等国一样，于我国实行改革开放后不久的20世纪80年代中期，也开始推行革新开放、调整经济结构，将农林业、工业和服务业相结合，优先发展农林业，取消以往计划经济时代那种高度集中的经济管理体制，进而转入经营核算制，实行多种所有制并存的经济政策。通过这样的方式和手段来逐步完善市场经济机制，力图将原先那种自然、半自然的经济转化或蜕变为完全市场化的商品经济。

初到老挝，它给我的第一感觉是热，其次是机场老旧，蚊子很多，万象机场行李转盘只有3条传送带。由此可见，这个国家尚未完全开放，对外联系也并不频繁，机场设施和管理还比较落后，旅游用的大巴车全部是来自韩国的二手旧车。老挝移动通信方面的漫游费很高，且接听电话都需要收费。不过，由于革新开放的力度、速度和时间使老挝在移动通信方面没有经历“大哥大”和BP机就直接跳跃式地进入了无线网络时代。一出机场，我们的地陪导游说再过三四年老挝就会有自己的高铁了。万象没有什么高楼大厦，现代化程度明显不如泰国和越南，甚至也不如柬埔寨。万象街头，房屋老旧，街道路面满是碎块水泥和沙粒，显得粗陋不平。街头也能见到诸如华为和中国工商银行的广告牌，还有少量的私家小汽车。这些年来，老挝实行了对外开放，政府也相应地出台了相关的外资法，以期改善投资环境。此外，老挝还扩大对外经贸关系，以便争取更多的外来资金，引进先进的高新技术、先进的管理理念和管理方式。实践证明，老挝的革新开放政策不但行之有效，而且取得了不小的成绩，1991—1996年，国民经济平均每年以7%的速率增长。然而，进入1997年之后，其经济也不可避免地受到了亚洲金融危机的严重冲击。不过，老挝政府还是采取了一系列诸如加强宏观调控、整顿金融秩序和扩大农业生产等措施，有效地控制了经济下滑的趋势，从而基本保持了国家经济向前发展的良好势头和社会的稳定。在熬过了亚洲金融危机的冲击所造成的经济震荡后，老挝经济重新获得了发展的勃勃生机，2001—2006年这几年的经济年均增长为6%；2006—2010年的年均增长为7.9%。这对于一个原先国民经济基础较为薄弱的国家来说，可是十分了不起的、来之不易的发展数据。回国后，我又查阅了老挝在工业方面的最新发展情况，结果发现其在2015—2016年财政年度工业生产总值增长率为9%，占整个老挝国民生产总值的28.8%。这个经济成就的取得，对于老挝来说，确实很不容易。老挝的主要工业企业有电力、森林伐木、采矿、炼铁、水泥、服装、食品、啤酒、制药以及一些小型修理和手工编织、竹木加工等，是其经济成就的重要支撑。

老挝许多方面都在向中国取经和学习，毕竟中国改革开放40年经济飞速发展的实例让老挝人民看到了社会主义国家的发展方向和出路。近些年来，老挝与中国的经济合作日益紧密。比如中国帮助老挝修建高铁，这对于这个没有高速公路的国家来说，是交通事业发展的一大飞跃。过不了几年，中国将有更多的企业和资金会投向老挝。这一点，从刚一踏入老挝的国土，就能在万象机场和万象市内街道看到各种各样带有中文字样的商家logo、标牌和广告公司的宣传标语中可见一斑，如华为、福满楼、开山集团、熊猫汉语学校、华成卷闸门厂、湖南饭店、东兴木业、龙华酒店、如家饭店、四川的味道、东北建国大酒店、天湖酒店、泛亚宾馆、北京饭庄、香情酒家、潮汕丰荟酒楼、康明宇重工、永都旅店、渝都山庄、中国工商银行（万象分行）、阿昌五金店、宝树堂药房、万达广告公司、华龙广告装饰、安泰汽配、中国电建、万象恒星机械、东北人家餐厅……此外还有中国人过年时用的对联，如“心想事成鸿运开，人顺家和福星照”“喜纳八方富贵财，喜迎四季平安福”等等。看到这些，犹如到了中国境内的某个西南边陲小城，不觉得自己身处国外。作为中国人，我们虽然初来乍到，但从万象街头这些我们所熟悉的中文标识中，就领略到了老挝现今的革新开放水平和革新开放程度。

在万象我们领略了凯旋门、国家主席府、西蒙斯等著名景点。随后驱车去了“万象四五射击俱乐部”，那的确是值得一去的地方，要知道，这是亚洲最大的专业射击场。许多军人出身的旅者和那些喜欢射击但平时又没有多少机会的人，到了这里，真可以大显身手，玩上一把，过过枪瘾。军人出身的我，步枪、手枪和冲锋枪都打过，但毕竟多年没有触碰了，这次来到万象，当然不能错过，100 元人民币，可以打十发子弹，这个收费价格在我看来是比较合理的，毕竟商家给我们提供了高保真的枪械和子弹。我的射击成绩十发十中，除了 3 个 10 环，其余均在 8 环和 9 环之间。几十年过去了，当年选飞行员时“C”字表视力检测 2.0 的我，尽管视力不如从前，但毕竟是瘦死的骆驼比马大，总算尚未“老眼昏花”，我知足了。

号称老挝“小桂林”的万荣南松河

结束了短暂的万象观光之后，我们便驱车直奔老挝的另一座著名城市万荣。途中经过老挝著名的南俄湖丹萨旺国际旅游度假区。旅者乘船游于湖上，犹如进了蓬莱仙境，这里清澈的湖水、茂盛的植物、淳朴自然的气息，令每一个到此一游的人心旷神怡、爽悦无比。这里的风光无限美妙，游客和摄影爱好者来了就不想走。到了万荣，我们看到了另一种与万象截然不同的人文景观。万荣城不算很大，但晶莹剔透，由于得天独厚的自然地理等优势条件，这座小城一年四季游人如织，全世界的人们，尤其是欧美国家的旅者和韩国的旅者慕名而来，一睹这里的“准喀斯特地貌”和“小桂林风采”。只见犹如中国漓江般的南松河穿城而过，河的北边，云山在近，晨光下河水清明无瑕，泛舟扰静河，桨声净耳，河岸上有桂林山水一般的旖旎风光，也有各式各样的奇特洋房，夕阳西下，落日余晖温馨而又柔和地斜照着牧牛慢悠悠地沿河回家，色彩斑斓、尖长美丽的皮筏艇犹如离弦的弓箭，嗖嗖地射向天际的远方。来到这里，旅者可以什么都不做，尽可以慵懒地眺望深邃的苍穹或两岸的山峦，欣赏南松河无限美妙、应接不暇的天堂风景……正是万荣闻名遐迩的“小桂林”之美，令这座精致的小城独具勃勃的生机和青春的活力，万荣城因此也被人们称为“背包客的户外天堂”。我注意到，该城靠近江边的街道两旁，都是鳞次栉比的小商铺、小酒店和小客栈。小商铺里都是一些游客们喜爱的服装、鞋帽、点心、饮料和热带水果之类的东西，小酒店里一天到晚顾客盈门、热闹非凡。清晨，漫步万荣街头，都能呼吸到南松河上飘散过来的缭绕雾气，河岸两边的奇山异峰，树木苍翠，郁郁葱葱，勃发无限生机，早起的旅者，不妨选择漫步小城，感受那里的田园风光和山水画卷。街道两旁的小客栈是旅者常宿之所。不过，这些小客栈也是有所分类的，往往是欧美人喜欢与欧美人住在一起，亚洲人喜欢与亚洲人住在一起，而亚洲人群中，韩国人似乎更喜欢单独成群，日本人来此旅游的相对要少一些，中国人较多，而且，据我们的带队导游（当地地陪，一位来自中国东北吉林松花江畔，曾在中国云南旅行社干了多年的朝鲜族男性张导）说，随着老挝开放，今后来这里观光旅游或投资开发建设的中国人也一定越来越多。对张导的这种见解和预判，我完全同意。的确，就当今的国际政治经济形势，尤其是东南亚的经济形势而言，外国人（尤其是中国人）来老挝投资建设无疑是一种明智的战略选择，这样的选择是有眼光的表现，此话怎讲？道理很简单，因为，就目前而言，老挝是一块在全世界范围内为数不多的尚未被深度开发的“准处女地”。

到老挝第一天我在万象街头吃到了从未吃到过的好吃的水果。蔬菜也都是原生态，山民们根本不用化肥。在老挝饭店用餐，西红柿很好吃（因而西红柿炒鸡蛋也好吃），让我真正尝到了儿时记忆中的那种原汁原味的纯天然、多日照、高水分、味道鲜美的西红柿，还吃到了在山野村落里生长的土鸡和土猪，那个味道真是令人食后难忘。记得多年前，有一次在参观福建土楼时，我在那里的“农家乐”餐馆也曾吃到过原汁原味原生态的土猪肉，老挝的土猪肉可与它相提并论！无疑，一切好的、货真价实的东西，都是值得人类歌颂和礼赞的，这里面当然也要包括珍稀的土猪肉。老挝饭店的猪肉味道很香，万荣小排档的鱼和鸡肉味道也很嫩、很鲜，吃老挝餐馆里的这些菜，我有一种味觉回归的感觉。

来到老挝，总是喜欢观赏这个国家某些具有独特性的名胜和风貌。除了以上谈到万荣城时提及的“小桂林”，老挝还有许多地方值得人们去驻足观赏。我记得老挝有一句旅行广告词：“史上最全老挝旅游须知，16 个经典旅游景点让你玩到不想回家！”在此将 16 个老挝旅游景点列述如下，给在我之后的千千万万中国旅者一份入门的指南。

1. 古都王宫博物馆：位于湄公河畔，普西山南侧大门对面。参观者需寄存背包，无论男女，均不可以身穿短裤或吊带裙进场，因为信奉佛教的老挝人是忌讳轻佻的，旅者倒是可以买条当地的大裆裤到处跑。

2. 普西塔：位于镇中心普西山上，王宫博物馆大门正对面。因普西塔就在博物馆对面，故旅者在参观完古都王宫博物馆后可直接溜逛到对面，顺着台阶一直爬上去。爬完 320 多级台阶后，即可见到一座金光闪耀的佛塔——普西塔。

3. 香通寺：位于湄公河与南康河冲积的半岛北端。香通寺离市中心较远，不妨叫辆当地的嘟嘟三轮车返回，价钱不贵，加之老挝人纯朴本分，不会宰客，尽管放心搭乘付费。这样，你也可以在返回的途中顺便领略沿途遗漏的风景，如许多临河而建的餐厅和客栈等。

4. 塔銮：坐落于老挝首都万象市区东部约 3 公里的塔銮广场。塔銮系一组塔群建筑，在建筑艺术上享有盛誉。大塔呈正方形状，灰砖结构，其建筑风格相当独特：主塔底部是由三层巨大的方座构成，四方形的每边正中均建有膜拜亭；第二层总共有 30 座配塔；第三层矗立主塔，顶端贴以金箔，整个塔体金光闪耀。塔高 45 米，宽 54 米。四周几十米宽的草坪外是方形围廊，构成塔銮的整体。据传，公元前 3 世纪塔銮之下埋了佛祖释迦牟尼的头发和佛骨。旅者可以在到达凯旋门后，顺着凯旋门后面喷水池的方向一直往前走，大约 20 分钟即可到达塔銮。需要注意的是，男女游客同样不可以身穿短裤和短裙前往。

5. 万象香昆寺：又名佛像公园，距离万象市中心约 25 公里处。取道踏德大街叫嘟嘟车到万象的公交总站，然后坐 14 路公交车到终点站，再转乘嘟嘟车到香昆寺。

6. 西光瀑布：在琅勃拉邦南边约 29 公里处，是由一个大瀑布和山下多个小瀑布组成的瀑布群，总落差 100 米。乘小巴，从琅勃拉邦古城区出发约需 40 分钟，费用约老挝币 50 000 基普（折合人民币 45 元左右），如果乘嘟嘟车，约需 50 分钟，费用与小巴大致相当。由于老挝人信奉上座部佛教的缘故，故他们一般会穿着 T 恤和短裤游泳，随着外来游客的逐渐增多，水池旁增设了供游客更换泳衣的小房间，虽然没有硬性规定，但出于礼貌和尊重，建议旅者不要穿着诸如比基尼等过于暴露的泳衣，也不宜在水中过于亲昵。

7. 万象凯旋门：位于万象市正中心。从远处看，与法国巴黎的凯旋门有些许相似，这也并不奇怪，毕竟老挝曾经是法属殖民地，留下点法国的印迹也是很正常的事。

8. 石缸：在老挝东北部的川圹省，此物乃老挝的千古未解之谜。至于它是如何形成的，至今不得而知，观后会让你惊叹不已。

9. 迈佛寺：坐落于王宫博物馆附近的洋人街上。

10. 坦普坎溶洞：此乃老挝人心中神圣的地方，它之所以受到老挝人的喜爱和尊重是因为溶洞里的泻湖，主洞室供奉着一尊泰国风格的青铜卧佛，有若干条幽深的地道从主洞室分岔进入山腹。

11. 丹塔：此塔建于公元14世纪，是万象市历史最悠久的古迹，关于此塔的历史有个非常神奇的传说，它在当地人心目中占有非常重要的地位。

12. 东阔岛：东阔岛与东德岛之间有一座小桥相连，岛上可以看到小寺庙、火车遗址和利非瀑布，也可以在那里参加各种水上运动。

13. 湄公河边公园：这是位于湄公河边上的绿地公园。公园里有一尊老挝历史上万象王国的最后一任国王的雕像，面朝泰国，似乎在向泰国讨伐业已失去的土地。公园中还有一个保护神纳迦的水池。旅者可以沿着湄公河一直走，河边清风送爽，非常怡人。

14. 利非瀑布：位于东阔岛西侧，号称世界上最长的瀑布，在多雨的季节，瀑布长度可达十几公里，然而，在干旱季节，情况就另当别论了。

15. 白雪瀑布：此瀑布距离老挝琅勃拉邦古城区约15公里，在南坎河与其支流的交汇处。

16. 维崇寺(又名维苏纳拉特寺)：这是琅勃拉邦最古老、香火最旺的寺庙，由国王维逊腊始建于公元16世纪初，1887年被入侵的黑旗人烧毁，后于1898年得以重建。

由于信仰佛教，老挝民众对人的生死看得很开。因此，一旦老挝人家中有亲人离世，不会显得大伤大悲，更不见有悲痛欲绝者。据说，老挝全国有2 000多座寺院，几乎每个村落都有寺庙，寺庙风格与泰国一模一样。我们无论是在著名的10号国道，还是行走在蜿蜒的山道或曲径通幽的林中小路，都可以看到座座迎面而来的大小寺庙。这种寺庙在老挝的都市或乡野，比比皆是，随处可见，这无疑是老挝的一大景观特色。的确，寺庙多，僧侣就多；僧人多，有信仰的人也就多；人有了信仰，理所当然地要对自己的言论和行为有所约束。每个人都有信仰了，就能做到对自己的言行有自律和约束，社会的治安自然就好；社会治安好了，一个国家或民族也就有了稳定和长治久安的社会基础，更何况，佛教教义要求其信徒不但要有信仰，而且更要求他们在信仰的基础上时时处处要止恶行慈(隐恶扬善)。另外，据说老挝也是一个不限枪支的国家。然而，在这个国度里，鲜有诸如打架斗殴、偷盗劫舍、拐骗凶杀之类的恶性事件发生，甚至在大街上或其他公共场合，连斗嘴争吵或粗声说话都很难见到。谈到老挝的社会风气，导游给我们讲了一件他自己从中国云南第一次来到老挝后所经历的事情。有一次，他要从万象出发去万荣看一个多年未见的中学同学，然而没有合适的车次，还要在车站再等一个半小时左右。正当他犹豫之际，车站的老挝朋友叫他不要着急，先去附近的酒吧或商店逛逛，消磨点时间再来也不迟。正当他拿起背包要走时，车站的老挝朋友又劝他不必将沉重的背包时时背在身上，示意放在车站即可。碍于情面，他果真这样做了，即便这样，他在附近酒吧消磨时间仍心存不安，在勉强喝完一杯酒后，匆匆赶回车站，只见旅行包原封不动地还在原先的柜子上，包中的iPad等物件一样未少。老挝人民普遍崇尚的宗教信仰对其品格的形成和灵魂的塑造无疑具有很大的关系。这个国家尽管以前是法国殖民地，然而，他们祖祖辈辈流传下来的宗教信仰和佛教文化还是被很好地保存、沿袭了下来。这也是他们的精神财富。因此，在老挝，我们不难观察并感受到这个国家对佛教信仰的重视和精心呵护。无论是在寺庙还是在某些公众场合，那些身穿橘红色袈裟的僧侣随处可见。那些小僧侣们大多稚气未脱，有的小僧侣看上去似乎只有十二三岁，他们大多肩挎行囊，行色匆匆地行走于闹市的街区或僻静的乡野田径。老挝政府或民间也都为弘扬宗教信仰自觉和不遗余力地做了大量的宣传、保护工作，尤其经常强调和提醒人们，例如直接用标语口号式的宣传方式提示人们要牢记“保护僧侣早晨接受信徒布施是佛教风俗”等理念。在我看来，在老挝，无论是政府和人民，都从根本上认识到宗教信仰对于人的精神修炼和品格培养以及国家、民族的文明建设是大有好处的。因此，老挝人非常舍得把钱花在他们的宗教信仰上，更具体地说，他们将大量的金钱都花在寺院庙宇的修建上。前面我们已经谈到，老挝国家不大，但全国寺院就有2 000多座，这些寺庙尽管样式风格大同小异，然而建筑规模却差异很大。一般来说，城市的寺庙比较奢华，例如，首都万象除了最著名的塔銮，还有玉佛寺、西撒各寺、大佛塔、西蒙寺、香昆寺、翁得寺、索巴琅寺、米赛寺、沙格庙、撒恩寺、玛哈塔寺等。这些寺庙都是历朝历代的老挝人不惜重金修建起来的。这些寺庙，座座壮丽肃穆、金碧辉煌、气势宏大。除了塔銮、大佛塔、西蒙寺等大型寺院，我还亲见了刚落成不久的“老挝最高佛教协会”会址（办公大楼），那更是气派非凡。我们知道，老挝是一个国力弱小，经济上并不富裕的国家，然而，他们却愿意倾其所有地建造如此众多恢宏的寺庙。这究竟是为什么？是什么原因让老挝人做到了这一点。答案很简单——信仰的力量。

老挝人信奉上座部佛教，是可以吃肉的，但猫狗等动物的肉不能吃。老挝人一般不握手，行双手合十礼，但有高低之分。老挝人认为左手是不洁的，故他们平时的待人接物不用左手（递东西等）。饮食也很简单，老挝人喜欢吃糯米饭，由于糯米是高黏性食物，不利于消化，故据说老挝人普遍胃（或胃口）不太好。说到民风民俗，我还有话要说：这次老挝之行，尽管时间有限，但却让我在这有限的旅程中，从老挝人怡然从容、知足常乐的生活画面中看到了一种境界、悟出了一个道理，从而得出了一个结论，那就是不发达国家的人民，幸福指数反而较高。老挝人民不但特别淳朴，而且容易满足。正是这种知足常乐、随遇而安的生活态度和满足感，使刚来老挝开工厂的老板惊诧不已：某企业，发工资后的第二天，当地的老挝籍员工们无缘无故就不来上班了。这到底是什么原因？原来，老挝人大多是些“今朝有酒今朝醉”的乐天派和知足常乐的随遇而安者，他们对钱看得不是那么重，换言之，就是老挝人如果今天能挣到100元（按照汇率比值预计是老挝币10多万元基普），那明天就不想干活了，如果上午能挣到钱，下午就不想再挣了。这个民族似乎在骨子里就有一种自得其乐、安贫乐道的基因积淀。通过实地调研考察，我发现，万象当地民众的工资水平非常低，一般一个月工资约为老挝币100万～150万基普，相当于人民币900～1 350元。一瓶老挝啤酒10 000基普（折合人民币9元左右）、牛肉60 000基普（折合人民币55元/千克）、猪腔骨23 000基普（折合人民币21元/千克）、罗非鱼12 500基普（折合人民币12元/千克），蔬菜类的农产品相对便宜些，例如，大白菜3 000基普（折合人民币2.7元/千克）、圆白菜4 000基普（折合人民币3.6元/千克）等等。当然，上述这些商品价格也不是一成不变的，而是根据季节和供求关系随行就市，有所波动的。这样的价位并不算高，但按照中老两国国民的经济收入水平，我认为万象的市场物价还是比我们中国贵出了许多，由此也可以窥知老挝国民的消费指数和实际生活水平。不过，尽管老挝市场上的物价水平相对来说比我们高，但就以首都万象和阿速坡、会晒、万荣、北汕、沙拉湾、他曲、桑怒、琅勃拉邦等其他城市的市场供应情况看，他们的物资也很充沛，相对来说，基本达到了供需两旺。从老挝首都万象到乡村，我们看不到缺吃少穿的景象，更看不到任何卖艺乞讨之类的社会现象（也许个别地方存在，但我们此行没有发现）。我们看到的老挝城乡居民，大多过着一种质朴恬淡而又温饱满足的生活。老挝人的温良恭俭让和待人接物的谦恭姿态给我留下了深刻的印象。他们与世无争、知足常乐的幸福感永远挂在他们那略带微笑的脸上。其实，作为一个国家来说，除了经济发达、科技先进、军事强大、政治文明等指标外，其国民普遍具有信仰专一、修为深刻、安分守己、谦恭善良、清心寡欲、看淡实利、乐于助人等思想品格和观念操守也是一种高度的文明品格和软实力，它从某个侧面展示了这个国家的素质和文明程度，折射出了这个国家的魅力和人民的综合素质，说到底，也是一个国家的综合素质和综合实力的标志和体现之一。

老挝街头的代步工具嘟嘟车

实事求是地说，由于众所周知的原因，迄今老挝还不算富裕，经济发展方面仍处在刚刚起步的阶段，然而，在我看来，老挝的发展是具有许多优势条件的。首先中国改革开放的成功经验值得它借鉴。其次它本身具备的一些条件甚至为大国所不具备，正所谓“船小好调头”，作为一个国土面积不到 30 万平方公里，人口不到 700 万的国度，只要它的革新开放政策对头，方向明确了，扬帆远航将会顺风破浪，快速前行。老挝与中国关系非常好，现如今中国正在帮助其修建直通中国昆明的高铁。据有关报道，2016 年 9 月初中国总理李克强访问老挝期间，中老基建合作取得重大进展，其中的中老铁路建设项目公布了中标结果，6 家中标企业清一色均为中国企业。中老铁路成为继印尼高铁之后又一条全面采用中国标准、中国技术、中国装备的高铁走出去项目。中老铁路全长 417 公里，设计标准为一级单线铁路，设计时速为160公里，其中万象至万荣区段预留200公里。全线新建车站33个，包括两座特大桥和8条隧道。建设中老高铁的重大意义就在于连接中国与东南亚的中间路段，也是“泛亚铁路”的一部分。所谓“泛亚铁路”，就是通过中国的大理、昆明和南宁三个城市，将中国与东南亚连成一张大网——一张谁也离不开谁的高铁交通大网。因此，我们完全可以这样说：一旦这条高铁修通了，中国和老挝的政治、经济关系将会更加紧密，这对于中老两国的政府和人民都是极大的利好消息。对老挝这样一个原先经济欠发达的东南亚小国的道路交通设施建设也将是一个飞跃性的发展和提升，它必将大大促进老挝国民经济的飞速发展。

由于老挝已经开始发力起跑，即便修建铁路也是需要占用土地的。一谈到土地，老挝如今的地皮价格已经开始行情见涨了。不少中国商人似乎已经意识到了老挝发展的苗头，故也开始着手准备投资老挝，准备在那里购置土地、开办工厂或做其他实业等等。当然，存在着机遇的同时也必然会有一定的风险。这也不奇怪，因为风险和机遇往往都是并存的，区别就在于每个投资者的魄力、胆识和眼光。以我的愚见，在老挝购置土地或开办实业都是可行的，前景应该很好。作为一个外来者，初来乍到，我就发现，整个老挝几乎没有什么高楼大厦，即便是像万象这样的首都城市，很少见有什么像样的楼宇商厦，转悠了万象等城市的许多街区，我就看见一座大约9层高的皇冠大厦。这么看来这里可供房地产开发商开发的余地可大了，可惜我不是商人，一不懂投资和管理，二也没有资金，要不然，我也可以去老挝显显身手，充当这个国家新经济开发的开路先锋和弄潮儿。

我们的导游，原来在昆明从事旅游，后来到了老挝，起初想来老挝种植橡胶，后来看到中老关系发展稳定迅速，预计将有更多的中国投资者和游客将会涌入老挝，故他又改变主意重操旧业，在老挝干起了导游老本行，而且干得不错，关键是他自己感觉很好。在我看来，张导的这个决定不失为明智的选择。

在老挝，自然资源和生态保护方面还存在一些不尽人意的漏洞、弊端和薄弱环节。例如，老挝熊很多，因经济落后，政府有关方面的管理还不严，故在老挝游客只要舍得花钱，通过当地熟人的关系（甚至一些导游手中就有这种人脉和渠道关系），就能吃到熊掌和果子狸。据说，果子狸人民币1 000元/千克，熊掌2 000元/千克。我们听了咂舌，但就有人为此不惜一掷千金。

这次来到老挝，在与老挝人民的零距离接触中，总算有机会实地观察了这个国家人民的衣食住行。老挝迄今没有高速公路和高速铁路，现有的公路是普通公路。老挝百姓的日常代步工具除了汽车，主要是摩托车。我们经常可以看到一家大小都乘在一辆摩托上出行的情形，虽然在我看来似乎有点危险，但人家根本不在乎。老挝也不像越南河内等城市街头那样都是浩浩荡荡的摩托车队伍，相对来说，老挝街道清静多了。现在中国人在老挝投资的已不在少数，例如，我们在入境后的第二天所入住的天湖（丹萨旺）国际旅游度假区据说就是由中国人投资的，那座宾馆是修建在一个美丽的湖泊边上，可想而知，投资量是不小的。老挝的经济虽然有待发展，但这个国家政局比较稳定，人民的满足感较强，因此内乱较少。一个国家的人民能长期生活在一个没有战乱威胁的和平环境中，在我看来，这也是一种幸福指数。这次在老挝我还有幸参观了一个难得一见的古法盐厂，从而让我有机会一睹这个国家沿袭300年的传统古法制盐工艺，开了眼界。此厂生产的盐为矿物质食用盐，质量非常好，纯天然，不搁任何添加剂，很受欢迎，我有幸获赠一袋。与东南亚的许多农业国家一样，老挝的牛是散养的，但随着这个国家道路交通的日益发展，牛与汽车相撞事件时有发生。一旦发生此类汽车撞牛事件，怎么处理？老挝有这样的法律规定：牛如果白天在公路上被汽车撞了，汽车司机担责；如果是晚上6点半后被车撞了，则由牛主人担主要责任，因为他没有将自己家中的牲口看管好。老挝人的建筑大多为红顶（紫红顶）白墙（包括寺庙，如西蒙寺和许多乡村寺庙），甚至总理府也是如此。从万象到万荣，行程不短，总行程要五六个小时，沿途大多是蜿蜒的无尽山道，偶见平原，牛儿成群，炊烟袅袅，山情野趣，牧歌情调。老挝平民百姓的住宅很少有高楼，乡间原野更是如此。老挝居民的住宅都是建在自己的土地上，有的甚至建在用水泥柱或石柱支撑的山坡上。看到这些简陋的民居，不禁令我想到山体滑坡和泥石流等自然灾害，真为这些山里的居民们捏把汗。

老挝很热，记得第一天来时出机舱，首先欢迎我们的就是扑面而来的中南半岛热带之风，让刚从空调机舱出来的旅者顿觉酷热难耐。当地人在描绘老挝炎热时，只用一个字，重复三遍，那就是：热！热！热！要知道，我们去老挝的时间是在仲春时节，要是在七八月，老挝的酷热程度是可想而知的。老挝人的婚俗倒是有点意思：作为东南亚唯一的一个内陆国家，老挝男人结婚大多时兴“倒插门”，即男方主动到女方家做上门女婿，而且结婚的彩礼同样不能少，入赘者想两手空空就进女方家的门，那是绝对不可以的。当然，这种情形大多发生在男方家庭弟兄较多、难以支付聘金或女方家庭缺乏男劳力的情况下，如果女方家全是女儿而无儿子的话，男方就必须主动倒插门，以便有人干重体力活和传宗接代。这样的上门女婿其家庭地位同儿子无异，换言之，上门女婿也可以像儿子一样合理合法地继承岳父岳母的全部家产。另外，入赘男子（女婿）在其妻子亡故后也可以继续再婚，而且可以和其子女在岳父母家继续生活。如果还没有子女，则由女家出资为其另娶媳妇，由此，从女婿升格为儿子，从而在家庭中的地位骤升，以致可以全权处理一切大小家庭事务。老听族更有这样的习俗，如果妻子是长女，那丈夫必须到女方家入赘，如果夫妻双方都是家中排行老大，那么，接下来要做的事情就是两家比拼实力，通过比拼，最终将由实力较强（即经济条件等相对较好）的一方拥有娶妻或招婿的优先选择权。老挝人的婚姻是高度自由的，无论是老龙族还是老听族的青年男女，他们都可以按照自己的意愿选择伴侣。男子一旦相中了心仪的女伴，便可通过吹起横笛或忘情高歌的方式打动对方。如果姑娘愿意，便可邀请男方到自己家中欢聚，此时，当父母的从不横加干涉。等到男女双方到了谈婚论嫁的时候，便由双方的家长出面商讨结婚所用的彩礼等事项，不过，这时的男方得主动支付一定数额的聘金。一般婚礼都在女方家进行，由此所需的一切开支，都由女方家庭包揽。入赘的仪式与娶妻的仪式一样热闹，所不同的只是由女方家派人来到男方家迎亲，不过在迎亲的过程中，女方还要授礼金给男方方能过门。当然，婚礼仪式也很有特点，传统的婚礼要进行两三天，婚礼上大家都要跳舞，而且要跳到半夜或凌晨才尽兴而归。

老挝国家虽小，却令我欣喜，令我神往，令我着迷，短暂的旅行只能让我走马观花，匆匆来去。与东南亚乃至整个亚洲的诸多国家比，老挝自有它的风格、魅力和独特之处。通过与它的零距离接触，我认为，这是一个具有巨大发展潜能和无限生机的国家。这次短暂的老挝之行，给我留下的最深刻印象就是这个国家的稳定、厚重与务实，以及人民的勤劳、善良和质朴。俗话说：“得道多助，失道寡助。”像老挝这样的温良之国，一定会赢得国际社会的广泛支持和襄助。我相信，不久的将来，会有越来越多的中国人奔向老挝这块有待深度开发的国度。据我所知，以前我国仅云南的昆明旅行社开辟了老挝的旅游线路。自2017年11月开始，广东也启动了以老挝为目的地的旅行（我的这次老挝之行就是在广东旅行社的支持和帮助下实现的），这对中老两国的民众来说是一个利好消息，让我们期待两国人民在现有的友谊基础上继续发扬光荣传统，进一步扩大彼此间的互惠互利、紧密合作，更好地造福中老两国和两国人民。

“百花春城” 悠悠“西贡”

——越南，越南

近年来，我曾先后两度前往越南，对这个东南亚地区的重要国家进行了异乎寻常的观光之旅。这个国家的非凡历史、独特的社会人文风貌、奇丽壮美的大自然景色给我这个邻国旅者留下了极其深刻而又难忘的印象。这是一个值得人们去驻足观赏的国家。

越南，全称越南社会主义共和国，是中国的近邻，中越两国人民有着深厚的友谊和友好往来的历史传统。越南胡志明主席曾经用“越中情谊深，同志加兄弟”的诗句来描述中越两国的情感和友谊，而在我国，与越南的边境关卡也被冠名“友谊关”。

越南位于东南亚的中南半岛东部，北部与我国的广西和云南接壤，西部则与老挝和柬埔寨交界，其版图呈狭长的S形状，南北总长达1 650公里（东西最狭窄处的宽度则仅为50公里），总面积329 556平方公里，是一个以京族为主体的多民族国家。越南共有54个民族，京族人口占全国人口的85.3%。这个主流族群大量聚居在冲积三角洲和沿海的一些平原地区，作为越南最大的社会族群，控制着这个国家的政治、经济命脉，主导着国家的

胡志明市著名的哥特式地标建筑圣玛利亚天主堂（又名红教堂）

文化发展走向，对越南的社会生活产生举足轻重的影响。在现有的50多个越南少数民族中，华族、岱依族、泰族、芒族、侬族和高棉族等族群人口均超过50万。除华族外，少数民族大多聚居在占越南国土总面积三分之二的高地地区。岱依族是越南最大的少数民族，主要分布于越南北方的谅山、高平、太原、广宁等省的河谷和山脚地带。与同为东南亚国家的缅甸、泰国等佛教国家不同，越南的宗教意识并不浓烈，信佛教的人很少，绝大部分人为无宗教信仰者。

早在远古时代，越南境内就已经有了人类活动的痕迹。根据考古学的相关资料记载，在位于今天越南北部谅山省平嘉地区发现了猿人牙齿，在清化省度山发掘出了旧石器时代的劳动工具，之后，在北部地区也出现过诸如"北山文化"（位于今谅山省北山）和"和平文化"（位于今和平省）等中石器时代和新时期时代的文化遗址。而在南部地区的东那江下游一带，则发现了诸多大约在新石器时代与青铜时代先民的聚居部落、作坊和墓葬遗址以及与他们从事采集有关的石器、陶器和竹木器等。这些年代久远的考古遗址和发现物，均被命名为"新石器时代后文化"，如果用具体的年代标记应该是在公元前4500—公元前2400年之间。考古学家在越南北部还发现了以铜鼓为主要特征的"东山文化"。这个时期的出土文物种类繁多，除了以上所述的铜鼓，还包括石器、木器、陶器、铜器、铁器、玉器和水晶等。从其中某些器物的数量推断，当时的越南先民已经开始懂得大量使用铜。比如他们已经懂得用铜来制作乐器（如铜鼓）和其他一些生产工具（如农具）等，借以改进劳动工具，从而提高生产效率。

由于我第一次进越南是由柬埔寨的金边直飞胡志明市，故在那里看到的一切与我原先心中的越南景象简直大相径庭，反差极大。其实，统一后的胡志明市，尽管在经济等方面仍有待发展和振兴，但那里的一切还是出乎我的意料：市内一派法兰西风姿，法式建筑随处可见。难怪当我们一踏入胡志明市，那位据说是出生于越南、祖籍中国广东汕头的导游梅樱，尽管一副越南风情穿戴，但却操着一口略带广东口音的普通话，一上来的开篇词就如是说道："各位来自我美丽故乡的中国同胞朋友们，我们现在已经进入的这座城市，就是大家在国内早已听说过的胡志明市，它的地理位置是在湄公河三角洲的东北、同耐河支流西贡河的右岸。这座城市，在南北统一之前的名字叫'西贡'，现在是越南的一个直辖市，也是越南国内最大的城市。近百年来，由于殖民的关系，这座城市的社会经济发展深受西方影响，商业发达，曾经有'东方巴黎'之美称。胡志明市的行政区域的划分很有特点，它完全是参照法国首都巴黎来划分的，因为越南原先是法国的殖民地，被法国殖民统治了几乎百年。20世纪70年代，在实现全国统一后，为纪念越南共产党主要创立者胡志明，西贡被命名为胡志明市。"

胡志明市的市容市貌给我的印象是充满着西式风情。例如，在这座城市各种各样的西式建筑中，尤其令人关注的是位于该市最繁华、最热闹市中心地段的红色教堂。这座始建于1877年、竣工于1883年的教堂因为是用红砖建造，故名"红教堂"（又名"圣母玛利亚天主教堂"——这才是这座教堂的真名）。它是当年西贡最著名的地标性建筑，也是法国殖民主义时期留下的"纪念品"，据说是按照巴黎圣母院钟楼的风格来设计的，至今仍在为天主教徒们服务，每逢礼拜日和其他相关的宗教节日，都会迎来许多虔诚的教徒聚集于此做弥撒。这座教堂的确非常优美别致，它和欧洲的一些著名大教堂相比毫不逊色。建筑造型雄伟庄严，结构比例协调匀称，其外部门廊等部位点缀着许多精美浮雕，教堂内的四周设有小型祈祷室，每个祈祷室内的神龛、雕塑和装饰都是不一样的。在教堂前面的花园广场上，还耸立着一座 1945 年由罗马天主教会赠送、重达 4 吨的圣母玛利亚雕像。教堂两座等高 40 米的钟楼塔尖直刺云霄，给人以跃跃升天之感。据说，所砌红砖全部来自法国，尽管已历经百余年沧桑，但仍毫无褪色，不改昔日容颜。这一座典型的哥特式教堂在四周绿树红花和蓝天白云的映衬下，更加富有法国风情，令每个初来乍到的游客犹如置身于童话的梦境。

建筑方面，除了红教堂，值得一提的还有西贡邮局。这座建筑也是匠心独具，别有风采。它建造于 19 世纪末，也是出于法国设计大师之手。从形式上看，富有古典气息，尤其是它的大厅，不但宽阔舒展，而且装饰华丽。当我们走进邮局大厅，便能看到在其左右两侧墙壁的上方，各有一张越南地图。据说，这两张地图是出于法国地理学家之手，而且全是手工绘制。与红教堂一样，邮局的穹顶、彩色地砖、立柱装饰、圆形花窗、花型壁灯和大厅上空的华丽吊灯等，无不彰显着哥特式建筑的风格特征。

越南胡志明市西贡邮局

从游历者的角度，胡志明市的可去之处还真是不少，例如，法国殖民主义者(越南南部总督拉格兰蒂耶)为了加强其在越南的统治机构而修建的统一宫；距离胡志明市六七十公里、当年作为越军第 25 师的指挥中心，如同一个地下村落的胡志明市三大遗迹之一的“古芝地道”；云集餐馆、旅店、咖啡厅、廉价商铺和旅行社等于一体的著名“范老五街”等，都值得一去。限于篇幅，上述景点我就点到为止，不再赘述，我倒想就作为越南南方重要景点的美拖谈谈自己的感受。

美拖是位于湄公河三角洲上的一处城镇。湄公河在这里分成了九条河流奔入大海。所以，越南人也将之称为“九龙江”。美拖九龙江景区的确景色秀美。随着越南的革新开放和对外交流事业的蓬勃开展，美拖显然已经成为享誉越南、享誉东南亚，甚至享誉世界的游览胜地。美拖距离胡志明市 75 公里，盛产各种热带水果。旅者如果自驾，不妨从胡志明市沿着一号国道以平均每小时 50 公里的时速往西南方向进发，一般只需八九十分钟即可到达。流经美拖南部的湄公河上总共有 4 个小型岛屿，其中最大的一个就是泰山岛，面积约 12 平方公里，岛上有越南最大的果园，盛产诸如芒果、龙眼、椰子、木瓜、人参果、牛奶果、鸡蛋果和菠萝、波罗蜜等代表性热带水果，因此，旅者可以在这个岛上痛痛快快地来一顿正宗的热带水果大餐。就我的个人感受而言，泰山岛上的水果确实名不虚传。就拿芒果来说，去皮后，一口咬下去，汁液流滴，甜爽无比；椰子水更是清甜解渴，沁人心脾；波罗蜜香甜不腻……岛上的居民们真是聪明和善解人意，他们似乎很清楚我们到此一游想得到些什么，在我们用餐的时候也不忘为我们轻柔奏乐，让我们这些远道来客在这柔丽清幽的异国乡野聆听到了越南乡村音乐家用传统器乐为我们演奏的越南乡间歌谣和“交趾国”古乐。我们不但是饱了口福(水果大餐)、饱了眼福(观赏美景)，而且还饱了耳福(能在这异国风情海岛聆听到如此美妙而又稀有的古乐歌谣)。不但如此，愉快的游览行程节目还没有完，用完午餐后，旅者们在当地居民朋友的精心安排下，每人发一个由棕榈叶制作的颜色略带淡土黄的尖顶遮阳帽，由岛的另一端搭乘一种只能容纳四人以下的窄长型独木小舟，然后缓缓而行，穿梭于两旁都是密密水椰子林、红树林和芦苇丛的湄公河三角洲水道。此时此刻，此情此景，旅者们的那份悠然、那份舒心、那份惬意和陶醉自不待言。

在美拖，除了泰山岛之旅令人难忘外，令我有渐入佳境之感的要数湄公河的水上观光。这回的水上观光可不是坐那种窄长易晃的独木舟，而是乘坐一种装着小马达的机动木船。当机动木船的马达声一响，小木船便像离弦之箭般地驶离河岸，向着预定的小岛进发。随着“哒哒哒”的马达声，河面越来越宽阔，我们的视野也随之无限延展：我们一边极目眺望由远而近的湄公河两岸的热带丛林，一边在湄公河滚滚的水流中一往无前地急速行进，湄公河上空蓝天白云，柔风拂面，不时有看似丹顶鹤模样的白色优雅的鸟儿从我们的头顶上飞过，一艘艘装满了水果的运输小船从我们船的一侧疾驶而去。江面上，不时会观赏到正在打鱼的渔夫，他们的撒网动作既灵动又娴熟，在江面上远远望去，俨然是一幅流动的水墨画，尤其是渔夫倾力撒网的那一瞬间，很艺术，也足见其功力，特别有造型感。正是在这种审美意识的驱动下，我竟莫名其妙地产生想当一把渔夫的冲动。美拖规模不算很大，据说常住人口也就五六万，我们所到之时，尽管正值旅游旺季，但美拖给我的印象倒也显得宁静，这一点，大大超乎我原先的想象。我想，当游人们一旦退去，那里一定是更加寂寥静谧。令我没有想到的是，这座小镇上居然还有一座古色古香的寺院。可千万不要小觑这座寺院，听说里面还供奉着数尊百年高僧的肉身。这座寺院里的僧人日常的行为规范与我所认为的似乎不太一样，我看到僧人与寺院外头的住户混得还挺熟络，说话、聊天、跳绳、踢毽子，简直就像是邻里相处，他们似乎没有远离尘世，欠缺了一点出家人的静默、严谨和庄重。这种僧俗同乐的生活场景，至今回想起来仍令我颇费思量，不过，当时倒也真给了我耳目一新的见识，可谓别开生面。要问旅者为何如此愉快，答案很简单，因为，这样的天时地利，这样的旅游环境、这样的游历方式和风情种类在全世界也是不可复制或者说简直就是独一份的。

结束了在越南南方的游历，我们现在将探索的目光转向北方。

统一前的越南，西贡是越南共和国的首府，而越南民主共和国的首都则是河内。如今南北实现了统一，河内便成了越南社会主义共和国的首都。说起对河内的印象，我不得不说：我们这代人（“50后”生人）对两个国家的历史情结挥之不去，一个是中国的北邻——苏联，另一个就是中国的南邻——越南。前者是给我们送来了马列主义的老大哥，后者则是同属社会主义阵营的兄弟（胡志明主席语：同志加兄弟）。正是因为这种历史情结，主导甚至影响着我对越南这个国家（南方和北方，尤其是对北方）历史与现状的观察与思考及其价值判断。

由于第一次去越南是从南方的胡志明市入境，基于先入为主的原因，在胡志明市和更广大的越南南方地区给我留下的印象远远超出了我的想象。然而，这次到了北方，尤其是在河内所看到和观察到的一切，同样也出乎我的想象。

我们知道，河内作为越南的首都和政治中心，也是越南的历史名城，它地处红河三角洲的西北部，坐落于洪河右岸和红河与苏沥江（墩河）的汇流处，四周分别与北江、北宁、太原、兴安、永福、河西等六省接壤。红河之水终年从市区旁边缓缓流过。对于越南人来说，河内的地理位置十分显要，它不但拥有北方最大的河港，多条铁路在此汇集，也是北方公路的总枢纽，而且无论是从南方到北方，还是从内地到沿海，它均是必经之地，市郊有内排机场和嘉林机场，水陆空交通便利。河内迄今为止有一千多年的历史，自公元11世纪起成为越南历史上多个朝代的都城。河内虽然属于热带季风气候，但由于其临近北部湾，故气候宜人、四季如春，日光充足、雨量充沛、草木葱茏、繁花似锦，素有“百花春城”之美名。河内分内城和外城，内城即市区，外城则是指郊区。在王朝时期，内城又分禁城、皇城和京城三部分。禁城是国王、后妃及其子孙和侍从居住的地方；环绕禁城的是皇城，此乃朝臣们办公机构所在地；皇城之外的街坊、集市和居民区，就是京城。昔日的河内皇城，也确实是辉煌灿烂、风光无限：御苑园林、景致迷人；禁城内的殿阁亭台，熠熠生辉，富具皇家气派；京城内寺院林立、宝塔高耸。遗憾的是，因王朝更迭和战事频发，致使这些千年以来由历朝累建起来的恢宏古建筑惨遭破坏，昔日的王室宫殿也早已荡然无存，迄今留给人们的是不足200平方米的正门和官掌门的残垣遗迹。

历史上的河内，我们暂且不谈了。那么今日之河内又是怎样的一种面貌呢？与胡志明市相比，确实是有着较大的不同或反差。前面我们讲了，胡志明市比较洋派，当地的城市居民也比较开放和西化，充满着法兰西的浪漫情怀，而河内则不然。这个城市给人以一种比较传统（也可以说比较正统）、沉稳、宁静的风格特征。河内市没有多少能彰显繁荣或奢华的城市建筑。整个城市格局和马路交通设施等，还看不出一个高度现代化城市应有的那种范儿。我尤其注意到，这个城市的许多街道依然沿袭旧时的名称，比如皮行街、铜行街、糖行街、麻行街、桃行街等，这些老旧街道不少还一如既往保持着过去的经营传统和经营方式。如糖行街继续专做糖业生意，铜行街还是专售铜器，皮行街还是专门制作或销售皮具等等。河内与中国一样，也使用阳历和阴历。除了政府规定的国庆节等节日外，当地人也几乎与我们一样，非常重视过春节、清明节、中秋节、端午节、重阳节等节日。他们也像我们一样将春节看作是一年之中最重要、最盛大的节日。越南人的春节概念是从每年农历二十三（我们俗称“小年”）的“灶王节”开始，过年的气氛一直要延续到整个正月。越南有一句家喻户晓、妇孺皆知的民谣叫作“肥肉姜葱红对联，幡旗爆竹大棕粑”，讲的就是人们一年一度期盼的春节终于来到了，家家户户要为过节准备丰盛的肉菜食品，煮好棕粑，将吉祥喜庆的大红对联贴在自家的门上，各家各户高高的旗幡随风飘扬，爆竹声声中送去旧岁，迎来新年。由此可见，越南人是多么看重他们的春节啊！当地民间说法就是：“正月是大家‘吃喝玩乐的月份’。”故人们在这个时段大吃大喝也无可厚非，越南人终于为自己放松找到了“合法”的根据和理由。

除了春节等传统节日与中国十分相似外，越南还有一些由来已久的传统习惯和民俗风土人情。

越南人非常重视孝道。子女孝敬父母、祖父母，在他们看来乃天经地义。因此，祖先崇拜的传统世代相传。在他们看来，崇敬祖先就是造福未来。因为，自己的亲人虽然死去，但灵魂不灭，他们依然可以对后人起着庇佑和督促作用，依然主宰着人们的一切活动，人间的许多灾难祸福，都要靠祖先之灵庇佑化解。因此，越南人家普遍设有祭祀祖先用的神龛、神台或神位，即便身居狭窄的城市，人们也照样想方设法辟出一个合适的空间（或在墙上或在柜顶）设置一个小型祭坛，置上香炉，插上香烛，摆上鲜花和贡品。有的比较讲究的人家还要在祭坛两旁贴上诸如“祖宗功德千年顺，子孝孙贤万年昌”“福生礼仪家堂盛，禄发荣华福贵春”等对联，借以勉励自己，教育后代要忠孝礼义、虔敬先祖、积善积德，以祈求洪福万年。此外，越南人对先祖的崇拜还表现在对其名字的忌讳。日常生活中，他们不准自己的子孙对其父辈或先祖指名道姓（或直呼其名），即便在孩子很小的时候，父母就十分注意不让自己的孩子知道先祖的名字，以防他们乱喊，对先祖不敬。如果自己的孩子在同别的孩子发生矛盾时，被对方喊着先祖的名字奚落、作弄，那么，这个被奚落、被作弄的孩子一定会认为是受了极大的侮辱，甚至会激起深仇大恨。当然，随着时代的发展和社会的进步，这种“忌名”的风俗在越南的城市（尤其是大都市）已日趋衰退式微，但在广大的越南农村，尤其是比较闭塞的穷乡僻壤，仍然盛行。

越南国民的思想和观念应该说还是比较保守和传统的。这可以从他们的服饰穿戴领略一二。关于服饰，古代越南的京族人一般都穿各种有套头的衣服和长裙。从5世纪到15世纪，一般的平民百姓穿褐色的布衣，官吏们则着蓝色葛衣。15世纪后，阔绰的有钱人一般穿锦罗沙葛，参加祭奠或宴会时则改穿红色袍服，在官衙当差的小吏卒则穿褐色或黑色的布衣，官吏们穿青色衣。这种刻板的传统穿衣习俗直到法国殖民统治后才得以突破和改观。由此开始，无论是富人、官员，还是平民百姓，在衣着方面开始发生巨大变化。女性们开始穿结纽上衣和紧腰裤。法国殖民统治结束后，越南人的服饰穿戴也与时俱进：城市男性多穿西装，女性则钟情于花色窄袖长袍。其实，此种长袍或长衫本质上也是一种花样被翻新的传统服饰，它被视为越南女性的国服。这类服饰的最基本特征就是上身收腰，彰显女性的性感和身段，使其婀娜多姿、仪态万方。此种长袍一般都是选用轻盈柔薄的丝绸类质料剪裁，它的外形款式粗看起来与中国民国时期流行的旗袍有点相似，但明显的区别之处在于：它自腰部以下开衩很高，较之旗袍更大胆、开放，在此基础上再配搭上由同花色、白色或黑色不等的布料制作的宽松型拖地长裤。女性（尤其是年轻的姑娘们）穿上这样的服饰，走起路来风姿绰约，倍感飘逸，而且在日常生活中，行动自如，无论蹲、坐、骑（单车或摩托）都十分方便，可谓既美观又实用，故它被称为越南女性的“国服”，在我看来也是实至名归。越南女性穿上如此美妙的国服，再加上擅长梳妆打扮，素来喜欢戴项链、戒指、手镯，喜欢留齐腰的披肩长发，并用各种颜色的发夹束于脑后，故越南姑娘要不美才怪呢！凡是到过越南的旅者，一定不会忘记无论是在南方的胡志明市还是在北方的河内街头，每天的上下班高峰时段那成百上千的摩托车巨流在都市大街轰鸣疾驰、呼啸而过的壮观一幕。此时，你一定会注意到那些骑在摩托上的越南女性，一个个披着飘逸的长发、扑闪着乌黑灵动的双眼、穿着肉色长筒丝袜和超短紧身黑裤、裸露着秀美的长腿、戴着项链、打扮入时的越南姑娘，犹如一道道柔丽华美的风景，在夜幕降临的都市街区流光溢彩。

说到美丽的越南姑娘，我又不得不提及与越南姑娘关系极大的越南人的婚姻生活。在未到越南之前，我曾听说，越南实行一夫多妻制。当时，我就不太相信这种道听途说，因为越南毕竟是社会主义国家。这两次到越南，经实地考察，还是想对此论题谈谈自己的看法。其实，说越南是一夫多妻制国家，这种说法肯定不对。但是，说越南是严格执行一夫一妻制的国家，这种说法同样值得商榷。我们知道，由于以前相当一段时期处于战争状态，令越南的人口结构男少女多，故面对这样的现状，政府在一夫一妻制的社会制度不变的情况下，对社会上实际出现的一夫多妻现象持默认的态度。

迄今为止，越南的重男轻女传统观念仍然较为严重。因此，女性的地位不高，一个家庭往往还是男人说了算。正是这种重男轻女的社会意识形态，让越南的男人们一个个昂首挺胸、爷们脾气十足。在越南，流行着这样一种说法，叫作“男人干大事，女人做小事”。按此逻辑，照看孩子、操持家务、田间劳作等里里外外的事自然都是由女人来干，而男人们即便吆五喝六、东溜西荡、吃吃喝喝，那也是天经地义。说到这里，又令我想到了德国哲学家黑格尔的那句“一切存在的都是合理的，一切合理的都是存在的”经典之语。正是越南重男轻女的社会意识形态，造就了越南的男尊女卑。正是由于造就了越南男人“很有脾气”，因而也就相应造就了作为阴阳两极中的另一极——越南女人“没有脾气”。的确，和日本女人一样，越南女人是很温顺贤淑的，她们很会勤俭持家，要说过日子，那绝对是一把好手。当然也有为数不少的越南女人愿意嫁到中国，或自己亲自来中国寻找她们的另一半。在我看来，娶越南姑娘也没有什么不好，如果娶得好，也许会比娶个中国姑娘更合适、更幸福。然而，具体情况具体对待，事情都是两方面的，如果处理得不好，那必然是事与愿违。

其实，从历史的角度看，中越两国人民比邻而居。两国间不但有着源远流长的悠久交往历史，而且有着地理环境和同源族群文化的优势，故使得在中国广西（同时也包括云南等）一带中越边境地区的跨国通婚现象早已有之。自从中越两国先后实行改革开放政策之后，两国民间的跨国通婚数量逐年上升，这种通婚现象也逐渐由原先的边境地区向各自的内陆蔓延。当然，与业已形成的边境地区跨国婚姻相对集中不同，两国内陆间的跨国通婚相对来说就必然显得较为分散。这类跨国婚姻的产生和形成往往也有它们的特定历史条件。

在未到越南考察之前，我对越南女性的看法也和大众的基本相同：越南女性淳朴美丽，勤劳善良。这种看法的形成也许与我早年的一段军旅生涯经历不无关系。记得在20世纪60年代末70年代初，我所在部队的不少战友是刚从越南战场上下来的英雄老兵，训练之余，只要一有空，这些老兵们总是喜欢给我们讲述他们在越南战场上战斗的故事，同时也讲越南的所见所闻，其中不乏讲到越南姑娘的故事。至今我还记得，有一个姓马的陕西籍老兵，每每讲到越南女性，讲到她们的纯朴善良、她们的可爱美丽、她们对中国年轻军人的爱恋和向往时，这位老兵总是很动情，难以掩饰他对越南女性的赞美。我不怀疑这些迄今仍清晰地印刻于我记忆深处近半个世纪关于越南女性的历史影像。那是真的，一定是真的。然而，我也不得不承认，随着时代的发展，历史也在发生着变化，当年那位操着一口陕西腔讲述故事的汉中老兵心目中的越南女性的形象，也在随着岁月的变化而变化。换言之，那位老兵当年心目中的越南姑娘早已原型不再，成为历史。如果哪位中国男人还是痴心不改，一味抱着上述观念去寻找昔日的越南姑娘，那等待着他的很有可能犹如一些人去新疆寻找当年王洛宾先生歌中的达坂城姑娘那样，失望而归。

为了证明这一点，我曾作过实地求证：黎海丽——我们的越南导游，一个土生土长的越南姑娘，温婉善良，颜值中上，言谈举止落落大方。由于她是地地道道的越南人，又是导游出身，可算是见多识广，因此，对中越跨国婚姻的情况门儿清。当我们有人谈到娶个越南姑娘做媳妇不是件难事时，海丽导游有点儿沉不住气了，甚至有点儿略带愠色地从座位上站起来当场否定，并用一口越南腔的普通话一本正经地说道："我们越南女性根本不像很多男人想象的那样可以手到擒来。如果是那样，一定是你们搞错了。今日的越南女性，她们的眼界和视野也开阔了许多。她们希望嫁个有钱人，嫁个看上去令人舒服的男人，既儒雅又有学问，既高大帅气又懂得心疼人的男人。她们也想出国，也想留学。你们不是有部电视剧叫《北京人在纽约》吗？其实，我们也可以拍一部'越南人在巴黎'。"听了海丽导游的一番话，我犹如醍醐灌顶。我终于明白了什么叫自以为是，什么叫"偏听则暗，兼听则明"。

拙文已经写得不算短了，但我的灵感和思绪仍在越南南北的三千里江山奔腾驰骋。是啊，谈南方，谈胡志明市，必然要谈美拖。那么，谈北方，谈河内，怎么能将这个国家的顶级名胜下龙湾给遗忘呢?！好吧，下面就让我们对它作简要巡礼。

下龙湾，是位于越南北方广宁省的一个风景如画的群岛海湾区。它拥有喀斯特地貌，据地质学家推测，它大约经过了2 000万年的喀斯特地质进化过程，以致形成今天这样有着多种多样峰丛、峰岭的喀斯特岩石地形。中国旅者如果从广西东兴出关，一路顺利的话，3～4个小时即可到达那里。下龙湾风姿独特，名扬天下。它由东、西、南三个小湾组成，总面积有1 500平方公里，内含约3 000座岩石岛和土岛，尤其以伸出海面呈锯齿状的石灰岩柱最为典型。此外，还有一些洞穴和洞窟，由于其景色很像中国漓江山水，故也有人将它称为越南的“海上桂林”。2011 年，作为世界自然遗产，下龙湾被联合国教科文组织列为“世界新七大自然奇观”之一。

其实，在我看来，漓江山水和下龙湾风光，一个在江上，一个在海上，各有千秋。由于下龙湾的风景是在海上，故它的境域和规模比漓江山水更宽广，从而给人的视野境界更为开阔深远。千百年来，有关下龙湾的故事传说版本多多，其中较为典型的说法就是上天派遣神龙下凡降临北部湾，龙口喷吐颗颗龙珠落入大海，化为岩石，耸立成山；此外，还有一种颇具代表性的说法就是有一群白龙从远方飞来，被这里的美丽景致所吸引，它们在这里翻腾激浪，化作千百种风格迥异的奇峰丽岛。传说归传说，但坐在下龙湾的海上游艇上，旅者一定会获得在世界上任何游览胜地都难以获得的那种独特的心灵感受。下龙湾奇峰林立，绿色小岛星罗棋布，一个个早在千百万年前就已形成的山洞窟穴，更给人以某种古远神秘的历史时光隧道之感。在那里，旅者们所见的那些个“神马飞驰”“公鸡争斗”“直插于水中的筷子”“漂浮于海面的古鼎”“金猴奋起千钧棒”“小狗看家”“金龟爬行”等的山形岛状，栩栩如生、亦真亦幻，真是令人叫绝，尤其是蛤蟆岛，在海上远远望去，犹如一只静似端坐、蓄势待跃的大蛤蟆，嘴里似乎还衔着青草，显得格外传神和逼真。我尤其注意到，下龙湾的海水既清澈又绿蓝，加之我们到那里的时间正值农历的冬末春初，据说那是下龙湾一年中气候最宜人的时节，一派郁郁葱葱、生机盎然的自然景色，浓烈的春色被淡淡的夏意萦绕着，显得更有情调和暖意。

早在去越南之前，就听中央美术学院国画系的一位老先生如是讲述：到了越南不去下龙湾，不算真正领略了越南；就犹如有人到了新疆不去喀什，就算不上真正领略了新疆一样。在这位老先生看来，下龙湾俨然是一幅自然天成的水墨画。它的绮丽俊美是由奇石、秀水和天色三个要素组成，除了“斗鸡石”“蛤蟆石”“飞马石”等赋予了观赏者的审美灵性，那些形象酷似神庙中的“香炉”“观音”、孤独的“老者”、怀抱婴儿的“母亲”更是被投射了观赏者静穆的神性和温良的人性。那些大小不等的岩洞、千姿百态形状各异的钟乳石，有的像凤凰，有的像长尾鸡，有的像巨蟒，有的像青蛙，有的则像奔腾喷泻的巨瀑，只要身临其境，此时此刻，此情此景，任何一位旅者都会为下龙湾这大自然的鬼斧神工而惊叹不已！

去吧，朋友，去一趟越南，尤其一定要去美拖和下龙湾，因为，那里确实是上帝为人间创设的至美境界，我在这里描述得再好，对你来说也是百闻不如一见，还不如你亲自走一遭，去身临其境地实地观看它、感受它、领略它，你定会视界洞开，得到你想要得到的东西，你定会不虚此行，满载而归！

吴哥：高棉的遗韵

——爱上柬埔寨

柬埔寨，吴哥的故乡！

一个偶然的机会，我有幸踏上了这个美丽而又神奇的国度。之所以说她美丽，是因为吴哥的美丽；之所以说她神奇，同样也是因为吴哥的神奇。柬埔寨是吴哥的母亲，吴哥则是柬埔寨的骄傲和象征，两者紧紧相连、密不可分。从某种意义上说，柬埔寨就是吴哥，吴哥就是柬埔寨。

柬埔寨，旧称高棉，一个典型的佛国圣地和热带国家，历史上与我国交往密切。首都金边，工业基础十分薄弱，国民经济以农业为主，是一个实实在在的农业国家。柬埔寨是东南亚国家联盟成员国，同时也是世界上最欠发达的国家之一，它位于中南半岛西南部，其东北部与老挝接壤，西部和西北部与泰国毗邻，南部、东部和东南部则面向暹罗湾。柬埔寨国土面积不大，只有 18 万平方公里，但它又是一个旅游资源极其丰富、令全世界旅者心驰神往的国家。柬埔寨的中部和南部是平原，东部、北部和西部被山地和高原所环绕，

柬埔寨金边王宫

大部分地区被森林覆盖，境内有高近 2 000 米的山峰，美丽的湄公河在柬埔寨境内缓缓流过。全国人口近 1 500 万，20 多个民族，其中 80%是高棉族，其余的少数民族有占族、老族、傣族、普农族、斯丁族等。柬埔寨国民中 93%以上信奉佛教，故佛教也是柬埔寨的国教。高棉语是柬埔寨通用语，它和英语同为柬埔寨的官方语言。柬埔寨又是君主立宪制国家，实行多党制和自由市场经济，立法、行政和司法三权分立。国王是终身制国家元首、国家武装力量的统帅、国家统一和永存的象征，有权宣布大赦，在首相建议并征得国会主席同意的情况下有权解散国会。

柬埔寨不愧是历史悠久的亚洲文明古国，约公元前 4200 年，这片土地就有人类居住。公元 1 世纪下半叶，柬埔寨出现了第一个王朝——扶南王国，这是一个印度化的国家，受印度宗教和文化影响深刻。到了公元 7 世纪，扶南的属国真腊崛起，取代了扶南王朝。8 世纪末，真腊被南方的爪哇所灭，9 世纪初吴哥王朝建立，9—14 世纪，是吴哥王朝最繁盛时期，那时经济繁荣、文化发达、国势强盛，伟大的吴哥文化就诞生在这个伟大的时期。不幸的是，公元 1431 年泰国素可泰王朝军队攻陷了吴哥城，纵火焚烧了这座雄伟壮丽的城市，吴哥王朝被迫迁都。随着帝国中心的南迁，吴哥城逐渐被遗弃，慢慢地淹没在热带雨林深处，被世人遗忘。19 世纪中晚期，柬埔寨先后被法国、日本占领，曾一度沦为法国的被保护国，直到 1953 年才得以完全独立。但时隔不到 20 年，柬埔寨又开始了长期的战乱，致使人民饱受艰辛和苦难，国家遭受重创，元气大伤。后来在以联合国为首的国际社会的协调、斡旋、监督和帮助下，柬埔寨最终于 1993 年举行全国大选，重新恢复君主立宪的国家政治体制。从那以后，柬埔寨国家权力机构相继成立，国内各民族之间矛盾逐渐得到妥善解决，民族和解最终实现。自此，柬埔寨的国家建设和发展进入健康轨道。

如今，柬埔寨国内虽然安定了，国家也进入了正常的运行时期，但是该国的经济基础仍很薄弱，工业设施规模小、原始落后，农业还停留在自给自足的小农生产阶段，广大的农村还有相当一部分民众尚未完全摆脱贫困。尽管柬埔寨政府如今也开始实行对外开放的经济政策，推行经济私有化和贸易自由化，把发展经济、改善民生、消除贫困作为各级政府重中之重的工作来抓，将农业、加工业、旅游业、基础设施建设和人才培训作为优先发展领域，推行行政、财经、军队和司法等领域的改革，提高政府工作效率，改善投资环境，并取得了一定的成效，但真正要让这个国家的经济发展有明显的起色，看来还需要一些时日。经济发展的严重滞后、积重难返是柬埔寨当下经济发展面临的主要困境。

考察期间，我花了五六个小时的时间，从金边乘车到吴哥，行程长达三四百公里，一路上的所见所闻，让我亲自领略了这个中南半岛贫穷国度的真实面貌：这个国家迄今没有铁路（更谈不上高铁），没有高速公路，交通只能靠那些传统老式的窄道公路。即便是那样的路，其路面状况也是坑洼不平，有的地段还有水坑，汽车在上面行驶，常常水花四溅，颠簸得不行，平衡机能差的旅者上车后非晕车不可。好在我本人从来不晕车，所以尽管路况很差，行车艰难，倒也不影响我观赏沿途的风光：一个个农家小舍由远而近，迎面而来，然后又一晃而过。道路两旁的农舍民居，有平房，亦有简陋不堪、上面住人下面养牲口家畜或放置家私的高脚屋。由于正值傍晚时分，我们有幸看到了当地小学生放学回家的情景：

夕阳下，柬埔寨儿童一个个背着看上去似乎也是沉甸甸的小书包，一步一个脚印地踱步回家。令我忍俊不禁的是，队伍中有一个七八岁的男孩，流着鼻涕，却梳着小分头，西装革履，居然还严严整整地打着一根领带，特别有意思。我透过车窗向他招招手，他似乎也看见了车上的我，目光交汇之间，小男孩也从容不迫地举起他的小手，并用手指给我做了一个"V"字形手势回敬致意，真是太有意思了。这幅生动有趣的画面深深地镶嵌在我的脑海里，挥之不去。

行走在广袤的柬埔寨原野，那里的农村还是相当的原生态，尽管人类历史的时钟已走入 21 世纪，但在柬埔寨的农村，那里似乎仍固守在遥远的十七八世纪：那些错落有致分散在平原上的农舍，家家户户的烟囱冒着袅袅炊烟，识途的老水牛拖着缰绳信步走在回家的归途上，还有老者坐在自家的门口悠然自得地抽着古老的水烟，偶见有当地的妇女在田间劳作，还有年轻的母亲正在给怀中的婴儿哺乳，窈窕的村姑在井栏边打水。不远处，一位老者正在自家的豇豆地里寻觅着什么，此情此景，大有"采菊东篱下，悠然见南山"的恬淡和超然，一切都是那样的古朴清新，如诗如画，亦梦亦幻。

柬埔寨的乡野，尽管比较穷，但却很美。柬埔寨的人民，尽管现在还不富裕，但他们勤劳质朴，心地善良。在柬埔寨乡野或城市，我们不但领略到了美丽的自然风光，同时也领略到了高棉民族别样的风俗。就拿取名字来说，在柬埔寨，人们的取名很有讲究，他们往往是姓在前，名在后，贵族等级的，一般继承父姓，平民则以父名为姓（也有以祖父名为姓的）。柬埔寨人通常不称呼姓，而习惯于直呼其名，并在名字前面加一个区分性别、长幼、尊卑的词。柬埔寨人在穿着方面倒不是很讲究，这可能与热带气候有关系。他们一般爱穿拖鞋，不戴帽，大多衣着单薄、朴素。比较有代表性的传统高棉民族服装是纱笼，这是柬埔寨人日常在家中穿的衣服，用丝绸质地的方格布或印花布制成，将布料缝成一个筒状，穿的时候把纱笼筒折叠成双层即可。还有筒裙，是适宜在公开场合穿的服装。此外，紧身衣和水布是柬埔寨人必备之物，它既可以当围巾也可当包头布使用，甚至可以系在腰间当汗巾，还可当作礼物送给贵宾。高棉人有自己的传统服装。男子上身着无领直扣开襟衫，下身着的长裙称纱笼，妇女着紧身开襟齐腰短上衣，下身着传统黑色"贯头"，称为"松不"。柬埔寨还有一种古老的服装叫"干曼"，一般百姓用长布，富贵者用锦，不缝合，从腰腹往下缠至小腿，在背后打结。随着社会的发展和外来文化的影响，柬埔寨人的穿着也与时俱进地发生着变化：在金边及其他城市，男人们也穿制服、西装、T 恤，妇女们的服饰也很艳丽多姿。柬埔寨人一日三餐的主食一般为大米，副食以鱼虾为主，喜欢吃诸如葱、姜和生辣椒等一类刺激性较强的食物。由于他们信奉佛教，忌杀生，不太食动物肉，一般喜欢素食，但逢年过节，餐桌上也有鱼肉，菜肴十分丰富。他们偏爱酸、甜、辣的味道，辣椒和葱、姜、蒜不可缺少。柬埔寨人很青睐中国的粤菜和滇菜（云南菜）。饮酒现象在柬埔寨较为普遍，水果亦可当作下酒菜来吃。他们有饭后漱口的习惯。在城市里，菜式多样且欧化或汉化。但在乡间人们大多保持着自己本民族的饮食习惯，如用瓦锅煮饭、煲汤，用椰壳做勺等。下饭的酸汤讲究清香可口，菜式有咖喱菜、桑绿菜、哥格菜和薄荷菜等。柬埔寨人用右手抓饭，左手作他用，他们认为，左手是不洁的，故用左手拿东西或食物是不懂礼貌的表现，对于这样做的人，他们很反感。他们还认为，头是人的神圣部位，因此别人不能触摸他们的头部，也不能随意抚摸小孩的头（这与我们中国完全相反，中国人如果喜欢一个小孩，往往会情不自禁地去摸摸他的小脑袋，如果孩子的家长在眼前，他们对此不但不反感，反而很高兴，这说明他们的孩子讨人喜欢）。在柬埔寨的一些舞蹈中，常用手势来表达特定的意思，如五指并拢伸直表示“胜利”；五指攥成拳头表示“不满”和“愤怒”；四指并拢，拇指弯向掌心，则表示“惊奇”“忧伤”等等。

金边城街景一角

作为文明古国和佛教国家，柬埔寨非常讲究温、良、恭、谦、让和尊老爱幼、长幼有序。“合十礼”是柬埔寨传统见面礼。柬埔寨人在见面和分别时往往会很有礼貌地以双手合在一起，指尖朝上，口说“三拜”。“合十礼”还有许多规格，如晚辈给长辈行礼时指尖举到眉间；官员对上级行礼指尖举到胸前；百姓向官员行礼指尖举到鼻尖；在向王室或高僧行礼时，还需跪下或蹲下。在乡间人们习惯只行合十礼仪，在城市除行合十礼仪外，也有行握手的礼仪。

柬埔寨的房屋别有风味：在农村，传统的住房一般都是高脚式竹木结构房屋，距离地面两米左右，用扶梯上下，房屋四壁开有窗户，上面住人，下面存放农具和停放车辆等，房屋多为坐西向东，周围植有各种花草；住在江滨湖畔的居民，房子建筑在船或木筏上，并把木筏或船系在钉入湖底的木桩上，30～50 户人家集结而居，形成一处流动的水上村落，居民们进出浮屋主要靠小船。水上浮屋的居民与陆上居民享有同样的社会地位。至于首都金边的建筑物就与上述房屋明显不同，它们具有各种各样的风格：城中的寺庙全是古老的吴哥式建筑，较为现代的住宅和办公楼则大多是法国式的，当年殖民主义者的痕迹比比皆是。

柬埔寨的一些主要节日也深刻反映了这个国家的风俗习惯。例如，柬埔寨历法向来采用佛历，即以公元前 543 年释迦牟尼诞生年为纪元。柬埔寨一年中有很多节日，其中三个最为隆重的民族传统节日是新年节、御耕节、送水节。此外，全国性的节日还有国庆节(11月9日)、立宪节(5月6日)、劳动节(5月1日)、人权节(12月10日)等。新年节在公历4月，节庆三天，第一天为守岁，第二天为辞岁，第三天为新岁。新年节庆以浴佛像和建沙塔为主要活动，这两项活动都具有祈求吉祥、幸福和长寿的象征。御耕节，深刻体现了柬埔寨迄今仍处于农耕社会的民族特征。该节于公历四五月间举行。御耕节寓意国王重视农耕，鼓励人民从事农业。每逢农耕节日，首都皇家田都会举行隆重的御耕典礼，国王、王后亲临主持。送水节约公历11月举行。柬埔寨每年雨季，洪水高涨淹没广大田地，水退之后，沉积很多水生物，大片耕地变成肥沃的良田，柬埔寨人民认为这是上天的恩赐，所以水退的时候就会举行仪式欢送水神、地神。庆祝活动一连三天，其间最受欢迎的活动是龙舟竞渡。

柬埔寨人非常重视男女的婚姻嫁娶，他们的婚俗很有特点：主张男子"嫁"到女方家。他们的这一风俗正与我们中国的"男大当婚，女大当嫁"相反。因此，婚礼的全部仪式都在女方家中进行。婚礼由村中最有声望的老者主持。柬埔寨的婚姻习俗，有一些独特的仪式。我们很幸运，在柬埔寨短暂停留时间，由当地资深导游墨黛女士精心安排，让我们有幸看到了金边市郊外一高棉族人家的婚嫁全过程。尽管受到语言的限制，但我们还是基本读懂了。

与东南亚的其他国家(例如菲律宾、印尼等)一样，柬埔寨民间也流行斗鸡比赛，这是一项深受柬埔寨老百姓喜爱的民间传统娱乐活动。在传统的高棉历史上曾有斗象、斗牛、斗鸡、斗鱼等娱乐传统，如今柬埔寨的斗鸡就是传统高棉斗鸡风俗的保留和沿袭。也有人以斗鸡赌输赢的。人们用自己平日精心喂养、训练的公鸡参战，并用钱或稻谷、大米等物作为赌注，旁边围观的人认为哪一只鸡有望获胜，便将赌注押在那只鸡上，押对则赢，押错则输。斗鸡也分场次，并有时间规定，有的五分钟一场，有时以一炷香燃烧掉三分之一或二分之一的时间为一场不等。

柬埔寨腊塔纳基里省少数民族迄今仍保留着一种非常奇异的风俗，那就是人们一天到晚，烟斗不离身。当子女长到六七岁时，父母就为他们准备好了烟斗，并开始教他们吸烟。当地人认为吸烟可以使孩子懂得日常生产、生活中苦辣酸甜的滋味，尤其是烈烟能使人提神，在茫茫的森林中行路不管多远都会令头脑清醒，不会迷路。如果这时孩子们不喜欢吸烟，父母也不勉强，因为他们还实在太小，但到十五六岁时，就一定要强迫他们学会吸烟。特别是少女，如果不会吸烟，就被认为不漂亮、没出息，像树叶上的害虫一样，是一个令人讨厌的、一辈子嫁不出去的女人，因而会遭到人们的唾弃和谩骂，甚至会被驱逐出村庄。因此，无论多么难受，姑娘们也要横下一条心，努力学会吸烟。烟斗是用一种孔小的竹竿制成，长一拃左右，竿粗如小手指，烟斗口直径一指节长。目前，这个省的加莱、格楞、东奔、波鲁等民族除了用烟斗外，还用废旧报纸卷烟，因为市场上的旧报纸又便宜又多，可随时买来卷烟抽。也有一部分人喜欢用"桑该"树叶卷烟，这种树叶有清香味，人们非常喜欢。

关于柬埔寨的民风民俗，说不完道不尽，我们就暂且赘述到这里。别忘了，本文主题是“吴哥”。柬埔寨是吴哥的故乡，伟大的吴哥文化才是柬埔寨这个佛教国度的旗帜和灵魂。

在柬埔寨高高飘扬的国旗上，镶绣着一幅“三座宝塔”的美丽图案，那就是吴哥文化的缩影和象征。所谓“吴哥”，其实就是今天为柬埔寨乃至全世界人广为传颂的被石化了的文化古迹，同时又是柬埔寨古代王国一个朝代的名称。吴哥古迹及其所代表的文化，不仅是柬埔寨辉煌灿烂的古代文明的标志，也是整个亚洲乃至世界的文化瑰宝。强大的吴哥王朝，其国运昌盛，疆域辽阔，真可谓“威名震四海”，从而创造了被世人誉为古代东方四大奇迹之一的“吴哥文化”。

吴哥窟

何谓“吴哥文化”？简言之，就是“吴哥古迹”。今天的世人，每当提及柬埔寨的吴哥古迹，就自然会将其同中国的长城、印度的泰姬陵和印度尼西亚的婆罗浮屠并称为古代东方的“四大奇观”。吴哥古迹的确名不虚传，要不然联合国教科文组织怎么会将其列入首批“世界自然文化遗产”名录呢！早在公元9至15世纪，吴哥曾是柬埔寨的王都。也正是在这数百年间，在政教合一“神王思想”指导下，吴哥城、吴哥窟及其周围的寺庙群拔地而起。然而，大约在公元15世纪早期，暹罗军队入侵，吴哥陷落并惨遭破坏。王朝被迫迁移到金边。被遗弃后的吴哥从此渐渐淹没在茫茫的热带丛林中，销声匿迹。直到400多年后的公元1861年，被法国博物学家、传教士、亨利·穆奥所发现，并向欧洲和世界广为宣传，吴哥才得以重见天日，再现光辉。在这个天大秘密的偶然发现中充满着事物发展的历史必然性：当法国人亨利从中国元代著名旅行家周达观的《真腊风土记》中获得启示后，便从中国出发，经由南海、湄公河、洞里萨湖，到达真腊（即今天的柬埔寨）。亨利此行的目的就是要寻找在周达观在《真腊风土记》中所描述的那个“业已消失了的吴哥城”。他雇用了多位当地的土著作为助手，在茫茫的热带丛林中挥舞砍刀，披荆斩棘，克服藤葛缠身、饥饿疲惫、毒蛇挡道、野兽偷袭等千难万险，探索着前进，终于有一天，他手中的大刀砍触到了隐藏在丛林中坚硬的巨石，当他用刀刮去覆盖在巨石表面的苔藓，竟意外地发现了镌刻在巨石上的文字。于是，他们继续披荆斩棘地前进，并被突然出现在眼前的景象惊呆了：虽然由于年代过于久远，许多建筑已经开始倾斜垮塌，但那些精致的雕刻、蔚为壮观的塔群、佛像、大小不等的庭院和广场令人震撼。如此这般，尘封了整整 4 个世纪的吴哥文化和文明终于被发现，呈现在世人面前。

气势恢宏、辉煌灿烂的吴哥古迹群，雄踞在今天的柬埔寨首都金边西北约 240 公里处（属于柬埔寨北部暹罗省境内），那是一座“废都”——柬埔寨吴哥王朝的都城遗址。这座遗址的现存古迹主要包括吴哥王城（俗称“大吴哥”）和吴哥窟（俗称“小吴哥”）。全部用石头建构以及精美的浮雕艺术是吴哥王城和吴哥窟古迹群的两大特征。在炎热潮湿的热带雨林地区，正是因为这些古迹是由石头建构而成，故尽管它淹没于热带雨林长达 400 多年却仍然雄风不减、风姿犹存。吴哥古迹始建于公元 8 世纪初叶，前后耗时竟长达 400 多年。在这 400 多年的建造过程中，吴哥三易中心。第一次，耶轮巴摩一世时期，王都中心建在巴肯寺；第二次，罗因陀罗跋摩二世时期，王都中心建在巴戎寺；第三次，乌答牙提也跋摩二世时期，王都中心定在巴方寺。吴哥曾先后于 1117 年、1431 年分别遭到占婆人和暹罗军队的入侵和破坏，它能够如此大规模地保留至今，已是人间的奇迹和大幸了。

吴哥城是行政和礼拜神君的中心，城市是以从印度传入并适应当地传统的宗教和政治观念为基础而设计的，所以，这座城市具有浓郁的印度特色。城市顺着巴肯山的地势建造而成，虽然距今年代久远，但雄伟的气势依然还在。吴哥城中的雕像大多是佛像，使得城中宗教气息格外浓厚，许多雕像具有十分浓郁的印度教和佛教特色。吴哥窟是吴哥古迹中保存得最完好的庙宇。它于 12 世纪作为一座巨大的陵庙而修造，是高棉古典建筑艺术的巅峰之作。吴哥窟整体布局十分合理匀称，而且富有节奏和律动感。从柬埔寨回国后不久，我在同清华大学一位对吴哥建筑深有研究的建筑学家谈观感时，他告诉我吴哥建筑之所以能保存至今的奥秘：吴哥窟基本上是垒石建筑，而且主要是巨型长方形石块层层堆垒，绝大多数不用黏合剂，很少有使用木材的地方。这就是吴哥古迹能在潮湿炎热的热带雨林地区历经数百年风雨沧桑而不衰不朽的原因所在。现存的吴哥古迹有多达 600 多处，其中最具代表性的建筑有巴戎寺、巴孔寺、女王宫、班蒂色玛寺、涅槃宫、罗蕾寺、巴肯寺、圣皮度寺、塔普伦寺、斗象台、宝剑塔、神牛寺、空中宫殿等，它们分布于方圆 45 平方公里的密林丛中，无论是吴哥城还是吴哥窟，都是由许多精美的佛塔和众多的石刻浮雕所组成，气势磅礴，蔚为壮观。这些佛塔的基座全是由数吨重的巨大的石块垒砌而成，佛塔高数米，上面有形形色色的图案雕刻，工艺精湛绝伦，美妙无比。神庙里所供奉的佛像以及廊柱、墙角上到处可见精美细腻的雕刻，其形式各有不同，有凸出的，也有凹陷的，甚至还有凹凸有致、两者交替的作品。庙宇走廊上的窗子也是以小石柱作栅栏，当阳光透过窗户洒入长廊，更呈现出一种人文与自然交错的美感。吴哥窟中五座莲花蓓蕾似的佛塔高耸入云，更是高棉民族引以为豪的精湛建筑。除大、小吴哥和三个王都中心外，女王宫和空中宫殿也是吴哥古迹中著名的景点。吴哥城和吴哥窟的美，犹如一个人跋涉在漫无边际的热带丛林里，精疲力竭之时，拨开一个树丛，忽然发现眼前是一座闪烁着金光的静谧古城，这座经历了几个世纪沧桑的历史古城，一直像秘密一样藏匿于这个世界。今天触摸吴哥窟，无疑就是触摸到了绝美的历史质感。要知道，这大、小吴哥，修建于吴哥王朝的鼎盛时代，它们曾一度是吴哥王朝的国都和国寺，据说全盛时期的吴哥王朝有几百万人口，而当时英格兰的伦敦还只不过是一个仅有四五万人的乡间小镇啊！

综观吴哥古迹，那里的任何一处景致，任何一座庙宇佛塔，任何一尊佛像都是巧夺天工，堪称上帝的杰作。在这些杰作中，最令我震撼和惊骇的还是大吴哥的“高棉的微笑”。在吴哥城的巴戎寺里，耸立着 49 尊巨大的四面佛雕像，他们个个慈眉善目，面带笑容。吴哥城的佛塔和城门上刻有巨大佛脸的佛面塔，这些谜一样的佛脸微笑，表情各异，恬淡安详中带有几分神秘。这就是令吴哥名扬天下的“高棉的微笑”。

吴哥古迹，作为一种人类的文化和文明，凝聚了高棉民族和柬埔寨国家的精神。吴哥是高棉的、柬埔寨的，更是亚洲和世界的。今天的柬埔寨人民和他们的先辈一样，无比珍爱吴哥古迹，视吴哥文化为其民族的生命。的确，吴哥是柬埔寨的命脉，是这个国家不朽的灵魂！

别了，神圣的高棉。别了，伟大的柬埔寨，永垂不朽的大、小吴哥！不过，此乃小别，我还会再来！

马六甲听涛

——"斑斓之国"马来西亚

马来西亚是一个美丽富饶的东南亚国家，由于工作关系，我曾数度走进这个国度。我每次踏上该国领土，总有不期而遇的新读解、新认知和新领悟扑面而来。与马来西亚近邻新加坡相比，尽管新加坡玲珑剔透、精致美丽，我也非常喜欢，但它毕竟是一个城市化的国家：国家即城市。我觉得马来西亚才是一个真正意义上的本真国家。尽管那里的国民有富有穷，甚至贫富差距悬殊；尽管那里有亚洲乃至世界闻名的巍峨建筑"双子星塔"，也有穷困潦倒、破败不堪的贫民蜗居；尽管这个国家不是幅员辽阔，但它呈现出斑斓的多元化人文色彩；尽管这个国家将伊斯兰教尊为国教，但诸如佛教、道教、印度教、基督教、天主教和拜物教等宗教同样受到保护和尊重。这就是马来西亚，博大和宽宏的国家。也正是因为博大和宽宏的民族特征，铸就了这个国家的卓越品格和魅力，铸就了它不朽的灵魂。

马来西亚，地处太平洋和印度洋之间，其地理位置相当特殊。整个国家分东马和西马两大部分。其东部隔着南中国海，与中华人民共和国遥遥相望，西临马六甲海峡，南与新加坡隔柔佛海峡相望，北部则与泰国毗邻。国土面积33万平方公里，有长达4 000多公里的海岸线，是一个典型的海洋性气候国家。马来西亚于1957年独立，独立后的马来西亚

坐落于吉隆坡的马来西亚大清真寺

是由13个州和3个联邦直辖区组成的联邦制国家，现有人口3 200多万，其中马来人69.1%，华人23%，印度人6.9%，其他种族1.0%，首都吉隆坡。

马来西亚在亚洲乃至世界都享有重要的地位，在国际事务中发挥着重要的作用和影响。这个富饶美丽的国家，终年阳光充足、气候宜人。得天独厚的地理位置和自然环境使马来西亚拥有丰富的旅游资源：曲折绵长的海岸线，乳色或金色的细沙海滩，广阔无垠的碧海蓝天，魅力四射的珊瑚礁岛，色彩斑斓、奇趣无限的海洋生物，千姿百态、古老沧桑、幽然神秘的石灰岩洞穴，还有淳朴的民风民俗，悠久的历史文化遗迹，多元的宗教文化，富具热带风情的现代化都市，都使人心醉神迷、流连忘返。这就是马来西亚，一个令人魂牵梦绕、心驰神往的国度。

马来西亚，不但有很长的海岸线，而且有着悠久的历史和文化。早在公元1世纪初，马来半岛就已建有诸如羯茶、狼牙修、古柔佛等古国。也许是地理位置等原因，一直以来，古老的印度文明深刻地影响和支配着马来西亚。尤其是从古印度输入的印度教和佛教文化，主导了马来西亚的早期发展历史。自公元7—14世纪，苏门答腊（当时属大巽他群岛）的三佛齐文明达到鼎盛时期，其影响力扩展到爪哇和马来半岛等地区。作为马来西亚国教的伊斯兰教，虽然早在公元10世纪就已传入该国，但在此后的四五百年中，一直处于沉寂状态，直到三佛齐王国覆灭后，才在马来半岛立定根基。由此，伊斯兰教开始活跃，马来西亚也随之进入了伊斯兰文明时期。15世纪初以马六甲为中心的满刺加王朝统一了马来半岛的大部分地区，并发展成当时东南亚地区的主要国际商贸中心。16世纪后，曾先后遭到葡萄牙、荷兰、英国等国的殖民侵略，并于1911年彻底沦为英帝国的殖民地。1957年8月31日马来西亚宣布独立，1963年又与新加坡、沙巴和沙捞越合并，成立了马来西亚联邦，但该联邦仅维持了两年。1965年8月8日，马来西亚国会以126票赞成和零票反对的表决结果，迫使新加坡退出该联邦。新加坡也就于次日宣布独立，成立新加坡共和国。今天，新马两国的政府和人民都各自按照自己的意志和历史轨迹发展，两国关系也还算比较密切、友好。

马来西亚与中国的关系由来已久，早在公元前2世纪，我国就有商人赴马来半岛进行商贸活动。20世纪70年代，中华人民共和国与马来西亚正式建交。建交40多年来，两国关系的发展总体而言较为顺利，尤其是20世纪90年代以来，中马关系迅速升温，两国的双边关系不断拓展和深化，给中马两国带来了实实在在的利益。仅2013年一年，中马双边贸易额突破1 000亿美元，中国成了马来西亚最大的贸易伙伴，马来西亚则已经连续6年成为中国在东盟国家中贸易额最大的合作伙伴。随着中马两国关系的不断发展，近些年来，两国领导人的双边互访也日益频繁，并一致同意将中马战略性合作关系提升为全面战略伙伴关系。双方还签署了中马两国经贸合作的5年规划。

一个国家的经济发展速度和发展水平直接关系到这个国家人民的生活水平和幸福指数。尽管马来西亚在近年来经济发展呈持续良性发展之势，但马来西亚毕竟还不是一个经济很发达的国家。一个国家人民生活水平的高低和幸福指数也不仅仅取决于该国国民的人均国民生产总值数字。反映在市场上的情况也较为复杂，就饮食而言，马来西亚首都吉隆坡的消费水平比较高，不过世界名牌服装倒是应有尽有，价格比中国便宜不少，要是赶上打折季，那更是既省钱又能买到货真价实的世界名牌。为此，我还专门关注了吉隆坡的一些大型商厦，那里的高档名表、化妆品等价格也比国内低了不少。因此，到马来西亚的中国旅者疯狂采购者大有人在。给我印象最深的，还是吉隆坡的房价。一般情况下，一套普通的居民住房50万～60万元人民币也就能拿下了，一套100平方米左右的住房月租金折合人民币在4 000～6 000元，房主大约用10年时间基本可以收回成本。

要说人民的幸福指数，也是一个颇为复杂的衡量标准。什么叫人民幸福？吃好穿好玩好了是幸福。那么，允许人民每天睡懒觉、每天上班时间很短应不应该作为人民幸福与否的参数和依据呢？在马来西亚期间，我的总体感觉是，马来西亚人民的物质生活一般，经济收入也很一般，但是，马来西亚民众大多过着一种悠然自得的慢节奏生活，他们没有“时间就是金钱，效率就是生命”的观念。这一点，从进入马来西亚海关我们就明显感觉到了。一切都是慢条斯理，什么都得慢慢来，不要着急。他们这种悠闲松散的生活，极像我们四川成都市民的那种生活方式，甚至大有过之，真令我羡慕，但我也绝对学不来，因为在我看来，他们似乎有点慵懒或近乎浪费生命。但仔细一琢磨，也许是我的想法太狭隘，人生忙忙碌碌是一辈子，悠闲从容也是一辈子，何必非得把自己搞得紧紧张张、忙忙碌碌呢?！人生的忙碌奔波还不就是为了“稻粱谋”吗？要是吃穿不愁、居所无忧，谁还愿意再去人为地做一些无谓的忙碌呢！从这个意义上看，我认为，马来西亚人民真幸福，他们的幸福指数一点儿也不低。因为，幸福是一种心理的感觉，就看人们怎么去解读和评判它。说到这里，我还必须补充一点，同样作为马来西亚国民，华裔和原住民，由于各自的文化传统不同，他们的生活习惯和生活方式也存在着明显的差异。相对于马来民族的原住民，华人及其后代较之前者要更能吃苦耐劳和勤奋，例如体现在工作或其他生意场上等方面，华裔似乎做得更为出色到位，对此，马来同胞和印度裔同胞们并无存疑，也都普遍持认同态度。

在整个东南亚，对中华民族的历史传统和中国文化接纳度最高的两个国家是新加坡和马来西亚。这种情形的产生当然是人类社会发展流变使然。新加坡就不用多说了，华裔占绝对优势又是以华裔为首脑领导的新兴国家，同宗、同祖、同文、同血脉的亲缘关系决定了两国政府和民间的亲善友好。尽管马来西亚国内的华裔比例没有新加坡多，但由于华裔在该国的作用、地位和影响力，两国间同样显示出高度的友好亲善，尤其是中国改革开放以来，中马两国在政治、经济、文化等领域都有着长足发展。我是从事出版行业的，就我所知，马来西亚每年都要从中国引进大量的中文工具书（尤以语文字典、词典为主）供国民使用，例如《汉英双解新华字典》就被马来西亚出版机构在第一时间引进。在文化交流方面，由于马来西亚同新加坡一样，全国使用简体汉字，因此中国与马来西亚开展交流十分方便。在引进中国的简体字版本后，无须做大的改动即可上机印制，真可谓省钱、省工又省力，纯粹的“拿来主义”，何乐而不为呢?！

平心而论，尽管在马来西亚待的时间不长，对其考察的广度和深度很有限，但马来西亚人民给我留下了深刻美好的印象。尽管他们过着一种在我们看来似乎有点懒散的悠闲

本书著者在马来西亚国际书展与出版商版权贸易洽谈

生活，然而，他们普遍温良敦厚、随意率真、知足常乐、与世无争。马来西亚民众对生活没有过高的要求和奢望，在他们看来，生活能过得去就行。马来西亚人民对中国普遍怀着友好的感情，许多马来西亚朋友（主要是马来西亚华裔朋友）在与我们谈话时，每当说到中国，往往很亲切地称之为“国内”，对“根之祖国”的一往情深溢于言表，这令我们这些“同一祖宗”的人闻之尤感欣慰。也许正是这些因素，故在马来西亚，我们似乎没有异国感，即便是在下榻的宾馆旅店，也时时有一种“宾至如归”的温馨暖意萦绕心头，虽然身在异国，却丝毫没有孤寂和陌生感。这也许是我愿意三度踏进这个古老国度的潜在原因吧！

马来西亚真是值得一去，值得细细品读。首都吉隆坡，就是马来西亚国家历史的象征和缩影。走在这座城市的街头，浓烈的东南亚风情扑面而来，匆匆来去的人群中，有黄色人种、棕色人种、黑色人种、白色人种，五洲四海的人类同胞，不远万里，来到了马来西亚，来到了吉隆坡，相逢相聚在美丽壮观的双子塔下：长发飘逸的意大利女郎、英气勃发的西班牙俊男、热情洋溢的南非少年、沉稳庄重的德国长者、风情万种的澳洲少妇、魅力四射的巴西旅者……这就是当今的人类世界，异彩纷呈、奇趣无限。

马来西亚的姓氏人名也蕴含着这个古老东南亚国家的历史与文化。马来人的姓名非常独特，他们通常是没有固定姓氏的，而只有自己本人的名字。如果是儿子，就以他父亲的名字作为其姓，而他父亲的姓，也就必定是他祖父的名。因此，这样一来，马来人的一家几代人，姓名都是各不相同的。他们的姓名排序也较特别，往往是将姓排在后，名排在前。男子姓名之间用一个“宾”字隔开，这除了表示某某是某某人的儿子之外，还含有儿子、男性、子孙、后裔（后代）等几层意思。女子姓名则用“宾蒂”二字隔开，以表示父女关系，例如马来西亚前总理马哈蒂尔全名是达图·马哈蒂尔·宾·穆罕默德，而他夫人哈斯玛的全名是哈斯玛·宾蒂·哈吉·穆赫德·阿里。马来人姓名中还有许多冠称,如“邦”表示兄,“卡”表示姐,“切”表示儿,“多”表示长辈。马来人取名的形式呈多样性,除以上说的取其父亲的名字外,也有既取父名又取母名的,还有根据其他各种情况取名的,如在礼拜四出生的名为“甘蜜斯”,如在出生时正巧碰上父母移居,那就取名叫“南达”,甚至还有按照子女出生的排行次序大小给其取名,如长男叫“苏龙”,次男或次女叫“雅”,五男叫“班影”,五女叫“安影”等等。因此,这样一来,马来人的姓名连带冠称连接起来就不仅显得很长,而且蕴意丰富,如男子姓名“穆罕默德·甘托尔·苏加诺·布迪亚”,其中“穆罕默德”取自伊斯兰教,“苏加诺”表示其家族血统,“甘托尔”是雷鸣的意思,表示一种宏大的气概或气势,“布迪亚”表示男孩。还有“阿布拉·宾·阿卜拉卡迪尔·蒙希”姓名中的“蒙希”则表示该男子当外籍人语言教师的身份。马来西亚人名的历史由于社会的发展和宗教信仰的不同而一直处于流变状态。古时候,由于社会的封闭,很少受外来影响干扰,那时的马来人取名都是根据大自然现象,如“暴风雨”“山”“水”等。在印度文化尤其是印度教和藏传佛教传入这个地区后,人们的取名方式发生了变化,主要体现在梵文元素进入马来人的名字中,出现诸如“敦·特查”“汉都亚”之类的名字。自公元10世纪伊斯兰教传入马来西亚后,由于伊斯兰教徒一般都倾向于采用伊斯兰教或阿拉伯名字冠名,因此,随着伊斯兰教的广泛传播,男子名如穆罕默德、阿卜杜拉、哈桑、艾哈迈德,女子名如艾玛尼、法蒂妮、哈娅特、依丽哈姆等就开始在马来西亚盛行。到了现代,马来人的取名方式又与时俱进地发生了变化,例如有的将丈夫和妻子的名字合成给子女冠名。在马来西亚,每个马来人都有自己的头衔。这是一个讲究封号和尊贵的国度,因此,在他们的名字中,可以说是尽可能最大限度地在自己的名字中显示其出身的荣耀和尊贵,例如,你是王族出身,那么,你的名字前面必定得冠以“东古”字样,如果某人曾经因为对国家或社会做出过杰出贡献而被国家元首、各州的苏丹或州长颁发勋衔,接受诸如“敦”“达士克”等封号,有人就将这类勋衔置于名字的前头。上述讲到王族出身的男子或州长的儿子通常谓之“东古”,而女儿则被叫作“坦古”,其含义与王子和公主并无二致。此外,如果哪位伊斯兰教徒曾到麦加参加过朝觐,那么,男教徒的名字要加上“哈吉”的尊称,如果是女性教徒,则在其名字上加冠“哈贾”尊称。可不要小看这类名称,马来人非常看重这一点。因此无论是在一般场合还是重要的社交场合,如果对方是马来人,那就一定要按照马来人的称呼习惯准确无误地尊称对方,尤其值得注意的是,千万不要把对方的头衔给弄错了(如果将姓氏搞错问题倒不是很大),要不然,一不小心会惹来麻烦甚至祸端。在这方面,马来人表现得尤为严谨。

今天的马来西亚,由于时代的进步,信仰伊斯兰教的马来人在婚姻观念上较之从前已经开明了许多,自由恋爱现象也逐渐普遍。然而,在那些恪守传统的马来族家庭,他们在正式结婚时,仍然要进行一整套古老而又复杂的程序。首先是相亲。按照当地风俗,在约定相亲的这一天,小伙子必须和他的父母以及媒人带着礼物上女方家,双方父母首次正式会面交流,如果没有什么问题,男方就可以给女方送上聘礼,并定下具体的结婚日期。马来人的婚礼一般要持续三天。头天往往在新娘家中(也有去当地清真寺)举行,一般日期都是定在伊斯兰教的休息日礼拜五,婚礼由一位德高望重的教长主持。新郎在自己亲友团的簇拥下，带着钻戒、珠宝等贵重礼物来到新娘家中或清真寺，拜见教长、证婚人和新郎家的长辈。这时，教长首先问新郎：“以真主安拉的名义，你愿意娶×××为妻吗？”新郎回答：“以真主安拉的名义，我愿意娶×××为妻子。”紧接着，教主又将目光转向新娘，问道：“以真主安拉的名义，你愿意嫁给×××为妻吗？”新娘同样会回答：“以真主安拉的名义，我愿意。”然后，男女双方互赠礼物，并在教长的领读下共诵《古兰经》，为他们自己的未来祷告祈福。婚礼的高潮时段是在礼拜天，即第三天。这一天男女双方正式举行成婚仪式，主人要请亲戚朋友光临并大宴宾客，其中最为热闹喜庆的场面是所谓的“闹婚”，其主要内容包括：一大群未婚青年喜气洋洋地敲着手鼓、载歌载舞地簇拥着新郎来到新娘家的门前，后面还跟着庞大的迎亲队伍，这时，早已等候在新娘家门口的女方亲友们拥上前来，将新郎挡在门外，并向其索要“入门费”，这时，新郎只有给足了钱，方可入新娘的家门，后面还有如此这般的过关斩将，最后新郎才能见到新娘的芳容。我们的运气还真是不错，由于及时获得“情报”，我们在吉隆坡当地朋友的引导和帮助下，驱车到了郊外一个充满伊斯兰风情的村落，亲临当地人的婚礼现场，目睹了上述美丽而又生动的一幕。当地的马来西亚朋友非常好客，听说我们是来自中国的客人，非常高兴地接待了我们，我太太还在婚礼现场与当地的马来西亚朋友跳起了即兴的舞蹈。如今我们虽已回国多时，但那天婚礼上这别开生面、其乐融融的快乐一幕，仍深深地印刻在我的记忆中，挥之不去。

马来西亚是亚洲国家中的一朵奇葩，文化多元是这个国家的最大特征。这个国家今天的风貌乃其历史发展使然。多元文化决定了这个国家的色彩斑斓，同时也彰显了这个国家的博大和包容。由于民族的不同，各民族人民之间的生活方式和风俗也就自然不同。就拿饮食文化而言，它的多样性和多元化特征就很明显：绝大部分马来人由于信仰伊斯兰教，故食物禁忌主要是猪肉和酒类。马来西亚伊斯兰教徒一般食用牛、羊、鹿、鸡、鸭、鹅、鸽肉以及鱼类等水产，但所有这些可食动物也必须经由阿訇之手宰杀方可食用。马来人最喜欢用“椰浆饭”招待客人，此饭香气扑鼻，口感别致，确实很好吃。当地的马来粽和竹筒饭也是典型的富有马来风味的小吃，里面同样掺杂椰浆。凡是到过马来西亚的旅者都会有这样一种感觉，那就是，马来风味的菜肴普遍调味偏重，凡是牛羊鸡鸭鱼肉，统统都要加上咖喱、辣椒和其他调料。各种各样凉拌类的菜肴是马来西亚开斋节或宴请宾客必备的佳肴，它们往往由各种野菜、果蔬甚或树叶等加上适当的调料凉拌而成。除此之外，马来人对其他用餐也都讲究清真食品标准。马来西亚的华人主要信仰佛教，故他们的食品禁忌与我们国内的相差无几。印度人自然信仰印度教，说到他们的饮食习惯，就令我们想起“手抓饭”。印度人吃饭为何要用手抓？对此，我专门请教了马来西亚的印度朋友，他们给了如是回答：印度人认为，吃饭中很多快感来自人的触觉，而中国、越南、韩国、柬埔寨等亚洲邻国的筷子和西洋刀叉都阻碍了这种感觉，所以也就阻碍了这种用餐时所产生的特有的愉悦和快感。此外还有更深沉重要的意义就是：用手抓饭能让进餐者提前感知食品的温度，避免刺激或烫着舌头和口腔。另外，马来西亚印度人吃饭还有一个规矩，那就是，无论大人还是孩子，一律用右手抓食吃饭，给别人递送食物、餐具之类就更是要用右手。因为在他们看来，右手干净，左手是不洁的。这又与印度人的另一个习惯有关，那就是他们如厕后，不用手纸，而是用水冲洗，冲洗时，专用左手，从不劳驾其右手。马来人用餐还有一个特别的习惯就是他们一般不是围桌而食，而是席地而食。他们在用餐时，将食物放于地上或草席、地毯或地板上，团团围坐，用右手抓食（此习惯与印度人相同），且坐姿也有一定之规：男士盘腿而坐，女士则屈腿向右斜身而坐，如果女士年岁较大者，亦可像男士一样盘腿而坐。由此足见，光在吃的领域，马来西亚的饮食文化就十分博大精深，让世人叹为观止！

马来西亚是一个以大农业为主的国家，因此在该国（尤其是广大的乡村地区），相当多的国民迄今仍然持有许多远祖流传下来的原始信仰（尤其是各民族或各种族浓厚的宗教意识形态）。马来西亚的宗教包容政策和理念令其成为融伊斯兰教、印度教、佛教等诸多宗教于一体的多元文化国家。但是，就我本人对这个国家的总体观察而言，马来民族毕竟还是这个国家的主体民族和主导力量。马来人在这个国家中的政治地位和势力还是相当强大的。考察期间，笔者所到之处，所看到的是：马来西亚全国各地的主要清真寺无不气势恢宏、雄伟壮丽。由此足见马来西亚政府对马来民族及其信仰的重视程度。也正因为如此，今天的马来西亚仍然有许多不可逾越的清规戒律和包括各种禁忌在内的古老礼仪和风俗习惯需要人们去恪守和遵从。作为外籍人士，无论是到马来西亚旅游观光，还是学习、工作和生活，都应该了解这个国家人民的生活习惯、行为准则、生活禁忌，以免引起不必要的纠纷和麻烦。因此，除了上述一些注意事项外，还应该特别注意以下几点：马来人忌讳别人摸自己的头和背（包括摸小孩的头和背也都是不允许的），也不能用食指对人指指点点，要是面对女士，如果对方没有握手的表示，千万不要主动先伸出手去要求握手。如果应邀到马来人家中拜访，必须穿戴整齐。由于马来人家中的内厅也用来做祷告，故到马来人家中拜访，如果穿的是拖鞋，应将拖鞋放置于门外。伊斯兰教是马来西亚的国教，在马来人的心目中地位极其神圣。非伊斯兰教徒进入清真寺之前必须脱鞋，并且不能从正在做祷告的伊斯兰教徒面前经过，也不准触碰《古兰经》，更不得在未经许可的情况下，擅自在清真寺内进行拍照。尤其是女性旅者，在参观清真寺或庙宇时，更应注意自己的着装，不可将手臂和双脚暴露在外。还有，马来西亚在公共场合是严格禁烟的，旅者应自觉遵守。马来民族在生育方面也有许多讲究，这些讲究一般都与椰子有很大的关系，例如用椰子测胎儿的性别。待婴儿出生后，用椰子壳装婴儿的头发然后为其取名，甚至将装有婴儿头发的椰子壳埋在院子里并种上一棵椰树以示纪念，等等。此外，马来西亚至今还延续着一种古老的风俗，尽管这种风俗在大城市已并不多见，然而在广大的边远乡村仍然比较流行。比如当孕妇怀孕 9 个月零 9 天时，要准备好大米、椰子、松脂一类物品，以便孩子出世后将其送给接生婆。主人还要根据胎次不同送给接生婆不同的钱，例如头胎给 5 林吉特，二胎给 3.5 林吉特，三胎又给 5 林吉特，四胎以后的一律给 3.5 林吉特。马来人还有为产妇驱魔的风俗，据说，为防止魔鬼在产妇分娩时吸血，他们将一小撮带刺的露兜树叶放置于产妇的床下，同时在产妇的房门上或者房屋前用石灰粉打一个“×”号，再用加油调好的木炭粉在婴儿的额头中间打一个“×”号，并口念咒语，这样便具有驱除魔鬼、获得平安的作用。另外，我们中国妇女生孩子后要“坐月子”，总共30天，而马来西亚妇女生孩子后要“坐月子”44天。其间，要求产妇必须卧床静养，就连下床走动都算是犯了禁忌。此后，产妇可以用一种“酸橘水”洗身，主人此时便设宴招待直系亲属，表示产妇“坐月子”结束，完全解禁，可以自由活动。在此期间，外人最好不要到产妇家中去串门做客。

关于马来西亚，我已经说得很多了，但此刻仍然觉得意犹未尽。这又究竟是为什么呢？因为这个具有悠久历史传统的文明古国是人类世界的一朵奇葩，一部卓越的大书，它真是读不完写不尽的：吉隆坡的沧桑历史；东马、西马的遥远过去；各民族同胞的和睦相处；多元宗教的相互理解、并存和包容；与邻邦新加坡的恩怨情仇和现在的友好睦邻关系；马来西亚最大的伊斯兰教堂，也是目前东南亚规模最大、气势最恢宏、代表伊斯兰建筑艺术顶峰的马来西亚国家清真寺；闻名于世的马来西亚沙捞越洞穴；风光无限的热带雨林；广袤无垠的棕榈风情；仙雾萦绕（云雾山中）的云顶度假胜地；奢华的金马酒店；还有让人吃了永远忘不了的美味无穷的马来西亚风情小吃“肉骨茶”……这一切的一切，都足以佐证本文的稚拙和挂一漏万，好在我也始终未敢有面面俱到的野心和奢望。因而，此时也许可以此聊以自慰，求得思绪的片刻宁静，但是，我那颗对马来民族无限深念神往的心灵，一直在自由地飞翔：飞向马六甲，飞向吉隆坡，飞向那高耸入云端的银色双子星塔，飞向一个伟大而又神圣的伊斯兰国家——马来西亚！

狮城情怀

——再访新加坡

初夏时节，我有幸随同中国出版代表团参加了在新加坡举办的国际图书博览会。我第一次到新加坡是在1987年的初秋。因此，这次算是故地重游了。

20世纪80年代末我初到新加坡时，中国还处于改革开放的初始阶段，国人的观念形态也正面临着新的挑战。当时新加坡给我的印象是：国土面积很小，城市景观很新，多种语言交汇，各族同胞和睦，社会秩序井然，经济繁荣昌盛，人民勤劳善良，官员勤政廉洁，政府执法如山，国民遵纪守法，国家祥和安宁。新加坡，这个于1965年脱离马来西亚后崛起的东南亚城市岛国，以其独特的品位和风姿，引来了全世界的注目和重视。一个东南亚小国，为何能在短时期内迅速取得如此辉煌的成就？这确实是一个值得世人思考的问题。

本书著者摄于莱佛士酒店

一个国家就是一座城市，一座城市就是一个国家，这就是新加坡这个国家的最大特征。新加坡国土总面积 724.4 平方公里，人口已突破 564 万，华人占 74%，其余为马来人、印度人和其他种族。马来语为国语，英语、马来语、华语和泰米尔语为官方语言，英语为行政用语。新加坡可谓典型的新兴工业化国家，工业主要有炼油、化工、造船、电子、冶金、机械、精密仪器、飞机制造、木材加工等。国际贸易和金融发达，它拥有东南亚最大的年吞吐量 1 亿多吨的海港(也是世界著名的转口港)和世界著名的金融中心。高新技术产业和旅游业发展迅速。这个国家绝大部分粮食、蔬菜都依靠进口；花卉和热带鱼出口地位重要；拥有东南亚最大的航空港；岛上交通发达，高速公路横贯东西。新加坡的天然资源奇缺，大量的工业原材料和生活资源依赖进口，甚至日常的饮用水都要从邻国马来西亚进口。由于国土面积狭小，国家的社会经济发展自然会受到限制。政府为此也想了许多办法，比如填海造地以扩大既有的国土面积。但此举的贯彻实施并不轻松顺利。不仅是用来填海的土资源成问题，而且填海造地所致的自然生态平衡被打破后的影响也难免会招致邻国的不悦和异议。这对新加坡政府来说，确实是一个令其头痛的问题。

新加坡值得我们关注的另外一点是它的人口政策。这个国家尽管国土面积狭小，但该国政府仍然鼓励国民生育。1987 年新加坡的总人口大约是 270 万，2004 年时约 400 万。17 年间增长人口 130 万，增长比例是相当高的。这不能不说是新加坡这个特殊国家的特殊性政策。

20 世纪 80 年代时中国人去新加坡的还很少。还记得 1987 年我去新加坡，当我们一行入关时，一位看上去 50 来岁的海关警员看到我们的护照，眼神中流露出几分惊讶和好奇，当他了解到我们是代表北京商务印书馆应邀出席新加坡庆祝商务印书馆成立 90 周年华诞的活动时，似乎勾起了他对故乡的眷念：“噢！商务印书馆，老牌出版社，有年头了！我祖父小时候就念你们出的教科书。”语言的功能竟是如此神奇，就是这样短短的几句家常交谈，素昧平生的华人间的情感距离就一下子拉近了。还有一次，在我们下榻的莱佛士酒店门口，一位十四五岁的卖花姑娘走上前来要我买她的鲜花，并问道：“先生是台湾来的吧?”当我明确地告诉她我来自北京时，这位稚气未脱的小姑娘一脸惊愕，好奇的眼神似乎在发问：中国真的开放了吗？她把鲜花送给我后，转身就跑了。彼时我在那里听到最多的是：“中国开放了，中国有希望!”而时隔 17 年后的 2004 年，我在新加坡听到最多的是：“中国强大了，人民的希望实现了!”的确，中国的改革开放及由此而带来的人民富裕、国家强盛给了这些海外的华人及其后代巨大的精神慰藉。在新加坡，人们学习华语的热情很高。被誉为“新加坡国父”的李光耀生前也一再强调学习华文的重要性。新加坡政府还打算在今后有计划地培养一批精通华文的专家学者充实到政府的重要部门担任要职，这些都从一个侧面反映，随着中国经济的发展对世界所产生的影响，许多国家的政策都因中国的变化而变化。尤其是像新加坡、马来西亚这样华人相对密集的国家，这种变化就更为明显。华人的子弟要学华语，马来人和印度人也学习华语。

新加坡是华人、马来人、印度人和印度尼西亚人等多民族聚居的国家。由于人类社会发展的历史等原因，不同民族之间必然会存在着种种差异，这些差异包括政治的、经济的、文化的乃至宗教信仰等等。在这样一个国家，执政者的首要使命就是如何让各民族人民团结一致，和睦相处，共同发展。我们知道，新加坡建国以来的最高领导人一直是由华人担任。李光耀乃是新加坡的开国之父。应该说，他在新加坡建国后的国家治理上有一些独到的方略。比如新加坡在廉政建设方面是颇为成功的，因此在世界上享有良好的声誉和口碑。此外，在处理内政和民族事务等方面也显示出了领导人的智慧和才能。据一位资深导游讲，为了减少和避免民间的冲突、纷争，新加坡政府在处理人民内部事务方面历来非常小心谨慎。比如，发生车祸、打架斗殴等民间冲突或纠纷时，涉事者中如果有不同民族，那警察局或其他有关部门就会多去几个人，如果是涉及华人同胞的，就由华人警察负责出面处理，如果是涉及马来人或印度人的，就由马来族警察或印度裔警察去处理。据说，这样处理事件使涉事者易于接受，也易于化解矛盾。新加坡在治理国家方面确实积累了许多独特的经验，这些经验中有一些是值得其他国家学习和借鉴的。

赤道上的翡翠

——印度尼西亚掠影

自印度尼西亚回国已有一段时间了，但这个国家给我留下的印象却至今难忘。这是一个与众不同、富有传奇性的国家，该国有数百个民族，有数百种语言，由 17 508 个岛屿组成，这足以让任何一个踏上其国土的异国旅者感到惊骇与震撼。奇特的国家，必然有其奇异的历史发展轨迹和奇异的民族风采。

印度尼西亚，全称印度尼西亚共和国，简称印尼，东南亚的重要国家之一，也是全世界最大的群岛国家，其辽阔的疆域横跨亚洲和大洋洲，有“千岛之国”的美誉，人口 2.62 亿，是位居世界第四的人口大国。其国界与东帝汶、马来西亚和巴布亚新几内亚相接，另有菲律宾、新加坡和澳大利亚等国与其相邻。印度尼西亚的最大特征是岛国结构、岛屿众多。正是由于这一地理特征，形成了印尼民族众多和语系复杂的人文生态特征。在印尼的数百个族群中，最大的族群是爪哇族。这个民族在印尼的政治生态领域占据着主导地位。

印度尼西亚巴厘岛剪影

正是因为这个国家群岛太多，位置分散，种群繁多，语言纷繁复杂，要统一领导好是非常不易的，故印尼的国家格言就是“求同存异”——在我看来，这样的国家格言对该国的具体国情非常有针对性！印尼虽然属于人口稠密的国家，然而它仍然拥有大量的广袤原野，自然生态资源保存得相当完好，其生物的多样性位居世界第二。也许由于是岛国，人口众多、地理位置过于分散、不易管理等原因，印尼的国民经济发展状况总是不尽如人意。尽管该国天然资源丰富，但整个国家的贫困现象仍然比较严重。当然，印尼政府也正在尽最大的努力，发展国民经济，但对于一个拥有2亿多人口，工农业基础设施都很薄弱的群岛国家而言，经济腾飞是需要一个相当长的历史过程的。

印度尼西亚是一个具有悠久历史的文明古国，早在史前时期，就有考古学意义上的直立人——“爪哇猿人”在那里繁育生息。近年，邻国东帝汶考古发现遗迹，推测大约在4.2万年前当地的居民就已经具有高超的航海技术。由于发现那时的当地居民捕捉并食用大量的深海鱼（如鲔鱼等），故考古学家们据此推断：印尼先民们可能已经具备了跨海至澳大利亚或别的岛屿及海域航海捕鱼的技术，而由台湾高山族移居东南亚的南岛民族，大约在公元前2000年开始陆续移入印度尼西亚，今天相当数量的印尼人的血缘来自这一支脉（此外还有来自东帝汶、马来西亚、菲律宾、文莱、马达加斯加等血缘支脉），并且遍布整个群岛，因而构成了印度尼西亚人种结构的主流，同时也抑制了美拉尼亚人种的延扩和分布（美拉尼亚人种仅分布于印度尼西亚东部地区）。大约在公元前8世纪，农耕业的发展和水稻种植业的出现，促使村落产生、集镇形成，小型王国在公元1世纪开始兴起成为可能。作为巨型岛国的印度尼西亚，它的航道的战略重要性客观上促进了岛屿和岛屿间的贸易以及国际贸易。海上贸易是印度尼西亚国家的传统贸易强项产业，故它在印度尼西亚占有极其重要的地位。大约公元前2世纪的下半叶，在印度尼西亚的爪哇岛和苏门答腊岛一带出现了早期的国家雏形——叶调国。随着农耕社会形态的不断发展，到了公元3—7世纪，在印尼境内出现许多部落和小王国，这些古老的王国那时就与中国、印度甚至地中海北岸的希腊等国家有着贸易往来。在这个时期，印度教传入印尼的某些地区。公元7—11世纪，随着海上商业贸易的兴盛，佛教也开始传入印度尼西亚。期间，爪哇岛上信奉佛教的夏连特拉王朝和信奉印度教的马打蓝王朝经历了从兴盛、繁荣到衰落的全过程，它们给后世留下了辉煌的历史遗迹。如夏连特拉王朝在其鼎盛时期建造的婆罗浮屠，这座寺庙后来因为火山爆发而下沉，并因此而隐匿于茂密的热带雨林丛中竟长达千年，直到19世纪初叶才被人们从莽林丛中清理出来。世人认为，黎明时分，在婆罗浮屠的遗址中欣赏美丽的日出，此乃人生中最纯净的体验。这雄伟的佛塔建筑群落，与中国的长城、印度的泰姬陵、柬埔寨的吴哥窟并称为古代东方的“四大奇观”。马打蓝印度教王朝建造的巴兰班南寺庙群则以另一类型的风格造型矗立于世。这个由240座庙宇组成的古典建筑群位于印尼的日惹市郊，被世人称为爪哇最美丽的印度教寺庙，也是印度尼西亚境内建筑规模最大、最美丽辉煌的印度教寺庙。这座寺庙的最大价值在于它全面深刻地记录了印度尼西亚祖先所创造的灿烂文化和文明，正因如此，它与婆罗浮屠一起被列入联合国世界文化遗产。

在公元13世纪与14世纪的交替时期，印度尼西亚进入了一个重大的历史转折期，这就是满者伯夷大帝国的建立（建于东爪哇，也称东爪哇国或东爪哇王朝）。这个帝国的建立，标志着印度尼西亚国家开始走向全面的统一和强盛。到了14世纪下半叶的晚些时候，尤其是哈奄·武禄王执政时期，国家强盛达到了顶峰，这时的印度尼西亚才真正开始成为统一政权的封建国家和东南亚地区强大的海上帝国，其疆域版图曾一度扩张至马来西亚的部分地区。我国明代航海家郑和曾于15世纪初带领船队下西洋经过印度尼西亚，并在马六甲留下了中国古代官员进行外交活动的足迹。

16世纪至20世纪初的三四百年间，印度尼西亚先后经历了被葡萄牙、荷兰、英国等欧洲殖民主义者统治的困境。第一次世界大战结束后，印度尼西亚人开始进行争取独立自治的斗争，尽管在此期间，印度尼西亚国内存在着重大的政治、经济、宗教等分歧，但在争取国家独立统一这个大是大非问题上却意见一致。第二次世界大战期间，印度尼西亚日治时期结束了荷兰的殖民统治，由此也鼓舞和刺激了先前被压抑的印度尼西亚民族独立解放运动。日治初期，日本殖民主义者试图通过推行所谓的“三亚运动”（即亚洲的领袖、亚洲的保护者、亚洲之光）来笼络、麻醉和同化印尼国民，但终未获得印尼国民的认同而宣告流产。于是，日本军国主义者又试图通过笼络印尼民族主义和伊斯兰宗教力量，他们训练青年武装，然而这些青年武装后来成了印尼独立战争中的重要军事力量。1945年，随着二战的结束和日本无条件投降，印尼本来可以顺理成章地宣布独立，然而，东南亚战区盟军总司令蒙巴顿却命令日军不要将权力交给印尼任何党派。因此，在日本宣布投降两天后，极具威望的印尼独立运动领袖苏加诺宣布印尼独立，并出任印尼首任总统，从此扭转了印尼的发展方向。

印尼是发展中国家，其国情和历史背景与东南亚各国大同小异，产业结构简陋落后，国内工业基础薄弱，高新科技领域更是与发达国家的水平相去甚远。尤其自20世纪60年代以来，由于政府领导经验欠缺，加之政局动荡和盲目推行错误的“国家主义”，致使印尼陷入长期的严重饥荒和贫穷，国民经济极其糟糕，年通货膨胀率竟高达1 000%，几近崩溃的边缘。后来印尼开始实施“新秩序”政策，经济才有了一定程度的起色，尤其是货币通胀率明显下降，币制日趋稳定。印度尼西亚有史以来经济发展最快的时期是在20世纪70—80年代。要知道，印尼曾经有一个东南亚其他国家不能与之相比的天然优势，那就是，它曾经是东南亚唯一的石油输出国组织成员，它在20世纪70年代石油价格上涨时期获取了大量的石油出口外汇收入。因此，在1968—1981年的13年间，国民经济年增长率高达7%。80年代末，印尼继续深化改革，更多的境外资金涌入，1989—1997年，国民经济平均年增长超过7%，当时，发展前景良好的印度尼西亚与泰国、马来西亚、菲律宾一起被誉为“亚洲四小虎”。但是后来由于受到亚洲金融风暴的冲击和影响，引发了印尼国内的一系列巨大变化。

印尼政府重视宗教信仰，故在其宪法中明文规定公民有“信仰神道”的自由，并在实际的政策实施过程中持积极的态度，如政府每年要动用一定的国家经费，专项拨款用于扶助修缮或建造清真寺、教堂、印度教和佛教寺庙、宗教学校，编纂印制和发行各类宗教经书以及开展各种宗教活动等。尽管伊斯兰教不是印尼的国教，但鉴于伊斯兰教传入印尼年代久远，加之印尼伊斯兰教信徒的人数位于全球之首，因此伊斯兰教对印度尼西亚政治、经济、文化、历史、民风民俗以及国民生活习惯等都有极其广泛而又深远的影响，每逢到伊斯兰教重大节日，如斋戒月、开斋节、圣纪（亦称“圣忌”）、古尔邦节、灯宵节等，都要举行盛大的集会，以示庆祝。届时，印尼的政府高级官员甚至首脑都要亲自参加甚至发表讲话以示重视。

印尼是一个以伊斯兰教为主流，同时也允许基督教、天主教、印度教和佛教等教义一并共存的宗教信仰国家。一个国家的宗教信仰种类、特征以及传播的广度和深度，与其对国民意识形态的影响是密切相关的。一个国家的宗教信仰对该国的民俗民风和国民的生活习惯和生存形态都会产生根本性的影响，同样，一个国家或一个民族的民众的生活习惯和生存形态，也必定反映他们所信仰的宗教种类和特征。这次在印尼考察，给我印象深刻的是，印尼人民的生活中离不开宗教，尤其是印尼的民俗民风都深深打上了宗教的烙印。

我们知道，印尼是一个民众既有深度宗教信仰又非常好客、非常讲究礼仪的国家。因此，作为异国旅者，在踏上印尼这块神圣国土之前，最好对这个国家的民俗民风和基本礼仪有一个大致的了解，这样会更有利于你的印尼之行，同时可以增长知识、拓展国际视野。在印尼，一下飞机，首先映入我眼帘的就是印尼人民的谦恭和彬彬有礼。在机场出口处，有很多前来接应来客的印尼人，只见他们中有的人与走下旋梯的客人以握手为礼，有的则以传统的礼节，用右手按住其胸口互致问候。印尼社会向来以尊重（包括隐私在内的）个人为基础，这一点，是任何人在日常生活中所必须记住的。由于伊斯兰教是这个国家的主流宗教，故无论是在机场大厅、海关过境处还是在城市的大街小巷、乡野或其他各种场合，头戴白帽或黑纱蒙面的男女穆斯林几乎无处不在，随时可见，其男信徒显得严肃而庄重，女信徒则给人婉约、含蓄之感。这个群体的成员，似乎尤其恪守规矩和礼节，因此，在与他们打交道时，初次见面，宜点头握手，如果进入铺有地毯的房间或其他神圣场所（尤其是清真寺），必须脱鞋（在某些情况下甚至还必须脱帽）。据说，与印尼人谈生意，必须做好面对拖拉和困难重重的精神准备。对印尼人来说，守时固然很好，但他们好像对此并不很在意（换言之，迟到一点也没有多大关系）。不过，事前约会是很受其欢迎的。在款待客人或馈赠礼物方面，印尼人也很有讲究，例如，在宴会或其他用餐场合，客人应该用右手取食，不可以用左手去触碰其他任何食物。应朋友或客人之邀而去邀赴宴时，买一束鲜花赠送给主人是最合乎礼貌的。尽管在社交场合印尼人一般并不要求客人随身携带礼物，但对招待或款待自己的主人，客人还是应该说一些“衷心感谢”之类的恭维性话语，一是表达受邀者（或被款待者）的真诚谢意，二是让主人高兴。主人如有礼物馈赠，应该亲切而礼貌地接受，因为推却或婉拒不受会让主人尴尬难堪，同时也会被视为是一种不礼貌的行为。在印尼，会客时最好不要与客人谈论有关当地的政治及无神论等问题（尤其是后者，因为印尼宪法明文规定不允许国民不信仰宗教，不信教就违宪，就当无神论者对待，对于无神论者，一概不欢迎其成为国民）。

印尼巴厘岛上居民祭祀用的神龛

印尼民俗和宗教信仰中除了上述这些礼仪规矩外，还有许多禁忌流传至今。例如上面讲到的拿取食物必须要用右手，不能用左手拿取食物或传递东西。印尼人还非常忌讳别人去抚摸他们的孩子的头，他们将之视为缺乏教养和侮辱人的举动。印尼有一个巴杜伊族，该族居民的着装颜色除了为他们所崇尚的白、蓝、黑三种外，其余颜色一概禁忌，不但如此，甚至连相关的谈论都被禁止。还有，居住在爪哇岛上的居民，他们特别忌讳有人吹口哨，因为在他们看来，这是一种下流行为，并且会招来幽灵。在对待某些动物的认识上，印尼人也有许多独特的忌讳观念。比如他们对乌龟怀有一种特别的忌讳，他们厌恶乌龟，认为这种动物不但外形丑陋，而且给人以“性欲”“春药”“侮辱”等极坏的印象。此外，印尼人对老鼠也极为忌讳，他们认为，这种丑陋无比的动物本身就意味着“肮脏”“瘟疫”和“灾难”。

俗话说，民以食为天，有着2亿多人口又是多元宗教文化并存的印度尼西亚，其国民饮食习惯又有怎样的特征呢？我通过这次印尼之行的粗略考察，发现他们的主食结构与中国南部沿海地区十分相似，也几乎以大米为主，以鱼类、肉类和其他蔬菜为主要副食。不过，他们喜欢以牛、羊、鸡等动物的五脏烹制各种菜肴，其中略加孜然等调料。我们曾去过雅加达和巴厘岛的几家星级宾馆和酒楼，每家菜肴风格都有所不同，但万变不离其宗的是伊斯兰风味。伊斯兰教的教义规定，穆斯林是不能喝酒的。但印尼也有极少数其他宗教信仰的人喝酒，而且爱喝酒精浓度很高的烈性白酒。除此之外，也有一些人爱喝香槟和葡萄酒。尽管印尼大多数人是穆斯林，他们不吃猪肉，然而，另外一些人群，如阿诗玛特族人、达尼族人、巴布亚族人等，他们并不信奉伊斯兰教，故这些族群的居民在饮食习惯上喜欢用猪肉烹制各种美味佳肴。在印尼的许多地方，我发现印尼人尽管也有喜欢吃西餐的嗜好和习惯，但大多习惯于吃比较正宗的西欧式餐食。不过，在吃西餐的方式上，印尼人除在正式的官方宴会等场合有时会用刀、叉、匙等餐具，平时一般都习惯于用手抓饭(这一点与南亚的印度、尼泊尔等国家的习惯非常相近)。当然，由于印尼是一个有众多华人的国家，因此，也许是受当地华人生活习惯的影响，印尼有许多人喜欢吃中餐。

上面所述的饮食文化范畴的东西，总的来说还是停留在物质化的层面，其实印尼人普遍具有精神层面的心灵追求，那就是对神灵的信仰、供奉和崇敬。大家知道，作为一个异国旅者，到了印度尼西亚，除了首都雅加达，必然要去该国的名胜——巴厘岛，否则，此行就不完美。在这个距离首都雅加达千里之遥的世界著名岛屿上，我们不但领略到了无与伦比的大自然美景，同时也有幸沐浴到了宗教之国的神性光辉。

巴厘岛，是印度尼西亚 17 508 个岛屿中最璀璨耀眼的明星岛，该岛经济繁荣发达，人口密度仅次于爪哇岛，为全国第二位。岛上的居民主要是巴厘族人。巴厘岛以庙宇雕刻、绘画、音乐、纺织、歌舞、风景和独特的人文风习闻名于世。对于我这个一直向往又迟迟没有机会成行的人来说，它简直就是我神往已久的心灵之梦。这次，当我脚踏实地地来到这里，巴厘岛让我不禁吓了一大跳。恕我孤陋寡闻，由于出行之前未能预先做足功课，故我原先以为巴厘岛只不过是印尼 17 508 个岛屿中的一个而已，但当我实地考察、了解其"庐山真面目"后，不禁瞠目：亲爱的读者朋友，你去过巴厘岛吗？你知道它有多大吗？你知道那里有多少原住民吗？他们是些什么样的人？他们是怎样生活的？他们与岛屿外面的世界是一种怎样的关系？如此等等。考察完后，这一切的神秘面纱被一一揭开。

巴厘岛，这个位于印度尼西亚中南部、与爪哇岛之间仅有 3.2 公里宽海峡相隔的世界著名岛屿，面积有 5 360 平方公里，岛上居民人口 315 万，其中 80%信奉印度教，该岛也是全印尼唯一信奉印度教的地区，岛上通行印尼语和英语。令国内旅者颇感欣慰的是，中国普通话在巴厘岛的各景点或购物点也很通行。岛上大部分系山地，全岛山脉纵横，地势呈东高西低状，岛上还有几座完整的锥形火山，其中的阿贡火山高达海拔 3 143 米，也是整个巴厘岛的最高点。岛上有许多优质海滩，其中的沙努尔、库达和努沙-杜尔海滩则是该岛最美的海滩（海滨浴场），沙细滩阔，海水湛蓝清澈。正是因为整个巴厘岛风情万种、奇丽多姿，故它还享有诸如天堂之岛、魔幻之岛、罗曼斯岛、神明之岛、绮丽之岛等多种美丽奇幻的别称，每年慕名而来此观光的世界各国游客络绎不绝，他们都为巴厘岛的美轮美奂而惊叹！

由于特殊的历史原因，让巴厘岛在印尼拥有其特殊的历史和宗教文化。早在公元 10 世纪，印度文明在影响全东南亚的同时，经由爪哇岛，传入巴厘岛，从而为巴厘岛的文学艺术、社会组织和政治雏形的形成提供了基础和条件。公元 13 世纪，信奉印度教的爪哇人开始统治巴厘，公元 1515 年，由于伊斯兰教传入爪哇，导致大量的印度教精英阶层（如僧侣、大小贵族、军队官兵、艺术家和身怀技艺的工匠等）被迫逃往巴厘，正是由于这批印度教精英阶层的登岛，将印度文明传入巴厘，造成了 16 世纪巴厘岛辉煌的繁盛时代。从此印度教在这个岛屿生根立足广为传播，成为整个印尼唯一的印度教地区。尽管 20 世纪时巴厘岛先后沦为荷兰和日本的殖民地，但印度教在该岛的主流地位始终未被撼动。

在此我要特别指出的是，尽管巴厘岛是印尼唯一的印度教地区，而且岛上的绝大多数居民信奉印度教，但是，此地的印度教与印度本土的印度教有较大不同。巴厘岛上的印度教是一种将印度的印度教与巴厘岛当地民俗互相融合而生成的一种另类印度教，也有人称之为“巴厘(岛)印度教”。对此,我专门深入该岛原住民家中调研,发现那里的居民除了供奉印度教传统中的梵天、湿婆、毗湿奴三大天神和佛教的释迦牟尼,还要祭拜太阳神和水神、火神、风神等。在巴厘岛的小山村里,我们到处可见教徒家里所设的“家院寺庙”,此外还有由家族团体建设的社区神庙和村子建造的村庙。据有关部门不完全统计,整个巴厘岛拥有125 000多座的大小庙宇,因此,巴厘岛又有“千寺之岛”(其实称“万寺之岛”也不为过)的美称。修建那么多的庙宇,绝对不是为了摆设,而是确实为了信徒们供奉的需要。我们亲眼所见,每天一大早,各家各户的信徒拿着贡品来到自家院落中的小庙宇中恭敬又虔诚地向神灵祭拜,这是神与人的相互联络和交流,是凡界和神界的彼此感应和对话。这也是巴厘岛民最神圣最幸福的时刻,因为,他们在感应神的意愿,聆听神的谆谆教诲。在这林林总总供教徒们祭拜的千寺万庙群中,蕴藏着一座印尼最为著名的千年古庙——百沙基陵庙(又称百沙基庙或百沙基母庙),这座位于巴厘岛东部地区、修建于号称“大地肚脐”阿贡火山南坡之上百沙基村的古老庙宇,是巴厘岛上最著名最神圣的圣母庙。它由建造于同一等高线上的22座寺庙组成,并有专设的阶梯延伸通向主庙大神殿的各个院落。整个建筑以主轴为中心,呈严格意义的对称设计。整个寺庙的中心是大神殿和莲花宝座,陵庙的层级石雕建筑与柬埔寨吴哥窟十分相似。

其实,巴厘岛的美,在于它美不胜收的自然风光和厚重的人文历史底蕴,而后者最令人喜爱和着迷的是该岛独特的宗教和文化。巴厘岛是一个足以给疲于奔命又喜欢追求享受和刺激的现代人提供丰富体验的人间乐园,那里不单单有清新无比的海洋空气、庄严肃穆的古代神庙、宝石蓝的海浪和宽阔细软的金色沙滩,那里更有巴厘印度教信徒宅院的宽窄门、群山、稻田、悬崖、火山和阿拉姆乌布文化……如果旅者不怕辛劳,可以观赏的视觉盛宴就更多了:绚丽奇美的金巴兰落日、极富印度教气息的土著民居、高度体现巴厘族民俗的土著婚礼……如果旅者还觉得未尽兴,可以出海去学习冲浪和潜水,或者干脆到印度洋或南太平洋上去寻找或追逐海豚,此外,还可以在幽深的高山峡谷间冒险漂流,也可以在茂密的莽林荒径中徒步穿越,或者因为旅途的劳顿而静静地栖息于面向大海的各类酒店和别墅……

结束了对印尼的观光和考察,总觉得这个国家的种种特点,决定了这个世界上最大岛国的独一无二,巴厘岛与众不同,印尼与众不同。正是这些与众不同和独一无二构成了印尼的基本特征,也正是这种国家和民族的基本特征才最深刻地体现出这个国家的独特魅力和价值。在今天这个世界上,衡量一个国家或民族的力量、价值或重要性所在,那不是从某一个单向的(或单方面的)维度概念(如经济的、政治的、军事的、文化的、宗教的、历史的等)出发,而是必须以一种全面的综合平衡的视角或眼光去观察、思考和判断其真正的优势、潜能、魅力和价值。因为,任何一个国家或民族,不管它的大小如何,历史悠久与否,都有其优势和劣势,也都有其长处和短处。任何国家或民族的产生和形成,都是事物发展的规律使然,国与国之间、民族与民族之间,由于它们各自都有自己的发展历史和轨迹,所以不存在可比性。因此,我们所说的国家或民族不分大小,一律平等,正是在上述意义上来说的。

印度尼西亚，南太平洋上的泱泱大国，历经千年的凄风苦雨，一路走来，实属不易。如今，印尼尽管还不够繁荣昌盛，但不失优美和伟大，因为，作为异国旅者，我们现在所见到的是一个日趋进步、繁荣、美好、强盛而又“求同存异”的群岛大国。别了，印度尼西亚——印度洋和南太平洋上的璀璨明珠，愿你永远光耀闪烁，愿你永远明丽夺目！

放飞心灵的佛神国度

——尼泊尔手记

从尼泊尔回国已有些日子了，但我的心绪仍然滞留在那个遥远而又神奇的国度：巍峨壮美的喜马拉雅雪山、惊险刺激的热带丛林、落日余晖下的杜巴广场、古朴精致的活女神庙、风光无限而又沧桑依旧的波卡拉小镇……由于那里有太多太多令人思念、令人遐想和回味的东西，故到今天，我仍然有一种不吐不快之感。尼泊尔，高山之国、宗教圣地、中世纪人类慢生活的模板、世界文化遗产和自然遗产密集的国家，真的很美，如果不将这些美轮美奂、美不胜收的东西书写出来，并与广大亲爱的读者朋友一起分享，既不符合我一贯的风格，而且我的良知也不会答应，它会毫不客气并直截了当地提醒我：程某人，你这回可没有尽到一个文化人和美学工作者应有的义务和责任。

尼泊尔，全称尼泊尔联邦民主共和国，中国的友好邻邦，南亚内陆国家，位于喜马拉雅

因地震而不复存在的杜巴广场古建筑

山南麓，北部与我国的西藏自治区接壤，东与锡金毗邻，南部和西部则与南亚最大的国家印度紧密相连。尼泊尔是一个典型的农业国家，大约有80%的人口从事农业生产，其农业总产值约占整个国内生产总值的40%，是当今世界经济最不发达的国家之一。不过，从20世纪90年代初开始，尼泊尔实行以市场为导向的自由经济政策，并签署了加入世贸组织的协定，从而成为南亚自由贸易区和孟加拉湾多层次经济技术合作机制成员。然而，由于尼泊尔长期以来政局多变，加之其国内原有的基础设施薄弱，故经济改革成效不明显。尼泊尔的经济严重依赖于外援，国家财政预算支出的四分之一来自国外的捐赠和借贷。经济上，尼泊尔确实不算发达，然而，它的旅游资源却异常丰富。这种旅游资源的丰富性主要基于两大因素：一是包括宗教在内的尼泊尔古老的历史和文化、文明；二是这个国家独特的自然条件，即它的气候和与众不同的地形地貌。尼泊尔北部，即与我国西藏南部紧紧相连的喜马拉雅地区，海拔高度在4 800～8 800米。全球有14座海拔超过8 000米的山峰，喜马拉雅地区就占有8座，其中以珠穆朗玛峰为最高。中部山区占整个尼泊尔国土面积的近70%，系河谷地区，小山居多，南部则是开阔的冲积平原，分布着大片的森林和草原。所有这些，都是尼泊尔这个经济不发达的南亚小国得天独厚的丰富旅游资源。

尼泊尔，国家虽小，却有着悠久的历史和灿烂的文化。据史料记载，早在公元前6世纪，尼泊尔的先民们就已经在加德满都河谷一带繁育生息。从那时开始，就有一些王朝出现和更迭。在尼泊尔加德满都历史上最先出现的就是基拉特王朝，这个王朝也是尼泊尔历史上统治时间最长、对后世影响很深的王朝。先后登基的国王就有30多位，统治加德满都长达900年之久。在基拉特31世王朝统治时期，那些在印度北方邦权力争斗中的失败者大批逃离本土来到加德满都河谷一带。这些人的到来，在带来先进的政治制度和精良的兵器的同时，也带来动荡和不测。就是这批人，在加德满都河谷地区寻求避难的时候，一举推翻了基拉特王朝，建立起了李查维王朝。这个王朝一直维持到13世纪，终于被另一群同样来自印度北方的入侵者所击败，在此基础上建立起了新的马拉王朝。马拉王朝统治时期是尼泊尔历史上最为繁荣昌盛的时期，在艺术、文字和宗教（尤其是关于灵魂论学说的研究和阐述）等领域均取得了不菲的建树和成就。尼泊尔真正作为一个统一的国家面貌昭示于世，则要归功于尼泊尔西北部廓尔柯公国第10代王公普利特维·纳拉扬·沙阿，是他为了不再重蹈印度之覆辙，于1742年发起了一场旨在统一尼泊尔的战争。这位颇具战略眼光和卓越军事指挥才能的王公首先将加德满都河谷地区外围的弱小诸侯逐一扫平，然后集中兵力攻克加德满都，灭掉了马拉王朝，然后再以加德满都为基地，向西挺进，一举消灭东部的割据势力，终于在1768年大功告成，完成了尼泊尔的统一大业，建立了沙阿王朝。正是由于普利特维为尼泊尔民族的进步和发展所做出的巨大历史贡献，他实现了尼泊尔的第一次完全统一，奠定了今日尼泊尔国家版图格局的基础，故被后人尊崇为“国父”。沙阿王朝也是尼泊尔历史上最后一个君主制王朝，维持了将近两个半世纪的时间（统治时间长达240年）。沙阿王朝的最大历史贡献莫过于统一了尼泊尔，然而，其文化成就等则远远不如马拉王朝，尤其是这个王朝的后期统治更令人不敢恭维：它使尼泊尔沦落为全世界最落后国家的行列（20世纪70年代被联合国列入世界最不发达国家名录)。

在沙阿王朝执政的后期,尼泊尔经历了几次重大的历史转折事件:首先是1814年的英国入侵,尼泊尔被迫割让大片领土给当时的英属印度;其次是1846年亲英将军拉纳发动军事政变,导致国王大权旁落,拉纳家族世袭首相;最后是1923年英国承认尼泊尔独立,并与其签订了《永久和平条例》。重新独立后的尼泊尔于1950年在国内掀起了一场反对拉纳家族专制的政治斗争,国王特里布文和王储马亨德拉在印度支持下通过谈判恢复王权,世袭了一个世纪之久的拉纳家族统治宣告终结。恢复王权后的特里布文父子,推行一系列的新政,先是由老国王特里布文颁布临时宪法,实行君主立宪制;之后,小国王(当时已继位18年之久的比兰德拉国王)实行君主立宪的多党议会制。21世纪初尼泊尔发生了比兰德拉国王等王室成员被害惨案,导致国王胞弟贾南德拉即位。贾南德拉即位后,解散议会,直接干政和亲政,从而引发了该国由主要政党组成的"七党联盟"和尼泊尔共产党(毛主义)的联合反抗,恢复议会,并于2006年5月议会通过了新内阁提交的一项决议草案,解除国王拥有的一切特权,并规定尼泊尔为"世俗国家",议会成为尼泊尔全国的最高权力决策机构。次年末,尼泊尔执政的七党联盟签署协议,决定废除君主制。2008年4月,尼泊尔举行制宪议会选举,5月27日,制宪议会成员宣誓就职,并在制宪会议第一次会议宣布废除君主制,并将国体改为"联邦民主共和国"。至此,尼泊尔才真正摆脱了2 000多年的封建王朝统治,应该说,这是该国向人类现代政治和现代文明迈出的关键性的一步,无疑带有质的飞跃。

由于历史原因,尼泊尔经济发展相对滞后,主要表现在它的工业规模小、基础薄弱,机械化水平低,其工业产值仅占整个国民生产总值的20%;农业发展则受限于山多地少、可耕性土地的分布不均、灌溉条件差等方面原因。然而,尼泊尔的自然资源丰富,无论是矿产资源还是生物资源和水能资源都是如此。就拿矿产资源来说,其中的金属矿产资源品种就有铁、铜、锌、铅、钼、金、钨、镍、钴、钛、银等;非金属矿藏有菱镁矿、石灰石、白云石、大理石、石榴石、花岗石、云母、石英、宝石、磷矿等;能源矿产有石油、天然气、铀、煤和地热等,其中,铁、铜、铅矿蕴藏量尤为丰富。在生物资源方面,根据统计资料显示:迄今在尼泊尔境内生存的植物品种高达6 500种之多,其中最为珍稀的野生植物品种有两裂狸藻、直立狸藻、绶草、桫椤、天麻、红丝姜花、印度石莲花、版纳蝴蝶兰和山苍树等;野生动物就有1 000多种,其中最为珍稀的野生品种有短吻果蝠、大蹄蝠、噪鹃、鹊鸲、银耳相思鸟、亚洲象、沙狐、小灵猫、泽蛙、彩雉、食蟹獴、细嘴兀鹫、孟加拉巨蜥等。尼泊尔著名的奇旺国家公园和萨加玛塔国家公园,前者是印度和尼泊尔之间喜马拉雅丘陵地带中为数不多未遭破坏的原生态自然区域,也是地球上罕见的亚洲独角犀牛的栖息地和孟加拉虎的最后藏身地之一;后者则位于喜马拉雅山区,其北部与我国西藏珠穆朗玛自然保护区接壤,是联合国教科文组织首批公布的世界文化遗产和自然遗产之一。这些优秀的人文和自然遗产既是尼泊尔的品牌和名片,也是该国丰富旅游资源中的瑰宝。

尼泊尔的旅游资源确实丰富而迷人,难怪全世界的旅者都愿不远万里,将他们挑剔的探索目光投向这个南亚的山地古国,就是因为它很有"料"。尼泊尔最有"料"的地方莫过于加德满都。众所周知，加德满都是尼泊尔的首都，这座海拔 1 300 多米、坐落于喜马拉雅山南坡河谷地带、群山环抱、气候宜人、四季如春的历史古城是世界闻名的旅游胜地。同印度的新德里、旧德里一样，加德满都也分为新城和旧城。新城的建筑风格是将现代西方样式与尼泊尔传统意义上的古典风格混合于一体，而旧城除了一条叫作“新路”的主要商业街，基本上保留了这座古城的建筑风貌。这座古城位于河谷地带，满是翠柏苍松、绿果鲜花、阳光明丽、气候温润，故素有“山中天堂”之美称；正是这座河谷古城以其气势宏伟的建筑、鬼斧神工般精美的木石雕塑成为尼泊尔古老文化和文明的缩影、纪录和象征。在长达 1 000 多年的沧桑岁月中，尼泊尔的历代王朝在此修建了不计其数的王宫、庙宇、佛塔、殿堂等。又有谁能想到，就在这不足 7 平方公里的河谷之地，竟林林总总耸立着大小 2 700 多座寺庙，走在这样的佛国世界，真可谓“五步一庙，十步一庵”。旅途中，当我们就此现象问陪同我们的导游：“听说尼泊尔寺庙比民居多，神灵比人多，实际情况果真如此吗?”这位曾在北京语言大学留过学的年轻导游用一口标准的普通话答道：“你们真聪明，你们简直是比我们尼泊尔人更了解尼泊尔。的确，尼泊尔全国人口总共只有 2 800 多万，但是，在尼泊尔全国境内，据不完全统计，迄今却还供奉着 3 300 多万个神灵。”听到尼泊尔资深导游这样的回答，我们一个个面面相觑，无言以对。我们终于明白：世人为何要将尼泊尔称为“神灵的国度”，将加德满都誉为“寺庙之城”和尼泊尔古代历史文化的“露天博物馆”的原因所在。

的确，将加德满都称为“尼泊尔古代历史文化的露天博物馆”是一点儿也不为过的。在这座古城，除了大大小小的几千座寺庙，还有数不胜数的名胜古迹，例如位于市中心的哈努曼多卡宫、纳拉扬希蒂宫、比姆圣塔、狮宫等。尤其是那座尼泊尔无人不知无人不晓的哈努曼多卡宫，仍然雄风不减当年，依旧壮丽辉煌，号称“金门”的老皇宫大门，依旧金光灿灿，一看便知其当年那精湛的铸造工艺。金门上端则有三组形象逼真、色彩鲜明的木雕群像：右侧是描绘黑天神与牧牛少女纵情舞蹈的欢乐情景，中间是一尊其典故源自《摩诃婆罗多》传说中的千手千面薄伽梵神像，左侧则是一组细腻传神的弹琴图景——一位国王在聚精会神地专心弹奏，王后则在一旁静静地侧耳聆听，真可谓极其传神。此宫尽管由于历史的原因而使其现在的格局不如从前，但迄今仍是尼泊尔全国现存历史遗迹中规模最大、艺术收藏最丰富的古代宫殿建筑。哈努曼多卡宫最早建于 13 世纪前的李查维王朝，后又经过历代王朝的不断修缮和扩建，到了沙阿王朝中期，已经形成拥有 35 个庭院和几十栋殿堂和庙宇的大型建筑群。只是近一个世纪以来却屡经坎坷：有的建筑因遭遇地震等原因而被天然毁损，有的区段则由于人为因素而沦为闹杂街区。此外，在加德满都城中，佛教和印度教的寺庙多得数不胜数，形成了寺庙多如宅院，佛像多如居民的独特景观。这其中，颇具经典价值的就有太后庙、黑天神庙、湿婆神庙、文艺女神庙、塔莱珠女神庙、古赫什瓦里庙、贾格纳特寺、三界魔力寺以及斯瓦扬布佛塔等。所有这些不胜枚举的寺庙和佛塔，大多布局合理、气势恢宏、结构巧妙、造型奇特、雕梁画栋、金碧辉煌、古朴典雅，尤其是寺庙佛塔中的那些镏金木刻神像、佛像等都显得格外逼真，惟妙惟肖，栩栩如生。这些珍贵的、种类繁多令人目不暇接而又极具历史文化价值的建筑和雕塑，令加德满都早在

20 世纪 80 年代初就被联合国教科文组织列入“亚洲地区重点保护的 18 座古城”名录。

尼泊尔是一个政治、经济、文化、教育等发展相对滞后的国家，这种滞后性必然会影响到这个国家在交通、信息交流、现代科技等领域的发展和进步。与此同时，它在客观上倒是起到了有效保护历史文化遗产（尤其是那些自然的、物质文化遗产）的作用。这就是在加德满都甚至在整个尼泊尔境内，古老的建筑比比皆是、举目可见的原因所在。加德满都城内就不用说了，即便是在僻静的乡野小镇，也随处可见那些外观装饰得玲珑别致的传统木结构民居，它那古色古香的气息透出古代尼泊尔人的生活情韵，这种扑面而来的异国古典风情不知是我的心灵内在所生，还是此时此刻我对此种民居客观审美观照的结果？不管怎么说，不远万里来到了这个南亚的“佛神国度”，我就在这一瞬间，似乎穿越了历史的时空隧道，窥见了古代尼泊尔那淳朴无华的民俗民风。

悠然横卧闹市街头的尼泊尔“神牛”

说起民俗民风，尼泊尔有太多的东西可以向世人展示。不过，这些古已有之或者说由古代人沿袭和流传下来的民俗民风往往带有浓厚的宗教色彩。我们知道，整个尼泊尔就是一个神佛的世界。在尼泊尔人民的生活中，宗教有着举足轻重的地位。在回国前一天的早晨，我携带着摄像机，默默地只身走进位于加德满都城西北角的一个狭小陋巷（类似于北京的旧式胡同），那里密集地居住着许多尼泊尔的普通民众，只见小巷中每家每户男女老少一大早起来，手中拿着贡品前往印度教或佛教的寺庙献祭。献祭者拿着金属的小盘，盘中盛放大米等贡品，恭恭敬敬地将其摆放于神像面前。在此之后，献祭者还会把贡品与泥土互相搅拌并取一些涂抹在前额的正中间，用以表示神灵的存在。尼泊尔人的这种信仰据说起源于远古神话时代，并得以世代相传，沿袭至今。对神的信仰是尼泊尔人的强大精神支柱和生活内涵。在尼泊尔人看来，献祭贡品可以保持和加强与神灵的情感交流。印度教和佛教是尼泊尔人最为信奉的两大宗教，在其生活中占据着最为重要的位置。尼泊尔人很有意思，他们不是严格意义上的“一神教”，换言之，他们通常可以同时信奉两种宗教。此种社会现象的存在也从一个侧面反映出尼泊尔人在宗教信仰方面的自由和宽容。

说起自由和宽容，在这里，我不能不谈谈尼泊尔人对动物，尤其是对人类最忠实的朋友——狗的态度。这个夹在中印两国之间、版图呈石头状的小国，民众对动物很是善待且宽容。尤其是对狗，那种宽容简直是到了无以复加、令人动容的程度。行走在景致无限的尼泊尔乡野，视野所及，不时就会有形单影只或三五成群的狗狗，为这原本就美不胜收的古典田园风光增添了一抹流动的亮色。在城市的大街小巷，满目是狗，它们毫无怯色、率性从容地漫步在加德满都的各个角落，有的狗狗甚至还故意凑热闹般地忙碌于在摩肩接踵的人群中来回穿梭，客观上给那些在本来就不太宽阔街道上行走的人们造成不便。然而，尼泊尔人对此毫不介意，甚至可以说是乐见。我在加德满都河谷地区的帕坦皇宫广场就看到许多大小不等、品种各异的狗狗们在那里大摇大摆、从容率真、自由纵情地生活着：它们有的在各个小商铺附近溜达；有的在餐馆前寻寻觅觅，似乎在试图寻找一些食客吃剩的东西；有的旁若无人地在川流不息的石级台阶上憩息。在广场远处的一个犄角旮旯里，居然有六七条狗一声不吭、静静地趴在那里“聚会”；广场东侧的树荫下，一只看上去似乎有点年岁的金毛犬稳重深沉而又无焦点地望着广场上来来往往的闲散游人出神；更有甚者，一只看上去犬龄在十五六年（相当于人类 90～105 岁）的脱毛老犬有气无力地横亘在距广场入口处不远的主干道上。我特别注意到，凡是路过此地并看见此情此景的人们，先是为之一怔，然后很快读懂，于是乎，有的人上前给点吃的，有的则施以怜悯和叹息的目光，有一位美丽的女子还脱下身上的外套将其覆盖在这位“百岁老者”的身上，然后默默地离去。尽管这里熙熙攘攘、人声鼎沸，但始终未有人对此“老者”的临街占道提出“影响市容”“有碍观瞻”的意见，更无人以此为由，提出将其撵走、移除或收容之类的要求。至此，尼泊尔人的仁慈、宽容的博爱之心可窥其一斑。

尼泊尔，是一部年代久远的人文史话，但它更是一部博大精深的宗教神话历史百科。而最能概括反映这个山地国家文化和宗教历史特征的代表性城市和地区就是加德满都（及其所在的河谷地区）。最能集中体现或表达这座历史名城精髓的名胜自然要数加德满都杜巴广场。从上述意义上讲，如果有人到了尼泊尔，而忽略了对加德满都的考察，那么，他的尼泊尔之行是大打折扣的。同样，如果到了加德满都，而忽略了杜巴广场，那他的加德满都之行只能算是虚行的。加德满都杜巴广场是尼泊尔古代宗教和历史文化的精粹和缩影。“杜巴”一词，源于印度，有国王在王宫广场接见臣民等之意，故尼泊尔的所谓“杜巴广场”，用我们的汉语表达就是“王宫广场”的意思。尼泊尔全国共有三个“杜巴广场”，其他两个分别在帕坦和巴德冈，是当年三个国王的王宫广场。尼泊尔王国的马拉王朝时期，在文化、建筑和艺术等领域曾一度达到巅峰，马拉王朝第六代国王死后，其三个儿子割据而治，自立为王，为夺取通往西藏商路的控制权，互相征战讨伐，斥巨资修建王宫广场。这些广场囊括了 16—19 世纪期间纽瓦丽古典寺庙建筑和宫殿，现在都成了稀有珍贵的世界文化遗产。加德满都杜巴广场，位于该城西部，是尼泊尔境内最大的王宫广场，也是加德满都历史遗迹中规模最大、艺术珍藏最为丰富的地方，它也可能是当今世界上最具特色的皇宫广场。广场北侧的哈努曼多卡宫是尼泊尔最古老的王宫,它在尼泊尔的地位相当于中国的北京故宫。王宫门前的杜巴广场是该城寺庙最集中的地方,那里有大大小小 20 多座寺庙,是世界各地来尼泊尔观光考察者的必到之地。没有来过此地的人们,很难想象它的繁华和喧闹。加德满都杜巴广场寺庙建筑群中最主要的有塔莱珠女神庙、哈努曼多卡宫建筑群、加塔曼达、库玛丽寺等。这些具有尼泊尔古典宗教文化特征的寺庙和宫殿,从各个不同的角度和侧面淋漓尽致地彰显了这个宏大古建筑群落的雄浑气势和历史沧桑感。尤其是加塔曼达和库玛丽寺这两座寺庙,它们是杜巴广场古代建筑群中的佼佼者。前者是杜巴广场最古老的庙宇建筑,在尼泊尔语中,加塔曼达表示"木头建造的集会建筑",所以,这座建筑又叫作"独木庙"。顾名思义,这座庙宇建筑建造之初的主要用途是供人们休息和集会之用,后来改为庙宇,供奉神灵(哥拉纳神)。如今这座古老庙宇每天都是人潮如涌,热闹非凡。有许多人进庙是为了献祭,故在庙门口,总是有许多小贩售卖鲜花,专门卖给那些进庙献祭的人们。无论是进庙献祭者还是摆摊卖花者,在他们的脸上我们看到的是温良和虔诚。后者库玛丽寺在这里则更值得一书,这座古老建筑的最大特殊之处和文物价值就在于它是专门用来供奉"活女神"的庙宇。"库玛丽"就是此座庙宇所供奉的女神。在尼泊尔,"库玛丽"作为神在人间的化身而被人尊崇。不过,"库玛丽女神"不是终身的,而且遴选也有严格的规定。首先,选择对象必须是释迦族出身,年龄一般在三四岁,全身体肤光洁细腻完美无瑕,从眼睛的颜色、牙齿的形状到说话的音色音调等规定得细致严密,据说要具备 32 种特征的适龄女童才能进入最后的选拔:女童的身材必须长得像菩提树般流畅挺拔,颈项犹如海螺壳般光滑,头发必须乌黑亮泽,以及拥有鹿儿般笔直的双腿和修长的手脚等。经过无数次苛选之后确定下来的几位女童,成为"库玛丽"的候选人。她们还要接受超出常人范畴的所谓"冷静沉着"和"勇敢无畏"等项目的测试和考验。最后由女神甄选委员会商议和研究,从中遴选出一位拥有超人智慧和能力的女童。

一旦被选定为"活女神",作为"活女神"载体的这个女童在尼泊尔人看来无疑是幸运的,但在世俗的眼光来看,那也是仁者见仁、智者见智的事。因为,这个女童从被选中的那一天起,就要按照尼泊尔几百年来沿袭下来的传统宗教祖规,穿上专门为其特制的衣服,入住尼泊尔人心目中崇高的宗教圣地库玛丽寺,但从此以后,这个女童也脱离了世俗生活和常人的生活轨迹,幽居在庄严静谧、戒规森森的庙院中,开始她那无上荣光而又万分孤寂的"女神"生涯:每天清晨 7 点前,"库玛丽"必须在其侍从们的协助下梳妆打扮,然后穿上"女神"的服装。上午 9 点整,准时登上"活女神"的金色宝座,接受各色各样民众的朝拜。此外,"活女神"还要在每天正午的 12 点和下午 4 点,穿上特制的红色服装,头戴银饰,出现在三层楼的窗口,供世界各地的人们朝拜瞻仰。我记得那天忍痛放弃了其他景点名胜的游览,耐心地坚守在库玛丽庙窗前,顶着炎炎烈日,在广场上枯坐到下午 4 点,终于一睹"活女神"的容颜和风采。尼泊尔的"活女神"每逢重大节日要出去巡游,平时也要接见信徒。作为神灵的化身,她的一举一动、一言一行都被朝拜者看作是吉凶祸福的标志。比如"活女神"对着某个朝拜者大笑或大叫,这就预示着这个朝拜者将会有重病或死亡之类的大难临头;如果"活女神"脸色阴沉,左顾右盼,这就意味着朝拜者家庭定会发生纠纷或反目；如果“活女神”用手取食物吃，朝拜者将会破财。因此，“活女神”在绝大多数情况下，接见朝拜民众时是面无表情的，也不会有任何零碎的小动作。如果有哪位朝拜者被“活女神”正面看一眼，那就意味着好运将至，这一定会让人喜出望外，要高兴好几天。令人遗憾的是，作为朝拜者，我没有遇上这样的好事，我所见到的尼泊尔“活女神”面无表情。写到这里，够了，足矣！我们不远万里，跨过平原，越过海洋，飞过珠穆朗玛峰巅和喜马拉雅山脉，来到尼泊尔的高山峡谷，为了什么？还不就是为了穿越那壮阔悠远的宇宙时空，与这个佛国的神界进行灵与肉的交流和沟通吗？每每想到这些，我总觉得，较之去世界其他国家或地区，尼泊尔之行，仅凭能见到“活女神”这一点而言，我认为也值了，或者更准确地说，简直就是超值！

挥手告别了尼泊尔这块古老而又淳朴的南亚热土，我的心却仍在那高原巍峨的雪山之巅。尼泊尔，犹如一部卷帙浩繁的历史大书，它是读不完、说不尽的。由于篇幅的限制，本文只能挂一漏万、以偏概全式地对这个南亚古国作一粗略意义上的叙述，如果它能给读者带去些许的启示或收获，那就是我的大幸了。尼泊尔，这个世界著名的山地佛国，此生光顾一次是不够的。在我的考察日程表上，尼泊尔，我还是要再去的，而且就在不远的将来。我还想去博卡拉，极目远眺那里的绵延雪山和日出美景；我还想去奇旺丛林，骑着大象去寻找白犀、羚羊、野鹿和孟加拉虎；我还想去加德满都杜巴广场，再次朝拜那位极具尼泊尔古代宗教文化气息的“活女神”，届时，希望她能正面看我一眼，给我带来吉祥之运，同时也让我这个世俗之人从灵魂深处体验一把此生受神青睐的幸福和美妙！

南亚文明古国

——印度印象记

“南亚明珠”印度是全球第二人口大国，同时也是英联邦成员国和世界范围内经济发展速度最快的国家之一。印度历史悠久，是世界上最早出现文明的国家之一。闻名于世的印度河乃是印度文明的发源地。印度不但有五千年悠久的文明史，而且拥有灿烂的古代文化。能有机会踏进这个非凡的国度与其零距离接触，并对其作深入的观察和思考，是我多年的梦想。初秋时节，我终于如愿以偿，来到了这个底蕴深厚而又迷离神奇的南亚古国。

印度这个国家，对于我们中国人来说，其实并不陌生，著名的传奇故事“唐玄奘西天取经”，就是对中印关系源远流长的最好诠释。翻开历史，我们发现中国对印度的称呼几经改变。我国在两千多年前的西汉时代就与印度有往来联系，当时称印度为“羌独”，而到了东汉时期，则改称为“天竺”，直到唐代，玄奘大师经过对“天竺”名称的仔细探讨和研究，决定弃用“天竺”（当时与之并存的还有诸如“身毒”“贤豆”之类）名称，而根据当地的发音（主要是根据当时波斯人和古希腊人将印度河以东的地域称为“印度”，印度河梵文名的发音

印度泰姬陵

是 Sihdu),由此一直沿用至今。

今天的印度,其人民的生活是怎样的呢?带着这个问题,我的视角首先瞄准了该国的普罗大众,唯有普罗大众的生活风貌才最能反映印度人民生活的本色。要知道,读懂印度可不是一件容易的事。这是一个谜一样的国家,它五彩斑斓、杂色纷呈。你说印度穷,可世界级富豪有的是;印度经济发展很快,但人口增长也很快;印度有超豪华的摩天大楼,也有你想象不出来的超级贫民窟。尽管印度的软件业发展速度惊人,其规模仅次于美国、位列世界第二,但是又有谁能想到,就是这样一个国家,竟然还有约四成的人口是文盲,是迄今世界上文盲人数最多的国家。这就是印度,谜一样的泱泱大国。

因此,要想了解真实的印度,你首先要了解印度街头人民的生活。那好,我们就从新德里开始吧。

印度首都新德里著名的建筑德里门(又称德里印度门)

现在的印度首都是新德里。它是印度政治、经济和文化的中心,是一座集古老传统和现代气息于一体的城市,在印度有着举足轻重的地位。作为一个初来乍到的异国旅者,新德里给人的第一印象是:主城马路宽阔平展,轨道交通纵横交错,新式洋房明亮整洁,绿色树木繁盛浓郁,遍地鲜花万紫千红,人行道上摩肩接踵。来到城市中心,高大的德里门映入人们的眼帘。这座由红色砂岩和花岗石建成的地标性建筑,犹如一座不朽的丰碑,记录着印度的昨天和今天,预示着它的未来。它同时又是一座里程碑,让现代的人们看到了这个古老国家前进发展的步伐。总之,新德里是印度国家全面走向世界、走向现代文明的标志和象征。

新、旧德里两座城,犹如两家贫富悬殊的邻居,它们之间仅仅隔着一道德里门,穿过此道门,即可进入旧德里。旧德里是印度的前首都,它的历史非常悠久,建于公元前 1400

年，当时取名为“因陀罗普拉斯特”，即“因陀罗神（雷神）住所”之意。作为古都和古老的历史文化名城，旧德里同样深深地吸引着无数来自世界各地旅者的目光。这倒不是说旧德里有多么的繁荣和富有，恰恰相反，正是由于它的静态和原始，才让我们有幸看到旧时印度的沧桑风貌。旧德里位于新德里的北部，整个城市的基本特点，归结起来为四个字——肮脏破旧。旧德里街道狭窄，那些仅有二三层高的破旧建筑比比皆是，街道小巷凌乱肮脏，生活垃圾到处都是，本来就狭窄的横街小巷还充斥着单车、牛车和电动摩托车，人声、车声、牛叫声，再加小贩们的阵阵吆喝声，声声入耳，纷繁复杂，热闹非凡。

这次印度行，在新、旧德里城，我终于看到了，仅仅是一门之隔，什么叫“同在蓝天下，贫富两重天”！

如果有人问我新德里、旧德里谁更有价值，那么，我的回答只有一个，那就是：各有千秋，难分伯仲。甚至旧德里让我了解到在当今世界现代化城市很难了解到的东西。那是印度真实的一面。从旧德里，我们依稀窥探到旧时代印度底层市民的生活情状。

新、旧德里城的风貌较客观全面地反映了当今印度城市百姓的生活状况，它无疑具有相当的代表性。印度城市的情况是这样，那么，印度广大乡村人民的生活情况又是怎样的呢？

今天的印度乡村到处是机器声隆隆的大工地、大工厂。我们所到之处，到处都在盖工厂，建高速公路。有一次，我们在驱车去南部孟买的路上，经过一个小镇，该镇的道路被挖得简直难以让人通过，据说那里也在修高速公路。意外的收获是，我们发现那个小镇竟云集了成千上万的人，从那个小镇上突然涌出那么多的人的那一刻起，我才真正从理论到实践地理解了什么叫人口大国（并由此延伸，才真正理解了什么叫印度的人口大镇）。

印度乡村除了修路和人口稠密，其他状况又是怎样？可以实事求是地告诉你，印度的农村不怎么样。在印度农村，仍然贫富悬殊，许多地区仍然没有电，没有自来水，有些地主家里的用电都是靠自己发电。当下印度农村手机倒是普及了，但是能充电的地方却很少，一般都要去收费的充电站。回国后，有朋友问我，既然印度是英联邦国家，英语在该国（尤其是在新德里、孟买等大城市）也通用，那么在广大的印度乡村人们是否说英语呢？答案基本是否定的。一般的印度农民对英语不甚了了，即便是在学龄期学过一些皮毛，那也早忘得一干二净了。但乡村中的贵族、地主的孩子往往会被送到大城市或国外去学习。因此，在印度乡村，旅者可以看到这样的情景：两个在大城市或国外受教的富家子女见面时讲英语，或者有什么事不想让身旁的仆人知道时他们也会用英语交谈。

印度是一个贫富差距悬殊的国家，这种情形不光是在大城市，乡村亦然。乡村中的有钱人，雇佣仆人为其劳作或服务。仆人可以雇一个，也可以雇多个。同样，仆人也有许多种，并且因种类的不同，相应地所得报酬也不同，例如做家务活的杂役女仆，其酬劳就很低，且经常会遭到主人的训斥乃至谩骂。还有一种从小跟随主人家的少爷长大的仆人，这些仆人一般都是年龄与少爷相仿的男孩。他们的主要工作是在衣食住行等方面伺候少爷。在印度乡村，重男轻女思想还是相当的严重，如果一位已婚妇女 40 多岁了还没有生出儿子，那她的命运就会变得很不幸，她将被周围的人们（尤其是女人）视为不祥之人，并像躲避灾星似的对其避而远之。这样的印度妇女，其精神世界必然痛苦不堪。印度的婚姻法规定实行一夫一妻制，在广大的乡村地区，那些贵族或地主一般都严格遵守，倒是那些小富即安的富裕农民则喜欢多妻生活。由于印度人口众多，城市环境也是十分拥挤，故农民工一般不住在城里，他们只是在农闲时季节性地去城里打工。我们在印度看到了那种奔驰的列车顶上挤满了乘客，这正是印度农民争相去城里打工的高峰时段。我们知道，印度是一个种姓等级森严的国家，前面我们讲到的那种印度“贵族”，犹如长老或部落首领那样处理村里所发生的各种事务。可别小看了这个乡村贵族的名头，在村民们的心目中，他可是挺有权威的。比如，村民中谁家要结婚办喜事，如果贵族不同意，那这桩喜事就办不了。尽管贵族不是世袭的，但其接班人只能由那些拥有贵族身份的人在老贵族卸任后才有资格参选。

印度风格的清真寺大教堂

印度民族，历史悠久，底蕴深厚，这在印度百姓的日常生活中也常常会体现出来。一个国家的民俗民风以及百姓生活的特点都是一个国家或民族历史沿革或流变的结果。这次到印度，我既看到了这个国家的古老和沧桑，又看到了这个国家的现代与辉煌，除此之外，还看到了五彩斑斓、引人入胜的民俗与民风。就拿交通来说，印度的铁路是由这个国家为数不多的国有企业来经营，为此印度的铁路是被限制营利的，印度的火车大多是免费的，尽管印度的铁路交通每年都有赖于国家的财政补贴，但印度铁路公司一直坚持拒绝通过出售车票来牟利，其领导人还明确表示，用印度纳税人的钱修建的铁路，理所当然地应该无偿为印度人民服务。我们知道，由于历史的原因，印度民族是一个以作风缓慢而著称的慢节奏民族，他们的工作上班时间是 10:00—16:00，正是为了适应印度人民慢节奏的生活习惯，故印度国有铁路的火车行驶速度也是实行慢节奏。具体而言，即印度的火车从来都是慢速运行，其主旨就是方便印度老百姓那种慢悠悠的生活节奏之需要。这也可能是因为印度的铁路客运是免费的，老百姓可以根据自己的出行需要随时上车，随时下车。这样的情形只有发生在印度，才显得是那样的合情合理，毕竟不是谁都能忍受得了印度铁路这种类似于乌龟爬行式的慢速度和慢节奏。由此我联想到：尽管印度在软件业等方面处于世界领先地位，但在交通方面，至今却连一条像样的高速铁路也没有。看来，除了印度的资金和技术力量等原因外，这个国家国民的慢节奏生活方式不能不说是其中的一个重要原因。因为，作为一个发展中的大国，它的铁路交通建设也要考虑到这个国家的历史和现状以及与这种历史和现状有着千丝万缕联系的国民生活方式和生活习惯。退一步说，即使印度的高铁修建起来了，但按照印度老百姓喜欢爬到火车顶上的这种习惯，高铁即便在印度通行可能也无法摆脱其“异化”“流变”之命运。在管理和具体的运营上，那些过惯了慢节奏生活的印度老百姓对于高铁的认知和适应能力上都会相对有难点和问题。

在印度，我们也见到一些苦行者，这些人在信仰的驱使下，通过苦修来探索人生的真谛。不了解印度社会内在结构的局外人，往往会担心这些苦行者的生活来源。为了解开这个问题的谜团，我曾专门请教了号称是“中国通”的印度资深导游“雪山飞狐”。原来，印度尽管人口众多，但该国的粮食产量较高，因此，印度政府每年会免费给印度的寺庙拨发足量的粮食，这些寺庙则免费提供食物给这些苦行者。印度还有一个令人匪夷所思的问题，就是尽管其本国人口已突破 13 亿大关，但印度至今仍然不限制国民生育，而且还在一定程度上鼓励生育。对此我百思不得其解。

印度是一个传统古国与现代化国家紧密杂糅的文化多元的国家。即便是在大城市，一方面我们看到了先进的现代文明和高新科技，另一方面我们也看到了脏烂不堪、赤贫如洗的贫民窟，还看到了那些形单影只或三五成群的无缰牛儿在车水马龙的都市大街上旁若无人、悠然自得地信步游荡，据说，就是在如此现代化的新德里，每天大约有 35 000 头牛在都市大街上漫步。在印度，牛群占道，车辆绕行那是司空见惯的都市一景。若要问印度的牛为何如此之“牛”？答案很简单：因为牛就是印度人心目中的神灵或神的使者。由于对牛的崇拜，故印度人也是爱屋及乌，对于牛粪毫不嫌弃。如果世上的牛儿们有知，那么，令它们最为向往的国家恐怕就是印度了，尽管城里的牛吃的不全是草，有的甚至吃的是城市垃圾。印度人不光在情感上对牛敬重备至，在生活上也离不开牛。在广大的印度农村，村民们几乎家家养牛，他们特别善待牛，犹如自家的亲人。主人一清早起来，要做的头一件事就是给牛梳洗打理，然后为它们准备精致的饲料。印度人认为，早饭前能让自家的牛吃饱吃好，可以给一家人带来好运。由于对牛的崇拜，故印度人从来不吃牛肉，但他们很愿意喝牛奶，这也是印度人重要的营养来源。印度人将牛奶看作是母亲的乳汁，印度全国最大的一家牛奶公司就是以“母亲奶制品公司”冠名。由于对牛的崇拜，印度还派生出许多与牛粪、牛尿有关的产业链。例如，他们将牛粪通过烘干、碾磨、加工制成牙膏。还有将牛粪晒干成牛粪饼，那是很好的环保燃料。在去斋浦尔的路上，我们就看到乡村道路两旁乡民们用晒干的牛粪饼搭成的牛粪屋，有的造型还显得很别致。据说，用这种晒干的牛粪饼搭建起来的小屋，其保暖性能相当不错，故印度山区里的居民就在这种牛粪屋中过冬。在印度短暂的逗留期间，无论在城市还是乡村，我们不时会看到一些穷人模样的妇女和儿童，在大街小巷不停地转悠，我们先是看不懂，后来一打听，才知道这些人是在捡拾牛粪，我就看到过两个孩子为了一块同时发现的牛粪而互相争抢的场面。看到这样的场面，我不禁心头发紧，同时又有几分酸涩。不过，我还是能理解，那个将牛粪争抢到手的男孩，他是要将其带回家的。因为，在印度的穷人眼里，这牛粪就是金子般的财富，这牛粪就是今日印度穷人生存、生活之所依。

除了牛粪是宝贝，同样，印度人还将牛尿当宝贝。为荡涤身心，也为了健康和延年益寿，在印度，有人竟然每天饮牛尿。印度前总理莫拉尔吉·德赛就是印度人饮牛尿的典型代表。在访美期间，他在电视上就自己年逾八旬仍然身板硬朗的原因向公众揭秘：自己每天饮牛尿。他坚定地认为，牛尿是世界上最富有营养的天然饮料。今天，印度有的商店里出售的叫"牛水"的东西，就是印度人用牛尿研发出的一种类似于可乐类的饮料。在拉贾斯坦邦的商柜里，人们可以看到"牛水"饮料竟然被置于牛奶、奶酪之旁，堂而皇之地被标价出售。印度人甚至认为，这种饮料是他们民族的独创，故他们希望这种独一无二的"健康饮料"有朝一日能像印度尼西亚的猫屎咖啡那样超越可乐，远销全世界。

文章写了那么长，然而恒河、泰姬陵、宝莱坞、尼赫鲁、英迪拉·甘地、印度宗教、中印友谊、美丽的印度少女、奇丽多姿的南亚次大陆风光等仍然笔墨未沾。短暂的印度之行，作为一个邻国旅者，尽管出国之前我对探究这个南亚古国踌躇满志，然而，现实结果必然是走马观花、浮光掠影，皮毛而已。

印度洋上的明珠

——“馨香之国”斯里兰卡

正值中国寒冷的正月时节，我踏上了印度洋岛国斯里兰卡的土地。之所以一定要到这个南亚国家走一遭，那是因为要圆我早年就向往已久的梦。大约在20世纪70年代初，我就结缘于斯里兰卡。当时，该国的女总理西丽玛沃·班达拉奈克夫人访华。那时我正在中山大学读书。有一天下课后，我从教学楼出来，正巧看到校长李嘉人陪着一群外宾走在学校办公楼的大草坪上。听说是一位外国女总理来中大访问，出于好奇，我和同学们便快步走上前去观看。班达拉奈克夫人风姿绰约，看到我们这些学生拥上前去，她在边走边与我们校长交谈的同时，还不时向我们这些学生招手致意！正是这位女总理的音容笑貌和她那不经意的招手致意，给我留下了至今难忘的印象。班达拉奈克夫人举止优雅而庄重，很有魅力。从那以后，40多年来，我便对这个印度洋上的南亚岛国所发生的一切尤为

被称为“小白宫”的斯里兰卡首都科伦坡市政厅

关注，并时时会冒出这样的念头：此生一定要去一次斯里兰卡，到这位女总理领导的岛国去领略那里的热带风情。今天，我终于如愿以偿：斯里兰卡，我来了！

斯里兰卡，全称斯里兰卡民主社会主义共和国，旧称锡兰。斯里兰卡在僧伽罗语中意为“光明富饶的乐土”。它是英联邦的成员国之一，也是南亚区域合作联盟的创始成员和联合国成员。斯里兰卡通过1978年颁布的新宪法废除了沿袭多年的英国式议会制，仿效法国和美国，改行总统制。斯里兰卡是目前唯一在人类发展指数被评为“高”的南亚国家。国土面积65 000平方公里，人口2 100多万，僧伽罗族和泰米尔族是该国的两大主要民族。国民信仰的宗教有佛教、印度教、天主教、基督教和伊斯兰教等。僧伽罗语和泰米尔语是斯里兰卡的官方语言。世人一提起斯里兰卡，往往将其誉为“印度洋上的明珠”。这是一个以农业为主的国家，盛产茶叶，还盛产诸如丁香、肉桂、小豆蔻、桂皮、胡椒、檀香、姜黄、柠檬草等80多种香料，令这个国家具有一种异常独特的情韵和风姿：它的上空总是弥漫着令人迷醉的芬芳，故人们称它为“馨香之国”是再恰当不过了。然而，茶叶仍是这个国家的主要经济支柱，其主要的出口产品是锡兰红茶，名扬世界，故斯里兰卡也是世界三大产茶国之一。斯里兰卡的最大优势是它的矿业和独特的地理位置。该国是一个宝石富集的岛屿，也是名列世界前五的宝石生产大国，盛产红宝石、绿宝石和猫眼宝石，故也被世人誉为“宝石岛”或“宝石王国”。意大利著名旅行家马可·波罗早在13世纪就在其游记中称该岛是“最美丽的岛屿”。

斯里兰卡不但富饶美丽，而且有着悠久的历史。据相关史料记载和考古发掘证实，早在距今约2万年前，就有人类在这个岛上栖息。斯里兰卡有文字记载的历史可从公元前6世纪(公元前543年)北印度维耶王子及其700名随行人员登上锡兰岛开始算起。这批雅利安人与当地土著的结合，形成僧伽罗族。公元前247年，印度孔雀王朝的阿育王派他的儿子来岛弘扬佛教，受到当地国王欢迎，从此僧伽罗人摈弃婆罗门教而改信佛教。公元前2世纪前后，生活在印度南部的泰米尔人开始陆续来到斯里兰卡。自公元5世纪到16世纪，僧伽罗王国与泰米尔王国之间的战争不断，直到16世纪初，葡萄牙殖民主义者的海洋船队登陆斯里兰卡，上述王国之战才告结束。17世纪中叶，荷兰殖民军攻占科伦坡。18世纪末英国殖民军的坚船利炮攻克了科伦坡，结束并取代了荷兰人在斯里兰卡一百多年的殖民统治。到了19世纪初，英法两国共同签订了《亚眠条约》。根据这个条约，英国宣布斯里兰卡由其统辖，由此沦为英国的殖民地。1948年，斯里兰卡正式宣布独立，并成为英联邦的自治领地，定国名为锡兰，1972年改称斯里兰卡共和国。1978年，随着新宪法的颁布，正式改国名为斯里兰卡民主社会主义共和国。

斯里兰卡在其国家和民族的发展前进过程中也不是一帆风顺的。即便是完全摆脱了葡萄牙、荷兰、法国、英国等国的殖民统治，独立后的斯里兰卡国内局势仍长期处于动荡状态。一直到平息了“猛虎”组织的反政府武装的叛乱分裂活动、结束长达26年之久的国内军事冲突后，斯里兰卡的内政外交才重新回到了健康发展的轨道。医治战争创伤，整顿战后国家秩序，振兴国家经济发展的任务变得尤为迫切。受2008年国际金融危机的影响，斯里兰卡的外汇储备大量减少，尤其是它的主要经济产业，如茶叶和橡胶等的出口收入减少，加上外国短期投资的下降给这个国家的振兴和发展造成了暂时的困难。斯里兰卡政府采取了一系列积极应对措施，其中包括向国际货币基金组织申请 26 亿美元的临时借贷，以度时艰。近些年斯里兰卡经济日趋好转。总之，斯里兰卡经济在自由化和全球经济一体化的进程中，增长速度呈持续加快的势头。

斯里兰卡虽然国家不大，但却是一个有着悠久历史和文化的南亚文明古国。自公元 3 世纪佛教由印度传入后，斯里兰卡的文化进入了一个全新的历史阶段。从那时开始直到今天，佛教文化始终在这个国家占据统治地位。因此，斯里兰卡的古代文化严格说来是属于印度文化体系。然而，在近两千年的发展演变过程中，斯里兰卡的文化又有其自身的特点，这些特点主要表现在虽然该国也有印度教，但始终未能超越或取代佛教的地位，而尤其值得世人关注的是，在佛教中兼容并蓄了一些印度教教义的精神内容；还有，巴利文的运用也比在印度更持久，等等。

宗教文化是斯里兰卡整个民族文化举足轻重的重要组成部分。斯里兰卡宗教文化的主流是佛教文化。斯里兰卡在中国古代被称为狮子国或僧伽罗国，是南亚地区重要的佛教国家之一。在全国 2 100 多万人口中，70.2%的人信仰佛教，佛教的影响最大。在斯里兰卡，信仰佛教的人主要是来自僧伽罗族，其他各民族信仰佛教的很少。因此，从这个意义上来说，佛教文化其实是僧伽罗族的民族文化。我们知道，佛教在古代是靠佛教徒们的背诵和记忆来传承教义，但仅仅靠这样的传承方式，年代久远，难免会有差错讹误。故而于公元 1 世纪，佛教徒们在斯里兰卡举行第四次结集，将南传的巴利语佛教经典写成了文字。此乃早期佛教史上的创新和伟举，也是斯里兰卡对南传佛教的传承和发展所做出的历史性贡献。要知道，假如没有这次历史性的结集，那么，南传佛教要传承至今是难以想象的。毫无疑问，这次结集的确为整个人类社会抢救和保存了许多宝贵的文化遗产，功在千秋。

富具南亚风情的迷人微笑

斯里兰卡佛教文化的发展也不是一帆风顺的，尤其是进入13世纪，其国势日衰，与之相伴的是佛教文化开始滑坡。雪上加霜的是此时南印度泰米尔人的大举入侵。入侵者不仅攻城略地，掳掠财宝，而且对寺院等佛教圣地和佛教文化肆意破坏。到了16世纪，欧洲殖民主义者的侵略魔爪伸进了这个多灾多难的佛教国家。先是崇信天主教的葡萄牙人，他们在对佛教文化进行肆意破坏的同时，还强迫佛教徒改信天主教。后来，斯里兰卡与荷兰人合作，赶走了葡萄牙人，然而，他们的命运也没有比原先改善多少，同是殖民主义者的荷兰人统治了斯里兰卡。之后，在18世纪末，英国人赶走了荷兰人，并于1815年将弱小衰微的康提王国消灭，从而将斯里兰卡置于大英帝国的殖民统治下。正是由于斯里兰卡长期以来屡遭外侮，致使佛教一度处于岌岌可危、几乎被消灭的境地。当时的佛教已近名存实亡：既无传人，又无佛经。正是在这样一种情况下，1753年，斯里兰卡派出使团前往泰国，盛邀泰国比丘到该国传戒，并从泰国抄回佛经。1802年和1862年，又先后两度从缅甸传入佛教。因此，我们现在所看到的斯里兰卡佛教，基本上是源于东南亚的泰国和缅甸。

斯里兰卡与中国的佛教文化交流源远流长，古已有之。5世纪初，斯里兰卡僧人昙摩抑长老不远万里来到中国传播佛教并将一尊高4.2尺的玉佛赠送给当时的东晋朝廷。这是有史料记载的中斯两国最早的佛教往来。410年，东晋大僧法显法师由印度到狮子国，他在狮子国都城观看了3月初佛牙舍利的盛会，为了搜求佛教经律，在那里居住了两年，他寻师参学，抄得经律多部(一说4部)，并将其带回中国。他的《佛国记》较为详尽地记载了狮子国的佛教情况，从而成了后世佛教徒们研究斯里兰卡佛教以及斯里兰卡和印度古代历史的珍贵资料。值得一提的是，我国唐代著名的大翻译家不空三藏法师是狮子国人。不过，他自幼便来到中国，通晓中国的语言和文化。这个优越的条件是为历代来华的大僧译师大多难以具备的。742年，奉唐朝廷之命，不空三藏法师与弟子含光赴狮子国学习密教，学成重返中国后，译出大量佛教经典。要特别指出的是，尽管不空三藏法师在我们后世人看来是一位密宗的鼻祖，然而，这位高僧大德在其浩瀚的译述事业中却并没有一味贯彻独尊密法、抵抑显教的意味。纵观历史，中国和斯里兰卡的僧人来往和佛学交流连绵不断，历代都有，只是到了西方殖民主义者入侵斯里兰卡，使其沦为被殖民地国家后，中斯两国的佛学交流才被迫中断。20世纪初，近代锡兰佛教复兴运动的推动者、斯里兰卡摩诃菩提协会(大菩提会)创始人达摩波罗曾来我国进行佛学交流，并与当时的金陵刻经处创始人、中国近代著名的佛学家杨仁山会面。1935年，斯里兰卡的金刚寺主持纳罗达弘法大师来华(上海)弘法，正是在其建议下，我国派遣优秀僧人前往斯里兰卡留学。抗战期间，我国的佛门泰斗太虚法师率领佛教团访问斯里兰卡。这次访问令太虚法师感到对斯里兰卡及印度等国的佛教有进一步了解的必要，故回国后，太虚法师与当时的教育部商议，在征得教育部的首肯后，随即又以中斯两国交换留学生和传教士的名义派遣法舫法师到斯里兰卡讲学。中华人民共和国成立至今，不但两国政府和民间的往来十分友好，中斯两国间的佛学交流和互访更是频繁不断。这里有两件大事值得一提：一是1956年为了纪念佛祖释迦牟尼圆寂2 500年，我国佛教界为此成立了专门机构，协助斯里兰卡编纂《佛教百科全书》；二是应斯里兰卡佛教界的邀请，将珍藏、供奉于我国佛教寺院的佛牙舍利送到斯里兰卡国内巡展，受到了斯里兰卡举国热捧和膜拜。

笔者之所以要对斯里兰卡佛教文化的历史与现状予以如此的浓墨重彩，就是因为这个南亚古国的佛教历史和地位确实令今人不能小觑。除了佛教文化，斯里兰卡许多历史悠久的传统文化艺术也很值得世人们去关注、研究和领略。当然，我们也不可否认，斯里兰卡迄今仍是一个发展中国家，20 世纪中叶以前的几百年，一直是西方列强的殖民地，独立后的斯里兰卡在相当长的一个时期又一直处于内乱或内战边缘的动荡状态，因而国力较弱，致使斯里兰卡政府对本国文化事业的发展、繁荣和保护投入有限。尽管如此，斯里兰卡政府还是尽其最大的努力制定了一系列保护、研究、发展和交流的文化政策。为了将这些政策更有效地贯彻实施，有关方面也采取了一系列措施，如首先抢救那些濒临绝迹的重大文化遗产。在传统文化艺术方面，斯里兰卡的音乐、舞蹈、绘画、建筑、雕刻艺术不但丰富繁盛，而且源远流长。在此我们对其作简略巡礼。

首先谈谈音乐。斯里兰卡的传统艺术中有一种历史悠久的音乐，叫作“僧伽罗音乐”。这种音乐的最大特征是有深刻的古印度文化的印痕。早在古僧伽罗王朝时代，国王经常派遣使臣或精通音律的人去印度学习音乐。今天存于斯里兰卡最早的音乐教科书资料就是当年康提王朝末代国王派人前往印度取来并请人翻译而成。僧伽罗音乐的乐谱有 7 个音阶，分别由 7 个僧伽罗字母表示，这种音乐不用简谱。据说，斯里兰卡的古代乐器种类繁多，数不胜数（一说有 60 多种），然而，真正能得以保存和流传下来的仅有 20 余种，其中，最为常见或常用的有雅克鼓、凯特鼓、椎击鼓和乌贷吉鼓等。

至于舞蹈，僧伽罗人很早就在他们的宗教仪式、传统节日、庆祝丰收的时候载歌载舞。不过，他们的舞蹈主要以鼓乐伴舞，因此，其舞蹈的节奏感极强，舞蹈者往往随着鼓乐翩翩起舞，四肢和躯体随着鼓乐节奏做出各种舞步和身体的旋转变化，同时伴以抒情和柔软的手部动作，塑造出优美的舞蹈造型。僧伽罗舞大致可分为三种：康提舞（又称高地舞）、低地舞和萨巴拉加穆瓦舞（又称中地舞）。在这三种舞蹈中，康提舞被公认为斯里兰卡最具典型、最纯洁的艺术表现形式之一，由此足见该艺术种类在斯里兰卡国民心中的地位和影响力。

与舞蹈一样，同是作为造型艺术的僧伽罗绘画，它的产生和发展也是基于佛教寺庙建筑的产生和发展（换言之，两者几乎是同步的）。根据相关史料记载，早在公元 2 世纪，人们就已知道用油和朱砂调和成装饰颜料，用以装点寺庙建筑（如阿努拉德普勒的鲁梵维利萨亚佛塔）或制作壁画（如西格利亚古城堡壁画）等。西格利亚古城堡的这些壁画是斯里兰卡迄今尚存的最古老的僧伽罗绘画作品，距今约 1 400 年。这些古老的绘画作品拥有很高的国际地位，堪与印度的阿旃陀、印度尼西亚的婆罗浮屠和柬埔寨的吴哥窟并驾齐驱，被世人誉为古代东南亚艺术的四大奇观。此外，迄今仍保存较为完好的波隆那鲁瓦古城壁画和康提古城绘画亦堪称是僧伽罗古代绘画艺术宝库中的珍贵遗产，其作品的风格和内容主题都与佛教学说、佛教活动密切相关。

与上述的舞蹈和绘画一样，建筑和雕刻按其范畴划分，也同属造型艺术。斯里兰卡古代的建筑、雕刻艺术相当了得。翻开这个国家的城市建筑史，我们就不难窥其一斑。早在

2 000 年前，僧伽罗人就凭其卓越的智慧建成了布局合理、规划细密周全的古代城市、庄严宏伟的佛塔寺庙、辉煌灿烂的王室宫殿和宫墙城堡以及大型水利设施等，从而显示出僧伽罗人在很早以前就已经懂得和掌握了高超的建筑雕刻艺术。在上文中提到的阿努拉德普勒的鲁梵维利萨亚佛塔就是一座能体现古代僧伽罗人的建筑水平的大型佛塔。这座建筑可谓历尽风雨、饱经沧桑，在经历了印度军队的屡次侵略毁坏后，现在塔高只有 55 米，然而，据说在其完工之初高度有 110 米，比现在的高度高一倍。舍利佛塔四周建有围墙，其墙面上饰有上百头呈并肩站立状的精美大象群体雕刻图案。这座建造于公元 2 世纪、被世人公认为杜图伽摩尼国王时期建造的最美的建筑，也是斯里兰卡古代建筑师精湛技艺的结晶，堪称僧伽罗民族建筑的杰作和典范。此外还有西格利亚的古城堡遗址。这座修建于公元 5 世纪的西格利亚石头堡垒——狮子岩上的古代建筑，乃是一座扎扎实实构筑在橘红巨石上的空中宫殿。凡是观赏过此座建筑遗址的旅者，无不为之惊叹。建筑原高 200 米，高高耸立于狮子岩上，犹如苍茫平原上骤然突起的一座飞来峰，横空出世。该建筑有绘画，有雕刻，举世闻名的西格利亚《天使般的少女》壁画就在岩石的一个被保护的偏角部位。在狮子岩的顶部，建有王室宫殿和国王、王后的泳池等。西格利亚建筑遗址作为受到联合国教科文组织保护的世界级珍贵遗产和奇观，确实名不虚传，令世人惊叹。今天来自世界各国的旅者，当其登上顶峰，或许会失望，因为 15 个世纪以前的王宫早已荡然无存，迄今遗留下来的也就是一些红砖地基、石头台阶。昔日奢华至极的辉煌宫殿已经不再，然而，峰顶的景色依然令人惊艳。

以上所述的斯里兰卡文化，乃是严格意义上的以佛教为核心的国家文化。接下来我们有必要从更宽泛的文化视角，谈谈斯里兰卡民众生活习惯和民风民俗。

斯里兰卡这个国家很有意思，由于它的文化根源与印度有着深刻的历史关联，因此，在今天的民众生活方式和习俗等方面，也与印度十分接近或相似。比如，在用餐的习惯上，斯里兰卡人与印度的习惯一样，也是用手抓吃饭，而且专用右手，不能用左手，因为在他们看来左手不洁。斯里兰卡人可能是由于热带气候消耗大等原因，男人和女人个子都并不高大。至于他们的肤色，无论男女老幼，绝大多数呈黑色、亚黑色或深棕褐色（深巧克力色），富具典型的南亚人特征。不过，经过此行仔细实地观察，我发现，斯里兰卡人一点儿也不难看，尤其是女孩儿，甚至可以说相当漂亮。男人们个个黑得静穆沉稳而庄重，小伙子们大多俊朗挺拔，曲黑的头发下深藏着炯炯有神的双眼，面部轮廓清瘦，其神态朴实而温良。女人们眼睛乌黑而又明亮，虽然肤色偏黑，却黑得妩媚、黑得生动而俏丽，犹如黑色的郁金香和黑玫瑰，尤其是那些信步徜徉在首都科伦坡大街上的二八姝丽，与生俱来长而弯卷的睫毛，眼睛会说话，与人谈笑间，扑闪扑闪地格外迷人。每当看到一群饱含青春活力、正值豆蔻年华的姑娘们迎面走来，给人们的感觉犹如飘过一团瑞洁的祥云，风情洋溢而又瑰丽芬芳！总之，斯里兰卡也是一个盛产美女的国度，上述美人，无论你走到哪里，机场大厅、轮船码头、小火车上、饭店酒楼、宾馆商厦、政府机关甚或城市街区的人行道上，随处可见。在着装方面，爱美的斯里兰卡人也颇为讲究，尤其是女性，爱穿纱丽的很多，在结婚的庆典上，纱丽对于行将出嫁的新娘更是必不可少的首选服饰。此行斯里兰卡，尽管正值我国的隆冬季节，然而，在不经意中，我也注意到，很多斯里兰卡当地人长年不穿鞋，包括许多美丽而又年轻的姑娘也是如此，这也许是因为热带的气候或传统生活习惯吧。

由于斯里兰卡过去经历过长期的殖民统治和内战，故现今的经济仍不发达，其国民人均收入并不高，一般居民的月收入在人民币 1 000～2 500 元。当然也有个别行业比较高(如导游、银行、证券和英语翻译等)。在斯里兰卡期间，我特别注意到，由于该国政府对烟酒控制得很严，平时在街头和社群场合很少见到有抽烟的，所有超市和大型商场都没有酒卖(包括酒精度数不高的啤酒、红酒)。斯里兰卡人如一定要抽烟喝酒，必须去烟酒专卖店购买，这是政府的规定。为此，我在科伦坡市内还专门寻找此类专卖店，但我费了好大劲，加上时间局促，最终未找着。后来倒是在加勒这座位于斯里兰卡西南、距离首都科伦坡约 100 公里的海港古城，不经意中，碰巧遇到了一家冠以英文“Wine Store”的商店，这真可谓“踏破铁鞋无觅处，得来全不费功夫”啊！这里酒的价格倒是不贵，例如一瓶当地产的“狮子牌”(LION)啤酒折合人民币也就 5.8 元左右。更有意思的是香烟可以拆包后论根卖(此种经营方式可能既与这个国家的传统经营方式有关，也与这个国家民众的经济消费能力和消费水平有关)。我特别注意到，去斯里兰卡工作的中国人很少，在那里的中国人一般都是从事经商、旅游、翻译或修建道路、港口等工作。斯里兰卡的中国餐馆很少，因此，许多中国游客到了那里后，常常为吃不到一顿像样的中餐而抱怨甚至想家。当然，只要不怕多花钱，也能吃到中餐。就我所知，在首都科伦坡有一家稍具规模、叫“大北京”的餐馆，中国菜就做得很不错，比如麻婆豆腐和北京烤鸭，但是要价也让人咋舌。中国人之所以去斯里兰卡工作的很少，原因当然是多方面的，但以我看，最主要的原因还是因为那里的经济欠发达，其次就是气候和饮食等方面的原因。斯里兰卡政府对国民买汽车征税很高，在当地的人看来，有车的不怕高征税，基本都是富人。斯里兰卡已有了自己的高速公路(这条高速公路长约 180 公里，是中国援建的)，总算也是这个国家高速公路现代化的零的突破。说起斯里兰卡的道路，真的没法恭维，一句话：普遍脏乱差，旧街陋巷比比皆是。当然，实事求是地说，首都科伦坡的城市中心街区，还是相当不错的，有的街区每当夜幕降临，也是灯火通明，人潮涌动，富有现代大都市的格调、气息和节奏。不过，与任何一个国家一样，每个国家的城市和乡村，在景观和风格上存在着迥然不同的面貌。我们从首都科伦坡到古代都城康提的旅途上，倒是领略到了蜿蜒山道、崇山峻岭、悬崖峭壁、奇峰幽谷、溪流潺潺、田园风光，甚而道路两旁一闪而过的古风村落。正值烈日当空舞之际，视野内出现了一群群背着小书包、胸前系着小领带的学生们陆陆续续地离校返家，向导游打听，才知道斯里兰卡的小学生下午 1 点半就放学了，比起当年我在埃及开罗街头看到的学生下午 2 点放学还要早半小时。斯里兰卡的教育也有公立和私立之分。私立学校一般重视英语教学，而公立学校则以教官方用语为主，斯里兰卡的官方用语是僧伽罗语和泰米尔语，斯里兰卡的上层社会基本通用英语，因此，从某种意义上说，英语阶层大多属于精英阶层或各级政府的官员阶层和富裕阶层。上私立学校，费用很高，一般家庭难以承受。

斯里兰卡整个国家民风古老而淳朴，可能与这个国家举国崇尚以慈善为本的佛教信仰不无关系。斯里兰卡人爱微笑，灿烂的笑脸总是挂在他们的脸上，尤其是姑娘和小伙儿的微笑更是动人和迷人。记得那天去加勒古城堡，不期而遇地碰到了同样也是前来观赏的斯里兰卡人，其中还有朝气蓬勃的大中学校在读学生，无论是单个行人，还是三三两两或成群结队的人们与我们迎面相遇，无一例外地主动与我们打招呼，并且附上一张张发自内心喜悦的灿烂笑脸。无论住宾馆，还是人在旅途，为我们提供服务的斯里兰卡人，都是温良谦恭，热情有加。我们知道，斯里兰卡是一个小费制国家。这一点，作为经常旅游在外的我，也是非常注意入乡随俗的，唯恐自己有时因忙于他事而忘了给人小费。然而，斯里兰卡的宾馆服务生或旅途司机等，却做得非常得体到位，不管旅者给没给小费，也不管旅者给多给少，他们一概亲切待客，笑脸相迎，笑脸相送，丝毫没有任何冷落和怠慢之意。斯里兰卡人对我们中国人非常友好，他们对前来观光的中国游客充满好感和敬意。这一点，我看一点儿也不亚于对中国友好的巴基斯坦人。期间，我与当地的一些斯里兰卡朋友略作交流，从中也了解到了斯里兰卡人民对中国和中国人的印象和真情实感。有一次，在康提宫与当地的一位大学教授闲聊，当他知道我是中国人，来自北京，是编书的之后，很感兴趣，似乎聊兴也上来了，他对我说："中国好，中国人好，中国虽然很强大，经济强大，军事强大，但不侵略别国，不欺负人。"他还说："中国一直帮助我们，而且是无私帮助。"看得出，这位斯里兰卡的有识之士说是有感而发的肺腑之言。这些对中国的评价，从某种意义上来说，代表了斯里兰卡人民对中国的谢意，也折射出了这个国家的政府和人民对中国的友好情感。的确，长期以来，中国政府和中国人民对斯里兰卡的国家发展和稳定给予了力所能及的无私帮助，如今仍一如既往地继续给予斯里兰卡诸多帮助。

本书著者与斯里兰卡渔民在一起

最后，让我们来谈谈斯里兰卡的婚俗。这个国家的婚俗挺有意思，其中有一些和我们中国的差不多，但是令我们感到不可思议的是，嫁妆和婚宴活动全部由女方的家庭来承担和操办，男方娶了媳妇还可以当甩手掌柜，这样的好事到哪儿去找啊?！斯里兰卡有一妻多夫的婚俗习惯，这种婚姻习俗在斯里兰卡的历史上曾经盛行一时，随着时代的发展和社会的进步，这种婚俗也在逐渐衰落，但据说在这个国家的中部山区还依然存在。一妻多夫的婚姻，一般都是先由年岁相仿的一男一女举行婚礼，组成家庭(即家族的雏形)。而后，在此基础上又有一个或几个男子自愿加入到这个家庭中来。这时可以不再举行任何形式的婚礼，后来的丈夫和第一位丈夫在地位、责任、权利和义务等方面均是平等的。一妻多夫制家庭的组成，大致有这样三种情况：第一种是本家兄弟共娶一妻；第二种是由几个姨表兄弟或堂兄弟共娶一妻；第三种是本来非亲非故无任何血亲关系，只是后来相好的男人走到一起，共同组成家庭。上述三种情形，以第一种为最普遍。至于这种一妻多夫家庭的领导权，很明确，妻子乃此家庭的一家之主。家庭中如发生矛盾冲突或纠纷，一律由妻子来裁决。如有丈夫胆敢违逆不从，妻子完全有权可以将此不从之夫扫地出门。在这样的一妻多夫家庭，生养下来的子女只知其母，不知其父。子女无论多少，均属这个家庭的“父亲们”共同供养并共有。斯里兰卡的这种一妻多夫家庭形态，与我国云南泸沽湖地区纳西族摩梭人的走婚制家庭有些相似。尽管世界那么大，中斯两国相隔万里之遥，然而，在他们中部山区的一妻多夫和我国泸沽湖地区摩梭人的走婚制之间，两者似乎殊途同归，有着异曲同工之妙，不禁令人惊诧和慨叹！

斯里兰卡，它作为印度洋上的一颗璀璨明珠，确实与众不同，它具有一种美，一种不同凡响的神秘异域之美。如今我虽然已回国多时，尽管在那里逗留的时光相当短暂，但它给我留下的却是刻骨铭心的永恒记忆。我在那里不仅感受到了大自然的奇丽和壮美，同时也感受到了世上最纯美的“蒙娜丽莎”式的人文微笑，感受到了世上还竟有如此美妙的海滩和迷人的海浪，还有那宝石蓝的万顷碧波、漫山遍野的茶林、富具南亚风情的黄金椰子、美丽绝伦的海滨浴场、神秘莫测的历史古堡、笃信佛教的僧伽罗民族、悠然自得的高跷钓鱼、满面春风的泰米尔族少女、民风淳朴的山地乡民、烟雾缭绕的佛教寺院、香飘四溢的锡兰红茶、静谧幽深的丹布拉石窟、供奉佛牙的玛丽卡瓦寺庙、风驰电掣的海边火车，还有山林、峡谷和瀑布，还有红茶、海参和香料，还有佛塔、椰林和橡胶，还有海港、咖喱和沙丽……

再见了，印度洋上的明珠——斯里兰卡！

上帝遗撒的耀眼珍珠

——“人间天堂”马尔代夫

马尔代夫，全称马尔代夫共和国，一个典型的南亚群岛国家，从飞机上俯瞰，它那一千多个大小不等的岛屿犹如上帝遗撒的一串串耀眼的珍珠，镶嵌在浩瀚蔚蓝的印度洋上。每天清晨，第一缕赤道阳光洒向壮阔的海面，唤醒这个如梦如幻的美丽国度，这就是马尔代夫，天堂般的马尔代夫！

“马尔代夫”这个名字，始于公元150年，泛指位于锡兰西岸的岛屿。当时有许多来自东非、阿拉伯国家的船只，在航行过程中发现美丽、宁静的马尔代夫有适宜船只停泊的港口，人们也就逐渐迷恋上在岛上居住。马尔代夫国家虽小，历史却很悠久。早在公元前5世纪，就有雅利安人来此定居。公元12世纪初，诞生了以伊斯兰教为国教的苏丹王国，前后更迭了6个王朝。16世纪中叶，葡萄牙殖民主义者开始对其实行殖民统治，然而，在人

“人间天堂”马尔代夫掠影

民的奋勇抗争下，国家不久得以光复。200多年后，又遭到荷兰人入侵。19世纪末沦为英国的保护国。直到20世纪30年代初，马尔代夫的国家政体改为君主立宪制，之后又于1952年成为英联邦内的共和国，两年后，共和国被废除，重建苏丹国。1965年7月26日宣布独立。1968年11月11日建立马尔代夫共和国，实行总统制。

马尔代夫位于赤道线上，属于热带海洋性气候，由于受季风影响，四季温暖，而且日夜温差不大，一年四季皆适宜旅游。我们前往马尔代夫的季节是在5月，故有幸看到由于受季风影响而出现的海面飓风暴雨、狂浪滔天的自然景观。马尔代夫，的确是这个地球上风格迥异、独一无二的群岛国家。早在20世纪60年代以前，它的原名就叫马尔代夫群岛。由此可见，“群岛”才是这个国家最大的自然和行政建构特征。

马尔代夫，人口44万，均为马尔代夫族，民族和官方语言为迪维希语，教育和对外交往则广泛使用英语。伊斯兰教是马尔代夫的国教，属逊尼派。全国有大大小小1 192个珊瑚岛屿，岛屿平均面积1～2平方公里，地势低平，平均海拔1.2米，全国岛屿划分成21个行政组（区域），每个自然岛屿就是一个独立完整的度假村，也就是人们所说的“一岛一酒店”格局。每个珊瑚岛屿都有雪白晶莹的沙滩、倒映在水中的婆娑椰影、成群结队五彩斑斓的热带鱼构成了马尔代夫的自然“动态”景观。因此，去马尔代夫旅游，当你选择了其中的一个岛屿，也就意味着你选定了一个度假村、一个酒店。从某种意义上说，这个度假村或酒店将会决定你此行的基本内容和方式。迄今，马尔代夫全国已将100多个岛屿开发成了度假村，这些充满着热带风情的美丽度假村，同时也是一个基本的行政单位。在马尔代夫的所有岛屿中，有人居住的岛屿只有202个，占全国岛屿总数近20%，它们分布在9万平方公里的海域内。马尔代夫距离斯里兰卡西南700多公里，距离印度南部600多公里，实际陆地面积298平方公里。论国土面积，马尔代夫无疑是亚洲最小的国家，然而，它却是亚洲乃至世界最有特色的岛国。这些特色主要体现于它的岛屿结构和海洋风光，尤其是对于全世界的旅行者来说，马尔代夫是最令他们心驰神往的地方，因为，那里的海洋特别特别的清澈绿蓝，那里的天空特别特别的深邃明丽，那里的岛屿风光旖旎，那里的风物格外有情，那里的居民特别淳朴……这样一个世外桃源般美丽的国度，常令那些慕名而来的世界旅者乐不思蜀、流连忘返……

难得去一趟马尔代夫，我将此行告知年轻的小字辈，从他们所流露出的那种憧憬、神往的表情，让我知晓并确信：不仅是吾等，“80后”“90后”和“00后”们，他们最想去的海岛国家也是马尔代夫。的确，能到这个美丽的印度洋岛国光顾一趟，也算不枉此生，如果能在该国的天堂岛住上一晚，那就更是美妙无比、人生的大福了！

天堂岛，这个面积不足一平方公里的小岛是马尔代夫最著名的五星度假海岛，小岛四周被洁白的细沙滩和海水紧紧环绕，岛上设施应有尽有。人们步行绕岛一周只需一小时，在这印度洋的怀抱里，人们能时刻享受到灿烂的日光浴和温润的海风浴。只要你走出沙滩屋，奔向海洋，即可观赏到蓝得出奇的绿涛碧波，观赏到那些神奇罕见、千姿百态的海底生物和珊瑚群。你可以面向印度洋的任何一个方向极目远眺，映入你眼帘的不是海天一色、白云蓝天，就是植根于茫茫汪洋上远近错落有致、风光绮丽的座座小岛；远处的海面

美丽的马尔代夫天堂岛

上，各种南来北往的船只自由穿梭，海鸥以其矫健的身姿与观海的飞机翱翔于同一片碧海蓝天；那一幢幢排列整齐的水上屋，更是吸引着无数的世人来此下榻休闲，体验一把“天堂”里的神仙生活。在这里，旅者将抛却一切“人世间的烦恼”，忘却一切“人世间的忧虑和惆怅”，彻底放飞心灵，拥抱生活，尽情享受大自然赐予人类的世外桃源。

在马尔代夫近 1 200 个岛屿中，最大的岛屿是作为首都所在地的马累岛，它位于印度洋马累珊瑚环礁中，全岛共划分成四个区，面积只有 1.96 平方公里，人口 24.8 万，但它却是印度洋上重要的军事和交通要地，是红海、波斯湾至太平洋的重要停泊港。马累不但是马尔代夫全国政治、经济、文化的中心，同时也是该国私营和国有经济团体云集之地。马累同时也是全世界最小的首都，小得竟没有自己的飞机场（马尔代夫的飞机场建在与马累一水之隔的瑚湖尔岛），环岛走一圈，只需两小时。岛上环境恬静而秀丽，整个城市没有我们常人想象的那种所谓的柏油马路。放眼望去，大街小巷的道路全都用白色的细珊瑚沙铺就，车辆过后扬不起尘埃，加之岛上车辆本来就很少，故马累市区污染很小，空气非常清新。昔日古老的皇宫和今天的政府机关大楼都是两三层高的平顶建筑，并不豪华，但很整洁，屋外的花园中长满了芒果、香蕉、椰子等热带果树，游人信步街区，不时飘来阵阵清香。在马累，与邻岛之间的交通运输一般都是靠船只、水上飞机或内陆航班，民众的主要代步工具是自行车，大多数居民习惯于步行，因此，我们也完全可以想当然地认为，马累人一方面是吃着深海鱼，一方面又是经常徒步行走，他们这种人类原生态的生活和运动方式，必定使该国国民中极少存在“三高”症状。由于马累市内机动车辆稀少，整个岛城没有那种喧闹嘈杂的城市通病，一切都是那样平静。在马累期间，我们一不小心溜达进一些民居小巷，那里更是出奇的宁静，小巷中人也不多，行走间，偶见一二老者或少壮，也都是温文尔雅、彬彬有礼。你可别小看了这个面积只有 1.96 平方公里的小岛，岛上有着气势恢宏的清真寺，还有最古老的清真寺墓地，到了马尔代夫，这个足以代表和体现马尔代夫古老历史的宗教文化遗迹是必须去领略的。还有星期五清真寺，是马累岛上最美丽的宗教建筑，也是马尔代夫最古老的穆斯林清真寺。这是一座用珊瑚石建成的建筑，里面有一座建造于 17 世纪的宣礼塔，上面用阿拉伯文镌刻的 1 400 多年前的《古兰经》碑文依然清晰可见。庄严的《古兰经》周围的墙壁上，满是错综复杂的精致雕塑。寺里还藏有苏丹国王的棺椁。据当地的文物专家说，这个棺椁的外壁都是用珊瑚打造的，由此足见马尔代夫古代人的卓越智慧和不朽技艺。在马累岛上，可供游人观瞻的还有富具古苏丹王朝遗韵的苏丹公园，这是一座在原苏丹国王府邸原址上改建而成的公园，它曾于 1968 年马尔代夫成立共和国时遭到破坏，尽管如今只剩下一座规模不大的建筑，却依然比较完整地保留着古苏丹文化的精髓，就是在这个看似简单袖珍的历史馆内记载了马尔代夫多种文化的碰撞和交融。

马累也是马尔代夫的购物中心，所有的大小商店几乎都云集于此。马累本土的居民过着颇为原始质朴的生活。如果谁想了解或体验当地人的生活，那么，去那里的鲜鱼市场走一遭是一个不错的选择。那里是马尔代夫各岛屿捕鱼业的鱼货集散地，每天近黄昏时段，叫卖声和吆喝声此起彼伏，热闹异常，充分彰显了这个岛国的生机和活力，犹如一幅马尔代夫版的“清明上河图”。其实，马累岛上的居民生活状态很有代表性地反映了这个群岛国家民众的生活习俗和风貌，它就是马尔代夫的国家缩影。

这里有必要提及紧邻马累的瑚湖尔岛，这个岛现在是马尔代夫的首都国际机场，这个机场非常忙碌，为此，我在某天的中午时分，特别留意观察，结果发现，在那个时段几乎每隔一两分钟就有一架国际航班飞落起降。这个机场岛屿不大，不足 2 平方公里，却承载着马尔代夫与世界各国的千丝万缕的联系重任。由于岛屿不大，其跑道条件也相应受限，世界各国飞往马尔代夫机场的飞行驾驶员，如果没有超凡的驾驶技术是绝对飞不了这条航线的，要不然就会连机带客一头扎进印度洋里去了。令人欣慰的是这条航线的空难事故为零，我真佩服所有飞此航线的各国飞行员们，他们太有本事了，完全可以用“伟大”二字形容！

马尔代夫的 1 000 多个岛屿，可以毫不夸张地说，它们是“一岛一景”，旅者不可能在有限的时间内全部浏览个遍，也不可能在有限的时间内只局限于在一个岛屿上玩，一个两全其美的办法就是搭乘一种专门用来满足有这种需求的旅者的多尼船前往旅者自己选择的若干相对重要和有意义的岛屿，以便在有限的时间内最大限度地领略这个千岛国家的整体风貌。当然，这些岛屿绝对不是千篇一律，而各有千秋，只有上了岛，你才知道其真实的内涵。它们有的很现代，有的在开发，有的还是人迹罕至的古朴荒原。这些荒岛一般都不大，小的步行只需 20 来分钟就可以逛一圈，大一点的绕岛一周也就 40～50 分钟而已。荒岛上全是那些呈原始生态状的树林和灌木。马尔代夫除了那些未开发的原生态的荒岛处女地，已开发或正在经营中的度假岛也是种类不少，名目繁多，等级森严。除了上述著名的天堂岛外，还有诸如蜜月岛、梦幻岛、假日岛、钻石岛、蕉叶岛、白金岛、绚丽岛、快乐岛、太阳岛、皇家岛、夏日岛、月桂岛、瓦度岛、椰子岛、满月岛、伊露岛、宁静岛、双鱼岛、尼卡岛、港丽岛、罗宾逊岛、齐塔莉岛、巴罗斯岛、可可拉岛、香格里拉岛、美露莉芙岛、蓝色美人蕉岛、圣塔拉夫斯岛、安娜塔拉迪谷岛、康斯坦哈拉薇丽岛、卓美雅德瓦娜芙希岛、可可棕榈波杜希蒂岛……所有这些度假岛屿，都有严格的等级区分，其中最高等级为七星(如卓美雅德瓦娜芙希岛度假村酒店)。这些种类和名目繁多、等级森严的岛屿完全是为了适应全世界来此旅行的人们的选择需要而设置的。形形色色的旅者完全可以根据他们自身的消费意愿和旅游目的来做出相应的岛屿选择。马尔代夫这种现代化的先进的度假村(酒店)管理理念和方式是很值得全世界的同行学习和借鉴的。

为了对马尔代夫度假岛屿能有一个相对综合的了解和认知，我专门到若干有代表性的岛屿进行实地考察，结果自然是奥秘无穷，通过这种对有代表性的“岛屿麻雀”的活生生的解剖，令我对这个岛国的理解更加全面和深刻。

我首先选择了宾度士岛作为此行的考察典型。那是一个美丽无比的珊瑚岛屿，位于北马累北环礁，距首都马累和国际机场非常近。该度假村酒店是一座融现代设计风格和当地的自然、人文于一体的建筑。它的最大特点是整个岛屿为热带绿荫环绕，除了房屋建筑，所有的绿树浓荫都最大限度地保持着它的原始密林状态，这令每一个下榻于此的远道游客既有宾至如归的怡然、温馨和从容，又有犹如置身于巨兽出没的远古莽林的惊悚和刺激。这个岛屿基本被茂密的热带绿色植物所覆盖，无数挺拔参天的棕榈树，被耀眼的白沙紧紧环绕，蓝宝石般的海水清澈见底，细腻、洁白的海滩透溢出一种独特的宁静之美。浓密的植物犹如巨型藩篱将精致的度假小屋与外面的世界切割分离，让来这里度假的人假期过得浪漫又私密。

宾度士岛旅游度假村是 20 世纪 70 年代开放的，也是马尔代夫开放较早的旅游度假胜地，经过 21 世纪初的重新修建后，它的所有服务设施焕然一新，相当现代和奢华，给来自世界各地的游客以最惬意的享受。那里的精致小屋大多隐藏在葱郁茂密的丛林中，阴凉爽洁的小屋给每一位日光浴后的游客提供了放松、休闲的理想场所。当然，那里的小屋或别墅是按照价格由低到高严格分成如下等级：一是海景精致标房；二是海景豪华套房；三是花园豪华别墅；四是海景豪华别墅；五是水上豪华别墅。所有的房间都配有空调、IDD 电话、茶/咖啡机、数码保险柜和一个独立的起居室。岛上有户外的餐饮设施、特色餐厅和开放式酒吧，富具热带风情的咖啡厅、舞厅，岛上还有专门的娱乐中心，包括网球场、羽毛球场、壁球场，桑拿房、健身房和健身跳操中心，还有宽大的现代化泳池，在小岛旅游接待处的附近区域，还设有购物超市、照相冲印店和商务中心等。考虑到有的家庭举家出游，故而岛上在建构成人设施的同时也考虑到了儿童的度假需求：建设儿童娱乐中心。为了保障游客的安全，岛上还设有医疗中心，其中包括有为热衷潜水的游客而设的减压舱治疗服务。宾度士岛上的所有房间都配有淋浴池和按摩浴池。那些私人花园更是花团锦簇，满目美景。总之，只要人们来到这里，顿觉远离红尘的喧嚣，犹如置身于超然世界。不过，在考察过程中我突然发现，在宾度士岛上，除了我之外竟然没有一个中国人，甚至没有亚洲和中东一带的游客，我为此徒步环岛一周，视野所及，见到的全是欧美游客，更准确地说，全是欧洲人。在此必须说明，该岛的这种现象丝毫没有“种族歧视”的意味，可能是考虑到欧美等西方国家的旅者与中国甚或亚洲乃至东方国家的旅者，在旅行观念和旅行实践的方式上存在较大的差异，说到底是东西方文化与文明的历史性差异。

通过搭乘多尼船，我们不但深入地考察了宾度士岛，我们还专程登上了完全是纯马尔代夫民族的民居岛考察，那里是另一种截然不同的原始风格和面貌。岛上没有奢华的酒店，甚至连一个稍微像样的小饭庄也难以见着，岛上也没有什么像样的建筑，有的只是一些沧桑依旧并带有伊斯兰风情的简陋民居、清真寺和墓地，岛上的居民也有开小商铺的，他们根据前来岛上参观的游客需要，出售一些旅游纪念品和热带风情款式的衣料、遮阳帽之类的小商品。有的游客想在岛上买些珊瑚之类的当地特产，但是这里的居民会告诉旅者，当地政府为了保护生态环境，明令禁止出售珊瑚。岛上居民十分拥护并严格执行政府法令。

马尔代夫的水上屋

马尔代夫是位于赤道线上的热带海洋旅游国家，日常生活和活动免不了要常与海打交道。因此，当地也有许多生活习惯和规则、习俗等需要人们去遵守。例如去游泳，穿游泳衣是必须的。由于海中有些地段珊瑚石较多，故游泳者最好戴上劳工手套，穿上白布鞋，以免划伤手脚(当然，马尔代夫绝大部分游泳沙滩都是优质沙滩，也就无此忧虑)。考虑到马尔代夫四季炎热的热带气温，旅游者最好配备一些柔软宽松的浅色纯棉质地的休闲服装；另外，深色墨镜、宽阔边沿的遮阳帽和高标号的防晒霜也是必不可少的基础性装备，因为赤道线上的太阳实在是太厉害了。我在宾度士岛上考察时，正值中午时分，由于没有提前做好防晒准备，在烈日下仅仅晒了不到一个小时，结果肩膀和脸部全被强烈的紫外线灼伤。考虑到马尔代夫是一个比较纯粹的伊斯兰国家，故为西方一些国家所热捧的裸泳之类在这里是被绝对禁止的，如有违者，一旦被发现，都将会苛以高额罚款。除此之外，客人穿泳装进餐厅也是被禁止的。当地的清真寺对进寺的男女着装各有要求：男性不能穿短裤，女性则不能穿膝盖以上的短裙和裸露手臂的短袖上衣；旅者走进教堂前必须记得先脱鞋。此外，那里的人们普遍比较传统，男女之间授受不亲，男士最好不要轻易与当地女性打招呼或亲昵、拉手，否则，弄不好，就有可能惹来不必要的麻烦。此外，由于伊斯兰教禁止信徒饮酒和吃猪肉，故不能邀请马尔代夫人喝带有酒精成分的饮料，否则对方就会觉得你不是无知，就是无礼。在旅游期间，可以向当地岛民咨询一些马尔代夫的风俗习惯等问题，但不宜刨根问底，因为他们不太喜欢这样的提问方式。除了上述这些入乡随俗的东西，还有一些小常识必须有所了解和掌握，对于初次去马尔代夫旅行的同胞会有所裨益，例如，马尔代夫虽然不属于小费国家，但对于行李员和打扫房间的服务生等是要付小费的，而且从理论上讲是必须的(因为这是他们的主要经济来源)，而餐厅和出租车服务一般可以不用付小费，因为相关的账单上已经核定并加收了10%的服务费。此外诸如中国移动、联通等都早已开通了该国的国际漫游，但收费不菲，故需要经常与国内沟通联络或居住时间较长者，不妨购买一张当地的SIM卡，此种卡各街头小商店均有代售，价格15美元/张，含30分钟左右的话费。

马尔代夫的气候四季如夏，尽管全年气候温暖，但由于受季风的影响，气温会有波动。每年的12月至次年5月是马尔代夫的最佳旅游季节。据说，每年的5月初是潜水发烧友的最佳季节，因为那时将有大量的魔鬼鱼出现，而我们所到的季节正好是最佳季节，因此我也亲身体验了一把潜浮。当我穿上了潜水衣，戴上了潜望镜，一头扎向那清澈无比又深不可测的印度洋，犹如进入了五颜十色的水晶宫殿，各种水下生物向你扑面而来。那种“与鱼共舞”令人犹如进入海龙王辖管之地，恍如隔世的感觉，自然就让人进入一种生命历程中的超然体验，你会顿然觉得此生不虚，人生美好。只有敢于历练和亲身实验的人，才会真正获得人生的超然体验和生命历程中的超然价值。与其他岛屿国家季风强烈不同，马尔代夫的季风较为温柔，因此，它全年都适合于旅游，故凡是想去马尔代夫好好体验一把的朋友们，你随时可以整装待发：人生苦短，时不我待，你还在等什么呢？毅然决然地出发吧，上帝失落的“天堂”——马尔代夫，正向你频频招手呢！

西亚的沙漠奇葩

——梦幻阿联酋

记得在我很小的时候，听语文老师讲《天方夜谭》的故事，那些“阿里巴巴和四十大盗”等充满异域风情的神秘传奇，令我从小对那块西亚土地无限憧憬，心向往之。我总认为，那是一个充满了梦幻、迷离的遥远地方。今天，我终于来到了阿联酋这个“一千零一夜”的故乡，追寻那尘封已久的童年之梦！

阿联酋，全称阿拉伯联合酋长国，一个纯粹而又典型的中东国家，同时又是一个以盛产石油而著称的西亚沙漠国家，它位于阿拉伯半岛的东部，北临波斯湾，南部和西部与沙特阿拉伯接壤，西北部与卡塔尔交界，东和东北部则与阿曼紧紧相连。首都阿布扎比，是阿联酋全国最大的城市，也是该国最大部族的领地。阿联酋人口 930 万，外籍人口约占 88.5%，主要来自印度、巴基斯坦、埃及、巴勒斯坦等国，居民大多信奉伊斯兰教，其中多数

阿拉伯联合酋长国迪拜高耸入云的哈利法塔

属逊尼派。阿联酋的另一个世界著名的大城市是迪拜，在那里，什叶派占据多数。阿联酋的原住民和阿拉伯半岛上其他国家的居民没有什么本质的区别，他们都是阿拉伯人，故他们不但使用的语言和文字是相同的，而且其生活方式和生活习惯、宗教信仰和民俗民风等也都是一样的。

在两三千年前，阿拉伯人的祖先们就带着他们古老的早期文化、语言和生存技能，由西向东连续不断地迁徙移民，他们穿越了辽阔的阿拉伯半岛，来到了阿联酋这片荒芜贫瘠的土地。在与当地居民的长期融合中，衍生出了叫作"闪米特人"的种族。到了公元7世纪，当时的先民与新兴的伊斯兰教互渗同化，形成了统一的阿拉伯伊斯兰教信仰。由于地处阿拉伯半岛，这块土地既不缺沙漠，也不缺海湾和沙滩，故在阿联酋阿拉伯人的众多部落中，纯粹的游牧民只占很少的比例，大部分是定居的，或者说至少一年中的大部分时间相对稳定地定居于一地。这些部落居民从事简单的农业，有的在阿拉伯海湾从事渔业或珍珠采集等。茫茫的阿拉伯沙漠中，不但有少数游牧民乐于艰难穿行的一个又一个的水草地带，同时也有寥若晨星般的少数绿洲。数百年来，那里的部落居民主要从事棕榈和蔬菜的种植。然而，也有一些人，他们冒险穿越茫茫沙海，发现波斯湾沿海一带人气兴旺，那里的人们主要从事与海洋有关的珍珠养殖和渔业，故从那以后，很多人一部分时间生活在绿洲，一部分时间则在海上度过。不过，他们中的妇女一般不出海，而是留守在家中整治家务和照看孩子及棕榈园林，尽管劳作艰辛，但也相对独立和安稳、安定。

在阿联酋北部海湾，有长达700多公里的海岸线，就在这沿海一带，众多美丽的小城镇沿着小河道零星散落，它在客观上为众多的港口遮挡来自阿曼海湾和阿拉伯海湾的狂风暴雨。这些小城镇上的居民除了渔业，还进行一些海外贸易营生。直到今天，人们还能看到那里的居民用木制帆船装满货物进出于海湾地区的热闹情景。有所不同的是，今天他们所使用的船只具有柴油发动机装置，除此之外，几乎与几百年来所用的船只没有什么两样。像迪拜和沙迦这样的港口，那里的居民的谋生领域是在海洋而不是在内陆的沙漠。在海洋上谋生的主要工具是船只，故我们在阿联酋的许多城市和乡镇，尤其是在诸如阿布扎比的某些地区和位于波斯湾沿岸的阿治曼（此为阿联酋最小的成员国），仍然可以看到那里的造船商们竟在没有事前精心设计好的造船图纸、使用着老式而又简陋工具的情况下制造船只，恪守着数百年来沿袭下来的传统技艺。在这里，我想特别指出，从历史源流的角度看，阿联酋的居民与半岛中部阿拉伯古老的游牧民族贝多因有着天然的血族联系，然而，由于人口的迁徙流变和随着生存时间、地点和条件的转移，他们的生活方式（其中包括渔业、牧业、贸易和农林种植业等方面）均与贝多因人有着很大的不同，此外，还表现在人们的传统习惯上，有的甚至可以说是大相径庭。也正是在这个意义上，我们说，任何一个国家或民族，都会随着时间的推移和生存空间或生存环境条件的改变而改变。所谓的不变只是相对的，而变化才是事物发展的本质，是绝对的。今天的阿联酋，在飞速发展的同时，也越来越认识到历史和传统对于一个国家或民族的重要性。今天的阿联酋，作为该国发展特征之一的重要标志就是：政府鼓励和倡导国民要竭力保护、保存地方传统，正如他们的扎耶德酋长所说："不了解过去的人，就不可能拥有现在和未来！"的确，只有民族的，才是世界的。一个没有真正属于自己的历史和传统的国家或民族，犹如没有生存的根基和灵魂，就定然不会有巨大的生命力，更谈不上会有美好的发展、振兴和未来。

阿联酋这个国家的政治体制也挺有特点，它实际上是由7个酋长国组成，每个酋长国都有自己的酋长，不过，首都阿布扎比的酋长权力最大。这是一个君主立宪制的国家，它的最高权力机构是联邦最高委员会，其主要职能是：讨论决定国内外的重大政策问题，制定国家政策，审核联邦预算，批准法律条规。各酋长国均拥有相当的独立性和自主权。阿联酋整个国家的联邦经费主要由阿布扎比和迪拜这两个最大的酋长国承担。阿联酋曾于1971年末颁布过一部临时宪法，直到1996年12月，联邦最高委员会通过决议，宣布将此部施行了25年的临时宪法变成永久宪法，并确定当时的首都阿布扎比为阿联酋的永久首都。

20世纪60年代前，阿联酋仅以珍珠养殖业作为其主要经济支柱，国家经济非常落后，是石油的发现，令这个原本贫困的波斯湾小国一夜暴富。过去的阿联酋人，绝大多数世世代代过着贫穷而又艰辛的生活，他们的生存环境除了沙漠，就是烈日。动植物和淡水都非常稀少，他们主要以出海捕鱼和采集珍珠为生。大约在50多年前，老国王（酋长）请来外国专家寻找地下淡水，然而，找了很久，结果是想要的淡水没有找到，却从广阔无垠的沙漠地下找到了一种黑色液体——石油。据权威专家们的粗略估计，阿联酋的石油储量是中国石油储量的5倍，这无异于找到了一座巨大的纯金矿和聚宝盆。从此，靠着这些丰富的石油资源，阿联酋成了世界上最为富有的国家之一。他们用这些石油换来的钱改善教育、发展科技、整治生态环境，提高人民生活质量和生活水平。阿联酋的骤然暴富堪称是人类世界的传奇。一个国家，只要有了经济实力，加上领导人理性智慧和政策对头，就更能在奇迹的基础上再创奇迹。今天的阿联酋政府和人民，他们并没有一味躺在石油这个“金元宝”上吃现成并懈怠滞步，相反，他们在发展石化工业的同时，将经济的多元化发展、贸易的进一步纵深拓展和增加非石油收入在整个国民生产总值中的比例等作为其未来国家经济发展的首要任务。近年来，这个国家更是与时俱进，在努力发展服装、食品、水泥、建材、塑料制品加工等工业和重视发展农、牧、渔业以及充分利用各种财源，重点发展文化教育、医疗卫生的同时，大力发展信息技术产业，并以此为核心，拉动新经济和知识经济的快速发展，故我对于阿联酋未来的经济发展前景依然非常看好。

其实，说一千道一万，最能代表或反映阿联酋国家半个多世纪以来高速发展历史的城市就是迪拜。这座将古代传说与21世纪的奢靡联系在一起的世界名城，以其惊世骇俗的发展速度和特有的巍峨风姿屹立于浩瀚无垠的西亚沙漠，以至于在全世界人们的心目中，那是一个将幻想变为现实的地方，一个创造奇迹的地方，不用说，迪拜已经成了现代奢华的代名词。的确，这座城市有足够多的东西让世界为之震惊。这正如迪拜的酋长所说：“世界上没有人会记住第二，所以迪拜要做世界第一。”的确，迪拜拥有太多令人惊叹的世界之最：世界上第一家七星级酒店（帆船酒店）、世界最高的摩天大楼（哈利法塔，又称迪拜塔）、世界最大的室内滑雪场、世界最豪华的地铁、世界最大的人工棕榈岛、集全球所有名牌于此的世界最大的购物中心、世界最多彩缤纷而又驳杂的现代城市建筑群……带着对这一切的好奇和感受奢华迪拜的愿望，我们来到了迪拜。

迪拜的迅速崛起是一部简短而又神奇的发展史。面对着这样一座气势恢宏、金光灿烂、奢侈至极的沙漠之城，又有谁能想到，仅仅在半个世纪前，这里还是一个贫瘠不堪的小渔村。是石油的发现顷刻之间改变了这里的一切。这犹如当代版的阿拉丁的神灯和阿里巴巴的故事，以天方夜谭般的速度在沙漠中建造出无数奇迹，而迪拜则是奇迹中的奇迹。作为一座现代化的国际大都市，迪拜同时也是整个中东地区的经济和金融中心。它不但是中东地区最富裕的城市，在全世界最富裕的城市排名中，迪拜也是名列前茅。由于整个阿联酋石油贸易的大约70%集中在迪拜，故人们在习惯上又将其称为阿联酋的“贸易之都”。

在世人的传统思维定式中，当人们一谈到世界的时尚之都，都会不约而同地想起法国的巴黎和意大利的米兰等，其实，那样的观念在今天看来也是有点“out”啦！请君飞一趟迪拜，再到那座呈帆船形状的七星酒店去光顾一夜，你也许就会从真正意义上理解或顿悟到在当今这个世界上什么叫极尽奢华，什么叫登峰造极！

迪拜，这座在一半是海水一半是沙漠基础上建立起来的当今世界最奢靡的城市，除了富得流油，除了纸醉金迷，这个城市给世人留下的最深刻难忘的印象是它的那些超凡脱俗、奇幻迷丽、近乎疯狂并令世人目瞪口呆的各种建筑。例如迪拜风中烛火大厦、迪拜海底酒店、迪拜钻戒旅馆、迪拜塔、迪拜表演艺术中心、迪拜宏伟金字塔等。这些建筑的最大特点就是独一无二性、无与伦比性。无论是迪拜塔、海底酒店还是艺术中心，都体现了上述特征，尤其是那座风中烛火大厦，它从54层到97层不等，汇聚在一起便构成了一座扭动感极强的曼妙的软雕塑形象，生成一种犹如烛光之火在自然飘动闪烁的视觉效果，真可谓惟妙惟肖、出神入化。人们仅仅是直观于它，就能将建筑大师的主题表达了然于心。而在懂行的专业人员看来，如此的建筑表达所展现出来的那种炉火纯青的唯美和结构工程方面的独到创新更是为其他现代建筑所无法企及的。我们不得不佩服建筑设计师独具匠心的超凡的艺术想象力和创造力，简直难以相信这些建筑是人造的！

迪拜超凡奇美的建筑，白天在灿烂阳光的照耀下，加之蓝天白云的映衬，显得格外辉煌壮丽，而到了夜间，它更以另一种光怪陆离、婀娜多姿的妩媚强力地冲击着到此观光者的视觉神经。正是这些极富个性特征的建筑，让迪拜变得格外与众不同和风情万种；正是这些迷离神奇的前卫性建筑，让迪拜人沉迷于“一千零一夜”的古老梦想，也让吾等旅者分享到了如此饕餮的视觉盛宴。迪拜，这座世界名城中的后起之秀，正以一种特有的风姿和与生俱来的超然前卫的品格傲然于世。我到过世界的许多地方，就我迄今的目光和视野所及，尚未发现有哪个国家或地区的城市的建筑无论是就其数量、规模、品质、审美乃至风格的奇特和多元性上堪与迪拜媲美，有人甚至用“最像外星人入侵地球形成的城市”“千万小心不要被那些奇异的建筑吓着”来形容迪拜建筑的超幻想特征。也正是从这个意义上，我们认为迪拜很酷，很伟大，说它是当今世界规模最大、样式最新、风格最奇特的现代世界建筑博物馆是一点也不为过的。

这里，我想就迪拜的建筑谈一点个人的思考：为什么迪拜会有如此多的惊世骇俗、不同凡响的卓越建筑？原因不外乎以下三个：首先，是金钱。在整个浩瀚的西亚沙漠中，由于石油的原因，全世界唯有迪拜这块地方穷得只剩下“钱”了。来自世界顶尖的建筑大师们，他们可以在不用考虑节省成本、节省开支、节省预算，也无须在项目主人“能省就省、尽量减少成本预算”这样的“紧箍咒”下从事设计。相反，他们的设计根本不受经费的限制，只要新颖、只要创新、只要奇特、只要超现实或超幻想，总之，只要能达到世界之冠或天下第一，政府和老板都会不惜一切代价地给予支持和资金上的保障。这样的环境和条件可就是优秀建筑设计师梦寐以求的天堂啊！在这样的天堂里，建筑大师们横溢的才华和巨大的创造力才得以最大限度地无拘无束地自由翱翔和喷发。其次，政府的重视和倡导。无论是迪拜还是阿联酋政府，创造价值、创造新奇、创造神话同样也是他们一以贯之所追求的理念。最后，当然是有赖于世界建筑设计大师们的非凡创造力。

迪拜的建筑是美丽的，它无疑构成了这座城市之美硬件的总基调。然而，迪拜独特的自然景观和民情风俗同样吸引着全世界旅者的目光。踏进这个神秘国度的第一天起，我们的意识神经就不由自主高度兴奋，当我们的飞机徐徐降落于迪拜机场，走下舷梯，浓郁的伊斯兰风情扑面而来，热情好客的机场工作人员，个个衣衫整洁，男子穿着洁白的罩袍、戴着头巾，女子则穿着黑色的罩袍，并用黑色的纱巾密致地蒙着脸，仅露出眼睛。过境时，入关者要对着摄影机镜头照相，海关的蒙面小姐温婉而又友善地用她的手势和眼神示意入关者注意睁大双眼，不料，竟让我们这些初来乍到的异国游人在进入这个国家的国门之时首先领略到了阿联酋姑娘那扑闪迷人的大眼睛。这是我们在入关时所看到的一点点伊斯兰风情的端倪。而当我们一旦入关，无论是来到迪拜还是首都阿布扎比街头，更是看到了各种民族穿戴上的迥异风格和不同特色。例如，在大街上那些行色匆匆而又穿得最多的一定是“本地人”，这个“本地人”指的就是海湾地区的阿拉伯人。他们一年四季都是穿着长长的落地长袍，可谓从头遮到脚。尤其是那里的女性，即当地的阿拉伯女性，她们中的许多人一年四季将自己蒙裹的特别严实，除了双眼，其余身体各部位一概被蒙罩，甚至手上还要戴上一副黑色的丝质手套。外人一看便知，这是严格恪守伊斯兰教义教规的虔诚信徒。当然，在迪拜或阿布扎比等大城市，人们也可以看到相当多的印度人和巴基斯坦人，他们用不着像阿拉伯人那样裹头蒙面，而是穿着他们本民族的服饰，信步悠然地徜徉在都市街头。

阿联酋人素以谦恭有礼、举止文雅和热情好客著称于世。不过，他们的女性地位仍然比较低下，例如，女性一般不参加对外接待或其他一些抛头露面的活动。阿联酋人，尤其是首都阿布扎比一带的人很喜欢白色，他们喜欢白色的鹰，认为它象征着纯洁，代表着力量、勇敢、敏捷和游牧人崇尚的武士品格。他们中有的人，为了表达或抒发对鹰的喜爱，往往以自己的名字来为其饲养的鹰冠名。阿联酋人也很喜欢羚羊，甚至到了酷爱的程度，他们赞赏羚羊极为灵敏的嗅觉和快速的奔跑能力，此种生物的存在无疑给浩瀚无边的沙漠增添了勃勃生机和一道永不消逝的流光溢彩。凡是阅读过《一千零一夜》此类阿拉伯神话故事的人，都可以从中看到其对羚羊的歌颂和描绘。在这些经典文学作品中，羚羊被古代阿拉伯人视为美好精神的化身和吉祥如意的象征。此种观念在21世纪的阿联酋人心目中仍然是有增无减。除了白鹰、羚羊，阿联酋人还非常珍爱骆驼。作为沙漠之舟，骆驼是阿联酋人在日常生活中须臾不能离开的交通运输工具，故那里的居民们将骆驼视为其最亲密的伙伴。甚至在阿联酋的国家法律中，都有明文规定要保护和爱护骆驼，如有违者，必罚无疑。也许是由于身处沙漠的缘故，阿联酋人钟爱绿色，世世代代以来，他们视绿色为生命，认为绿色是吉祥之色，会给人带来福祉和好运，故对其怀有极深的感情。他们尤其钟爱椰枣树，那是一种外形酷似我国南方的棕榈、躯干高大且又具有极强生命力的沙漠之树，当地的阿拉伯人将其视为母亲树。正是由于绿色在阿联酋人的心目中占有如此重要的地位，那里的人们尤其重视树木的栽培。要知道，在沙漠中建造绿洲是一件何等不易的事情。在迪拜，我就目睹那里的园艺工人在骄阳似火的烈日下，用一根细小水管极其仔细而又很有针对性（因为这里的淡水极其宝贵，必须很有针对性）地浇灌着每一棵新栽的幼树。目睹此情此景，不禁令我这个从小在中国江南水乡长大的东方旅者感慨万分：迪拜的树是用金子堆起来的，迪拜的绿荫乃是生命的颜色、天堂之色！迪拜人真伟大，阿联酋人真伟大，不，生活在整个西亚沙漠的阿联酋人民都很了不起，他们这种坦然面对大自然恶劣环境、顽强拼搏、积极抗争、不断创造和进取的生存意志令我折服、令我钦敬、令我惊叹！

我们知道，整个中东地区是世界伊斯兰文化的发源地。阿联酋是一个典型的阿拉伯国家，它的整个文化植根于伊斯兰教，换言之，伊斯兰文化乃是这个国家的主要文化特征和基础。带着这样一种视角观察阿联酋，一切问题都会变得容易理解得多。由于阿联酋国民中的绝大多数信奉伊斯兰教，国家实行政教合一体制，对除伊斯兰教信徒以外的宗教人士奉行信仰自由政策。在阿联酋，尤其是在迪拜，除了数量众多随处可见的大大小小的绿顶清真寺外，还能见到基督教和天主教的教堂，甚至是为数不多的印度教神庙或佛教寺庙。不过，阿联酋政府同时也明文规定，不允许在该国境内进行除了伊斯兰教以外的其他宗教的公开宣教活动。伊斯兰教有自己的新年，即伊斯兰历法的新年元旦，每当这个时候，全国各地的大批伊斯兰教信徒会赶往装饰一新的清真寺去做他们的礼拜。阿联酋还有其他一些重要节日，比如圣纪节（穆罕默德生日）、开斋节、登宵节、古尔邦节、国庆节等。其中的圣纪节和古尔邦节颇有意思：前者通过以诵读《古兰经》比赛、缅怀穆罕默德生前事迹和思想等形式，庆祝伊斯兰宗教领袖穆罕默德的诞生；后者则是全国放假三天，以宰牛、宰羊等的形式欢庆节日，并祷告和祈愿在麦加朝觐的兄弟姐妹们一路顺风，圆满完成朝觐，平安归来。除此之外，还有一种在阿布扎比酋长国一带节庆期间不定时举行的骆驼大赛也是特有阿拉伯风情的活动，给旅者留下难以忘怀的深刻印象。骆驼大赛吸引着数以百计的强壮骆驼们前来竞争价值不菲的奖品，夺冠者会获得双重巨奖，即既奖参赛者（骆驼），又奖骆驼的饲养者。每次骆驼大赛总会吸引无数的观众。因此，这项大赛已经成了阿联酋全国最受欢迎的观赏性体育活动，由此也更有力地拉动了该国旅游业的发展。

阿联酋，这个在西亚地区富具特色的沙漠之国，它的光怪陆离、它的绚丽多彩吸引着全世界的目光，它犹如《一千零一夜》的阿拉伯神话一样是读不完、说不尽的，有限的阿联酋之行，让我们领略到了这个国家的无限美妙，这就足够了。不过在本文行将结束的时候，我想提示或提醒那些正在准备或行将启程要去阿联酋的朋友们，到了那里，如果行程许可的话，望能尽量挤出时间去一趟迪拜博物馆，在这座建造于16世纪的古代城堡中，你会觉得自己犹如进入了历史的时空隧道，在这个时空隧道中，你会真切地看到或感受到石器时代的阿拉伯人、阿拉伯人的先祖贝多因人的历史痕迹和古代阿拉伯人朴实无华的陋居、风塔以及铜器、陶器、乐器和生产工具，还有那充满浓郁阿拉伯民俗风情的古代集市等的逼真存在。当然，穿越时空隧道，人们还自然会看到，迪拜从20世纪50年代一个破烂不堪的小渔村蜕变为21世纪超豪华、超奢靡的现代国际化大都市。总之，整个迪拜博物馆将传统的阿拉伯民居、集市、清真寺、古老的花园，海景、沙漠和航海生活等风情统统完整地一览无余地再现在全世界游人面前，尤其是迪拜博物馆地下通道内所展现的那个古老悠远的贝多因人的世界，所有以人物为主的各种雕塑或塑像都活灵活现、栩栩如生地再现了当年阿拉伯人的祖先贝多因人的生活场景：温婉姣美的女人们正在忙着支火造饭；不远处坐着似乎劳累了一天的男人们，抽着水烟唠着家常；懵懂无知的幺儿正在与邻家的孩子在巷子里追逐打闹；一位龙钟的老者枯坐于街边；斜对面的街道两旁是鳞次栉比的各种小商铺，有卖香料和水烟的，还有卖布匹的，有铁匠铺，还有银器打造铺和其他一些小手工艺店铺，其中最为生动逼真的是那位正在修盆补锅的店铺主人，通过高科技透视的三维立体投影，有声有色，仿佛与古代人在店铺里埋头干活的情景一模一样，简直就是到了乱真的程度。正当观者凝神观看之时，从不远处迎面缓缓走来一只骆驼，驼铃声声，顷刻让你有一种身临其境之感：此时，竟与“沙漠之舟”不期而遇地来到了3 000多年前的贝多因部落！

阿联酋，辉煌灿烂的迪拜，古老遥远的西亚沙漠——全世界旅者心中永远的梦！

一国千面

——亚欧纽带土耳其

土耳其，全称土耳其共和国，是一个横跨欧亚两洲的奇美之国。在这里，欧亚大陆从容交汇，7 000 多公里的海岸线蛇行蜿蜒，星罗棋布的江湖河海宛若闪耀的明珠错落有致地镶嵌在这块欧亚沃土上。古老的、现代的东西方文化和文明熔于一炉，不同民族文化、智慧的碰撞和融合在这里铸就并留下了各式各样种类不同、风格迥异的世界遗产，从古城遗址到寺庙教堂，还有传说中的特洛伊和辉煌的古罗马帝国，从拜占庭的君士坦丁堡到奥斯曼土耳其的伊斯坦布尔，这片奇异而又扑朔迷离的土地记录下了太多人类历史发展的世事沧桑，这就是土耳其，民族文化的大熔炉——“一国千面”的土耳其！

土耳其，国土面积包括西亚的安纳托利亚半岛和南欧巴尔干半岛的东色雷斯地区，南临地中海，北靠黑海，西接爱琴海，也与中东欧的保加利亚和西欧的希腊接壤，东部和东南部则分别与伊朗、阿塞拜疆、格鲁吉亚、亚美尼亚和伊拉克、叙利亚毗邻。在安纳托利亚半岛和东色雷斯地区之间是世界闻名的博斯普鲁斯海峡和马尔马拉海、达达尼尔海峡（属黑

土耳其伊斯坦布尔的黎明

海海峡，又称土耳其海峡，是连接黑海和地中海的唯一通道）。土耳其有长达 7 200 公里的海岸线，陆地边境线则相对较短，只有 2 648 公里，它的地理位置和地缘政治战略意义极为重要，是连接欧亚的十字路口。

从历史的角度看，自史前时期以来，土耳其就一直是不同民族和文化的大熔炉。大约自公元 11 世纪起，突厥民族从东部进入，他们带来了与地中海原始欧洲居民和突厥人的混血人种之新成分，从而对这个国家原有人种的结构变异产生了决定性影响。因此，从严格意义上来说，土耳其人的人种血缘结构成分比较特殊，是早期突厥人与属于欧洲人种的地中海原始居民的混血后裔。据说，在鞑靼语中，"突厥"含有"勇敢"之意，"土耳其"这个名字就是由"突厥"演变而来，意即"勇敢人的国家"。正是由于这样的历史原因，直到今天，这个国家与塞浦路斯、阿塞拜疆、土库曼斯坦、哈萨克斯坦等国家以及仍有着割舍不断的亲密血缘和文化关系。

今天的土耳其，首都安卡拉，官方用语为土耳其语，全国总人口已达 8 200 万之多，土耳其族占 80％，库尔德族占 15％，全国 99％的国民信奉伊斯兰教，其中 85％属逊尼派，其余为什叶派，仅有 1％信仰基督教和犹太教。

作为一个拥有 4 000 年历史的民族，现代土耳其人祖源来自远古突厥部落（乌古斯突厥人的一个分支）。这些土耳其的先民们，原先是在广袤的中亚草原上繁育生息，后因气候地理的变化和草原的干枯等原因而跨上铁骑，踏上远去的漫漫征程。在数千年的时代进程中，历经亚述、苏美尔和赫梯等文明的兴衰更迭。外国或外族的入侵，诸如波斯国王居鲁士大帝、波斯帝国国王大流士一世和马其顿国王亚历山大大帝等的入侵，都给土耳其文明留下了他们的印记。在位于土耳其西部港口城市恰纳卡来附近的特洛伊是公元前 1250 年特洛伊战争的发生地。在公元前的第一个千年中，国王迈达斯、铸币的发明者克罗伊斯等都是当时安纳托利亚重要小王国的统治者。古希腊文明在建筑、雕塑、文学、艺术、哲学、医学和其他自然科学等领域的许多伟大成就，就在今天安纳托利亚高原西端的历史名城伊兹密尔和古代都城贝尔加马附近的爱奥尼亚一带得以再现。公元前 1 世纪，罗马人大举进入安纳托利亚，并将其称为小亚细亚。帝国的行省都会以弗所乃基督教早期最重要的城市之一。公元 330 年，罗马皇帝君士坦丁一世在拜占庭建立新都，命名为新罗马，别称君士坦丁堡。东罗马皇帝查士丁尼时期（527—565 年），皇帝多次发动对外战争，疆域不断扩大。查士丁尼是古罗马时代末期最重要的一位统治者，其统治后期罗马呈急剧衰落的态势，致使君士坦丁堡成了当时广袤帝国唯一的都城（人们一般也将查士丁尼统治时期看作是历史上从古典时期转化为希腊化时代的东罗马帝国的重要过渡期）。在此后的数百年间，拜占庭帝国和阿拉伯帝国都试图争夺安纳托利亚，但最终都被顽强抗争的土耳其人赶走。土耳其历史上堪称最辉煌的成就莫过于奥斯曼帝国的建立和扩张壮大。奥斯曼帝国又称奥斯曼土耳其帝国，换言之，这是一个纯粹由土耳其人所建立起来的独立帝国。创立者为奥斯曼一世，鼎盛时期，其势力广达欧亚非三大洲，拥有南欧、巴尔干半岛、中东及北非的大部分领土和属地。东达里海和波斯湾，西抵直布罗陀海峡，南至北苏丹和也门，北及今天的奥地利和斯洛文尼亚。自 15 世纪中叶消灭了东罗马帝国后，才定都于君士坦丁堡，并将其更名为伊斯坦布尔。

奥斯曼帝国的君主苏丹一方面以东罗马帝国的继承人自居，另一方面又视自己为天下之主，并全面地吸收和继承了东罗马帝国的文化和伊斯兰文化，因而令古老的东西方文化和文明在此地域得以交汇融合。正是由于奥斯曼帝国位处东西方文明的交汇处，故令其在客观上凭借这天然的地理优势，把控这东西方文明的陆上交通线长达600年之久。在整个奥斯曼帝国存在期间，不止一次地实行伊斯兰化及现代化的社会改革，从而使这个地区的东西方文明的界限日趋模糊。当然，东西方文化或文明的交汇融合从来都是双向互动的，奥斯曼帝国对西方文明的影响也可以说是举足轻重的。奥斯曼帝国的伟大建筑师、土耳其建筑领域卓越的古典建筑泰斗米玛·希南的设计清晰而又强烈地流传至今（如圣索菲亚大教堂、苏莱曼尼亚清真寺）。在16世纪苏莱曼一世统治时期，奥斯曼帝国势力强盛，如日中天。苏莱曼在位期间完成了对帝国法律体系的改造，他是16世纪欧洲的一位杰出的帝国君主，奥斯曼帝国正是在他的治下，政治、经济、军事、文化等诸多领域进入极盛时期。早在苏莱曼执政之前，奥斯曼帝国就已经拥有了一支所向披靡的强大军事武装力量，14世纪末便建立了第一支颇具规模的海上舰队，此后，这支舰队的规模又继续不断增扩，到了苏莱曼即位时，这支舰队已经威震四海，同时也正值奥斯曼帝国海上活动的黄金期。苏莱曼在位46年，正是凭借着如此强大的军事力量，雄心勃勃地先后亲自参加了13次对外征战。1538年在今希腊西部普雷佛扎附近海面奥斯曼帝国舰队与西班牙等国联合舰队的那场海上大战，总共出动了150艘兵船的奥斯曼帝国舰队最后竟一举完胜了双倍于己的外国联合舰队。这次海战的胜利大大地巩固了奥斯曼帝国在东地中海的战略地位，令其成为地中海、红海和波斯湾的霸主。在打败了欧洲的主要对手德意志封建统治家族哈布斯堡王朝之后，由苏莱曼统治下的奥斯曼帝国终于成为欧洲政治舞台上的一个强有力的重要角色。

苏莱曼一世，作为奥斯曼帝国的第十任苏丹，其历史贡献确实不能低估。作为一个雄踞欧亚非庞大帝国的航船舵手，他的法律理念、军事才华、宗教信念、雄才大略和远见卓识决定了这个帝国的何去何从和历史命运。苏莱曼没有辜负他的祖国和时代。他亲自开创了奥斯曼帝国社会、教育、税收、刑律等方面的立法改革。他亲自主持编纂的一系列权威法典（如刑法、税法、治安法等），奠定了在他逝世后帝国数百年的法律制度基础。这是苏莱曼在治理帝国政治方面的最卓越贡献。

自苏莱曼之后，由于帝国的过度扩张和它的征服性特征，加之庞大的军费开支造成国库财源的耗竭和财政税赋的增加，民众的负担日益加重，这在客观上也阻碍了帝国的社会经济发展。这些都给其统治下的境内各族人民带来了深重的不幸和灾难。于是，阶级矛盾、民族矛盾日益激化，帝国的元气大伤，以至于从16世纪末开始国运日衰，17至18世纪走向全面瓦解。到了19世纪初，原属奥斯曼帝国版图的希腊、保加利亚、罗马尼亚和塞尔维亚等欧洲国家纷纷独立和自治，一些地区则被英国、奥地利和俄国等占据。第一次世界大战爆发，土耳其深卷其中（站在以德意志帝国为首的同盟国阵营一边）。奥斯曼帝国与德国秘密缔结了同盟条约，承担对以英、法、沙俄为主的协约国作战的义务。恩维尔帕夏(青年土耳其党领袖、奥斯曼帝国三巨头之一)默许德国人操纵的军舰在黑海炮击俄国军舰和港口,这成了参战的既成事实。后因战败投降,与协约国签订《摩德洛斯停战协定》。这时,协约国开始实施大战期间缔结的瓜分土耳其的密约。1920 年 8 月 10 日,协约国迫使苏丹政府在旨在削弱奥斯曼帝国的领土和国力,防止其再发动对外扩张战争的丧权辱国的《色佛尔条约》上签字,但此举遭到了土耳其人民的反抗,至此,曾经不可一世的奥斯曼帝国已经濒临崩溃的边缘。

从威名赫赫的狂傲的奥斯曼帝国到坐在谈判桌上老老实实签字画押的战败国,一战的苦果莫过于《色佛尔条约》,这对土耳其人来说无疑乃国家之大耻、民族之大辱。就在这关系土耳其民族危亡的紧急关头,爱国军官、马其顿人穆斯塔法·凯末尔·阿塔图尔挺身而出。他在安卡拉召开大国民议会,成立了反对奥斯曼苏丹的临时政府,被选为大国民议会议长和政府主席,并组建国民军,自任总司令,还发表了被称为"土耳其独立宣言"的《国民公约》。1921 年 8 月,凯末尔又亲自指挥了著名的萨卡里亚河战役,将由希腊国王康斯坦丁亲自率领的近 10 万入侵大军打得丢盔弃甲、溃不成军。这次战役的胜利成了土耳其民族革命战争的巨大历史转折点。大国民会议为了奖励凯末尔的卓著功勋,授予他"加齐"(胜利者)称号和元帅军衔。在 1922 年 8 月的伊兹密尔决战中,凯末尔再次指挥土耳其军队向由英国支持的希腊入侵者发起强攻,一举将其全部赶出土耳其国境。至此,土耳其的民族独立战争获得全胜。同年 11 月 1 日,土耳其国民大会通过法案,宣告在土耳其历史上长达600 多年的奥斯曼帝国封建王朝统治结束。1923 年7 月 24 日,与协约国签订了《洛桑条约》(又称《洛桑和约》)。同年 10 月 29 日,土耳其共和国正式宣告成立,凯末尔

本书著者在伊斯坦布尔,身后是连接欧亚的博斯普鲁斯海峡

当选为共和国第一任总统兼武装部队总司令。凯末尔掌权后,首先废除了为早期伊斯兰国家首脑领导制定的哈里发制度,并着手进行大刀阔斧的政治经济改革,土耳其从此迈入了新的历史时代。

土耳其独特的地理位置、多元的种族和多元的文化、悠久的历史和古老的文明使它成为世界著名的旅游大国。丰富多彩的人文景观、舒适宜人的气候条件、形状各异的现代建筑、肃穆壮丽的清真寺唤礼塔、横空出世连接欧亚飞越于博斯普鲁斯海峡的跨海大桥、古希腊《荷马史诗》中的特洛伊古城遗址、童话般的卡帕多西亚奇景、百鸟的天堂库什湖、马尔马拉海南岸的亚洛瓦温泉、绮丽多姿的湖河山川、丰蕴浑厚的文物古迹……令土耳其当之无愧地享有"旅游天堂"之美誉。

土耳其地形复杂,它不但有广袤的沿海平原,而且有纵深的山岭草场,巍峨雄峻的阿勒山顶上,终年积雪覆盖,蔚为壮观,吸引无数的旅者来此驻足观赏这海拔 5 165 米的雪山奇峰。土耳其还是一个拥有众多河流湖泊的国度,美丽的幼发拉底河和底格里斯河均发源并流经于此。安纳托利亚高原气候凉爽,阳光充足,吸引大批的日光浴爱好者和徒步旅行者,当然还有那些热衷考古的人士。春天到来的时候,野花遍地,包裹着绵延起伏的巍巍群山,这群山中隐藏着人类古老的遗迹。土耳其的现代都城安卡拉,就是在古罗马城市——安哥拉基础上发展起来的。这座建筑在到处都是露出熔岩土地上的美丽古城,无数古代土耳其的历史珍宝蕴藏其中。安卡拉,位于安纳托利亚高原北部,素有土耳其心脏之称,它的建城历史可以追溯到上古时期。在这个地区,青铜器时代的赫梯文明的历史印记清晰可辨。公元前 2000 年的西泰特人、公元前 10 世纪的菲尔吉斯人、利迪亚人、波斯人先后将其文明带入其中。其后,继葛拉特亚人之后,盖鲁特安卡拉建立起了最初的首都。罗马帝国时期,在安卡拉修建了数量众多的教堂、赛马场和圆形石柱等建筑物。不论是罗马帝国、拜占庭帝国还是奥斯曼帝国,这里一直是土耳其重要的政治、军事和商业的中心。正是因为它的古老悠久和历朝历代的古都底蕴,所以,它迄今仍拥有很多名胜古迹,如古代罗马朱里安柱和奥古斯都庙、拜占庭时期的古代城堡和墓地、塞尔柱时期的阿拉丁清真寺以及奥斯曼时期的穆罕默德帕夏市场等,至今形貌依在、风韵犹存,供慕名而来的世人们观瞻。此外,还有许多房屋作为传统的土耳其式建筑被重新修复保护,有的已被改建为供游客品尝土耳其美食和葡萄酒的餐厅和酒吧。来到安卡拉,有两处古典建筑是必须去看的,这就是著名的尤利阿奴斯之柱和科贾泰佩清真寺。前者是公元 365 年为了纪念罗马皇帝尤利阿奴斯的来访而修建的,柱身高 15 米,在柱子的顶端还雕刻有树叶形状的装饰品。此建筑迄今已有 1 600 多年的历史;后者则是世界最大的清真寺之一,占地 3 万平方米。该建筑从地面到穹顶的高度为 47.7 米,有四座各等高 88 米的宣礼塔,祈祷大厅面积 4 020 米,悬吊在大厅中央的一座巨型圆玻璃照明灯直径 5.5 米,重量达 7 吨。大厅内有三面三层楼走廊是专供信徒祷告用的。由于科贾泰佩清真寺是土耳其重要的国家级旅游景点,故每天吸引着大量的旅者前往。如果有比较充裕的时间,那么,奥古斯都神殿、罗马澡堂遗址和土耳其国父纪念馆也是很值得参观的,前者系公元初由葛拉特亚人的国王为了祭祀奥古斯都而建,2 世纪时又有罗马人在安卡拉的阿库罗波利斯重建。此建筑作为“安基拉时代的纪念建筑”,在现代具有非常重要的意义和价值。在这座建筑的下部刻有奥古斯托斯的政治名言,在其墙壁上分别用拉丁语和古希腊文记载着他的丰功伟业。直到公元5世纪,由拜占庭将其改造成教会。迄今已足有2 000年的历史。

除了上述的古典文化遗迹,在安卡拉周边,还有许多著名的自然和人文历史景观值得人们去观赏。例如距离安卡拉东南近300公里的奈乌谢伊尔,有一个世界著名的景区——卡帕多奇亚。大约在距今300万年前,该地发生了巨大的火山爆发,致使奈乌谢伊尔周围的高原被含有石灰岩的熔岩、石头和灰泥等的覆盖、冷却、钙化。这种很脆的岩层经过长时间的风雨剥蚀,形成赤、金、绿、灰等各种颜色的圆锥形和蘑菇形岩石,从而构成了这个地球上独一无二的神奇地貌。几百年前,那里的人们掏出岩壁内松脆的石头,将其开挖成山中的窑洞,用于人类居住。更有甚者,大手笔地将其开挖成了气势恢宏的寺庙和教堂。早期的基督教徒在这些教堂中倾力绘制精美的壁画,以此表示他们对基督的虔诚和信仰。迄今为止,在该地区已经发现开挖的民居、寺庙和教堂遗址竟达600多处,其中大多装饰有湿壁画。后世的人们完全可以通过这些绘画真迹,窥探并了解到卡帕多奇亚的守护者拜占庭帝国在历史上所遭受的艰辛和苦难。然而,面对如此众多、蔚为壮观的历史古迹,令人深感痛心的一幕也同时出现了:由于中世纪早期,席卷当地的一场宗教运动(抵制偶像崇拜,禁止人像出现),致使画中人物的脸部大多惨遭毁损。因此,面对如此巨量的观景点,旅者如果不怕劳苦,徒步穿越卡帕多奇亚繁多的峡谷,那无疑是探寻这些壮观岩窟教堂和寺庙的最佳方式。当然,如果择要观赏,那么,务请精选其中最有名的、迄今已列入联合国教科文组织世界遗产名录的格雷梅露天博物馆所蕴含的几十座中世纪岩窟教堂中的最具代表性的几座——黑暗教堂、苹果教堂和蛇教堂等。

安卡拉,作为今天的土耳其共和国的首都,又是一座古老悠久的历史名城,它的历史人文价值不言而喻。而曾经是昔日强大的奥斯曼帝国之都的伊斯坦布尔,今天仍然不仅是土耳其的文化、经济、金融的中心,而且也是土耳其的旅游胜地。在漫长的历史进程中,伊斯坦布尔这座曾经是罗马帝国、拜占庭帝国、拉丁帝国、奥斯曼帝国、土耳其共和国(建国初期)首都的历史名城,当之无愧地与英国伦敦、法国巴黎、意大利罗马并称为欧洲的四大“历史都城”。伊斯坦布尔之所以举世闻名,原因尽管是多方面的,但归根结底还是由于它那得天独厚的地理位置。在地中海和亚洲大陆最西端的黑海之间,有着一条全球最重要的著名“黄金水道”,正是这条水道将欧洲大陆同亚洲截然分割。这条呈南北走向的“黄金水道”大致分为三个水系:其南端为达达尼亚海峡,中部是马尔马拉海,北端则是紧挨土耳其伊斯坦布尔城的博斯普鲁斯海峡,总称黑海海峡。这条“黄金水道”系黑海通往外界的咽喉要地,伊斯坦布尔就坐落在博斯普鲁斯海峡的南端。由此从海上出发向北可直达黑海沿岸各国,向南直接与地中海紧密相连,从伊斯坦布尔由海上出发,可直通欧、亚、非三个大陆。任何一个世界旅者,只要他站在伊斯坦布尔的高处向西眺望,清晰的欧洲大陆风光尽收眼底,向东方向虽然有绵延的帕米尔高原阻隔,然而,千年古老的丝绸之路如今仍是商贾往来的热线。如此天赐优越的地理位置,令伊斯坦布尔和博斯普鲁斯海峡不仅成为洲际交通枢纽,而且成为历来的兵家必争之地,今天更是成了一道令全世界慕名而来的旅者驻足观光、叹为观止的独特风景。

正是由于历史古老和历代王朝之都的原因,伊斯坦布尔的著名景观和名胜多得出奇,数不胜数,其中最有代表性的有托普卡匹皇宫、多尔玛巴赫切皇宫、贝勒贝伊宫、蓝色清真寺、苏雷曼尼亚清真寺、地下宫殿、考古博物馆、阿亚索菲亚博物馆、圣索菲亚大教堂、圣艾琳教堂和博斯普鲁斯海峡大桥等。阿亚索菲亚博物馆最早是罗马帝国时期的基督教堂,它是一座气势宏伟的长方形石型建筑,上面有一个直径 31 米的巨大圆形穹顶,高 55 米,有 4 座高大雄伟的拱门,其底座的周围有 40 个大玻璃窗,这座建筑的风格是典型的拜占庭式的。15 世纪中叶,拜占庭(东罗马)帝国被奥斯曼帝国的苏丹穆罕默德二世所灭后,信奉伊斯兰教的土耳其人在教堂外增建了 4 座宣礼塔,将这座历久弥坚的千年大教堂改为伊斯兰教的清真寺。土耳其共和国建立后,又将其改为博物馆。那座巍然矗立在博斯普鲁斯海峡岸边的多尔玛巴赫切宫,更是奥斯曼帝国晚期的杰作。这座建造于 19 世纪中叶的宫殿建筑精美、风格独特,尤以精湛的雕刻和华丽的壁画、吊灯、装饰著称。由于此宫同建造于 15 世纪的托普卡帕宫相类似,故被世人称为“新宫”,而后者也就自然被称为“旧宫”了。修建于 20 世纪 70 年代的博斯普鲁斯海峡大桥,更可谓横空出世,一桥飞架欧亚,天堑成通途。有了这座桥,土耳其的欧亚融合特征就更加明显和深刻,当然了,它的东西方界限必然会随着这种地域交通特征的改变而发生变化。

作为处在欧亚交汇口的土耳其人民,他们的历史传统和文化观念也是具有相对的独特性。体现在民风民俗等国民生活的理念和习惯方面,也有诸多的特点。在土耳其考察期间,我发现,热情好客乃土耳其人生活中的一个基本特征。无论是在伊斯坦布尔,还是安卡拉或者其他什么地方,所到之处,我所看到或接触到的当地民众,个个都是热情友善。在招待客人的过程中,土耳其主人会不停地劝客人尽量多吃、多饮。为了让客人有宾至如归的感觉,有时尽管存在些许语言上的障碍,主人还是会想方设法地同客人东西南北地聊天,以示礼貌和热情。在土耳其,尤其是中产阶级,一般都会说一种欧洲国家的语言。即便是一些没有受过教育或受教育程度不高的土耳其民众,也大多善于与人攀谈。总之,土耳其人的好客友善是全世界出了名的。对此,我深有同感。记得有一天,我和我的同事正朝索菲亚大教堂的路上走去,在我们快走到教堂时,迎面走来两位十五六岁中学生模样的土耳其少年,当我们的视线相交时,这两位少年欣然向我们走近。听说我们是中国人,也没有感觉到我们对他们有任何拒斥之意,这两个满脸稚气的大男孩顿时来了兴趣,他们说他们很喜欢中国,也很喜欢中国人和中国的万金油(清凉油)。那天我们正好闲来无事,就干脆与这两个土耳其伊斯坦布尔小市民多聊了一会儿。小家伙们的真诚和对中国的神往之情统统写在脸上。交谈中,我们还开玩笑说:你既然喜欢中国和中国文化,那以后可以到中国来留学或工作啊,到那时,条件成熟,娶个中国媳妇回土耳其也不是不可以啊。这次短暂的交流让我们从这两位土耳其少年的言谈举止中体会到了这个民族热情大方、礼貌好客、温良友善等美丽品格。

在土耳其期间,我还注意到,他们非常重视环保,并且利用迎接“世界地球日”等活动,开展诸如“倡导绿色消费,共建美丽家园”等主题活动。为了解决日益严重的环境恶化问题，土耳其除了注重提高国民在日常生活中的环保意识，还特别重视下一代国民环保意识的确立和培养。如今，在政府和国民的共同努力下，“提高环境保护意识”已经走入学校，成为该国学生们的必修课。我们有幸走访了伊斯坦布尔的一家外国语学校，高年级的学生们正在上一堂汉语选修课，恰好遇到老师在向学生宣讲环保知识，当老师用汉语提问“我们周围的环境怎么样啊”“我们如何来保护我们的环境”等一类环保问题，学生们就用刚学会的汉语回答老师的提问。由此看来，环境保护要从娃娃抓起，在土耳其已开始践行了。

昔日的奥斯曼，今天的土耳其共和国在现代国际社会中充当了重要的角色。除了其战略地位举足轻重，它还处在各种重重叠叠的经济区域中心，这些区域中最著名的当属那些石油和天然气资源丰富的中亚各国，土耳其不仅在地理位置上与这些国家贴近，而且还与这些国家有着相似相近的文化渊源。由于工作的需要，我去过世界的许多国家和地区，每个国家总是有每个国家自身的个性和特色，唯独到了土耳其，令我有一种“今日在何方”的迷茫或困惑。这种似在欧洲，又似在亚洲；似在西方，又似在东方的感觉，真是耐人寻味。其实，不光是我，几乎所有到过土耳其的异国旅者，都会有如是感觉，这也是“存在决定意识”嘛！对于土耳其，世上早已流传“不一样的亚洲不一样的欧洲”之说，我认为，这一说法是对地跨欧亚、兼有多元文明遗存之独特风情的土耳其的最简约、最深刻的描绘和解读。无论是伊斯坦布尔，还是安卡拉，甚或整个土耳其，这片古老的欧亚土地，确实是由于丰富多彩的古代文化遗迹和美妙的自然风光而令全世界人们魂牵神迷，心驰神往。只要来到土耳其，这里的博物馆、教堂、清真寺、宫殿、古墓、雕像、纪念柱、岩窟民居以及鬼斧神工的大自然美景定会让任何一个到此一游的旅者流连忘返。

欧　洲

童话王国

——丹麦速览

一提起丹麦，人们自然会想起莎士比亚悲剧《哈姆雷特》中的丹麦王子，想起《海的女儿》——小美人鱼的故事。丹麦是安徒生的故乡、童话的国度，也是我从小憧憬的心灵之梦。记得在我很小很小的时候，就读到了来自丹麦的童话——《丑小鸭》《卖火柴的小女孩》等，是这类北欧童话启迪了我这个江南稚童的心智。没曾想到，小时候看丹麦人写的书长大，长大后却编丹麦人写的书：20世纪80年代，我在商务印书馆外国哲学室当编辑，担任了著名丹麦物理学家尼尔斯·玻尔的物理学巨著《尼尔斯·玻尔集》的中译本责任编辑。不知是巧合还是天意，竟让我这个从小对北欧童话情有独钟、对北欧童话王国丹麦充满向往的江南少年与丹麦结缘，与丹麦的大地山川人文风情结缘，与丹麦的大科学家、诺贝尔物理学奖得主尼尔斯·玻尔结缘，内心不禁感到由衷的欣喜。今天，终于亲临北欧、亲临丹麦、亲临安徒生和尼尔斯·玻尔的故乡，顿时觉得三生有幸，倍感欣慰，人生真是妙不可言！

丹麦，不但是一个令我从小憧憬的童话王国，更是一个幸福美妙的人间天堂，一个被

丹麦哥本哈根海的女儿——小美人鱼雕像

世界公认的北欧发达国家。丹麦虽然国家不大，但它却在诸多领域对世界产生积极而又深远的影响。这个位于欧洲大陆西北端，处于波罗的海和北海之间的北欧国家，除了本土日德兰半岛、菲英岛、西兰岛和附近的数百个岛屿外，还拥有法罗群岛和格陵兰两个自治领地。丹麦是一个三面环海的海洋之国，其北部隔大西洋北海和波罗的海，与挪威和瑞典遥遥相望，南部则与德国毗邻。总国土面积 43 096 平方公里（不包括格陵兰和法罗群岛），人口 580 万，首都哥本哈根，丹麦语是该国的官方语言。

丹麦是一个有着深厚历史底蕴的国家。早在公元前 1 万年，日德兰半岛上就已经有人类居住和繁衍生息，那时的丹麦先民们过着以狩猎为生的生活。到了公元前 4200 年至公元前 3400 年，住在这一地区的人类开始进入到新石器时代，这时的丹麦先民们开始由狩猎为生逐步演进到开垦土地，耕耘种植。到了公元前 400 年间，丹麦地区进入到青铜器时代。由于丹麦地处海洋地区，丹麦的先民们也离不开靠山吃山、靠水吃水的人类生存法则，所以他们特别擅长航海。在进入纪元时期，尤其在进入海盗时期后，丹麦的先民们已经开始懂得与外界展开海上贸易，他们经常南下罗马帝国，以燧石和琥珀等作为交易物，换取他们所需要的粮食和其他日用品。在这个时期，他们往往是亦商（贸易交换）亦盗（公然的海上劫掠），尤其是在气候宜人的夏季，他们往往是群体性地聚众出海，进行盗掠。公元 9 世纪是丹麦海盗（维京人）的海上疯狂扩张时期，他们海上扩张的主要目标不仅仅是法国，早在向塞纳河进发之前的数十年，维京人就一直觊觎并曾一度想征服包括整个英格兰在内的美丽富饶的英吉利海峡两岸地区。从公元 835 年开始，维京人对英国发起了一连串疯狂猛烈的攻击。他们溯泰晤士河而上，先是侵占了沿河两岸的各种岛屿，再以这些岛屿为跳板向英格兰大举推进。此后的几十年间，他们继续一路攻占，连续抢掠了盎格鲁-撒克逊南部和中部的许多地区。那个时期，英国处于历史上最为动荡不安的所谓“七国时期”，全国被分裂成肯特、萨塞克斯（南撒克逊）、韦塞克斯（西撒克逊）、艾塞克斯（东撒克逊）、诺森布里亚、东盎格利亚和麦西亚七个小王国。正是由于国力分散，因此根本无法集中力量抵抗强劲的维京人的入侵。当时的英格兰举国恐惧，国王不得不采取软弱无能的妥协方式：只要维京海盗一来，就拿出贡品拱手相送。这样一来，一方面加重了百姓的税赋负担，一方面造成政局的动荡，更助长了维京海盗的嚣张气焰和扩张野心，他们变得更加有恃无恐、不可一世，更加得寸进尺、变本加厉地大举进攻，以致在公元 867 年，维京海盗攻占了诺森布利亚，包围麦西亚王国，并安营扎寨于约克和诺丁汉，甚至直逼剑桥和伦敦。871 年，维京人终于将英格兰伦敦给占领了。878 年，英格兰国王与丹麦海盗媾和，双方将英格兰平分，移民英格兰的丹麦人在该国东北部建立“丹麦区”。但事件的发展并没有到此为止。1016 年丹麦国王克努特大帝一举攻占了英格兰全境，并建立了版图包括今天的挪威、英格兰和苏格兰大部以及瑞典南部的庞大帝国，称为北海大帝国或盎格鲁-斯堪的纳维亚帝国。然而，好景不长，由于克努特大帝在位期间实行过分的分权制，致使帝国内部权力过于分散，导致后期王室内部矛盾重重，加速衰败。该王朝总共只维持了 20 多年，在 1042 年全面崩溃。

继庞大的克努特帝国解体后，12 世纪中叶，日德兰半岛上又出现了一个由瓦尔德马一世开创的强盛的君主专制封建王朝(定都于哥本哈根)。这个王朝通过对外扩张和掠夺,强行占领爱沙尼亚、易北河以北和果特兰岛地区。14 世纪和 15 世纪交替时期,在丹麦女王玛格丽特一世主政下,丹麦与挪威、瑞典结成卡尔马联盟,期间尽管瑞典数度独立,然而每次都被强势的丹麦所征服。丹麦在卡尔马联盟中始终处于主导地位。1523 年,瑞典国王终于攻占了斯德哥尔摩城,瑞典最终获得独立,至此,历时 126 年的卡尔马三角联盟不复存在,取而代之的是由其余两国组成的联盟,即丹麦-挪威联盟。

此后的 100 多年间,尽管瑞典独立出去后的丹麦-挪威联盟整体实力受到削弱,但丹麦却仍雄心勃勃地为争夺波罗的海及其周边地区海上和陆地的实际控制权而同瑞典殊死搏杀、反复较量,发动了诸如旷日持久的北方七年战争(1563—1570 年)、卡尔马战争(1611—1613 年)等,然而,历次战争都以丹麦的失败而告终。遭受历次战争重创的丹麦,不但疆域版图收缩,而且锐气大挫。在后来的 30 年战争中,丹麦的国运更是每况愈下,以致在 1657 年这场首先由丹麦国王费雷德里克三世向瑞典宣战的战争中惨败:瑞典军队长驱直入,攻占了丹麦全境,最终以丹麦将布莱金厄、特伦德拉格和博恩霍姆岛等地割让给瑞典为代价收场。自从卡尔马联盟解体后的 100 多年来,丹麦在许多重大的战争中屡屡败北,霉运连连、国力骤削、元气大伤。从战败的教训中走来的丹麦,此后似乎变得清醒、理智了许多,它一改昔日的傲慢和狂妄而日渐变得冷静、内敛和从容谨慎,以至于在后来的英法战争和法国大革命初期,它都保持中立或竭力避免被卷入。尽管如此,英国仍然将丹麦加入第二次武装中立联盟视为威胁,故而两次发动战争(史称"炮舰战争"),攻击哥本哈根。正是在丹麦的哥本哈根遭受英国炮舰战争围攻期间,挪威乘机摆脱了丹麦的控制而宣告独立,至此,维持了 291 年的丹麦-挪威联盟终于画上了句号。

随着丹麦-挪威联盟的解体,丹麦又重新回归到非同盟的单一国家发展的轨道,此时的丹麦变得较为理性和稳重。19 世纪 30 年代,丹麦在民主化的发展道路上取得了里程碑意义上的进步,1849 年,丹麦完成了由君主专制向君主立宪制的和平过渡。不过,在 1864 年,由于丹麦国王违反了 1852 年签署的《伦敦议定书》,擅自将石勒苏益格-荷尔斯泰因和罗恩堡并入丹麦,由此引起了当地日耳曼原住民的强烈反抗。这时,原本就对丹麦心存不满的普鲁士王国乘机联合奥地利向丹麦开战,丹麦猝不及防以致落败,并被迫将石勒苏益格-荷尔斯泰因割让给普鲁士。至此,"普丹战争"正式宣告结束。

经过了无数次血与火的战争,尤其是经历了两次世界大战考验后的丹麦,犹如凤凰涅槃,浴火重生。二战后,丹麦积极融入世界、融入国际潮流,率先加入欧洲自由贸易同盟、北大西洋公约组织,参与联合国的筹创等。

丹麦是当今发达的工业国家,也是一个非常现代化的市场经济体,其人均国内生产总值雄踞世界第四位,不但拥有世界领先的现代高科技农业和发达的工业,而且拥有宽松的政府福利政策、舒适的生活水准和稳定的货币流通机制,此外,丹麦经济的另一个重要特征就是对于国际贸易的高度依赖。丹麦拥有当今世界最发达的风力发电,在许多工业领域拥有先进的生产技术和经验,丹麦的农牧渔业和食品加工业发达,有欧洲乳酪市场之称。

考察丹麦,这个国家的古老王室绝对是一个绕不开的主题。丹麦王国乃当今世界历史上最为悠久的君主国。现在的丹麦女王玛格丽特二世，其先祖可追溯到公元10世纪中叶的首位王国之君——高姆老国王，迄今已足有千年。而要讲清这段历史，就必然要讲“两块石头”的故事：在丹麦的日德兰半岛，有个名为耶林的小城，该城的教堂门口有两块大小不一的石头，在那块大的石头上镌刻着头上有光环的基督像以及古北欧文。这是绰号“蓝牙”的哈拉尔国王在其父母坟地上修建的墓碑。上面所镌刻的古北欧文是旨在纪念其双亲并歌颂他自己生平丰功伟业的墓志铭。碑文的具体文字是：“哈拉尔国王下令为纪念父亲高姆和母亲翠拉而立此碑。哈拉尔征服了整个丹麦和挪威，并令丹麦人信仰基督。”教堂门口另一块石头则是哈拉尔国王之父——高姆国王为其夫人翠拉修建的墓碑。就是在这两块一大一小的石头上，“丹麦”作为一个国家的名称首次出现。这无疑是两块珍贵无比的宝石，它们深刻而又精准地记录着丹麦国家的历史源头。因此，这两块被丹麦人称为“耶林石”的墓碑，也被他们视为丹麦王国起源和诞生的伟大明证。的确，在这两块非凡的石头上，记录下了丹麦王国非同寻常的王室历史。正是因为有了这两块石头，千百年来这个民族的子孙世世代代认定，是高姆国王及其儿子哈拉尔国王当年浴血奋战、开疆拓土，确立了丹麦的领土，从而创建了后世子孙生于斯长于斯的丹麦王国。他们无愧为丹麦王室的卓越先祖。这两块传奇的石头在丹麦民族历史上留下了不可磨灭的印记，无论是在过去、现在和遥远的将来，它们都将会受到丹麦举国上下永远的礼赞和崇敬！

自老国王高姆逝世及由其子哈拉尔的继位(940年)后的丹麦王族世袭的千年历史中，曾经先后出现过两个王朝：一个是奥伦堡王朝，另一个是格吕斯克堡王朝。

从10世纪中叶到15世纪中叶，丹麦王位嫡系传承了足足500年之多，期间经历了32位国王和一位女王。此后，丹麦王室的世袭发生了变化，王位传给了奥伦堡的克里斯钦公爵，从此开启了丹麦的奥伦堡王朝，克里斯钦公爵也就成了丹麦的克里斯钦一世国王。这个王朝历届继位国王有16位，直到1863年王朝结束，历经400多年。继奥伦堡王朝之后，丹麦的王位又传给了格吕克斯堡威廉姆公爵之子克里斯钦亲王，于是，克里斯钦亲王转身成了克里斯钦九世国王，从而开启了格吕克斯堡的王朝。这个王朝一直沿袭到今天，已经有一个半世纪。今天的丹麦女王玛格丽特二世是格吕克斯堡王朝的第五代君主。在这里，我要特别指出的是，丹麦王朝很有意思，它的朝代变更并非是因为诸如王室内部的自相残杀或篡权者阴谋推翻前朝，建立新王朝，而是因为末代国王无子嗣，嫡系后代后继无人，故王室不得不从离世老国王的近亲旁系或母系的后代中去遴选王位继承者。然而，这些在特定的历史条件下从丹麦先王的旁支或后裔队伍中遴选出来的王位继承者，尽管持有王室赐予的爵位，但由于他们一般都出生并生长于异国他乡，故这些国王的头衔称谓前也往往冠以其地名属性，例如奥伦堡克里斯钦伯爵和格吕克斯堡德威廉姆公爵。当他们一旦被选中并继位后，冠在其爵位前面的那个地名(如奥伦堡、格吕克斯堡)就自然而然地成了那个新王朝的正式称谓。尽管丹麦王朝在其长达1 000多年的统治历史上，先后总共有50多位国王，并曾两度因国王无嗣而改朝换代，但这些君主与王室之间都存在着这样那样的血缘联系，从这个意义上说，古老的丹麦王室历千年而弥坚，其王位从未旁落于一个完全没有血缘的陌生家族。其实，类似于上述情形，不单单限于丹麦，在几乎整个欧洲甚至更广泛的地区都有此类情形发生。说到底这是丹麦乃至整个欧洲地区古代王位继承的一种方式和特征,也是欧洲的一种王朝政治生态。我之所以要在有限的篇幅中不惜笔墨地述介丹麦王室的历史,就是基于丹麦王室在整个丹麦社会历史发展中的影响和地位。换言之,谁要想认识或了解丹麦的历史,那就要先知晓丹麦的君主制。正如同欧洲的许多国家一样,丹麦的国家历史说到底就是一部丹麦王室史。

随着时代的发展和社会的进步,21 世纪的今天,在君主立宪制度下的丹麦王室也同样与时俱进,不但在国家和民族的政治生活中仍然享有显赫的地位,而且还在继续发挥着重要作用。今日之丹麦王室,不但是国家的最高象征,而且国王乃是国家的最高元首。身处 21 世纪的当代丹麦人民对于拥有千年历史的王室不但没有微词和意见,而且一如既往地怀有爱戴和敬意,他们甚至为丹麦迄今仍能拥有古老而辉煌的王室而感到自豪和骄傲。这就是丹麦的国家民族意识和国民心态。同样,丹麦王室在 21 世纪新的时代历史条件下,不但最大限度地放低身段,与民众保持密切亲和的联系,而且王室向民众的开放度也较高,尤其是菲德烈九世国王和玛格丽特二世女王,这两位君主在与百姓沟通方面做得相当不错。

谈完了迄今仍是至尊至贵的古老王室,现在让我们从丹麦王室的“云端”下来,进入丹麦的民间社会,读解这个民族人民本真的生活理念、生活方式、生活情感和生活风貌。在社交场合,丹麦人非常注重服饰礼仪,尤其注重着装整齐,通常男女都是西装革履、衣冠楚楚。如果要出席盛大宴会,往往还要穿晚礼服。不过在日常生活中,他们的穿戴也较为轻松随意。丹麦人平时尤其喜欢穿运动衣,因为运动衣既休闲又舒适。而到了盛夏,在一些度假胜地,穿泳衣泳裤是他们的最爱。丹麦人的举止从容而优雅,无论男女老少,他们一般不大声说话,在日常生活中,即便遇到一些所谓的大事、难事、喜事、愁事甚或不幸之事,也不会显示焦虑、困惑、忧伤、烦恼或狂躁等负面表情,而往往表现出内敛、沉稳、从容与豁达(这一点在丹麦男同胞身上似乎体现得更加明显和充分)。也许正是丹麦人骨子里的那种内敛、沉稳和从容淡定,故而反映到实际生活中,他们做事情也都不紧不慢。尽管丹麦人的性格在斯堪的纳维亚半岛甚至在整个北欧诸国中是最显得轻松活泼的,但他们在工作状态下的那种严肃严谨、一丝不苟以至于显得有些过于保守呆板和变通不足是出了名的。丹麦人很讲究礼节,如果你要找人办事或谈话,当你出入其办公室时,务必记得以握手为礼,这是丹麦人的一种礼仪习惯。如果你是一位职场上的商品推销员,首先必须学会第一基本功——微笑,因为温和亲切的营销仪容和姿态会让客户感到春风扑面的心理愉悦,如果对方能产生这样的心理效应,那么,此单的生意就已经成功了一半。在丹麦,如果应朋友之约上门做客,最好的礼物是鲜花或其他诸如酒或巧克力之类精美的小礼品。另外,务必准时,这个准时并不是要客人分秒不差,也是允许有一定的时间调节余地的,那就是在约定时间的上下一刻钟内,过早提前是不合时宜的,因为,也许那时主人还正在忙于准备,姗姗来迟当然更是社交大忌。尽管丹麦人行为比较自由,但也不乏必要的礼仪规矩,比如,当某人到主人家中拜访,如果进门后主人请你将所穿的大衣脱下,这就意味着主人愿久留你,否则就是无挽留之意,知趣的客人就知道自己下一步该做什么了。在聚餐或宴席上，难免要主宾碰杯敬酒，但丹麦人敬酒是有一定规矩的，那就是在主人未敬之前，客人是不宜先敬酒的，他应该而且必须等到主人首先敬酒后才能回敬主人或其他人。另外，在主人未说“请”之前，任何人都不应首先碰杯，否则，将会被视为不懂规矩或无礼。在社交和其他场合，人们在见面时一般都是以握手为礼，但有的年轻丹麦姑娘仍然保留着一种施屈膝礼的古老习俗，这种情形往往是当她们在某个正式高雅的场合与那些有身份的男士会面时出现，有的女孩甚至还将自己的手伸出，手掌自然向下、平露手背，这是在示意对方给自己行吻手礼。还有一点小提示，那就是由于丹麦的地理位置决定了这个国家的冬季较为漫长，故丹麦人非常珍惜昼长夜短的夏季，他们一般不喜欢别人在七八月的时间段去找自己谈话办事。如果有人不太知趣地在这段时间打扰他们，往往难以得到对方的热情接待。

丹麦民族是一个天生乐观豁达的民族，丹麦人也较好相处，他们很善于与同异国朋友交流交往。不过，据我了解，他们对我们中国的了解还是停留在浅表层面，这从与他们的谈话过程中，他们所提问题的内容和角度就可足窥一斑，但这并不影响两国民众之间的友谊和交流。在丹麦期间，我所接触到的丹麦人普遍真诚、友善。事实上，丹麦人的朴实温良不但在北欧而且在全欧洲都是出了名的。他们大多敦厚内敛、谦虚沉稳而且很好客和乐于助人，如果看到马路上有人不适，即刻就会有许多人过来询问其需要帮助与否。记得有一天，我们一行在哥本哈根街头观赏“美人鱼”时，就遇到一位据说是来自南美的游客犯了头晕症，一两分钟内，就有当地人主动走上前去询问并意欲提供帮助，负责景区管理的工作人员也迅速赶来了解情况，后来这位游客症状缓解，当地居民才释然离去。看到这一幕，不禁令我心生感动。

充满欧陆风情的哥本哈根新港运河

在本文行将尾声的时候，作为观者，我想最后谈谈现代意义上的丹麦风情。其实，这是一个大题目，显然不是本文所能完全承载的，更何况对于什么是现代丹麦风情，也是仁者见仁、智者见智。这里只谈两点：第一，现代丹麦风情家居(家具)。现代丹麦风情家居理念，正以一种强劲之势远播亚洲、远播全世界。丹麦家居(家具)深刻地体现了一种为北欧民族所特有的欧洲西方文化和文明。这种文化和文明之所以能为东西方人所共同接受，就是因为它的理念和风格符合当今时代社会发展的历史潮流。第二，自行车与丹麦。原本我以为中国是一个自行车大国，唯有我们中国人对自行车情有独钟，这次到了丹麦，我的这种观念被彻底颠覆。初到丹麦，尤其是在清晨，哥本哈根城市大街上那声势浩大、蔚为壮观的自行车队伍，着实让我这个来自自行车王国的中国旅者吓了一大跳。站在哥本哈根街头，面对浩浩荡荡潮水般涌来的自行车巨流，我才深深意识到自己原来的观点有点狭隘了。热爱骑自行车就是丹麦人民热爱自然，以实际行动保护自然的一种践行性生活方式。

忘不了莫斯科红场的壮丽

——俄罗斯之旅

我有幸随中国出版代表团赴莫斯科出席第十八届国际图书博览会。会议结束后，有关方面安排我们去弗拉基米尔、苏兹达尔、圣彼得堡等城市观光考察。尽管在那里逗留的时间十分短暂，但俄罗斯首都莫斯科和圣彼得堡等城市给我们留下的印象却是非常深刻和难忘的。

俄罗斯民族是一个伟大的民族，俄罗斯联邦共和国是一个文明历史悠久、底蕴深厚的伟大国家。每个初到俄罗斯的人对此感觉十分明显。因为，显示这种底蕴的表征不但体现在各种自然的或人文的博物馆和艺术馆里，而且也很自然地写在其政府官员和国民大众日常的行为举止和脸部表情上。走在莫斯科街头，我们看到的是莫斯科市民的那份自信从容的淡定。国民的表情不但是国家时运的晴雨表，同时也是国家底蕴（或实力）的外

本书著者在壮丽的莫斯科红场

在个体化表现。我们知道，今天的俄罗斯是苏联的最重要最核心的组成部分。像我们这些出生于二十世纪五六十年代的人来说，对俄罗斯这个国家是怀有一种特殊的情怀和向往的。因为，我们自小就从老师那里知道：是俄国十月革命，给我们送来了马列主义，后来，又是苏联红军出兵东北，加速了中国抗日战争取得全面胜利。中华人民共和国在成立之初，由于建设新型的社会主义国家缺乏经验，故在相当长的一个时期，中国几乎全方位向苏联老大哥学习。我的幼年乃至整个成长期，都是处在一种与莫斯科有着某种精神联系或情缘的社会政治氛围中。尤其是我在念小学时，“中苏友好”等观念深入人心。正是怀着早就植根于幼年心灵的好感，当我们一行人踏上俄罗斯的土地，除了在那里继续探寻许多社会主义国家的痕迹和影子，同时我们也看到了一个在其自身的发展中既与时俱进又离社会主义制度渐行渐远并逐步走向资本主义化的真切而又现实的新型俄罗斯。

初到俄罗斯，首先令我们感到欣慰的是，尽管两国的社会制度已经不同，但中俄两国人民之间仍然保持着深厚的传统友谊，两国人民之间也有着密切的友好往来。尽管俄罗斯在剧烈的震荡和激变后转型为资本主义制度，但在相当一部分人的心灵中，昔日社会主义的记忆依然难以一笔抹去。参观列宁墓时，我也以一位普通中国共产党党员的身份，在列宁灵柩前深深三鞠躬。在我看来，此时此地，安卧着的是一位令我从小景仰和爱戴的全世界无产阶级的革命领袖和导师。他的亲密战友斯大林的铜像在距离列宁墓不远的地方安然耸立。对于我们中国人来说，无论是业已成为历史的苏联，还是今天的俄罗斯，都不陌生。稍有世界史知识的中国学者或普通中国人，也都对诸如彼得大帝、叶卡捷琳娜等君王以及托尔斯泰、普希金、车尔尼雪夫斯基、马林科夫、赫鲁晓夫、勃列日涅夫等历史名人略知一二甚或详知有加，如数家珍。总之，不管中俄两国在各自的社会历史发展中如何变化，但中俄两国人民的互相往来和历史情缘是永远也割不断的。

俄罗斯之行，我尤其注重对其文化和历史的考察。和中国一样，俄罗斯的文化历史博大精深。由于时间的关系，我们重点走访和考察了莫斯科、圣彼得堡、弗拉基米尔、苏兹达尔等城市。所到之处，首先给我们强烈视觉冲击的就是那里的古建筑——博物馆、大教堂、修道院和城堡。俄罗斯的国民普遍信教，大多信奉东正教。那里的教堂比比皆是。由于苏兹达尔和弗拉基米尔是两个曾在不同时期盛极一时的古代都城，所以，迄今遗留下来许多珍贵的文物。就拿苏兹达尔来说，在弗拉基米尔超群出众之前，它就已经是公国的首都，其深厚的历史文化底蕴自不待言，它在整个 18 世纪，基本上利用商人资本，建立了大约 30 个教区教堂，它们彼此相邻又相对独立，从而奠定了这个城市的独特风格。长期的历史积淀，使那里的教堂、修道院不但数量多，而且大多巍峨耸立，气势恢宏，一座教堂就是一座宫殿或博物馆。那座矗立于苏兹达尔克里姆林宫中的白石圣诞节教堂就是具有上述特征的代表作。该教堂中保存有不同时代的壁画残片和五顶 17 世纪的大型外设吊灯。与圣诞节教堂遥遥相对的是一座闻名于世的钟楼，该钟楼竣工于 1635 年，并于 17 世纪末安装了带有音乐装置的鸣钟，该钟在需要时可以连鸣一分钟或一刻钟或一小时。教堂、宫殿以及与其有关的钟楼的拱形走廊，形成了其整体结构的一致性，从而使其毫不逊色于意大利的闭合式宫殿。1993 年，圣诞节大教堂被联合国教科文组织评定为世界文化遗产。

苏兹达尔的历史值得称颂，弗拉基米尔的早期辉煌更值得一书。早有朋友告诉我，到俄罗斯，不能不去号称俄罗斯金环城市之一的弗拉基米尔。这是一座具有悠久文化历史和享有国际声誉的古典名城，它位于欧洲平原的中心，坐落于距离莫斯科东北190公里的克利亚济马河畔。该城面积约60平方公里，居民35.7万人，是一个大型的工业中心，云集着机械、仪器制造、电子设备、化学、轻工、食品工业以及高新技术等企业。城市生活丰富多彩。我所看到的是与我在北京或国内其他城市所看到的大同小异的市民生活景象：从早到晚，奔流不息的人们，来去匆匆地忙碌于自己的事情——有去上班的，有去采购的，有外出打工或做买卖的，有去剧院看演出的，也有去旅游休闲度假的。在该城，有6家电视公司，每天有大量的报纸出版，专业作家和自由撰稿人们也在辛勤地耕耘。弗拉基米尔城画家们的声望，不但超越了其州界，而且超越了国界而扬名于世。当然，这座古典的历史名城，它更具魅力的地方恰恰在于它的古代建筑。这些古建筑主要集中在克利亚济马河和雷别基河之间的高原上。来到此地，你看到的是12世纪的白石建筑，这些建筑不仅是人类建筑史上的杰作，也是这座伟大古都的见证。在俄罗斯历史中，弗拉基米尔处于最重要的且具有里程碑意义的历史交汇点上。在这些星罗棋布的石造建筑中，人们看到的是一幅美轮美奂的石造史诗和历史画卷。其中，金门、古水塔、圣母安息大教堂和克尼金尼女修道院等堪称是上述浩瀚建筑中的代表作。这些建筑中蕴涵着弗拉基米尔乃至整个俄罗斯的沧桑和历史。在公元12世纪以前，弗拉基米尔的历史鲜为人知。该城声名鹊起无疑要归功于安德烈，是他在其父基辅大公去世后，将首都从苏兹达尔迁到了弗拉基米尔。安德烈不惜重金大搞城市基本建设，使弗拉基米尔面目发生了巨大变化，例如向外延伸长达数公里的橡木结构城墙、金门要塞和圣母安息大教堂以及建造在郊外的博戈柳博沃大公官邸都是当时弗拉基米尔城建设浓彩重墨的一笔。尤其是拥有4个圆顶塔楼、在塔楼的上面有高拱形门孔和军用场地的金门，它不但在战争岁月是攻不破的坚固要塞，即便如今，它仍然被人们视为军事工程艺术的杰作和典范。

俄罗斯不但有神奇的古城，也有美丽的现代乡村。一曲《莫斯科郊外的晚上》令多少中国人对俄罗斯这个邻邦如醉如痴和心向往之。当我们这些异国人踏上这块神秘的土地，首先给予我们的最直接的印象是它的厚重和博大。俄罗斯乡村的风光确实美不胜收，独特的地理位置、独特的气候条件和独特的人文历史以及独特的民族语言风格，再加上斯拉夫人那特有的气质和神韵，构成了这个国家与生俱来的独特个性和风姿。这种国家的、自然的、人种的、人文的、历史的、文化的、语言文字的、民俗习惯和地域风情特征的综合体现，莫过于在俄罗斯的乡村。那里的人民善良纯朴、敦厚开朗，我们所到之处，都会受到当地村民的热情欢迎和友好接待。尽管我们当中懂俄语的人很少，但凭着中俄两国人民的深厚友谊和渴望交流的良好心愿，我们彼此之间仍然可以通过各种方式达到交流的目的。记得在风景如画的苏兹达尔某乡村，有一对长相非常俊俏的年轻夫妇在自家的门口，丈夫弹琴，妻子吟唱。那婉转悠扬、美丽动听的俄罗斯民歌，使多少远方的游客循声而来，驻足聆听，又使多少来自异国他乡的聆听者心潮涌动，流连忘返，久久不愿离去！这正应了我们常说的一句话：音乐是流动的语言，优美的旋律没有国界。俄罗斯的乡间音乐美妙无比，乡村风光更是令人陶醉。我们来到芬兰湾畔的俄罗斯乡村，由于季节的原因，那种据说是极地特产的自然现象——极昼和极夜，我们无缘观赏到，但我们却领略到了在波罗的海微风吹拂下的俄罗斯乡村的风情。地处极地的俄罗斯乡村，虽值中秋时节，却已寒风瑟瑟、落叶飘零，但同时天气又是格外的爽朗而给人以好心情：远方的丛林和沃野，在碧空如洗的蓝天映衬下，显得格外的宁静和悠远——在余韵未退的绿树掩映下，红顶的小木屋显得尤为鲜艳夺目，再往高远处眺望，还有白色的大教堂和零星几个旋转的古典风车，鸟语花香自不待言，不时从远处教堂传来阵阵悠扬的钟声，通往村庄的路边田埂小径上，偶有当地的民间艺人在自得其乐地纵情歌唱。作为来自遥远国度的游客，此时此刻，你可以前去观看，也可以与其合影留念；你可以适当支付一点小费，你也可以分文不给，一切皆随意，给一些钱，艺人当然高兴，不给，人家也并不索要。但一般按常理，是多少要给几个卢布的，不给从心理上是过意不去的，毕竟人家是以此为生的。

俄罗斯的确是一个颇具独特风格个性的国家。作为一个外国人，要想在较短的时间内读懂它，并非易事。记得19世纪的俄罗斯诗人丘切特说过这样一句话："用理性不能了解俄罗斯，用一般的标准无法衡量它，在它那里存在着特殊的东西。"这个"特殊的东西"就是"俄罗斯精神"，而这种"俄罗斯精神"的主要载体就是"俄罗斯文化"。中俄两国的文化都博大精深，源远流长。但在一般人看来，中国人对俄罗斯的了解要多于俄罗斯人对中国的了解。这也可以说是两国间文化了解的一种"顺差"。由于历史的原因，不少中国人一直以一种肃然起敬的情怀凝视俄罗斯，尽管其间中俄经历了诸多的坎坷和风雨。应该说，当下是中俄关系史上最繁荣、最活跃、最美好的时期。俄罗斯的经济正在走向振兴和繁荣，然而，在社会体制转型和发展经济的过程中，它也遇到许多的问题和困难。据莫斯科的一位资深导游告诉我们，一般俄罗斯人现在的月薪通常在400～500美元。但不要忘了他们的物价大约是我们的3倍，所以，俄罗斯人工资的购买力也就相当于人民币1 000～1 300元。尽管如此，俄罗斯人照样有他们自己的轿车和别墅。就拿圣彼得堡来说，该城约500万的人口，就有250万辆汽车，平均每两人一辆。这就是外人难以读懂的地方。因为，拥有汽车和别墅等，犹如他们吃饭习惯用刀叉，乃是这个民族由来已久的生活方式和习惯，而不可能因为社会的政治经济体制的改变而变化。的确，俄罗斯人自有他们固有的生活轨迹：这个民族比较从容率性。说到这里，给我感觉颇深的是，俄罗斯人生活的慢节奏。举两个例子：其一，我们入境时，面积不大的入境大厅里熙熙攘攘地挤满了急于入境的各国游客。队伍杂乱似乎也没人来管。海关人员检查得特别仔细，加之动作又慢，检查护照时，反复对照着人像看，他们所用的电脑等设备也许已较陈旧，因此效率不高。整个入境就用了两个多小时，据说这还算是快的。好在早有朋友告诉我，俄罗斯办事效率不高，因此，我们也早有心理准备，但这次可真是实实在在地领教了一把。其二，商店营业员动作迟缓。那天，我要给朋友的孩子买一套俄罗斯特产——套娃。东西选定后，一位50来岁的中年女性仔仔细细、认认真真地用纸将其包扎，然后，慢慢悠悠地放入一个塑料口袋，然后，再将此袋弯折过来，再慢慢悠悠地放入可以直接手提的另一个稍大一些的袋子中，再慢慢悠悠地将这包好的东西捧给我，最后，很礼貌地用俄语跟我说“再见”。此情此景，尽管我对这位营业员的过细包装和过慢动作不敢恭维，但她对顾客的重视和对工作的一丝不苟仍然令我深深感动。我想：什么是“俄罗斯精神”或“俄罗斯文化”？这大概就是吧！通过上述二例，我认为，要读懂俄罗斯，那你就必须走近它、深入其中，才能真正从感性和理性的综合高度解读这个伟大民族。

今天，前进发展中的俄罗斯也存在着许多困难和问题。如与周边国家的关系，国内的经济问题、社会治安问题、恐怖主义问题等等。这次去俄罗斯，通过实地考察和切身体验，我对俄罗斯的社会治安不敢恭维。早在去俄罗斯以前，我就对那里的社会治安较乱有所耳闻，这次实实在在地感受了一番。就在我们代表团一行从莫斯科到圣彼得堡去的路上，严重的被盗事件发生了。我们有好几个团员的财物被盗，有的几乎被洗劫一空。据说，有不少中国出境团都遭此厄运。究其原因有多种，但其中有一条我们认为颇有点道理，那就是中国团队的出境人员习惯使用信用卡的很少，他们身上普遍带着现金。故特别容易成为俄罗斯窃贼下手的目标。还有，俄罗斯民族主义有呈恶性发展的趋势，其主要表现形式为对外族的排斥。这些现象的存在也给在俄罗斯游历或逗留的外族人士的心灵蒙上了挥之不去的阴影。由于人身安全系数打折扣，必然使俄罗斯的旅游业大受影响。就在我们逗留期间，就经常有热心人士提醒我们，平时上街必须结伴而行，晚间时候，最好待在宾馆不要出去，以免遭遇“光头党”的袭击或其他不测。一个国家，而且是一个在国际舞台上扮演举足轻重角色的泱泱大国，它的国内治安状况给外国游人（或外族人士）留下如此的感觉和印象，这对俄罗斯政府来说，也是一件既有些无奈又令其深感遗憾的事。不过，我坚信，在普京总统的领导下，俄罗斯一定会更加有力地打击各种非法犯罪，消除各种社会积弊，从而将这个国家治理和建设得更加繁荣、伟大。

从哥白尼到肖邦

——今日波兰

仲夏时节，我有幸走进波兰，圆了对这个欧洲古国神往已久的梦。波兰，不愧为伟大的国家，它比我在踏上这块美丽的国土之前对它的了解和想象要丰富得多，神奇得多。波兰是哥白尼、肖邦和居里夫人的故乡，而他们则是这个国家的伟大儿女，同时也是这个国家引以为豪的卓越名片。这个在欧洲历史上曾经被三次瓜分，历经苦难、辛酸和屈辱，一度曾是社会主义国家，如今已是欧盟的重要成员。波兰在其脱胎换骨的社会变革中，正变得越来越繁荣、昌盛、美丽和强大。走进波兰，与其零距离接触，我们才更深入地读解到了这个国家的曲折历史、厚重底蕴和美好未来。

波兰，在我们传统意义上理解，它是一个"东欧国家"，这可能与它一度曾是东欧社会主义阵营的成员国有关。其实，按照严格意义的区域划分，波兰位于中欧的东北部，北濒波罗的海，南部与捷克和斯洛伐克为邻，西部紧挨德国，东部和东北部则分别与乌克兰、白俄罗斯、立陶宛、俄罗斯接壤。由于波兰重要的地理位置和特殊地形，导致其历史上连绵

波兰皇宫

不断的战火纷争，近几个世纪以来，波兰的国家版图一改再改。1918 年，波兰恢复独立，经过近百年，尤其是新近二三十年的快速发展，波兰的国际地位与日俱增，并且在国际舞台上扮演着越来越重要的角色。除了欧盟，它还是北约、联合国经济合作与发展组织和世贸组织的成员。我到访的年份正值波兰担任欧盟轮值主席国，还恰逢时任美国总统奥巴马访问欧洲，他出访的第一站，首选波兰，由此可见其实力和战略地位的重要。更有国际评论专家认为，不久的将来，波兰甚至有望成为欧盟的四巨头之一。这无疑是对波兰未来发展前景看好的最好评价和诠释。

波兰近二三十年的发展确实令人刮目相看。初到这个国家，首都华沙给我的第一印象是风和日丽、绿树浓荫、花团锦簇、阳光灿烂，碧空如洗，大地植被广袤而丰厚，明媚的山野尽显欧陆风情。波兰是世界十大旅游国家之一，气候宜人的波罗的海港湾、风光绮丽的克尔巴阡山林和巧夺天工的维利奇卡盐矿，每年都吸引着世界各地的旅者慕名前来观赏。波兰是世界上植被最好的国家之一，那里的人们爱林如命，他们深深懂得森林是生态环境的主角以及它给人类所带来的种种好处，一草一木都会获得人们的精心呵护，整个国家的森林覆盖率高达 30.5%。凡是到过波兰的人，都会觉得那里的空气是甜的，他们甚至为波兰诗情画意般的绿色世界所陶醉。波兰有如此优质的生态环境，它的整个旅游业也因此得到长足发展，获得了丰厚的回报：波兰的旅游业已经成为该国的支柱产业和国家外汇收入的主要来源。在绿化环境和生态资源保护方面，波兰不仅在欧洲地区算是做得好的，而且在整个世界都处于领先地位，首都华沙被公认为欧洲的“绿都”，就是明证。当今世界，衡量一个国家的整体发展水平，除了基于政治体制、经济活力、军事国防、科学技术等因素的考量，自然资源和生态环境保护也是一个举足轻重的方面。波兰在这个领域的确为世界树立了典范和榜样。

波兰不但有令世界惊羡的绿色生态和优良的环境保护，它同时也拥有丰富而深厚的历史与文化。波兰起源于西斯拉夫人中的波兰、维斯瓦、西里西亚等部落联盟，公元 965 年建立波兰大公国，1566 年与立陶宛联合组建由波兰贵族统治的国家，1772 年、1793 年和 1795 年先后三次被沙俄、普鲁士、奥匈帝国瓜分，曾从欧洲版图上消失长达 123 年，这在欧洲乃至整个世界发展史上也是绝无仅有的。1918 年波兰恢复独立，但在第二次世界大战中，又遭受纳粹德国的重创，其 85%的建筑被摧毁，整个华沙古城几乎被夷为平地。那时，有的西方人士就曾断言：华沙将不复人间，至少百年内是无望了。直到今天，人们仍能看到当年战争的痕迹：断壁残垣和累累弹孔。今天人们所见到的那些包括宫殿、教堂和城堡在内的古典建筑绝大部分都是波兰人民用多年的时间，在其战后的废墟上根据原有建筑的样式风貌复制和重建而成的。华沙古城的重建是 20 世纪建筑史上不可磨灭的一笔。正是从这个意义上，我们完全可以这样说，战争给华沙乃至整个波兰所造成的灾难和损失是难以估量的。

万幸的是，位于华沙南部约 250 公里的克拉科夫古城——波兰历史上的故都(全称克拉科夫皇家首都)，却没有像华沙那样破坏殆尽，那里，历史悠久的城市建筑群保存完好。这座巍然屹立于维斯瓦河畔上游的中世纪古城，乃是中欧最为古老的城市，也是维斯瓦族的源头和故乡，10世纪以前为维斯瓦族的城堡，13世纪因鞑靼人的入侵而遭到破坏，1320年，费拉迪斯拉夫一世重新统一波兰，并定都于此。由于在地理位置上能从俄罗斯和立陶宛等国家便捷地接触和吸收到蒙古乃至中原文化的先进知识，故波兰在此后的300年间得以迅速繁荣，并成为当时欧洲著名的文化、科学和教育中心，波兰天文学家哥白尼早年就是受教于克拉科夫大学。克拉科夫犹如一部不朽的波兰历史百科。在这座历史名城中，迄今依然完好地保存着古老的亚哥龙大学（1634年创办）、18世纪的古天文台（1792年建）以及亚哥龙图书馆等。此外，还有瓦韦尔宫（藏有古代稀世珍品）的城堡和教堂等古迹名胜。正是由于华沙的重创，故克拉科夫古城的完好保存，在今天的世人看来尤显珍贵。这座城市如今尽管还有诸如波兰重要的水陆交通枢纽、重要的钢铁基地和工业中心等举足轻重的美誉和地位，但它昭示给世人更震撼的一面还是它的历史人文价值。我们无法用语言来形容这座古典名城所展示的历史风采和文化底蕴。作为一个东方旅者，我万万没有想到或预料到，一个历经过如此长久历史磨难，一个曾三度被瓜分殆尽的国家，在其死而复生后的今天，依然还能有如此众多的历史文化珍宝得以幸存，并被很好地保护了下来，让我们这些后生的地球之子有幸一睹风采，这不能不说是人类历史的奇迹。波兰犹如一只浴火重生的凤凰，能见到它涅槃更生后的美丽容颜，也算是我此生的造化了！我一生向来不敢妄言，但在这里，我绝对可以这样说：到东欧，不到波兰，算不上真正意义上领略了东欧，而到了波兰，不到克拉科夫古城，你仍然没有读到波兰的精粹，而到了克拉科夫，如果你不到古城广场走一遭，那你的波兰之行仍然只能算是“事倍功半”或枉为此行！

在对波兰民族的绿色环保和深厚的历史文化底蕴作简单巡礼之后，我们将关注的目光转向现实与当下。

波兰民族是欧洲最古老的民族之一，属西方斯拉夫系。波兰族占人口的97.1%，此外，还有德意志、俄罗斯、白俄罗斯、立陶宛、犹太等多种少数民族。其实，近半个多世纪以来，波兰为民族纯化做了许多努力。据1931年的一份官方调查显示，那时的波兰人仅占波兰总人口的68.9%，而乌克兰人、犹太人和白俄罗斯人却分别占13.9%、8.6%和5.4%。今天，波兰的国内民族问题并不突出，主要原因有二：首先，经过几十年的民族纯化，波兰族占全国总人口的97.1%，这样的情形已接近于单一民族国家的概念了（其余的乌克兰、白俄罗斯、亚美尼亚、立陶宛、日耳曼、犹太等民族人口总共只占全国总人口的2.9%，这个比例在其人口统计学意义上基本可以忽略不计）；其次，波兰政府在政策上非常重视少数民族的利益与诉求，平等对待各民族，并正确处理各民族之间可能发生或存在的矛盾和问题。自20世纪90年代以来，波兰政府实行积极的少数民族政策，重视解决少数民族问题，尤其重视少数民族的利益。为此，政府甚至改组国家行政的机构设置，例如，为了淡化民族问题，以便更加有效地维护少数民族的利益，他们将原本由内务部负责处理的少数民族问题划归文化部管辖，在议会中增设少数民族委员会，允许少数民族建立自己的政治组织，并参与各级议会和总统选举，允许发展少数民族教育和允许保持并尊重少数民族的风习等。波兰政府的这种对少数民族尊重有加、宽松宽容、平等亲和的怀仁亲善政策，确实赢得了全体国民的理解、支持和拥护，从而达到了政通人和的治国功效。因此，波兰也成为整个欧洲地区民族矛盾和民族问题最少的国家。在整个波兰境内，我们所看到的是一片宁静祥和，无论是首都华沙，还是南部重镇克拉科夫抑或其他城市、乡野，都是如此。那里街道整洁，市容优美，人民朴实敦厚，热情善良，他们手不释卷，优雅好学，姑娘一个个高雅温柔、美丽婉约，小伙儿们从容率真，英气逼人。看得出，他们生活在一个民族团结、和平安宁的国度，因为幸福与自信写在这个国家民众的脸上。

尽管由于历史的原因，今天波兰的经济实力较之西欧发达国家还存在一定的差距，但就包括绿色植被和环保等综合指标而言，波兰国民的实际生活水平和幸福感指数并不比西欧国家逊色多少。在波兰考察期间，我与华沙的一些学者做过交流，他们认为，今天的波兰国家及其人民之所以处于历史上最好的时代，其原因是多方面的，但废除和抛弃了苏联那种僵化的体制模式则是根本性的原因。此外还有别的原因，比如，波兰民众经历过战争与和平的洗礼和考验，他们对当下的波兰社会现实有着历史的借鉴和比较。波兰的专家们还认为，由于国民成熟平和的心态，故民众间的矛盾冲突也相对减少，因此社会安定，治安也好。另外，今天的波兰宗教单一（全国约87%的居民信奉罗马天主教）、民族单一，这也是国家易于管理、管好的一个重要原因。

充满欧陆风情的华沙城街景一角

其实，波兰民族是很有个性特征的，当你不是雾里看花，而是走近它，并近距离地观察它时，你会发现这是一个很有趣味的民族。这个民族优雅朴实、勤奋善良、热诚友好，而且，他们对神秘的中国充满向往，对中国人民充满友善，也有一些年轻的朋友甚至渴望自己能有一个中国恋人，有的甚至不远万里，勇敢地只身来到中国寻偶。有一位叫尼斯的波兰小伙，为了找到一位中国姑娘，来到中国上海，寻找他的梦中情人。此外，在波兰给我们做导游的张先生就是中波联姻的亲历者和践行者。这位已是儿女绕膝的中国“80 后”，每当他回忆起当年与波兰妻子相爱的心路历程时，仍然会抑制不住内心的激动和喜悦而热泪盈眶，话语之间，充满着对美满姻缘的幸福感受。大学期间，张先生在一次偶然的上网聊天中，竟然获得了一位华沙姑娘的好感，这位姑娘在网聊下线后，毅然决然、义无反顾地买了机票从华沙飞到中国，在中国福建厦门机场与前来迎接她的中国小伙亲切拥抱、热烈拥吻……这真是网聊网聊，一不留神，就从“外国的天上”聊下了一个金发碧眼的“林妹妹”。这是人类的古代传奇吗？不，这是 21 世纪中波两国青年活生生的跨国之恋，也是一位当年在中国内地某大学就读、家在福建某偏僻山村、现在为了爱情而不惜“倒插门”来到波兰心甘情愿当了上门女婿的华沙地陪导游张先生的切身经历。如今，他们已有一双儿女，婚姻生活非常美满。波兰妻子非常贤惠，而且勤俭持家，很会过日子，尤其不主张经常下馆子吃饭，认为那样太花钱，不值当。这一点，张先生觉得与我们中国的传统观念毫无二致，对此，他倍感欣慰。这个家庭虽然是由东西方的两个不同民族甚至是不同人种的成员组成，但张先生认为，他一点都没有距离感、地域感和陌生感。不但如此，由于关系的融洽，妻子的母亲，即张先生的岳母对他很好。这个据说从前是警察的岳母非常喜欢这位中国女婿，尽管她与丈夫（即张先生的岳父）经济上 AA 制，但对待这个中国姑爷却什么都舍得。这种情形与我们中国的“丈母娘看女婿，越看越喜欢”如出一辙。张先生是一位懂得生活的青年，在谈到婚后的生活时，总说自己沾了人家的光，并感慨坦言：“我，一个农民的孩子，大学毕业后，为了家庭，为了幸福的婚姻，千万里寻梦、追梦，如今儿女双全，有自己的别墅、草坪，有自己心爱的女人，感觉很好，此生足矣！”

波兰很美，尽管它的经济发展很快，但波兰人民还是比较恪守传统。他们展望未来，但同时也不太愿意忘记历史，也从不轻易否定过去。曾经的深重苦难乃是波兰人民不朽的历史教科书。因此，独立后的波兰人民心态成熟，他们尤其重视务实精神。反映在经济建设和民生等方面，人们都不难看到这种务实精神的体现。例如在公共交通方面，旧有的城市轨道交通迄今仍在“古为今用”，在城市尤其是大城市公共交通中起着重要作用。我们在华沙等城市看到这些旧时期遗留下来的交通工具和轨道，经过高科技的合理修整、创新、改造，照样能为今天的城市交通做贡献，更何况这些无须油耗的有轨电车在今天看来更具环保优势。

由此，我们也可以清楚地看到，一个务实的国家，必定不是一个短视无知和意气用事的国家，它的政府和人民都会基于国家和人民的根本利益作为考虑一切问题的出发点，而绝不拘泥于那些陈规、教条或其他作为榜样、典范而供人学习、借鉴和参照的各种模式。例如，在波兰高速公路行驶，限速 140 公里/小时，不算太快，也不算太慢，一切从实际出发，实事求是。还有，波兰人的社会交往或应酬流行 AA 制，甚至在家庭成员之间也是如此，我们的波兰导游就跟我说过，他的岳母和岳父平时虽然吃在一起，但经济上还是各算各的，即便是岳父从岳母的冰箱里拿了一个鸡蛋，也要向对方打声招呼，否则，她会跟你急。其实，这是一个国家或民族长期以来所积淀和形成的一种习惯和文化，尽管在我们国人看来似乎有点难以接受，但在波兰人看来却是一件再平常不过的事了，这犹如我们吃饭用筷子，他们吃饭用刀叉一样。这就是国情的差异，民族文化的差异，东西方文化和文明的差异。

由于政府主张普遍就业，故一般不允许国民在干完本职工作后再去兼职，因为那样做，在他们看来无异于抢了别人的饭碗。波兰全国实行每天5小时工作制（上午9点至下午2点，中午没有午休），节假日商店不营业，因此，波兰人民的劳动观念和劳动意识并不强，生活比较悠闲松散，干什么事情都不紧不慢。这一点，我们在初次入关时就领教了一把：海关工作人员个个慢条斯理，对每个入关人员的护照和面貌，查了又查，看了又看，加之动作缓慢，还不时站起来眺望并不太长的入关队列，很耽误时间，致使我们短短二三十人的队伍，竟然用了一个多小时，因此，等到我们办理完出关手续，去行李大厅认领行李时，所有的行李都早已到位。

波兰地处寒带，由于寒冷的原因，那里的人们食量很大，而且普遍爱喝酒，尤其是男性。波兰酒的种类很多，仅伏特加就有40度的伏特加、肖邦伏特加、精选伏特加等等，还有最时尚的酒精浓度高达96度的烈性白酒，据说喝一口此种酒，犹如被拳击手打了一拳，特别刺激。在爱酒这一点上，波兰与德国、俄罗斯、立陶宛等国家的情形非常相似，也许是地理位置相近的原因，决定了这些国家的民众生活习惯与饮食爱好雷同或相似。我在克拉科夫古城广场，就遇到过一个喝得酩酊大醉、浑身冒酒气的小伙子举着酒瓶，摇摇晃晃地冲到我的摄像机前，示意我将其摄入其中，在明白了他的用意之后，我欣然表示愿意并满足了他的要求，见我确实认真友善地将其摄入镜头后，他高兴坏了，先是竖起大拇指，满嘴酒气地说着“Good，Good”之后，便又哈哈大笑踉踉跄跄地离我而去，真是有意思极了！

波兰的国民福利还是相当不错的，例如，幼儿园小孩入托是免费的。不但如此，如果孩子因故旷课，不来上学，老师也不会批评，而且园里还要给这个缺课的孩子家长退就餐费，故经常逃学旷课的孩子，其家长所得的退餐费也多，这似乎也成了一条变相的家庭小型创收渠道。这看起来似乎有点不可思议，但人家政府就是这么规定的。波兰人平时较节俭，他们自己也承认，对生活没有过高的奢求，能过得去就行，这可能也与每个国家自身的经历和信仰有关，也许这就是不同国家的国民所持不同的价值观念和价值取向吧。

近些年来，由于中国的迅速崛起，故不少波兰人（尤其是青年人）对中国抱有好感。这可能与我国近些年来在国际舞台上与日俱增的政治、经济等影响有关。政治方面的影响就不用说了，反映在经济方面，前些日子中国国家旅游局领导访问波兰，就中国公民赴波兰旅游签证等问题达成协议，其中明确：中国公民赴波兰旅游签证四个工作日内搞定。中国帮助波兰修建高铁的招标活动也已经开始意向接触，义乌小商品在波兰市场更是异常活跃，这种价廉物美的小商品很受波兰人民的青睐，很有市场竞争力。

波兰的国土面积就欧洲范围而言，大于英国和意大利，与芬兰、挪威不相上下。按照其人口土地比例，波兰迄今仍是地广人稀，拥有巨大丰厚的土地资源。在美丽富饶的波兰国土上，有两处最值得波兰人引以为豪的神圣之地，那就是克拉科夫古城和世界奇观——维利奇卡盐矿，它们被列入第一批联合国世界文化遗产名录，尤其是后者那气势恢宏的地下教堂，在波兰人心目中，简直堪与中国的长城相比。的确，人类的文明没有国界，无论是中国的长城还是波兰的维利奇卡千年盐矿及其地下教堂，它们的共同归属是人类世界。

结束了欧洲之旅，我的内心感慨良多：以前，我总认为自己看书不少，阅世不浅，对于包括波兰在内的欧洲也算是有所了解和感知。然而，通过这次对波兰、匈牙利、奥地利、捷克、斯洛伐克等国零距离的深度接触和观察，我觉得对于此前所谓的“东欧”与“西欧”概念的理解和诠释上存在着偏颇或缺失，以为东欧或中东欧国家是不发达的而且较为贫弱和欠繁荣的。其实，当今世界，变化万端，各国在自己发展的道路上也是你追我赶，各显神通。就整个欧洲而言，冷战结束，尤其是20世纪末所发生的苏联解体和东欧的动荡乃至剧变，给世界更是给包括东欧在内的整个欧洲所带来的剧烈震荡和巨大变革、蜕变乃是人类发展史上所罕见，由此给整个世界历史的发展走向所造成的冲击和影响是无法估量的。对于这一点，我们必须改变过去对于所谓“东欧”和“西欧”的固有观念和传统看法，而应该在新的时代条件下，历史地、宏观地，实事求是与时俱进和辩证地去观察、审视、理解和评判波兰等国家的过去、现在和将来。今天的波兰人民正以一种前所未有的全新的理念和思维，在其新的国家发展道路上快速前行。我们由衷地祝愿，波兰人民在未来的国家建设和发展的道路上，一往无前，为欧洲乃至整个人类文明的进步和发展做出应有的贡献。

迷离神奇的国度
——绝色捷克

捷克，一个美丽非凡的中欧国家。仲夏时节，笔者有幸走进这个迷离神奇的国度，对其作近距离的观察和零距离的接触，才真正认知到了这个国家不同凡响的伟大、美丽和神奇。

捷克，全称捷克共和国，其国土面积不大，只有78 000多平方公里，全境以波西米亚高地为主体，丘陵绵延起伏，森林密布，风景秀丽，北、西、南三面群山环绕，地势周高中低，人们习惯称为捷克盆地。人口也只有1 000多万，其中捷克人占绝大多数，其余是摩拉维亚人和斯洛伐克人等，主要信奉天主教，捷克语是该国的官方用语，首都布拉格。捷克东部毗邻斯洛伐克，南接奥地利，西面紧挨德国，北部则与波兰紧密相连，仅仅就其所处的地理位置而言，捷克就是一个非常典型的欧洲内陆国家。捷克国家虽然不大，但它在中欧乃

保存完好的捷克城市古建筑

至整个欧洲和世界的影响力却不容小觑。

翻开捷克历史，人们不难看到，它也是欧洲的一个千年古国。在这块土地上，最原始的土著居民是凯尔特族博伊人，公元1世纪，日耳曼马科曼尼人长驱直入，取代了世世代代居住于此的博伊人土著。在公元5—6世纪，斯拉夫人西迁至捷克和斯洛伐克地区。7世纪初的早些时候，斯拉夫部落联盟萨摩公国初步形成，从而成为历史上第一个斯拉夫公国。830年，建立大摩拉维亚公国。10世纪，该公国解体，遂建立以布拉格为中心、以普热美斯家族为核心的捷克公国。11世纪末起，捷克先后受神圣罗马帝国和奥匈帝国统治，直到1918年与斯洛伐克共同组建捷克斯洛伐克共和国，第二次世界大战期间被纳粹德国占领，战后获得解放，1960年改称捷克斯洛伐克社会主义共和国，1990年4月改国名为捷克和斯洛伐克联邦共和国。1993年1月1日起，联邦共和国解体，捷克和斯洛伐克分别成为独立主权国家。

捷克国家不大，但其历史悠久而复杂。一方面它总是与斯洛伐克分久必合、合久必分，另一方面又总是摆脱不了大国的管控和干涉。最明显的例子就是，当它好不容易终于摆脱了神圣罗马帝国和奥匈帝国的统治后，又在第一次世界大战的胜利欢呼声中，与斯洛伐克联合，成立捷克斯洛伐克共和国。二次大战爆发后不久，英、法、德、意四国签订《慕尼黑协定》，捷克斯洛伐克被迫将苏台德地区和与奥地利接壤的南部地区割让给德国。1939年3月，纳粹德国长驱直入，占领了捷克斯洛伐克全境，捷克斯洛伐克沦为德国的保护国。直到1945年，按照人们一般的习惯常识认为，捷克斯洛伐克是在其国内民众的抗争和苏联红军的帮助下再度获得解放。

然而，事实并非如此。在事情过去了半个多世纪之后，捷克政府面临一项颇令其纠结的任务，即向世人公布如下事件真相：布拉格的解放并非如该国历史教科书中所说的那样，是苏联红军所为，而是一支早已被人们遗忘了的背叛了苏联的军队。这支军队的最高指挥官是安德烈·安德里耶维奇·费拉索夫将军，他的部队成员全部都是苏联战俘。他们投降纳粹德国，并誓言“解放苏联”。就在第二次世界大战的胜负行将彻底见分晓的前夕（即1945年春季），那时捷克斯洛伐克国内抵抗力量急于获得援助，而费拉索夫意外地伸出了援手，帮助解放布拉格城的战争取得了胜利。然而，由于这些英勇的解放者的身份是战俘，即便是在二战取得完胜后，苏联政府仍然向公众隐瞒事实真相。直到今天，这段尘封了整整一个甲子的历史真相才得以重见天日、昭示于世。

回望历史，太沉重。让我们回到当下捷克经济、文化和旅游等领域吧。

先谈谈捷克的经济。捷克的经济体制近几十年来可谓经历了巨变。捷克属于前华约组织的成员，它与西欧国家接触密切，同时也是工业化程度和经济情况较好的国家之一。它是欧洲的老牌工业强国，曾是奥匈帝国的工业区，故今天的捷克，仍然是“瘦死的骆驼比马大”。至今，它的工业基础仍很雄厚，尤其是它的机械制造业、钢铁、化学、煤炭等在整个国民生产总值中仍然占据着举足轻重的地位优势。其中的纺织、制鞋和啤酒酿造业更是举世闻名。捷克不但是啤酒生产大国，同时也是啤酒消费大国。早在20世纪末就有统计称：捷克人均消费啤酒总量161.1升，比同是啤酒消费大国的德国还多30升。仅以人均啤酒消费量计，捷克连续 7 年位居世界榜首。

在农业和畜牧业方面，捷克盛产麦类、甜菜、亚麻、马铃薯、水果以及奶酪和肉类等。在交通方面，捷克的铁路、公路和航空都十分便利，自古以来就是欧洲各国（尤其是北欧和南欧之间）商品货物流通的重要中转国。此外，对外贸易在该国的国民经济中占有重要的地位。

捷克拥有非常丰厚的自然和人文方面的历史遗产。就拿旅游资源来说，捷克有许多珍贵的历史文化遗迹和遗产，如举世闻名的布拉格城堡、圣维特大教堂、圣乔治修女院等。此外，捷克还有许多的世界名城和名镇，以及为世人所称道的民俗民风。

捷克人民很有民族自尊心和自豪感，非常热爱自己的国家。我们所到之处，总是能受到当地民众彬彬有礼的热情接待。他们喜欢向来自世界各地的客人们不厌其烦地介绍他们那里的山川景物、名胜特色、历史掌故和风土人情等。他们对于来自东方古国的中国人民，尤其表现出一种独特的热情，在他们看来，中国极其古老神秘，中国人含蓄而友善。捷克人非常注意自身的礼仪和风度，尤其是在社交场合，他们认为，人的气质是心灵之外化，因此，“风度”二字在捷克人看来十分重要，可以没有好衣服，但万万不可没有好风度。捷克人在与人交往的过程中，除了注重礼节，还特别注重谈吐的优雅和肢体语言的友善表达。即使在独处的时候，也决不随意和随便，他们对那些举止轻浮的人非常讨厌，甚至会投以鄙夷的目光，即使是在公众场合为了表示对同伴的友好而勾肩搭背，捷克人也一概没有好印象。在家里，捷克人对长辈恭敬，在外头同样扶老携幼，礼善为先。在大庭广众或其他各种社交场合，年幼者如果遇见年长者，都是礼貌地打招呼。相识的熟人见面，会向对方致以微笑，甚至拥抱或亲贴对方的脸颊。不过，捷克人一般不随便请人到自己的家中做客，除非是关系相当不一般的同事和朋友。客人赴家宴时通常会带去一瓶酒、一束鲜花或其他为主人所喜欢的小礼品，如果客人来自异国他乡，那他的礼物应该是具有自己国家特色的东西。礼物一定要有精美的包装，其目的是为了让主人有一个惊喜。主人在接受礼物时，首先要道谢，然后一定要将其打开，并加以礼貌的赞美。另外，捷克人在平时为亲戚朋友过生日、过命名日、出国出差远行回来或结婚时，也会馈赠礼品，但一般不送重礼。在朋友家宴的餐桌上，客人应根据自己的需要将食物取回自己的盘中，客人要适当地参与交谈并对主人的菜肴加以适度赞美，切忌一味埋头用餐，更不能在进食时整出大的动静。因为西方人是喜欢安静用餐的，他们对在公共场合大声喧哗的行为极不适应。

首都布拉格是一座历史悠久的城市。据说，早在新石器时代，那里就有先民居住。之后的数千年来，布拉格所在的伏尔塔瓦河段为南北欧洲之间的商业贸易交通要道。而严格意义上的最古老的居民点则始于公元 9 世纪下半叶，神圣罗马皇帝查理四世时期在布拉格建立都城，并把历代国王建造的城堡和宫殿连在一起，称为布拉格堡。此后的岁月，在老城区以南兴建的新城区，一度发展成为欧洲最大的政治、经济和文化中心之一。17 世纪后，由于外族的入侵和战乱，布拉格又经几度兴衰沉浮。然而，历经沧桑的布拉格古城，始终没有改变其优雅的历史风采。直到今天，布拉格的超凡美丽让每一位到此一游的旅者深感震撼和惊叹。布拉格，这座位于捷克西部，坐落于拉贝河支流伏尔塔瓦河两岸的

捷克布拉格提恩教堂

古老山城，以其绮丽秀美著称于世。布拉格素有“千塔之城”“金色城市”“万城之母”美称。美丽清澈的伏尔塔瓦河犹如一条墨绿的玉带将该城分为两部分，古老的查理大桥又将城市两岸巧妙地连接为一体。那座巍峨耸立于市内的伯特日娜山，终年草木葱茏，风光旖旎，同时也是一处可供游人驻足静息的幽雅之地。当然，要说构成布拉格之美的最重要的元素，那还是这座城市的建筑。当游人站在伯特日娜山顶上，往外远眺，他们即可看到几乎覆盖于布拉格全城的那些带有尖塔或圆顶的塔式的古老建筑物，这些建筑物建成于不同的历史年代，它们的风格和样式迥异，有罗马式、哥特式、巴洛克式、洛可可式、文艺复兴式、新古典主义、新艺术运动风格、立体派和超现代主义等等，其中尤其以巴洛克风格和哥特式建筑更占优势和主导。布拉格建筑是迄今全欧洲乃至全世界不但在风格上具有超越的优势，而且在数量规模上也是举世难得的。可以这样说，在整个布拉格城，几乎每一座建筑的风格样式都是各不相同的。更令人叫绝的是，这些历经风雨沧桑的古代建筑，都被完好地保存。这不能不说是世界建筑保存史上的奇迹。正是因为这些建造于捷克历朝历代而又风格迥异的伟大建筑的完好保存，让我们这些后世的人们能领略到古代捷克人创造的建筑奇观，让我们饱赏这人类建筑史上的视觉盛宴和精神大餐。远眺布拉格城，高高低低，错落有致的塔尖连成一片塔林，可谓蔚为壮观，布拉格因而也被世人称为“千塔之城”。由于在明媚的阳光照耀下，“千塔”反射出耀眼的光辉，显得金碧辉煌，故人们又将该城称为“金色的布拉格”。鉴于布拉格的悠久历史和它的不朽与美丽奇特，1992 年它就被联合国教科文组织列入世界文化遗产名录。

捷克的城市是美的，捷克的乡野则更有一种别样的优美和情韵。早在离京出发前，国内的朋友就一再强调，到了捷克，必须要去布拉格，而到了布拉格就必须要去世界名镇克鲁姆洛夫，否则，就是枉为此行。正是怀揣朋友的提示和对这座欧洲小镇的神往之情，我们在一个晴朗的夏日驱车前往。克鲁姆洛夫小镇，始建于13世纪，位于捷克西南部，属南波西米亚地区，距离布拉格160多公里，靠近奥地利边境，这是一个被誉为“世外桃源”的乡村小镇，同时也是被联合国教科文组织认定的“人类遗迹城”。庞大的古城堡里记录着历代名门望族的荣辱兴衰，记录着捷克民族的辉煌与灿烂。这里也是摄影家和摄影爱好者的最爱，人们可以从任何不同的角度拍摄，真可谓定格即佳景。你若问凡是到过此地观光的旅者最大的感受是什么，回答是：实在太美了，胶卷或内存卡不够用！当我们的汽车缓缓驶入小镇所属的地区，只见它被蜿蜒而又宽阔的伏尔塔瓦河所紧紧环绕，人们站在城墙眺望伏尔塔瓦河畔，就会被一种强烈的视觉冲击和美感震撼。在河谷对岸，以城堡为中心的中世纪古城一望无边，令人惊叹。这座小镇以其独有的风姿和神采展现于来自世界各地的旅者眼前。小镇四面环山，在深邃的蓝空和轻柔的白云映衬下，更显得如梦如幻，让人有一种恍若隔世之感。河面上荡漾的轻舟和轻舟上少男少女的欢歌笑语回荡在河两岸，划破了山谷的静谧。清新的空气让每一个初来乍到的游客感到别样的清醒和振奋，在那样的环境下，人们会骤然感到异样的恬淡和轻松。古城堡、红顶房、流水、绿荫、桥堤、教堂和石板路构成了小镇的一切。尤其是那些充满古典情调的石板路，条条蜿蜒延展，曲径通幽，所有道路都是用大约10厘米见方的小石头和青石板铺设而成，走在这样的石板路上，我不禁发思古之幽情，对古远雄壮的欧洲中世纪骑士军团充满遐想，千年前“哒哒哒”的马蹄声，似乎穿过了黎明，穿过了夜空，穿越了时空隧道，敲击着我这位21世纪东方旅者的耳鼓，让我有幸“遇见”了欧洲中世纪。当我站立于小城南端的山坡上，极目远望，映入眼帘的是满城铺天盖地的红顶建筑，它们错落有致地掩隐在婆娑的绿荫丛中，置身其中，鸟语花香，宁静致远，远处，不时传来中世纪教堂那阵阵古老的钟声。此情此景，真可谓风光无限。人们漫步其中，犹如进入了美丽的童话世界。请问，这是在人间吗？我们疑似在天堂。此时此刻，我不禁油然感叹：

克鲁姆洛夫，你真美，美不胜收；

布拉格，你真美，你的风姿无与伦比；

捷克，你真美，你的美丽是神创，堪称世界绝色！

多瑙河之波

——圆梦匈牙利

去欧洲古国匈牙利，巡游蓝色的多瑙河，聆听激越的狂想曲，激赏雄浑壮丽的布达城堡，探究这个国家深邃幽远的人文之谜，一直是我多年的梦。2014 年仲夏，我终于踏上了这块古老的中欧土地，近距离欣赏、零距离观察这个神秘古国伟岸而又妩媚的神韵和风采。

匈牙利，论国土面积，不算很大，人口也就 970 多万，位于欧洲中部，与奥地利、斯洛伐克、乌克兰、罗马尼亚、克罗地亚和斯洛文尼亚等国接壤，属内陆国家。匈牙利的经济发达，人均生活水平高，尤其是在东欧剧变后，它的经济更呈持续发展的态势。匈牙利国家不大，但对世界的影响力不容小觑：一条蓝色的多瑙河就令无数人心驰神往，一支优美的匈牙利舞曲令全世界音乐爱好者如痴如醉。伟大的作曲家、钢琴之王李斯特是匈牙利的骄傲，这位与肖邦齐名的音乐巨匠，他的旋律覆盖世界，他的音乐响彻寰宇；享有欧洲最美

匈牙利布达佩斯英雄广场

城市美誉的布达佩斯古城更是闻名遐迩，吸引着全世界旅者的目光。这就是匈牙利，这就是这个国家的底蕴和风采，这就是这个国家今天之所以傲然于世，令人折服、慨叹和刮目相看的魅力和品格。

匈牙利位于多瑙河的冲积平原，依山傍水，西部是阿尔卑斯山脉，东北部紧靠卡尔巴阡山。整个国家山河秀美、建筑壮丽。首都布达佩斯古城的格局和风姿就是最好的诠释和写照。一条蓝色的多瑙河由斯洛伐克南部奔涌流经，将布达佩斯截成东西两个大区：东区为布达，山地居多；西区为佩斯，以平原为主。由于一年四季受地中海式气候和大西洋暖流影响，匈牙利冬暖夏凉，气候宜人，世界各地的人们可以在任何季节来这里观光游览。

作为一个欧洲古国，匈牙利少说也有一千多年的历史。早在公元9世纪，一支东方的游牧民族部落——马扎尔人从乌拉山西麓和伏尔加河湾一带迁徙西进，并在多瑙河盆地一带定居生息。公元1000年，匈牙利大公伊什特万推行天主教，并获天主教皇加冕，成为匈牙利首位国王，由此开启了匈牙利国家的历史新纪元。此后千年中，匈牙利曾与波兰、波西米亚密切相关，但同时又受到教皇和神圣罗马帝国皇帝影响，其间（大约在13世纪中叶）因蒙古金帐汗国的攻击而遭重创。到了15世纪下半叶，胡尼奥蒂·马加什统治时期国家得以繁盛，尤其是北部匈牙利一度成为文艺复兴时期欧洲的一个艺术文化中心。到了16世纪早些时候，由于土耳其人的入侵致使匈牙利封建制国家解体。到了17世纪末18世纪初，匈牙利重归哈布斯堡王朝统治。1849年爆发了科苏特领导的自由革命斗争，次年4月，匈牙利国会通过独立宣言，建立匈牙利共和国。然而，好景不长，新生的共和国不久即被奥地利和沙俄军队扼杀于摇篮，并于1867年与奥地利组成奥匈帝国。第一次世界大战后，奥匈帝国解体，建立匈牙利苏维埃共和国，不到半年，被以霍尔西为首的军队所推翻，恢复了君主立宪的匈牙利王国。第二次世界大战期间，匈牙利是“德日意”轴心国集团成员，1944年德军占领匈牙利，次年4月，在苏军帮助下匈牙利解放，并宣布废除君主制，成立共和国。1949年，通过宪法，改称匈牙利人民共和国。1989年10月18日匈牙利国会通过宪法修正案，确定实行多党议会民主制，10月23日国名改为匈牙利共和国。2012年1月，匈牙利通过新宪法，更国名为匈牙利。

政治体制脱胎换骨后的匈牙利，自1989年以来进入了新的发展时代，如何从原先的计划经济向市场经济转变，并尽快地与整个发达的大欧洲经济体系接轨和融合是其面临的主要问题。为此，自20世纪90年代开始，匈牙利在政治和经济领域进行了一系列大刀阔斧的改革，例如在市场经济的基础上实施私有化和经济自由化，大力吸引外国投资等。事实证明，匈牙利的这些改革举措取得了巨大成功，这主要表现为外国资金大量涌入，通货膨胀得到有效抑制和社会失业率明显下降。与此同时，他们也很快走上了以出口带动经济快速增长的道路。现在，匈牙利的私营经济已是整个国家经济的绝对主流。经过20多年的快速发展，今天的匈牙利不但已经加入了经济合作发展组织、北大西洋公约组织和世界贸易组织，而且是欧盟成员。由此可见，这个国家已完全步入了欧洲发展的主流轨道。

现在，我们将关注的目光转向当下匈牙利人民的生活现状、这个古老欧洲国家的深厚历史文化底蕴对当今世界所产生的影响以及它在世人心目中的地位。

在过去相当长的一个历史时期，匈牙利与中国同属新兴的社会主义国家，也是最早承认并与我国建立外交关系的欧洲国家之一。因此，匈牙利这个国家和布达佩斯这个名字，中国人并不陌生。

今天的匈牙利人民，生活水平较之过去计划经济时期，有了很大的提高。经历过战争洗礼和考验的匈牙利人民，是知足常乐的，幸福与满足写在他们灿烂的笑脸上。无论在城市或乡野，这个国家给人的总体印象是优雅、平静、和谐与安宁。无论是人文历史，还是自然环境和社会风气，匈牙利都给外国旅者留下深刻印象。当我们的车由斯洛伐克驶入匈牙利境内时，视野所及的是不一样的风景：广袤无垠的原野上晴空万里、和风轻拂、万紫千红，树林更繁茂，草坪更浓绿，马儿在绿野上俯首吃草，鸟儿在天空中自由飞翔，无数的小白羊珍珠般地洒落在微微起伏的碧波原野上，向远眺望，匈牙利乡间那美丽的红顶小屋时隐时现地掩映在绿荫中，不时传来乡间教堂那古老而又悠远的阵阵钟声。傍晚时分，夕阳西下，牛儿羊儿们踏着落日的余晖悠然地归去！

匈牙利的乡村是美丽的，美不胜收。此时此刻，我真觉得自己的语言是多么苍白、乏力，与自己的审美感知和感受是如何的不接轨、不对称。与匈牙利的乡村一样，匈牙利的城市也很美，而且是非凡出奇的美。首都布达佩斯，犹如一位窈窕婉约、风情万种的美丽女神，亭亭玉立于风光无限的多瑙河畔。

布达佩斯，作为世界历史名城，素有“多瑙河明珠”的美誉，并被联合国教科文组织列为珍贵的世界文化遗产之一。分别位于多瑙河东西两岸的布达和佩斯，原来是两座隔河相望的独立城市：西岸是布达，东岸是佩斯。经过数百年的延拓扩建，两座城市逐渐接近，终于在 1873 年合并为一座城市，即布达佩斯(当地和西方的许多人，也有将其叫“佩斯布达”的)。这座城市的最早期历史可追溯到罗马帝国时期：公元 89 年，帝国在多瑙河中游的西岸建立了一座名叫阿奎库的城堡，于是，在此北部，逐渐产生和形成了居民区，这个居民区就是位于今天的老布达城区。如此算来，布达佩斯名副其实地拥有 2 000 多年的历史，它的历史悠久程度与欧洲文明的摇篮——古希腊、古罗马的历史几乎处在同一格级上。正是这种历史的久远和今日的勃勃生机，映衬得这座古城格外伟岸、壮丽和辉煌。布达佩斯，最美也是最值得人们称道并为之赞叹和叫绝的就是它的建筑(更准确说是它的建筑群)。

建于 13 世纪、坐落于多瑙河西岸的布达皇宫，是一座极具历史人文价值的古代皇宫，土耳其占领期间长期失修，18 世纪开始部分重建，19 世纪中期得以全面修复并在此基础上加以扩建，从而成为一座新巴洛克式的古典建筑。此外，还有建造于古老要塞上的那座新罗马样式的城堡——渔人堡(建于 20 世纪初)、国家歌剧院(落成于 1833 年)和新哥特式的马加什教堂等。这些古典建筑的特点是坚固、古朴、恢宏、壮丽和宁静，而且给人以特有的沧桑感。在布达佩斯城市中心的英雄广场，首先映入我们眼帘的是一组令人惊骇的古建筑群落，给人以强烈的视觉冲击。此广场是 1896 年为纪念匈牙利民族定居欧洲一千年而兴建的，雄伟壮观，气势恢宏。整个广场以高耸入云的千年纪念碑为代表。这是一座新巴洛克式的圆柱形石碑。此碑圆柱的顶端是一尊长着双翼的女天使铜雕，她一手高擎十字架，一手高举焊接在一起的两个皇冠，以此象征匈牙利人取得了建国的定居权。在这里我们有必要作一说明，具有 3 000 年历史的匈牙利民族，其早期起源于古代亚洲的若干支游牧部落，为了寻找新的水源和草地，匈牙利先民们不断迁徙西进。因此，今天这座纪念碑座上所雕刻的 7 位身披盔甲、手持兵戈、骑着高头大马、威武雄壮的勇者，就是当年 7 支游牧部落的首领。雕像个个栩栩如生，异常传神。在英雄纪念碑的后面，有两座高大的弧形柱廊，各自均等匀称，从而建构成一个巨大的凯旋门。柱廊中耸立着匈牙利建国以来 14 位历代著名统治者的巨型雕像。在每个雕像的基座上都刻有他们的名字(如伊斯特万一世、理查一世、卡尔曼国王等)及其在位的年代，下面还有一幅反映其生前主要功绩的浮雕。在这两座柱廊的四个角端，还有四组表现人民主题的雕像，其中有正在持镰收割的男子和正在辛勤播种的农妇，有正驾着战车疾驰飞奔的勇士和在马车上手持橄榄枝的温良少女等，这些浮雕分别反映了战争与和平、劳动与爱情等主题。这座巍然屹立于布达佩斯城市中心的凝固静默的千年纪念碑，在今天犹如一部物化的匈牙利民族的历史教科书。它是匈牙利人民为了纪念历代英雄而建。任何一位异国旅者，只要来到英雄广场，就会被这里弥漫着的厚重的历史气息所吸引，并从中读解出这个民族过去不平凡的岁月经历和它的英勇、坚韧、顽强和勤劳智慧的卓越品格，从而不得不为这个民族的伟大精神而由衷赞叹、肃然起敬。

匈牙利布达佩斯开国千年纪念柱

从某种意义上讲，匈牙利的扬名在很大程度上是因为有布达佩斯这座历史名城，而布达佩斯之所以闻名于世，则在于它气势宏伟、风格独具、令世人拍案叫绝的古典建筑群。而在整个布达佩斯甚至在整个匈牙利的优秀建筑中，除了上述经典，其中气势最宏大、最具代表性的就是兴建于 1885 年的匈牙利国会大厦。这是一座宫殿式建筑，也是匈牙利首都布达佩斯最重要的地标性建筑，它坐落于多瑙河左岸(东部)的佩斯城自由广场。这座新哥特式建筑是匈牙利有史以来最大的建筑，长 268 米，中心圆形拱顶的尖端高达 96 米，周围有两个哥特式大尖顶和 22 个小尖顶，大厦正面两侧各有高达 76 米的白塔，整个大厦共有 691 个房间，包括会议室和大厅。大厦的外部装饰华贵精美。它在多瑙河畔的巍峨耸立，引来了全世界惊骇的目光，人们震撼了：这是人造的吗？——它简直就是神创啊！

匈牙利民族是一个很有历史感的民族，他们非常重视自己国家的过去，同时也为这个民族的今天而感到自豪和骄傲。在匈牙利，有三个数字深深植根于该国人民的心中，那就是：896、1896 和 96。896 年，是马扎尔人从古代东方的亚洲迁徙西进，进入多瑙河盆地定居生息的年份；1896 年则是匈牙利民族为庆祝自己西进定居 1 000 年，并为此而开工兴建匈牙利英雄广场的年份。也正是为了纪念“896”和“1896”这两个象征匈牙利民族发展历史的年份数字，匈牙利国会大厦实体建筑的高度为 96 米，寓意着吉祥。

匈牙利人民用他们的英勇顽强、坚韧不拔、淳朴善良和勤劳智慧创造了他们引以为豪的辉煌历史和灿烂文化。今天，他们继续一如既往地沿着先辈们前进的足印，在欧洲一体化的发展大背景下，努力地开拓前行，取得了骄人成就。匈牙利国民普遍勤奋好学，深虑多思。在匈牙利期间，我们所到之处，无论是在机场、码头，抑或街亭、公园，都会看到专心阅读的人们，其中年轻人居多。看得出，匈牙利人是热爱阅读的。他们不仅勤于阅读，而且善于阅读、精于阅读。当今世界，无论是对于一个国家、一个民族，甚或一个团体或个人，阅读就是力量，阅读就是品位，阅读就是希望。用我们今天的话来说，阅读就是科学，阅读就是生产力。的确，匈牙利民族是一个从阅读中吸取滋养，吸取科学知识，从而武装和强大自己的民族。

综观匈牙利，发明创造乃是这个国家引以为豪的强项。我们熟悉的圆珠笔、辣椒油、变压器、镇静剂、苏打水、有声电影、安全火柴、维生素 C、电视机显像管、计算机语言 BASIC、微软的 WORD 和 EXCEL、号称世界三大智力玩具之一的魔方等，都是由匈牙利人或匈牙利裔发明或发现的。迄今已有 15 位匈牙利人或匈牙利裔在物理、化学、生物、医学、经济学、文学、人类和平事业等领域获得诺贝尔奖。

当然，聪明智慧的匈牙利人，也不是一根筋地将自己定格在单纯的创造发明上，纯粹为创造而创造，而是在创造发明的同时，过更好更美更舒适的生活。创造的最根本主旨和目的就是为了改善人的生存条件、生活环境和生活质量。因此我们说，一个勇于创造和善于创造的民族，必定是一个热爱生活、善于生活的民族，一个生活质量和生活水准上乘的民族。就拿布达佩斯来说，它在 1896 年就已有地铁、电话、电车和打字机，由此可见这个国家当时的科技水平和人们的生活水准。直到今天，匈牙利人还保持着昔日那种讲究生活，并为此而不断创新、创造的传统和遗风。例如，我们在布达佩斯街头，不时会看到一些招摇过市的“流动的酒吧”，真是特别惬意，特别新鲜。我去过世界的许多地方，但布达佩斯街头的这种流动酒吧，还真是头一次见，它新颖、奇特，给人的感觉是特别有大都市的生活气息和情调，也特别有时代创意，实在是可圈可点，叹为观止。

布达佩斯很有生活气息，匈牙利人很有生活情调，这里的人们不但有享受高质量生活的优良传统，而且注重品位，崇尚名牌。凡是到过匈牙利的人都会不约而同地认为，在匈牙利生活过程本身就是一种享受：他们可以在某个从十八九世纪遗留下来、挂着水晶灯的古朴的咖啡屋里细细品味来自印度尼西亚的猫屎咖啡；也可以在一座精美华丽，有着巨大尖拱窗、镂空的大门和浮雕廊柱的古典建筑大厅内逛菜市场。你若要养生，请到那种可以当作营养饮料来喝的温泉中去泡泡；你若要养胃，美酒好菜和咖啡一应俱全；你若要养眼，可以去多瑙河左岸佩斯平原那广阔无垠的草原极目眺望；你若要养耳，那就更好说，匈牙利本来就是一个著名的音乐之邦，去叩开任何一座音乐厅之门，你都可聆听热烈奔放的吉卜赛经典旋律。总之，追求高品质生活和浪漫是这个民族与生俱来的特质，这种特质无疑与这个民族的传统和基因积淀密切相关。有一位叫尤利斯的匈牙利小伙子，稍稍有点汉语基础，在瑞士听人说中国的姑娘美丽聪慧又贤淑，于是不远万里从匈牙利来到中国。后来与一位在清华大学微电子专业就读的苏州姑娘坠入爱河，喜结良缘。如今，这对跨国情侣过着幸福美满的生活。不过，在这幸福结局的背后，还真有一段曲折动人的经历。刚来到中国时，尤利斯先是在杭州的一家外语学校任教，但由于他是匈牙利人，英语发音不太标准，夹杂匈牙利口音，任职没几天就被校方婉言辞退。但小伙子没有气馁，根据自己所学专业重新调整方向，之后便去了北京，在中关村的一家大型科技公司从事 IT 业，这才遇到了他的梦中情人。尤利斯非常热爱和喜欢中国，尤其喜欢诸如《红高粱》一类的电影以及《天涯歌女》《围城》等一些反映民国时期生活内容的影片。初到中国时，尤利斯对中国的印象还停留在二十世纪三四十年代。其实，这并不奇怪，因为直到今天，仍有相当一部分包括匈牙利人在内的西方人士，对中国（尤其是对当下之中国）知之甚少，有的竟然认为，中国现在的交通工具仍然停留在马车和人力三轮车的阶段，甚至在布达佩斯街头，居然有一位外国老者（是不是匈牙利人不得而知）好奇而又神秘兮兮地走近问我“中国是不是没有面包”这样一些令人瞠目和啼笑皆非的问题。看来，确实还有一些从来没有到过中国，但以前也在各种不同的传媒上对中国有些微了解的匈牙利人或其他西方人士，他们一叶障目，如同盲人摸象，对于中国的印象仍是以偏概全地定格在民国甚或更早的时代。不过，话又说回来，这些都不影响他们对中国的喜欢。尤利斯还告诉我，他之所以喜欢中国的一个原因就是中国人重视家庭生活，人与人之间的关系紧密而又可靠，此外还有中国经济的高速发展。尤利斯和他的中国太太现在北京居住，他说自己为了爱情，从中国起步，希望今后能开创属于自己的一片事业天地，然后，在适当的时候和适当的条件下，与匈牙利建立联系，重返欧洲市场。看得出，这是一个非常有韧性、有定力、有抱负和理想的优秀的匈牙利青年。为了在中国更好地生活与发展事业，尤利斯在工作的同时还刻苦学习汉语。当然，在艰苦的汉语学习过程中，由于匈牙利与中国在语言文化上的差异，他也闹出了不少笑话，问一些令中国同行和同事们捧腹大笑的古怪问题。比如尤利斯对汉语中出现的诸如“被子”与“杯子”、“手掌”与“首长”、“误人子弟”与“无人之地”等同音不同义或发音相近的词语难以理解和区别，对于“寒冷”“冰冻”“憎恨”“靓丽”“快速”“缓慢”等一些双字同义组合的复词为什么非要组合在一起觉得不可思议。出于对中国和中国文化的喜欢，尤利斯不但自己对中国的古典文学（尤其是唐诗宋词）情有独钟，而且还坚持让自己的女儿学习中文，从小给孩子以中国文化的积淀和熏陶，他那只有 5 岁半的女儿，竟能一口气背诵出 30 多首唐诗。

结束了匈牙利之行的考察，回国后静心思考，我感触最深的是，尽管今天的传媒业已相当发达，通过传媒，全世界各民族、国家或地区间的沟通与交流已经相当广泛和深入，但是，在我看来，要深刻地认知和了解一个国家，光凭传媒的只言片语、一知半解和道听途说是远远不够的。最好的方法是你亲自去实地走一遭。你不但要去欣赏雄浑古朴的古代皇宫和城堡，更要与当地人交谈，与其作深层次的语言交流，挖掘和捕捉你最为需要认知和了解的东西。只有这样，你才有可能在最大程度上探究到这个国家或民族最深层最本质的东西。这次匈牙利之行，改变甚至颠覆了我以前对于所谓的“东欧”“西欧”的认知和理解。在我们传统的认知上，一谈到西部欧洲，总觉得那里似乎什么都好；东部欧洲则是一个不怎么繁荣发达，经济发展相对滞后的地区。这次实地游览深入观察后发现，早前那些关于“东欧”“西欧”等的定义，在活生生的事实面前都自然而然地得到修正或颠覆。在新时代，我们应该以一种全新的、全面的、辩证而又实事求是的目光和方法去看待和理解今天东、西欧（或曰欧洲一体化）的发展现状，我们会得出与传统概念或观念有所不同或大相径庭的判断和结论。总之，在我看来，布达佩斯很美，匈牙利很美，东欧很美，美就美在那里的自然山水，美就美在那里的历史人文，美就美在那里的风物人情。

莱茵河畔的瞭望

——德国观察与思考

德国，不但是欧洲的翘楚，也是世界强国。它在整个人类发展的历史长河中扮演着重要乃至举足轻重、非同寻常的角色。我们知道，欧洲有许多历史底蕴丰厚和文化光辉灿烂的伟大国家，如英国、法国和意大利等，它们都各有特色，然而，我个人尤其崇尚其中的两个国家：一个是希腊，另一个是德国。理由很简单，前者是柏拉图、亚里士多德的诞生地，欧洲文明的摇篮；后者倒不是因为它是两次世界大战的导火索和策源地，而是因为它是近代古典哲学的源头和故乡。对德国的偏爱也许与我所从事的职业有关。为了近距离观察和思考这个与众不同、到处弥漫着辩证思维气息的哲学家园，我曾几度飞抵这个被世人誉为人类自古以来最玄妙、最深奥、最庄重、最严谨且大师云集、伟人辈出的神奇国度。

德国全称德意志联邦共和国，是高度发达的资本主义国家，其汽车和精密机床为代表

本书著者在莱茵河畔

的高端制造业饮誉世界，其社会保障制度完善，国民生活水平极高。德国北部与丹麦毗邻，南部与瑞士、奥地利接壤，东部紧靠波兰和捷克，西部则与法国、比利时、卢森堡和荷兰紧密相连，濒临北海和波罗的海，是欧洲拥有周边邻国最多的国家。统一后的德国由 16 个联邦州组成，首都设在柏林，国土面积 35.7 万平方公里，由北德平原、中德山地、西南部莱茵断裂谷地区和南部的巴伐利亚高原、阿尔卑斯山区组成。德国处于大西洋东部大陆性气候之间的凉爽西风带，温度很少大起大落。它的北部则属于海洋性气候，相对于南部较温暖，人口 8 200 多万，是整个欧盟中人口最多的国家，其中德意志人是这个国家的主流民族。

作为古老的欧洲大国，德国若要追溯历史，史学家们早已得出较一致的结论：古代那些散居在中欧的日耳曼人在相当程度上就是今天大多数德国人的祖先。而对此持不同观点的人认为，把德意志人等同于日耳曼人是一种误解，因为“日耳曼”一词最早来自古高卢语（即古法兰西地区使用的凯尔特语），它的本义是指法国东部的凯尔特部落，后来由于该词义的引申扩大，演变成了法国以东地区所有蛮族的统称。音译词“日耳曼人”（拉丁语 Germani）最早是古罗马人用来指称罗马的东北边境之外、莱茵河东岸、多瑙河北岸地区的部族，即现今大约在德国、荷兰、丹麦、波兰和瑞典南部这一带区域之内那些操着相似的语言、野蛮而未开化部落的泛称。因此，对于德国人来说，所谓的“日耳曼人”完全是个外来称谓。从这个意义上来说，“日耳曼”词义的内涵和外延都是有很大的不同，换一句话说，日耳曼人（或日耳曼民族）是由多个种族融合而成。希特勒统治时期的德国曾将这些混杂（混血）民族、东欧民族、西欧民族甚至印度人等一概统称为雅利安人。日耳曼人是雅利安人的一部分，而德意志人的主体又是日耳曼的一部分，但这并不等于德意志人完全属于（或等同于）日耳曼。

早在公元前 1 世纪罗马人征服高卢之前，一些日耳曼人就已经迁居到莱茵河以西，生活在今天的比利时到瑞士以北的广大地区，这些人被称为“莱茵河此岸的日耳曼人”，与莱茵河彼岸（东岸）的日耳曼人隔河相对。这一地区被古罗马征服之后被称为“小日耳曼尼亚”。今天位于德国西部、横跨莱茵河东西两岸的德国第三大城市科隆以及亚琛等城市就是当年被古罗马所征服的日耳曼人留下的古城。而东岸（彼岸）那些未被古罗马人征服的日耳曼人则身处在“大日耳曼尼亚”的广阔区域之内。古罗马帝国在屋大维的带领和指挥下，先是完成了对西班牙的征服，继而向北推进至今天德国境内的多瑙河和莱茵河一带，试图征服大日耳曼尼亚。其间，屋大维确实取得过阶段性胜利，甚至一度挥师长驱直入，打到易北河（即今天的德国汉堡-马格德堡一带）。然而，日耳曼人死不屈服，在一位年仅 25 岁、对古罗马军队战术深有钻研的英雄阿尔米纽斯（又译阿米尼乌斯）的带领下，一举将由瓦卢斯统帅的罗马军队 3 个军团总共 3 万多兵力全部歼灭于条顿堡森林战役中。根据相关史料记载，他们早在公元 1 世纪至 3 世纪就已逐步形成了部落，并在 476 年推翻了罗马帝国（西罗马）。然而，日耳曼人建立的国家大多命运多舛，很难坚持到最后。当历史时钟走进公元 9 世纪中叶时，德意志从法兰西帝国中分裂出来，并于 962 年建立了神圣罗马帝国。通过长期的对外征战和领土扩张，神圣罗马帝国先后占领了捷克、意大利北部和波兰西部地区，并一路东进远征俄罗斯和匈牙利，于13世纪中期走向封建割据。也正是从那个时候开始，帝国第一次使用"神圣罗马帝国"称号（此前的称号是"神圣帝国"）。1512年科隆帝国会议颁布了使用"德意志民族的神圣罗马帝国"称号的敕令。这个称号此后作为帝国的官方名称一直沿用到1806年。这一年，神圣罗马帝国皇帝（同时也是奥地利皇帝）弗朗茨二世因来势汹涌的法国大革命和新上台的法国皇帝拿破仑的迅速崛起加剧了德国诸城邦的分化，担心法国再次扩张，与神圣罗马帝国抗衡，因而纠合英国、俄国、瑞典和那不勒斯等国组成第三次反法同盟与拿破仑交战，结果不敌拿破仑，导致帝国彻底覆灭。

神圣罗马帝国溃败后，1806年7月12日，原先16个神圣罗马帝国的成员邦在拿破仑威逼利诱下签订了《莱茵联邦条约》。这个条约的签订使奥地利在德意志地区的领主地位受到了严重削弱，这令尚未退位、心有不甘的弗朗茨二世极为不快。而作为胜利者的拿破仑显然不会理会这一点。相反，为了能使更多的国家加入联邦，这位法国皇帝决定亲手终结神圣罗马帝国，他毅然决然地向弗朗茨二世发出最后通牒，勒令他解散神圣罗马帝国，并放弃"神圣罗马皇帝"和"人民的国王"之称号。弗朗茨二世在拿破仑的强迫下不得不接受，于1806年8月6日放弃"神圣罗马皇帝"称号，仅保留"奥地利皇帝"称号，至此，神圣罗马帝国正式消亡。

为了便于读者朋友对德国历史能有一个更好的理解，我必须对所谓的"神圣罗马帝国"再作一补充性的说明和简要概述：神圣罗马帝国，全称"德意志民族神圣罗马帝国或日耳曼民族神圣罗马帝国"，是公元962年至1806年地跨西欧和中欧的封建君主帝国，其版图以日耳曼尼亚为核心，其中也包括一些周边地区。神圣罗马帝国在其鼎盛时期的版图甚至还包括了意大利的北部（原属中法兰克福王国）和勃艮第以及弗里西亚。

在神圣罗马帝国消亡后的几年中，情况发生了一些变化，最明显的是，由法国皇帝拿破仑一手建立起来的莱茵联邦（又称莱茵联盟）是1806年至1813年间于德意志地区的政治实体，最初只有16个邦国成员（均为原罗马帝国的邦国成员，其中包括列支敦士登、巴伐利亚、符腾堡和巴登在内的莱茵河两岸的德意志南部、中西部邦国），在此基础上，联盟不断扩大，又新增了23个邦国成员。德意志地区内只有奥地利、普鲁士、丹麦管控的赫尔斯泰因和瑞典的波美拉尼亚地区未有加入莱茵联邦。1810年，德意志西北部的大片地区被迅速合并到拿破仑统治的法兰西第一帝国的版图，旨在监控对英国的禁运，令针对英国的"大陆封锁"能够顺利进行。1813年秋，拿破仑在莱比锡战役中被由欧洲各国为了对抗新兴的资产阶级法国而结成的反法同盟所打败，突然失去了保护的莱茵同盟各邦国成员为了自身的利益很快就转向了反法同盟一方，10月31日莱茵联盟宣布解体。

随着莱茵联邦的解体，曾一度出现了一个叫"中央行政会议"的政治团体组织，该组织试图联结德意志地区各邦国，最终未果。1814年拿破仑退位后，第六次反法联盟国家与法国签署了第一个巴黎和约，法国利用反法联盟之间的矛盾和分歧，迫使联盟放弃了对法国的过分要求，同时也确立了德意志各邦的独立性。到1815年，维也纳会议重新界定了欧洲大陆的政治版图，然而，德意志地区内各联邦国边界的调整和改动不是很大，而后来成立的德意志联邦，其版图也包括了大部分原莱茵联邦的加盟国。1848 年，德国各地爆发革命，俾斯麦领导了艰苦卓绝的内政、军事和外交斗争。1862 年，俾斯麦被威廉一世任命为普鲁士首相兼外交大臣，在同年 9 月 26 日的下院首次演讲中，俾斯麦坚定地对议会说道："当代的重大问题并非通过演说和多数派决议就能解决的，而是用铁和血来解决。"从此俾斯麦被冠以"铁血宰相"称号。但是俾斯麦出任首相后，仍未能解决与议会的矛盾冲突。因此，一方面他想通过"实现德国的统一大业"来转移国内（尤其是国会议员们）的视线，另一方面则是通过争取工人阶级的支持来抗衡资产阶级自由派。于是，俾斯麦就开始酝酿和策划三场"王朝战争"。1864 年，普鲁士联合奥地利打败丹麦，收回了被丹麦侵占的国土，两年后的"七星期战争"又击败了昔日的盟友奥地利，于 1867 年建立起了北德意志联邦。由于长期争霸欧洲大陆和德国的统一问题，普鲁士和法兰西帝国的关系一直紧张，1870 年，俾斯麦策动了一场震惊世界的著名战争——普法战争。战争的起因是 1870 年 7 月 14 日，俾斯麦就西班牙王位的继承问题发表了一封富具挑衅意味的所谓"埃姆斯密电"，正是这封密电，触犯了法国政府，法国毅然决定与普鲁士开战。但这场战争从一开始就对法国不利，9 月 2 日法国皇帝拿破仑三世率近 20 万法军于色当向普鲁士投降，紧接着巴黎爆发了革命，推翻了法兰西第二帝国，建立了法兰西第三共和国。这时的形势对德国十分有利，初战告捷的普鲁士军队并不因此而收手，继续长驱直入、乘胜追击，大败法军，德国南部的多个邦也脱离了法国的统治。1871 年 2 月 26 日和 28 日，法国不得不与普鲁士先后签订了巴黎投降条约和停战协定。据此，巴黎要塞大部分炮台连同火炮和弹药统统移交德军，并赔款 2 亿法郎。接着，两国还草签了《凡尔赛和约》，在国民议会批准和约草案之前，德国人获得了将军队开进巴黎的权利。5 月 10 日，德法两国签订了《法兰克福和约》，这个和约确认了《凡尔赛和约》的基本条款，但条件更加苛刻。根据这个条款，法国对德国的赔款由 2 亿法郎增加到 50 亿法郎。不仅如此，法国还要将阿尔伊斯-洛林的大部分地区割让给德国。这次德法战争，德方完胜，并完成了德意志的统一，更在此基础上诞生了德意志帝国。

然而，好景不长，德意志帝国于 1914 年挑起了第一次世界大战，1918 年因战败而宣告崩溃，并于次年成立了所谓的"魏玛共和国"。然而，这个"魏玛共和国"也没持续多久。1933 年希特勒篡政，建立了纳粹德国，并于 1939 年发动了第二次世界大战。结果，曾经不可一世的希特勒及其纳粹德国于 1945 年被同盟国彻底击败。二战结束后，根据《苏美英三国关于日本的协定》（即《雅尔塔协定》）和《波茨坦协定》，德国分别由美、英、法、苏四国占领，并由上述四国组成盟国管制委员会接管德国最高权力。1948 年 6 月，美、英、法三国占领区合并，翌年 5 月 23 日，合并后的西部占领区成立了德意志联邦共和国。同年 10 月 7 日，东部的苏联占领区成立了德意志民主共和国。至此，德国被分裂成两个各自独立的主权国家。由于两个国家实行的是两种完全不同的社会制度，民主德国为了阻止它的国内居民投奔联邦德国，还于 1961 年专门修建了一座将两国隔离的"柏林墙"。20 世纪 80 年代，随着整个东欧政治局势的剧烈动荡，1989 年民主德国的政局骤然生变。自同年 5 月开始，大量的民主德国的居民奔向联邦德国，情况愈演愈烈，到了 10 月，民主德国的许多城市不断爆发规模大小不等的要求政府放宽对民众出境(国)旅游和放宽对新闻媒体限制的示威游行。正是在这种全国民主浪潮的汹涌冲击和高压态势下，当时的民主德国总统昂纳克被迫下台，随即封禁了两德28年的柏林墙被拆除。11月26日，联邦德国总理科尔提出了关于两个德国实现统一的十点主张。1990年10月3日，两德统一的盛大庆典在柏林举行，民主德国正式加入联邦德国。民主德国原有的宪法、人民议院和所有政府职能机构自动取消，为适应联邦德国建制的需要，民主德国的14个专区整合为5个大州，一并并入联邦德国的版图，两德正式统一为今天我们所熟悉的德国。

作为一个有厚重历史和灿烂文化、文明的欧洲大国，德国有着许多与众不同的个性特征和骄人之处。在对这个国家的多次观光、考察和深入接触中，让我看到了这个国家的崇高精神和许多熠熠生辉的闪光点，德意志人民不但勤劳勇敢，而且诚实守信、理性、庄重、严谨、务实。他们富有智慧和创造精神是举世公认的。他们对工作的严肃认真、一丝不苟、讲究实效、精益求精的态度和作风，他们普遍恪守纪律和道德。正是这些优秀的品质，使德国产生了人类历史上许多伟大的科学巨匠，涌现出了许多声望卓著的学者、大师和艺术家。德国人民为人类的进步事业做出了他们独特的贡献。然而，令人不解和遗憾的是，为什么这样一个富具理性、智慧、谨言慎行的伟大国家，竟在短短的不到30年时间内发动了人类现代史上两次世界大战，将包括德国自身在内的整个世界推入了残酷战争的火海，从而给全世界人民带来了巨大的痛苦和灾难?

当然，德国挑起两次世界大战的背景和原因是极其复杂的，但法西斯的专制独裁、种族主义、对外霸权、扩张主义和反犹太主义等意识形态无疑是第二次世界大战的主要动因。战后，德国政府对二次大战给世界所造成的灾难和危害是持有比较深刻清醒的认识的，因而也赢得了国际社会的原谅、理解和尊重。2008年，德国总理默克尔在访问以色列时就明确表示：德国将牢记对纳粹大屠杀承担的历史责任。她还参观了位于耶路撒冷的犹太人大屠杀纪念馆。2012年，在信德人和罗姆人受难纪念园落成仪式上，默克尔表示："这座纪念园铭记着成千上万遭受纳粹迫害的罗姆人和信德人，他们是长期被忽视、不被多数公众承认的受害者。"(笔者注：罗姆人和信德人即为我们通常所说的"吉普赛人"，据历史学家估计，在1933年至1945年，纳粹德国时期，大概有22万至50万信德人和罗姆人因被视为"劣等民族"而惨遭杀戮。)默克尔在反思二战危害时曾不止一次地向全世界表示：德国对当年纳粹所犯的罪行要永远负责。对于纳粹的罪行，对于第二次世界大战中的受害者，特别是大屠杀的受害者，德国应承担起永恒的责任。这种反思要一代一代保留下去，"面对历史，我们不会隐瞒和压制任何事，德国必须正视事实，确保未来能成为极佳和值得信赖的伙伴，就如我们现今一样"。除了默克尔，早在1970年，时任联邦德国总理勃兰特在波兰华沙的二战遇害者纪念碑前下跪，代表德国向死难者深刻谢罪。在今日之德国，不仅历任总理曾在各种国内国际场合代表国家和政府对当年纳粹犯下的侵略和屠杀罪行予以道歉、忏悔和反思，而且德国还将反纳粹教育制定成法律。今天的德国教育法明确规定：历史教科书中，必须包含足够的有关纳粹时期的历史内容。纳粹时期的黑暗统治成为德国历史教学的重点。显然，德国政府希望用这样一种具体而又明确的法律规定,让一代又一代的德国人认清纳粹的罪恶和对人类的危害,从而培养他们树立起同纳粹意识形态做斗争的思想观念。这也已经被明确列入德国学校教育的首要目的。德国政府这种积极面对过去纳粹德国所犯罪行,并实实在在地向全世界受害国的政府和人民真诚忏悔和赔礼道歉的行为,也赢得了国际社会的赞誉和肯定。

的确,德国是两次世界大战的元凶,然而,它又是一个敢于在全世界面前承认罪恶、承认失败并勇于深刻反思、改过自新、真诚忏悔、积极战后赔偿的国家。正是德国战后的这些行为和举措,让全世界重拾对它的尊重和信心:理性、厚重、大气的德意志又回来了!

我们之所以说德意志民族的理性与厚重,除了它能有积极面对二战所犯罪行的积极态度和行为,更是因为这个民族的精神文化,其在哲学、宗教、文学、艺术、科技、教育、民俗和旅游等方面均有着丰富而又与众不同的深刻底蕴。

以哲学为例。德国哲学就是德国文化和德国精神的深刻表征。凡是在学习、接触或研究过西方哲学的人看来,几乎都会承认这样一个结论:德国哲学至少占据了近代哲学的半壁江山。莱布尼茨、康德、席勒、费希特、谢林、费尔巴哈、黑格尔、马克思、恩格斯、叔本华、尼采、海德格尔等,都被世界公认为一流哲学家。这些伟大哲学家都诞生于近代德国文化的全盛时期。而以康德、黑格尔为代表的德国古典哲学的产生和发展的年代大致也在这一时期。我们知道,德国古典哲学是近代欧洲哲学的主要代表和中心。从德国古典哲学同它产生之前的西方哲学思想的联系来看,这一哲学体系不仅是对自文艺复兴时期以来西方近代哲学尤其是英国经验论和 18 世纪法国唯物主义哲学等的系统总结和发展,而且是对中世纪经院哲学和基督教神学思想的一种建立在批判理性基础上的系统清理,更是对两千多年前以柏拉图、亚里士多德等为代表的古代希腊哲学思想的一种创造性地阐发和弘扬。德国古典哲学的主要代表有康德、费希特、谢林、黑格尔和费尔巴哈等。德国古典哲学由康德创始,由集大成者黑格尔终结,它不仅体现了德国古典哲学家们对以往各派哲学进行总结和概括的努力,而且还深刻地反映了德国古典哲学家们生活的社会历史、科学状况和一般的文化背景。在德国古典哲学中,人们可以清楚地看到对人的关注,看到对人的理性、自由和天赋人权的尊重以及坚信社会进步等观念。康德和黑格尔等古典哲学家们,穷毕生年华和精力,通过其深刻的思考和精湛的研究,对人类历史上所出现过的各种哲学思想进行梳理、辨析、批判和总结,从而把哲学提高到了一个新的高度,并为现代哲学的进一步发展前进奠定了坚实的基础。

哲学与宗教,从来是不可分的。德国的哲学,尤其是古典哲学固然伟大,德国的宗教文化也与德国人民的生活和人生信仰紧密相连。换言之,德国的宗教文化是德意志国家和民族发展到一定历史阶段的一种精神文化现象。

大约 15 世纪时,德国人除了小部分信仰犹太教外,其余绝大部分人都信仰天主教。16 世纪初,马丁·路德发起并领导的德国宗教改革运动以摧枯拉朽之势席卷了整个欧洲大陆,并永久性地结束了原罗马天主教会对于欧洲(尤其是西欧)的封建神权统治。这场运动表面是进行宗教改革,实际目的是要摆脱罗马教廷的桎梏、建立和促进民族复兴的本国教会,说到底是一场反对封建统治和反对罗马神权统治的伟大政治运动。马丁·路德的宗教改革不但改变了欧洲和世界的历史，而且还通过这次改革创立了新教。在二战以前，大约三分之二的德国人是新教徒，三分之一是天主教徒，但二战后，新教在德国（尤其是在德国的北部和东北部）呈衰落之势。在20世纪下半叶的联邦德国地区，天主教则占微弱多数。德意志联邦共和国宪法明确规定：保证其国民的宗教信仰自由。在今日的德国，犹太教、天主教、新教、东正教、伊斯兰教和其他各种宗教团体和平共处，没有人会因为信仰或宗教观点的不同而受到排挤或歧视。全世界的任何宗教就其本质属性而言，都是属于一种社会意识形态，德国宗教从一个特定的社会侧面满足了德国人民的心灵依归和精神需求，在精神层面上给广大宗教信徒以积极的人生态度去面对生死考验，也因此而保持和保护着部落、团体或社群的历史传统和社会价值观。在我看来，这也许就是当今世界宗教或宗教文化存在的基本价值和意义，德国的宗教自然也不例外。在这里，我要特别提及作为德国宗教或宗教文化的标志、象征和代表作——科隆大教堂，这是坐落于德国科隆市中心的天主教堂，也是德国迄今规模最大的教堂，它的全称是查格特·彼得·玛丽亚大教堂。教堂素以轻盈、空灵、雅致、雄伟而著称于世，是典型的欧洲中世纪哥特式建筑的代表作，就其建造样式和艺术风格而言，堪称是全世界最完美的哥特式教堂建筑。科隆大教堂、法国巴黎圣母院以及意大利罗马圣彼得大教堂并称为“欧洲三大最杰出的宗教建筑”。传说德国作曲家舒曼第一次踏进科隆大教堂就被其独特的风格和恢宏的气势所震撼，于是音乐灵感顿生，萌发了《莱茵交响曲》的创作冲动。1996年科隆大教堂被列入世界文化遗产名录。它是科隆的骄傲，也是德国的骄傲，更是德国宗教和宗教文化的成就和骄傲。

我们上面讲到，以康德、黑格尔为代表的德国古典哲学为德国带来光荣和骄傲，以科隆大教堂为主要标志的宗教圣殿为德国乃至欧洲和世界的宗教文化增添了光辉和美誉。同样，德国的文学和艺术也是这个国家和民族璀璨文化的重要组成部分。

关于德国文学，其历史源头可追溯到古日耳曼时期。根据古罗马历史学家塔西佗所著的《日耳曼志》、13世纪冰岛的歌集《埃达》以及冰岛、挪威的《萨迦》记载，古日耳曼人曾经创造了自己的文学，其作品内容大多是些赞美、歌颂神和英雄之类的叙事歌曲和战歌。它们清晰地记录和反映了日耳曼民族在其民族大迁徙时期动荡的生活和战争。然而，由于长年的社会动荡和战乱，古代日耳曼人的那些口口相传的文学大多已经失传，只有《梅尔塞堡咒语》和《希尔德布兰特之歌》被后人用古高地德语给记录了下来，才得以完好保存，并有幸流传至今，成为今天德意志文学宝库中最早的珍贵历史文献。这里，我们必须指出，“德国文学”和“德语文学”不是一个完全等同的概念。在与德国的学者朋友作深入交流的时候，我才完全弄明白了这一点。德国文学是德语文学的一个分支，因为，凡是去过瑞士、奥地利、列支敦士登等国的朋友都知道，这些国家的国民和侨居国外的德国移民也会用德文写作。至于现代德国文学，它诞生于德国启蒙时代，并于18世纪末至19世纪初达到鼎盛时期（严格地说，这个时期也就10年左右，即1794年歌德与席勒开始合作到1805年席勒逝世）。这在德国文学史上被称为“魏玛古典主义”（又称“古典文学时期”），歌德和席勒，就是这一时期的杰出代表，他们创作出了许多令世界瞩目和惊叹的经典佳作。这两位文学巨匠长达十年精诚密切而又卓有成效的合作中完成了堪称奠定德国文学在世界文学史上重要地位的经典作品，如歌德的小说《威廉·迈斯特的学习时代》(1795—1796 年)、长篇叙事诗《赫尔曼和窦绿苔》(1797 年)、悲剧《私生女》(1804 年)和诗剧《浮士德》(第二部，1808 年)，席勒的美学著作《论素朴的和感伤的诗》(1796 年)等。此外，在这一时期，歌德与席勒还合作完成了作品《克塞尼恩》(1796 年)。19 世纪末 20 世纪初，德国文学上出现了印象主义、象征主义、唯美主义、新古典主义和新浪漫主义等文学流派和思潮，其中的代表性作家有戴默尔、恩斯特、格奥尔格、李利恩克隆、闽西豪森等。这些文学流派大多受尼采哲学美学思想的影响较深，故而也有文学史家将它们统统称为“颓废派”。由于资本主义的高度发展而使其固有的矛盾得以充分暴露，广大知识分子在这样一种纷繁复杂的社会现实面前变得困惑、迷惘和焦虑，而这时，尼采对社会现实的批判，尤其是他的“超人”哲学自然也就成了他们的理论根据和行动指南。例如，当时的德国著名作家格奥尔格极力推崇“为艺术而艺术”的理论主张，他极力反对自然主义，也反对现实主义，从而倡导一种所谓的“新艺术”(即“纯艺术”)。总之，这些新文学思潮和理论主张的出现，标志着德国文学进入了一个新的历史发展时期。尽管两次大战的爆发给德国社会和德国的文学发展带来了许多不确定性，但是，实践证明，大战结束后，德国文学流派纷呈，风格各异，究其本质和源流，仍是对世纪交替转折以来各种文艺倾向的继承、发展和弘扬。

接下来我们谈谈德国艺术。德国艺术，无论是现代的还是近代的，都离不开中世纪后意大利文艺复兴对其产生的巨大而又深刻的影响。谈到这种影响，必然要谈到德国艺术史上的一位艺术家和艺术理论家——阿尔布雷特·丢勒。正是这位生于纽伦堡的德国艺术史上具有划时代意义的艺术家，将意大利文艺复兴的形式和理论传播到了德国，创造了德意志民族画派，并以此而极大地影响了此后德国艺术的成长和发展。作为德国最伟大的绘画艺术家，丢勒的艺术探索及其理论对整个德国艺术的影响是深远的。丢勒学养丰厚，多才多艺，他不但是当时德国杰出的画家、雕刻家和建筑家，同时又是德国著名的艺术理论家。他和意大利著名画家达·芬奇一样，都是欧洲文艺复兴时期杰出的代表之一。曾有人评论丢勒是德意志的民族画家代表，他把意大利的文艺复兴思想带进德意志，是开创德意志民族艺术新纪元的奠基人。恩格斯也曾高度评价丢勒，将其与达·芬奇誉为“是需要巨人时代所产生的巨人”。丢勒主张艺术家必须要深入观察自然和竭力探究宇宙的奥秘，以揭示和表现美，同时他又坚持和固守中世纪的传统意识，认为艺术家及其创造的艺术都应是上帝的工具。因此，和欧洲大陆的许多国家一样，德国艺术，无论是建筑、雕刻还是绘画和音乐艺术，它们都深深烙刻着意大利文艺复兴时期那种“上帝至上”的神学印痕。

兴起于 17 世纪末的德国巴洛克艺术，在整个欧洲巴洛克艺术发展过程中已经算是处于晚期阶段，并在后来又一定程度上兼容了 18 世纪盛行于法国的洛可可风格，因而，人们也将这样一种吸纳了洛可可风格(或曰被洛可可风格丰富了)的巴洛克艺术专门称为“后期巴洛克”或“巴洛克—洛可可”风格艺术。正是这一具有融合性特征艺术风格的产生，才构成了德国艺术史上一个多姿多彩、熠熠生辉的年代。这个年代的德国艺术家们尤其热衷和擅长将建筑、雕刻、绘画这三种造型艺术结合起来进行艺术构思和创作，从而创造出具有丰富内涵而艺术效果又俨然统一的综合体作品。这方面的主要代表有著名的建筑大师巴尔达萨尔·纽曼、费舍尔,雕刻装饰家阿萨姆等。尤其是纽曼设计建造的各种教堂和宫殿最为独特和出色,它们除了外观庄重肃穆、气势宏伟、富丽清雅,其内部设计同样大气开阔、别具匠心。纽曼尤其注重在建筑物有限的空间内最大限度地开创出开阔明朗而又富于变化的实用和审美兼具的视觉空间,真正做到实用功能与艺术审美的有机融合和高度一致。纽曼这方面创作的最高成就要首推竣工于1744年的维尔茨堡主教宫。它是德国南部最典型的巴洛克式的建筑杰作,也是迄今欧洲境内最出色、最具代表性的宫殿之一。陪同我们的德国朋友介绍说,这座宫殿是由酷爱艺术的约翰·菲利普·法兰兹·荀伯伦主教于1719年委托纽曼设计修建。在此我要特别提及的是,我们在前文中谈到的科隆大教堂是一座典型的哥特式风格的建筑,而维尔茨堡主教宫则是巴洛克式的建筑群落。当我们走进宫内,一眼便见极尽奢华和耀眼夺目的皇帝厅和花园厅等。辉煌的主教宫殿以其最大、最宏伟的巴洛克式王宫傲视着整个德意志。尽管维尔茨堡主教宫是德国三大巴洛克式建筑的代表,但也无法在第二次世界大战中免遭破坏,好在大战爆发前夕已先移走部分珍宝和艺术品,才让世人有幸在这劫后余生的昔日宫殿内一睹这些价值连城的真品。鉴于维尔茨堡主教宫不朽的艺术风格和经典价值,1981年它被联合国列入了世界文化遗产名录。

在此,我还想对建筑在德国艺术中的地位、作用和重要性谈谈自己的一些看法。在我看来,在德国艺术重要组成部分的艺术种类——建筑、雕刻、绘画、音乐中,建筑艺术是最重要的。而在以教堂、宫殿、城堡要塞等为建筑艺术主要内容的建筑艺术作品中,教堂又是最重要的。此话怎讲?我们知道,严格说来,无论是建筑,还是雕刻和绘画,按其内涵和本质属性,它们都属于造型艺术。然而,上述三者尽管都是造型艺术,但它们各自的属性和内涵却存在着很大的独特性和差异性。绘画是二维(平面)艺术,雕刻是三维(立体)艺术,建筑是典型的三维(立体)艺术,音乐则既不是平面艺术,也不是立体艺术,它是无维无度无体无色无形无影的纯抽象艺术。在上述四种艺术形式中,雕刻、绘画、音乐都相对比较独立,且互相不包容或兼容。但建筑则不同,它(尤其是教堂建筑艺术)有着为雕刻、绘画和音乐艺术所不具备的内涵包容性。教堂是最典型的造型艺术,故也有人称"建筑是凝固的音乐"。所有教堂内部都包含有雕刻和绘画。它们同时也作为整个教堂建筑的组成部分。除了雕刻和绘画,教堂还有音乐(如圣乐的播放和古老圣钟的敲响)。就拿德国的建筑来说,无论是哥特式风格的科隆大教堂,还是维尔茨堡主教宫一类具有巴洛克式风格的建筑群落,或是巴洛克—洛可可兼容式风格的建筑艺术作品,它们都具有上述的内涵和功能。这也许就是建筑艺术为什么堪称是造型艺术之冠,而建筑、雕刻、绘画、音乐各艺术之间有着既独立又互相有着某种关联、依附、包容的特性和属性所在。

除了以科隆大教堂和维尔茨堡主教宫为代表的不朽的建筑艺术之外,18世纪末至19世纪德国的雕塑艺术也很有它的特点。较之于当时德国画坛那种风格多样、流派纷呈的情形,德国的雕塑艺术则显得严谨而单纯。具体而言,那时基本上是古典主义的雕塑之风占据着主导地位。期间也产生了一些大型的纪念性雕塑。由于1871年之前,德国长期处于由众多邦国割据统治这样一种分裂状态，严重地阻碍国家的发展和强盛，故而一些歌颂德国历史上和当代伟大人物、赞美和向往过去中央集权的王权统治的雕塑作品应运而生。这些作品主题大多在一定程度上以艺术的形式表达了人民普遍要求国家统一的强烈愿望。例如，由当时德国最杰出的雕塑家克里斯蒂安·丹尼尔·劳赫创作的"普鲁士国王弗雷德里希二世纪念碑"就是其代表作：弗雷德里希二世这一英勇伟岸的骑马像立于一个呈多层结构的花岗岩石的底座上，英武挺拔、庄严凝重、高大雄伟，充分彰显了古典主义的风格特色。劳赫的这件古典主义雕塑作品在那个特定的历史时期是很有时代进步意义的。劳赫对后世影响很大，直到 19 世纪后，德国的雕塑风格才开始逐步由古典主义向现实主义过渡。

至于德国绘画，德国绘画史上的大家自然首推丢勒。鉴于上文对德国艺术综述时已经有所论述，故不再细述。

现在我们来说一下德国的音乐艺术。德国是全球公认的音乐之乡。德意志民族素以酷爱音乐著称，富有音乐意识和天赋。德国在音乐方面所取得的成就无与伦比。几乎没有一个国家在其历史的发展过程中，能像德国这样造就了如此灿若繁星的音乐大师和作曲名家：巴赫，巴洛克时期的作曲家，被誉为"西方近代音乐之父"；亨德尔，生于德国的著名英籍德国作曲家；贝多芬，德国杰出的音乐家，维也纳古典派音乐的代表，世界音乐史上最伟大的作曲家之一，被尊称为"乐圣"和"交响乐之王"；理查德·瓦格纳，德国作曲家，开启了后浪漫主义歌剧作曲潮流；罗伯特·舒曼，伟大的德国作曲家和音乐评论家……由于德意志帝国历史的复杂性，因此，历史上，德国音乐的中心一直是在奥地利首都维也纳。今天的人们谈论或追溯德国音乐的发展史，总是要将奥地利囊括其中。因为，德国和奥地利不仅同属德语语系文化范畴，而且在其漫长的历史发展过程中也一贯互相依存、不分你我、休戚与共、关系紧密。反映在音乐方面，海顿、莫扎特和贝多芬给德国乐坛注入了新的生机和活力。莫扎特的歌剧至今魅力不减，历久弥新。贝多芬的歌剧代表作尽管仅有《费德里奥》一部，然而正是这部作品充分体现了音乐家对社会现实和伦理题材的深切关注和巨大热情，作品主题旨在着力刻画和表达当时社会背景条件下德意志人的内心世界（"英雄"情结），从而宣扬一种邪恶必惩、正义必胜的崇高理念。贝

本书著者在德国波恩的贝多芬故居

多芬的这些理念也反映在莫扎特和海顿的作品中。他们三人被世人誉为维也纳最杰出的音乐大师。他们作品的艺术价值和历史贡献就在于：既对古典主义时期的歌剧做了完美的总结和收场，同时又为后起的浪漫主义歌剧登场揭开了序幕。

20 世纪初，浪漫主义音乐在德国处于繁盛时期，然而到了 20 世纪后期，情况发生了变化，其主要表现为各种各样风格迥异的新型作品开始出现。这些作品的主要特点是将原先那种强烈的浪漫主义情感同最严格抽象的形式主义理念相结合。这方面的代表人物是贝尔格，正是这位与勋伯格、韦伯恩一起开创了“新维也纳派”的表现主义音乐代表，在德国音乐作曲技法上的探索为包括德国自身在内的整个 20 世纪欧洲音乐带来了一场革命。

今日之德国，在当今世界的形象是有目共睹、不言而喻的。尤其是德国人理性严谨、殷实厚重的品格特征给全世界留下了深刻的印象。反映在德国的工业制造业科学技术方面，德国人的高精尖机械制造业尤其发达。在德国期间，通过朋友关系，我有幸得以参观一家开设在波恩地区的精密机床制造厂。那次时间有限的短暂观摩，让我第一次零距离亲眼看到德国人做事的严谨和一丝不苟，工作中，他们给我的第一印象是：干活不偷懒、不惜力，善于自己动手(动手能力极强)，不管遇到什么事情，都是事无巨细，亲力亲为。参观后，我在同一位常驻波恩的中国朋友交流观摩心得时，他说他来德国多年已经领教了德国人干活的那个超级认真劲儿。最近，我在与我的老乡、上海同济大学一位教授闲聊时，他跟我谈到我国南方沿海某城的一家工厂聘请了一位德籍机械力学专家指导业务，这位德国专家对他管辖的工作极其认真，对下属的要求也是极其严格，中国员工干过的活，他总是轻易就可以挑出一大堆毛病，即便他到期离开工厂回国后，还念念不忘通过各种方式甚而自掏腰包飞来中国继续予以帮助和技术指导。这就是德国人，这就是我们所说的德国精神。正是这种对自己所做的工作、所从事的事业的超级认真、超级负责的态度，加之他们普遍精于计算，故而德国人生产出来的产品都非常精细精致和高质量，甚至毫无误差，令人无可挑剔。有些产品的工艺精度简直就是达到了人类精工技术所能达到的极限，可以毫不夸张地说达到了出神入化、令人不敢直面相信的神创境界。德国人正是以这样的敬业精神投身于包括机械制造业在内的一切事业，故而德国产的汽车质量为全世界称道，德国出的磨具是世界一流的，德国造的枪炮武器等兵工产品的射击精准度也是世界领先，即便是我们中国老百姓所熟悉并日常使用的大小家用刀具的钢材质量和锋利程度也是德国制造的最坚硬、最锋利。就连我家于 1996 年购置的一台主要零部件均由德国进口的国产海尔牌超薄型洗衣机，虽然价格确实昂贵了一些，当时售价人民币 5 700 元，可至今运转良好，20 多年来没有出现过任何的故障和毛病。这就是货真价实、实至名归的德国货。难怪我太太供职的中国中铁股份有限公司(世界 500 强，中国修建高铁的国有特大型企业)总是要向德国购买大型隧道挖掘机器——盾构(也叫盾构机或盾构隧道掘进机)。因为，德产的盾构掘进机逢山开路，机械质量有口皆碑，为业界所一致公认。德国为什么能做到这样优异卓越？原因何在？在我看来，德国及其民族之所以如此殷实厚重，如此严谨而理性，除了他们有优良的德意志民族传统和性格，还有一个更重要更深层次的原因就是他们的教育。

教育，对于任何一个国家或民族的发展，都是至关重要的。换言之，教育兴则国家兴，教育衰则国家衰，教育成功就是国家成功，教育失败必然导致国家危亡。教育的道路正确，就意味着国家的兴旺发达有了基础性的支撑和保障。德国的教育成就就是对上述观点的最好诠释和佐证。

德国教育或者说德意志教育，与德国的文化、艺术、哲学、宗教、科学技术的发展一样，不是无中生有地横空出世，而是有其特定的发展历史渊源。德国教育(或者说德国教育体制)主要是自中世纪以后开始发展，最初只有贵族和神职人员享有受教育的权利，后来才慢慢地扩展到一般的普罗大众，从而使全民教育体系逐步得以发展和兴盛。普鲁士王国是世界上建立国民教育体系最早的国家之一。在西方近代教育的发展过程中，德国也曾做出过重大历史贡献。近代科学教育学奠基人赫尔巴特在近代教育史上的成就和贡献德国乃至整个欧洲至今没有任何一位教育家可以望其项背。他的《普通教育学》被认为是首部具有科学体系的教育学理论专著。他的教育思想对当时乃至之后一百多年的学校教育实践和教育理论的发展产生了极其广泛、巨大而又深远的影响。他在西方教育史上被誉为“科学教育的奠基人”，也被称为世界教育史上的“科学教育之父”。此外，由德国教育家、现代学前教育的鼻祖福禄贝尔创办的第一所被称为“幼儿园”的学前教育机构，开辟了世界学前教育发展的基本方向。他的有关幼儿学前教育的思想理论和实践直到今天仍对世界各国幼儿教育的发展有着深远的影响。近代西方的教育视导、公立教育、义务教育制度、实科教育、师范教育、双规学制和双元制职业教育等，也大多起源于德国，并对欧洲乃至世界其他国家产生了深远影响。

几次访问德国，我尤其关注德国的现代教育及其体制。在德国，你根本看不到各种教育机构和补习班的招生启事和招生广告，然而，今日德国的教育水平却是处于世界之巅，尤其是与实体工业有关的职业教育更是闻名于世。《德意志联邦共和国基本法》中明确规定禁止设立先修学校，意即孩子在入读小学前，任何人或任何组织机构都不得对儿童进行任何形式的所谓的学前教育。因此，那些在我们国内盛行的诸如外语(主要是英语)、钢琴、绘画、体操、舞蹈、书法乃至奥数等早教机构在德国都是要被列入禁止之列。在德国家长们的教育理念中，孩子有其自身成长的规律，在其相应的阶段就应该教他们做一些与之相适应的事。德国人普遍认为，孩子的自信心培养是成长中不可或缺的内容，是做任何事情的心理基础。因此德国的家长们非常重视对自己孩子自信心的塑造和培养。

在谈论德国教育这个宽广主题的时候，其中“职业教育研究”这一领域尤其让我关注。我们知道，德国职业教育科学研究的重要性，犹如德国职业教育对这个国家所产生的可观的经济推动力一样。它不但举世瞩目，而且始终处于世界的领先地位。有鉴于此，有学者因此得出结论：如果说现代德国经济快速发展和腾飞的秘密武器就是德国的双元制职业教育，那么，制造这些秘密武器的就是德国高水平的职业教育师资队伍，而促进德国职业教育师资培养的理论基础——职业教育的发展、改革和创新的，则是德国职业教育的科学研究。在诞生了诸如康德、黑格尔、费尔巴哈、马克思、恩格斯、尼采、叔本华、爱因斯坦等哲学和科学巨人的德国，其几乎是铭刻于骨髓、积淀于灵魂的思辨传统和哲学理念必然对德国职业教育的科学研究产生积极而又深远的影响。我曾涉足不少国家和地区，但是在不经意中发现：无论是在欧洲还是在全世界，唯有在德语文化圈内的国家（如德国、瑞士、奥地利和列支敦士登等）将职业教育作为大学的一门独立学科，从而聚集了大批专门从事职业教育学研究的专业尖端人才，并专门为之建立了高水平的研究机构，从而将发端于洪堡大学的教学和科研相结合的大学功能发挥到了极致。这样做的最大好处是：它既培养了大批真正具有真才实学的高水平的尖端职业教育师资力量，又在通过培养高水平人才的过程中，获得了许多具有国际影响力的职业教育研究成果。在今日之德国，职业教育科学研究做得比较好的大学有很多，其中坚持得比较好又卓有成效的大学也不少，比如有享誉世界的德累斯顿工业大学、柏林技术大学、亚琛工业大学、汉堡大学、洪堡大学、慕尼黑大学等。正是它们为德国职业学校和企业职业教育的发展和创新提供了强有力的理论支撑和不竭动力。当然，德国的职业教育研究从整体上看，只是德国现代教育的一部分。现代德国教育的重点和主流无疑是德国的高等教育。

德国是一个高等教育发达的国家，它的高等教育历史悠久。许多大学都有着数百年的历史和光荣传统。德国目前有 400 多所大学分布于这个国家的 16 个联邦州，2018 年注册学生总人数约 290 万。大学门类繁多，但归纳起来大致可以分为以下三类：第一类是传统意义上的综合性大学（包括理工大学、师范大学和行政学院、体育学院等在内），这是一种学科门类较多，专业齐全，特别强调系统理论知识、教学和科研并重的高等院校，其学科分类包括工科、理科、文科、法学、经济学、社会学、神学、医学、农学、林学等。第二类是应用科学大学，此类大学由于大多建校时间不长，故一般来说，其规模也不算很大，有的往往只设几个专业，但很有特色，其学科分类包括工程、技术、农林、金融、工商管理、设计、护理等专业。第三类是包括音乐学院、戏剧学院和电影学院等在内的艺术院校，此类大学由其专业性质所决定，故一般来说，不但数量不多，而且规模也不会很大。基于因材施教的原则，艺术院校大多实行小班授课或个别授课，以便更加有效地培养和发展学生的个性特长、艺术天赋和艺术才能。近年来，赴德留学的世界各国学生人数逐步增长，总数已超过 30 万，其中，中国留学生占相当比例。由于中德关系发展比较紧密，故我国赴德留学生的数量仍呈上升的趋势。

现在来谈谈现代德国的教育模式。关于教育模式，各国都有其自身的特点。而德国的教育模式又是怎样的呢？一句话：严格和宽松兼容并存。所谓“严格与宽容并存”的教育模式，具体而言就是德国大学教育所实行的那种严格的“学分制”和宽松的“放羊式”的教学风格和形式。这种在我们看来似乎有点儿自相矛盾的教育模式却在德国的大学中得到了很好的兼容。在德国，一般具有高中毕业文凭的学生原则上将都有资格申请进大学学习，然而，这并不意味着进了大学就能轻而易举地毕业。在德国读大学，大学生毕业率低于经合组织成员国的平均值（50%），在拿到学士学位的毕业生中，有四分之一选择攻读硕士学位，5.4%的硕士生会选择继续攻读博士学位。因此，入学容易毕业难，成了世所共知的德国教育的一大特点。德国大学的教育理念和方法注重培养学生独立思考的能力。在一次走访波恩大学并与该校教授及学生座谈交流时我了解到，德国的大学教育强调学

本书著者在波恩大学

生必须结合自身的特点，摸索出一条最适合于自己的学习方法之路，自觉学习，自我管理，从而培养学生在任何情况下都能独立面对生活和生活中所遇到的各种问题、难点以及解决这些问题、难点的方法和能力。一般情况下，教师的课堂讲义是不外传的，教师往往要求学生上课时自己做课堂笔记和整理笔记，自己思考问题和独立判断问题，以此培养学生和提高学生对专业知识的理解力和领悟力。德国大学的研讨课，情形大致也是如此。研讨课一般是在研究生阶段开设，它的具体方法是围绕着某一专题（课题）进行讨论或讲解，参加人数不会很多，一般是一二十人。参加讨论的学生每人都要自己动手写报告，教授会提前将下一堂课做报告的人的报告挂在网上或提前分头寄发给各位将要参加讨论的学生，这样学生们可以在讨论之前就有时间提前阅读和思考，然后到了正式上课时能对他们所讨论的这份报告提出自己的观点和问题，以便供大家评判、讨论和思考。这样做的最大好处就是有利于提高学生对知识性问题的分析、理解、感悟和表述能力，对所学知识的领会、评判（含批判）、吸收、创新的能力，对解决实际问题所采用方法的评价能力等。

此外，德国教育还有一个特点就是它与众不同的学位制度。德国大学的学位与世界其他国家不太一样，那就是德国大学不设学士学位，硕士是德国大学的最低一级学位，即自然及工程技术学硕士和人文及社会科学硕士。德文中的“magister”（硕士，相当于英文的 master），来自拉丁文，原意是“教师”，它曾经作为所有系科的最高学位和专职大学教师的职业名号和称谓，与所谓的“博士”头衔没有什么差别。17 世纪，它还只是作为教师的一个职业称呼，甚至到了 19 世纪，这个词在德国竟一度消失，后来直到 20 世纪中叶，“magister”一词又被作为人文及社会科学硕士学位的名称重新引入当时的联邦德国，自此一直沿用至今。关于硕士学位，德国教育部门明确规定：人文科学和部分社会科学专业的学生，只要通过人文及社会科学硕士考试，即可被授予人文及社会科学硕士学位。与自然科学和工程技术科学硕士不同，人文科学和部分社会科学硕士生所学的专业并不附加在他的学位之前，而是一律统称为“人文及社会科学硕士”。德国现代高等教育的最高学位就是博士。就世界范围而言，各国的博士学位含金量是不一样的，即便是欧美国家，各国的含金量也有很大的差别。尽管德国博士学位的含金量高，但攻读这一学位的门槛并不太高，具体来说就是只要找到合适的教授并获得他的同意（其中当然要包括向教授提交论文等）就可以了。这对于中国学生而言无疑具有很大的吸引力。因为，一旦取得德国大学的博士学位，那么无论是选择继续留在德国就业还是选择回到国内寻找工作，都将具有很大的竞争优势。

攻读德国博士学位不设学期时限，学生也不一定非得说德语，一般说来，德国的大学教授们普遍都会说英语，因此，学生如果具有足够良好的英语基础，就没有必要为了攻读德国的博士学位而专门去补学德语。攻读德国的博士学位（同时也包括攻读硕士学位），入学比较容易，这是德国大学的教育特点。德国没有中国那样的研究生入学考试。大多数教授只看学生的申请资料，如学生的研究计划、硕士学位证书、硕士生就读期间的学习成绩单和推荐信等。其中，推荐信和由学生提供的研究计划十分关键，特别是研究计划如果符合教授意向，而且想法和内容新颖独到有创意，那录取的可能性就很大了。同样，推荐者如果在其专业领域享有较高的声望和知名度，那么，被推荐的学生的录取成功率将会大大增加。此外，还有一种情况，那就是必要时有的教授会要求学生直接赴德面试，旨在进一步考核和了解申请者的学术素养和他所掌握的本专业领域知识的深度和广度以及是否具有学术创新和建构等能力。

常听人说，去德国看到城市中心最豪华的建筑，不用问，那一定是大学而绝不是政府大楼；如果看到最漂亮的图书馆，也同样不要问，那一定是大学图书馆；如果你去德国想听免费的高端讲座，也根本用不着去请示任何人，直接进去听讲就是了，没有人会来阻拦你。今日之德国，各个领域、各行各业所涌现出来的各种大师暂且不算，自 1901 年第一届诺贝尔奖开奖以来至今，仅德国获得诺贝尔奖的得主就有 100 多位，如果将那些移民美国、加拿大等国的德裔计算在内，德国人的诺贝尔得奖人数将突破 200 人大关。这些诺贝尔奖获得者主要来自研究型的综合性大学，其中哥廷根大学一所学校就占了 44 人，洪堡大学 29 人，维尔茨堡大学 14 人，海德堡大学 10 人，弗莱堡大学 9 人，图宾根大学 7 人，莱比锡大学 6 人，此外还有其他一些大学的诺贝尔奖获得者未列入本次统计。从以上所列的具体数据来看，德国教育的惊人成就，也让我们彻底领略了德国教育事业的繁荣和发达，实实在在地看到了德国大学不但是培养高级人才的基地，同时也的确是不折不扣的诺贝尔奖的摇篮。德国人获得诺贝尔奖犹如囊中取物。一个人口 8 200 万的德国几乎就分享了全世界一半的诺贝尔奖，可以毫不夸张地说，德国人及海外的德国裔不但创造了诺贝尔奖史上的辉煌，更是创造了人类科学发明创造史上的奇迹。

作为一个来自东方的中国旅者和人文学者，通过几次实地探访，让我真正近距离地观察和领略到了德国人身上的那种浸入骨髓、渗入血脉、印刻于灵魂的民族自尊和优越感。在我看来，无论是作为一个民族或作为一个个体的人，能够具有一种与生俱来的自尊和优越感不是一件坏事，因为无论是自尊还是优越感的产生必然是有其根源和理由的。德意志人的民族自尊和优越感也必然是如此。换句话说，德意志人这种独特的民族自尊和优越感乃是这个国家一路走来积淀而成的精神风貌和人文品格。它是德意志人民一种历久弥坚的意识形态和民族精神。

在德期间，给我印象最深因而也让我感到最舒服的就是德国人对纪律和规则的讲究和坚持。他们对干什么事都非常认真，甚至可以说是较真，绝不轻慢和敷衍。日常生活中，只要国家有明文规定的政策和法规，德国人都会自觉地去维护和遵守。为国家所明令禁止的事情，德国人就不会去挑战或触碰。由于德国人这种对生活的严谨和对国家颁布的律令的敬畏、尊重和恪守，总让人觉得德国人在许多情况下的表现都是近乎刻板，甚至可以说是刻板得类似于呆板和不通人情。其实，仔细想想，人家那样做才是对的。作为一个包含着许多或无数个体的复杂社会，没有法则和规矩是不行的。同样，作为社会一分子而生活其中的每一个个体的人，没有规矩、不守纪律和规则也是不行的。正是从这个意义上来说，德国人恪守规矩的呆板、较真，其实是正确的和难能可贵的。正因为德国人的这种认真和较真，所以，他们对二战的认罪、反思，忏悔、道歉才做得格外的坚决、认真、彻底。因而，战后放下了包袱的德国，犹如凤凰涅槃，在认真悔罪、改恶从善的基础上获得了新生。

除了守纪律、讲规矩和办事认真不通融，德国人还很讲究卫生和整洁。在日常生活中，德国人不仅将自己生活的(诸如家庭的)小环境收拾、整理得窗明几净、温馨雅致、井井有条，而且他们也十分关注和重视公共社会大环境的建设和整治。在德国，不管是城市的公园、街道、饭店、宾馆、学校、车站、机场、码头，还是乡野的田园、农庄、牧场、教堂以及草坪、花卉和树木，只要是社会性的公共场所，都被收拾得整整齐齐、干干净净，让人看了爽心悦目，极其舒服。在注重环境整洁的同时，德国人也非常重视其自身的穿戴和整洁。一般情况下，他们上班时就穿工作服，下班回家后，穿得就比较随便，但如果家里有客来访或本人要外出参加应酬之类的社交活动，那就一定要穿戴得体、庄重、整洁。如果是要去歌剧院或音乐厅看戏听音乐，男士往往要穿礼服或深色服装，女士多穿长裙。如果要出席更加隆重的宴会或其他重要社交活动，那穿戴就应该更加讲究。

和许多西方国家一样，德国也是一个非常重视礼仪的国家。人与人相遇见面，不管熟悉不熟悉，认识不认识，不管是在路上或在办公室、餐厅、电梯里，只要见到了，自然就打招呼，来一句温馨的“你好!”即便是在用餐时，一旦遇到因餐桌紧张而与人拼桌时，无论是你与人家拼桌还是人家与你拼桌，都主动地向对方点头致意，真可谓“斯文对斯文，礼多人不怪”。正是由于德国人比较真诚有礼，故一般说来，同德国人打交道也比较容易。无论是工作上的交流、切磋还是生意场上的合作和谈判，多数情况下，他们都比较爽快、干脆，行就是行，不行就是不行。凡是他们能办的，他们都会及时告诉你“可以办”。凡是他们办不到的，他们也会很明确地告诉你“不行”。他们很少拐弯抹角，故弄玄虚，跟你兜圈子。当然，良好的人际关系和个人对工作的用心努力程度在任何时候任何情况下都对做好工作、成就事业具有不可小觑的积极影响。

德国人有守时的习惯，这也是全世界出了名的。这里讲一个德国哲学家康德如何守时的故事。有一次康德要去一个名叫珀芬的小镇拜访他的一个朋友威廉，事前已经约好了时间，他将于 1779 年 3 月 5 日上午 11 点钟之前到达那里。为了不迟到，他将出发的时间提前了许多，但不幸半路上遇到突发的洪水将桥给冲垮了，康德乘坐的马不能过河，他四处找船未果。眼看约会的时间就要到了，情急之下，康德给了附近的一位农妇很多钱，将她破旧的农舍拆了，并用其中的木头等材料将桥修通，这样，他还是于 1779 年 3 月 5 日上午 10 点 50 分如约来到了朋友家，没有迟到。一直等候在家门口的威廉一见到康德，就高兴得开怀大笑："亲爱的朋友，你还是像从前一样准时啊！"由此可见，康德是守时的模范，我们从中更是看出了德国人的守时精神。这则带有寓言性质的真实故事虽然是一两个世纪前德国人守时的传统典故，但对今天的现代德国人来说，这种守时精神依然得以不折不扣的完好传承。在社交活动中，现代德国人的确也像当年的康德一样，非常守时。如果没有特殊情况，与对方约定好了的时间，他们绝对不作轻易更改。无论是德国人应邀到别人家做客还是自己外出走访朋友，他们一般都会准时到达，既不迟到，也不早退，不会让被访者浪费时间和精力在家久久干等或不得不因访客的早到而被动仓促、手忙脚乱地招待客人。在德国人看来，这是一种对别人的不礼貌和欠尊重，如有特殊原因实在无法准时赴约，那也要向对方解释清楚并表示歉意和请求原谅。

德国人的思维模式往往与普世模式不同，因此，做出来的事情也会令人刮目。例如，德国建筑的窗户都是向内拉开的。你若问德国人为什么要将窗户设置成这样，得到的回答是：窗户向内拉开擦玻璃时很方便。想想也真是那么回事。向外推开的窗户要求你必须将胳膊甚至大半个身子探出窗外才能擦到玻璃外侧，住高层楼房的住户擦拭这样的窗户是有一定危险性的。还有德国民居房顶都铺着瓦片，但是没有瓦当这种东西，他们在房檐处都装有横向的金属拦水槽。下雨时雨水会顺着倾斜的房顶流到拦水槽，再通过外墙树立的排水管直接流到下水道。所以德国的房檐下永远不会出现水帘洞般的景象。有些德国房子外墙竖有一人高的金属箱，形状有点像古埃及装木乃伊的棺材，顶端与房顶排水管相连。我问了才知道那是雨水收集器，能装 30 升的雨水，收集的雨水会用于浇花浇草坪。德国多雨，需要人工浇灌的时候不太多，故用自来水浇灌的成本其实也并不高。很多德国洗手间里看不见马桶的水箱，水箱都装在墙里了，硕大的冲水开关也是嵌在墙上的。这有什么特别吗？想一想其实挺可怕的，这意味着马桶水箱里的零件必须泡在水里几十年不能坏。再有，德国人在墙面贴瓷砖时，瓷砖间抹灰缝隙的标准宽度是 5 毫米。一是缝隙中可以钉钉子无须破坏墙面；二是较宽的缝隙易于清洁；三是瓷砖边缘有误差，很难绝对平直，较宽的缝隙比紧密的缝隙能让瓷砖接缝的误差更不显眼。在德国所见各种卫生间（企业、餐馆、车站、火车、景点、旅馆、家庭的，甚至公园流动卫生间），都会同时放置两卷甚至更多的卷纸，擦手纸也是如此。另外，德国卫生间里的卷纸、擦手纸质地较好，厚而柔软，他们并不因为公共卫生间的用纸是免费使用而随意提供廉价劣等卷纸。在一些旧城的老街上徜徉漫步，我们偶尔会看到，狭窄的道路上停了一辆应急工程车，这时原来道路两旁的滞留车辆在无交警指挥的情况下，大家互让互谅、轮次有序地拉链式地并道井然行驶通过单线通道。其间，我们看不到有哪位司机急不可耐地猛按喇叭或抢道变道行驶。由此可见，德国的交通是非常好的。既然谈到了德国的交通，我还想就他们的公交车站站牌特点多说几句。在德国，所有公交车站的站牌上不仅写着首尾班次的时间，而且还写着一天中每一个具体班次的到达和出发的时间，甚至精确到几点几分(这也是前文所述的那种康德式守时精神在公交车方面的体现和延伸)。在40多年前的大学哲学课上，我就听到老师讲述康德守时和德国人守约的故事，如今亲临这个国家，才真正领略到了当年哲学老师课堂所言不虚。在德期间，我听到了这样一个与时间精准度有关的故事。有一个中国人，第一次来到柏林，向一位德国人问路，他说："请问先生，我要到某某大街去探望我的一位朋友，这个路怎么走？要走多久？"这位中国老兄的问话发出后，只见那位德国人瞬间立定在那里，一语不发。我们的中国老乡见德国人如此情状，便不高兴地走了。然而，刚走几步，这个德国人就追了上来，他和颜悦色地对我们这位中国同胞说："先生，请你等一等，你要去的某某大街，往前走第二个红绿灯左拐就到了。据我观察，根据你当下的步速只需12分钟即可到达。"我们的中国同胞疑惑不解地问："那你刚才为什么不马上告诉我？"那位德国朋友回答说："因为你问我要走多久，我又从来没有看到过你走路，不知道你走路的速度。一时无法告诉你走多久。"这就是德国人，这个民族的刻板严谨是举世罕见，甚至可以说是到了不可思议的程度。在德国人的心目中，他们没有"大概""可能""也许""差不多"之类那些模棱两可、含糊其辞的语词概念。即便是诸如问路这样一些日常生活的小事、琐事，他们也要有根有据地精确计算，认真对待，绝不马虎，绝不敷衍对待。

德国人喜欢闲适、优雅和清净。除个别特殊场合，他们不太喜欢嘈杂喧闹。他们中的许多人，尽管上班工作在喧嚣的城市，但却要把家安置在远离城市的山野或城市附近的村落或小镇，为的就是图一个悠然、清雅和宁静。记得有次去法兰克福，我们在法兰克福西边的一个小镇上，实实在在地游览了那里的湖光山色，也真真切切地领略了那里宁静致远的幽深意境。现在，我才搞明白，西方人为什么特别重视其住所的私密性，这里除了隐私的概念，我看还有一个重要的考量就是为了清静。有时，为了清静，他们简直可以说是不惜代价、全力以赴。他们尤其注意住宅周围无杂音，更不能因自己的嘈杂声音而影响了邻居。例如，晚上8点至第二天早晨8点不可以演奏如钢琴、大小提琴和萨克斯管之类的乐器，也不可以大声喧哗。如果晚上要搞诸如家庭聚会一类的活动，一般事前要向邻居打个招呼，说明一下情况，以求得他们的谅解。所以，一般情况下，这样的活动往往会安排在周末，并且聚会过程尽量不大声喧哗，尽量降低喧闹的分贝度。要不然，爱清静而又受干扰的邻居会感到不适，有的甚至会很气愤和恼怒，因此也有可能会过来当面交涉：责难和抗议。更有甚者，有的邻居干脆直接报警，请求警察出面干预。说到这里，我讲一下以前出国所遇到的一次至今回想起来仍是回味无穷的经历，那是在20世纪末，地点就在德国法兰克福郊外。那天正巧是一个同事的生日，大家为了庆贺生日，就在所住的宾馆房间因陋就简地为他举行了一个小型生日聚会。大家很高兴，喝了不少的酒，推杯换盏，闹到深夜2点，兴奋之余大家难免说话声音大了一些，结果打扰了住在隔壁的德国人和荷兰人，他们来敲我们房间的门。开门后，我们见几个“老外”(其实此时此刻，我们自己才是真正在德国领土上的“老外”呢！)面有愠色，先是一怔，后来听他们一说，才弄明白是因为我们大声喧哗影响他们休息了。他们看到我们是在给同事庆祝生日，明白我们吵闹的原委后，也表示了理解，不但如此，他们还希望我们的生日聚会继续进行。这怎么好意思呢！既然人家德国和荷兰朋友如此通情达理、好说话，且大家都是来出席国际书展的出版业同行，就干脆都坐下来与我们一起喝点酒乐和乐和吧。这几位老兄在我们的真诚邀请下倒也欣然接受，毫不客气地坐下来端起酒杯与我们同庆同贺，同饮同乐，而且越喝越来劲，逐渐开始不分你我，一直闹腾到东方鱼肚白，所有的酒和所带的中国方便面、鲮鱼罐头、鱼泉榨菜和天府花生豆等都兜底朝天，大家才意犹未尽地握手、拥抱，回自己的房间继续睡觉。现在回想起来，那天这几个德国和荷兰的出版同行朋友还真够意思，如果那天因我们的扰邻行为而按他们欧美人的习惯做法去报了警，那接下来的这场异国生日聚会内容演绎的就将会是另一个版本了。现在倒好，我们将同事的生日聚会成功地办成了一次由中、德、荷三国出版同行联合参加的“国际盛宴”，他们也都成了我们的好朋友。由此，我悟出一个道理，那就是世界上的许多事情就是那样的不可预知和不可预测，那样的微妙和奇妙。这件事情虽然已经过去了许多年，但尘封的记忆一旦打开，如今回想起来还是觉得犹如昨日，就在眼前，真可谓往事如烟，往事又的的确确并不如烟！

关于德国的人和关于德国的事我们已经说了很多，其实，伟大的德意志是一部大书，它是读不完写不尽的。德国很美，柏林、波恩、慕尼黑、法兰克福很美，莱茵河、美因河、多瑙河甚至马克思故乡的摩泽尔河也很美，贝多芬的故乡很美，还有那巍峨耸立的哥特式建筑——科隆大教堂更有一种跃跃升天的天国之美。其实，科隆大教堂只是德国古典建筑艺术的一个杰出代表，它只是整个德国古建筑艺术的冰山一角。德国是一个教堂的世界、城堡的世界。由于历史的原因，这个国家的每一座城市都有很多的教堂和古建筑，到处都是高高的塔尖和年代久远的美丽城堡，每当我走进其中，犹如走进了奇丽深邃的神话世界。除了科隆大教堂的壮丽和辉煌，它周围那些与其交相辉映的众多小教堂也是何等的庄严肃穆，其内部装饰也是极其精致华美。那座位于阿尔卑斯山麓的新天鹅堡，背靠雪山、下临翠湖，其风光之美，天下罕见。该城堡童话般的建筑风格极大地吸引着全世界人民的眼球，赢得了世界的一致公认，并被迪士尼乐园选中，作为乐园中公主城堡的原型，为每年络绎不绝的全世界旅者所喜爱。

德国同时也是一个博物馆文化高度发达的国家。这里的博物馆类型众多，题材广泛。其中有州立的、市立的，有协会办的和地方乃至私人建的，此外还有各教区的、大教堂的、官邸的、城堡的、宫殿的和露天的博物馆，大大小小总共有 3 000 多个。有些博物馆已有数百年的沧桑历史，是在王宫贵族、教会和广大市民的民间收藏基础上得以形成和建立的。它们集中反映了德意志民族的社会文化历史发展。德国的博物馆种类很多，而且分得很细，其中主要有自然博物馆、技术博物馆、艺术博物馆、文化博物馆和历史博物馆等。在德国的众多城市中，慕尼黑的博物馆可以说是全世界门类最全、品种最多的。其中，建于 1906 年的德意志博物馆，迄今已有 100 多年的历史，也是迄今世界上创立时间最早、规

本书著者在德国法兰克福郊外的乡间小镇

模最大的科技类博物馆。而一些车迷朋友，则无论如何也不会错过德国的宝马博物馆，领略作为德意志骄傲的德国宝马汽车公司一路走来的风雨历程。

去德国，作为历史名城的慕尼黑是无论如何一定要去游览的。慕尼黑是德国巴伐利亚州的首府，有人称它为“一个最接近梦的城市”。它由新城和旧城两部分组成。它是德国南部第一大城市，在德国仅次于柏林和汉堡。这座位于阿尔卑斯山北麓伊萨尔河畔的古老城市是德国主要的经济、文化、科技和交通中心之一，同时又是一座完好保留原巴伐利亚王国都城，具有沧桑、古朴风情的古老城市，因而也被人们称为“百万人的村庄”，此外，也有人称它为“老彼得”。这个“老彼得”其实不是指一个人，而是指那里的一座建造于12世纪的一座老教堂，其名字叫圣彼得教堂。它既是慕尼黑古城的标志和象征，同时又是慕尼黑人的骄傲。关于慕尼黑的历史，最早可以追溯到罗马帝国时期，第二次世界大战时慕尼黑成了希特勒纳粹党部的指挥中心和发动战争、制造劫难的策源地。二战后，慕尼黑按照战前的规模和具体格局、风貌加以重建，而且在此基础上又重新修建了许多造型美观、风格独特的建筑，从而使其有了进一步的发展，并成为德国南部最大的城市。与二战时期满是战争废墟的慕尼黑相比，如今慕尼黑古城，那些辉煌壮丽的宫殿今天依然静穆地矗立在浓郁的花丛绿荫中。宫殿中小运河的水流还是那样的清澈，还是那样日以继夜、夜以继日地缓缓流淌。慕尼黑的皇宫区地处城市的中心，它是16世纪至19世纪慕尼黑重要建筑的汇合区。因此，那里云集了诸如国王大厦、马克西米利安皇宫、将军纪念堂和巴伐利亚歌剧院等建筑。由于这些建筑分别建于不同的历史时代，具有不同的功用，因此，它们呈现出不同的审美理念和风格。然而,不管这些建筑的风格有多么的不同,高贵大气是所有慕尼黑皇宫区建筑的共同特征。慕尼黑,这里不仅有世界著名的梦幻之车——宝马,也有世界著名的梦幻城堡——新天鹅堡,而一年一度的啤酒节会让这座千年古城沉浸在幸福祥和的节庆气氛中。巴伐利亚人性格温良敦厚,小伙子们个个庄重帅气,姑娘们的脸上总是洋溢着亲切而又不失矜持的蒙娜丽莎般的微笑。这个城市似乎有点儿与生俱来的亲和力,它的这种欢乐、明快、自由的氛围,吸引着全世界的旅者趋之若鹜般地向着这座千年古城源源不断地奔涌而来。因此,到了慕尼黑,可千万不要错过那里辉煌壮丽而又历久弥坚的古代皇宫和圣母教堂。此外,还有哥特式风格的新市政厅和古罗马式的国王广场等。城中那一座接一座风格独具的古典建筑定会让身临其境的你感觉自己仿佛走进了一道无尽的历史长廊,从而不禁慨叹:慕尼黑——欧洲的建筑博物馆,货真价实、名不虚传啊!

德国的旅游景点是相当多的,其中各种古典建筑和博物馆尤其受到各国旅者们的喜爱和青睐。全德国最受欢迎、游客人气指数最旺的前十名景点是:科隆大教堂、路德斯海姆老城、柏林、波恩文化艺术展览馆、路登贝克(完好保留德国中世纪建筑风格的城市)、德国历史老城巴德-明斯特埃弗、海娜咖啡馆(由德国著名歌星海娜自己一手筹建的)、慕尼黑德国博物馆、阿峨高的新天鹅堡和德累斯顿油画艺术馆。

德国的城市很美,德国的乡村则更是别具情韵。在德国乡野,广袤浓郁的植被覆盖着德意志大地,莱茵河、美因河、多瑙河两岸的绮丽风光令人陶醉,慕尼黑地处阿尔卑斯山北麓,也是德国通往南欧的交通要道,去意大利自驾也很方便。在去往奥地利的路上,我们看到了高耸而又蜿蜒的阿尔卑斯山的壮观和美丽,看到了洁白的雪山在蓝天白云映衬下缓缓移动的柔姿和妩媚,车窗外异国的瑰丽和美景让我们的眼睛怎么饱览都嫌不够:地平线犹如无限延展的绿毯,农庄的野田被分割得井井有条,河谷边绿树掩映的红顶农舍和乡间别墅由远而近,然后就风驰电掣般地一晃而过,往远眺望,映入眼帘的尽是深邃的苍穹和蓝天白云,还有那平原峡谷、奔马飞鸟、重重山道、曲径通幽、村落教堂、田园牧歌,好一派欧陆风情,令无数旅者心生憧憬,无限神往……

欧洲音乐的摇篮

——走马奥地利

位于欧洲中部的奥地利，曾经是统治中欧 640 年哈布斯堡王朝的核心部分，被人们誉为欧洲之心脏。当人们提到奥地利，除了蓝色的多瑙河、壮观的阿尔卑斯山、哥特式教堂、维也纳金色大厅的新年音乐会，他们想得更多的恐怕是昔日音乐大师们的作品以及他们在维也纳留下的传奇故事。奥地利是世人一致公认的欧洲音乐的摇篮，是当今世界最著名的音乐之都。这个国家的国土面积不大，人口 886 万，以其特有的高雅、精致、富裕、文明著称于世。在这个名人辈出的国度，产生了诸如海顿、莫扎特、舒伯特、约翰·施特劳斯、车尔尼、贝多芬（生于德国，成长、生活于奥地利）等一批名扬世界的音乐巨匠，还产生了诸如小说家卡夫卡、哲学和数理逻辑学家维特根斯坦、物理学家和波动力学创始人薛定谔、心理学家和精神分析学派的创始人弗洛伊德等人文和自然科学大家。此外，我们当然

奥地利维也纳金色大厅

也毋庸讳言,奥地利一不留神也出产了希特勒这样的民族败类。

仲夏时节,我有幸踏上这块美丽生动而又富于传奇的土地,近距离观察这个欧洲古国的神韵和风采,深度探究和读解这个神圣国家非凡的过去、现在和将来。

说奥地利是一个美丽、神奇而又伟大的国家,此话一点儿也没有虚夸。我们说它美丽、神奇,不仅是因为它有风景优美的湖光山色,有金碧辉煌的古堡宫殿和高雅大气的古典音乐,更是因为它那厚重的历史和独特的民族文化。提起奥地利,它的音乐和歌剧几乎是无人不知,无人不晓。海顿、莫扎特等音乐大师们,在过去的两百多年中,创造了令世界迷醉而又摄人心魄的音乐文化。正是这些内涵丰富、色彩斑斓、保留完整、规模宏大的音乐经典成了奥地利丰厚的精神遗产和独特的民族精粹。奥地利的萨尔斯堡音乐节是当今世界历史最悠久、规模最宏大、水平最高的古典音乐节。一年一度的维也纳新年音乐会乃是当今世界聆听者最多的音乐会。那座建于1869年、耸立于维也纳市中心、呈罗马式建筑风格的皇家剧院(即现在的维也纳国家歌剧院)是全世界最有名的歌剧院之一,而维也纳爱乐乐团则是举世公认的首屈一指的交响乐团。走在维也纳街头,人们时时处处能感受到那里的音乐氛围,甚至在著名的奥地利小镇街头就有可供舞蹈的音乐键盘,人们在这街头键盘上面尽情舞蹈,舞者脚踩的鼓点节奏犹如手指在琴键上尽情地飞舞,优美的旋律由此飞出,供来此的世界游人驻足聆听,饱足耳福,分享这饕餮的听觉盛宴。请问:在全世界,今天还有哪座城市的人像维也纳人那样痴醉于音乐,视音乐如生命?作为此前从未到过奥地利的外国旅者,我们在维也纳首先感受到的就是它的音乐。在维也纳,音乐的山,音乐的水,音乐的风,音乐的雾,音乐的街道,音乐的建筑,音乐的人民,音乐的环境,音乐的历史,音乐的现在,有人甚至觉得整个奥地利民族的空气中似乎都全天候地弥漫着音乐,故而有人将奥地利誉为“空气中飘扬着音符的国度”。

的确,奥地利以一种特有的超然的音乐品格定于一尊,屹立于世,令世人憧憬和神往。音乐乃是这个国家和人民不朽的灵魂和命根。除此之外,奥地利还有许多让世人刮目的领域和成就。首先,奥地利地处欧洲的正中央,它与多国接壤:东面是匈牙利和斯洛伐克,南临意大利和斯洛文尼亚,西部与列支敦士登、瑞士紧密相连,北接德国和捷克,是连接东、西欧的十字路口,因此也是欧洲极其重要的交通枢纽。同时,它又是一个山地国家(北部和东北部是平原和丘陵地带),其整个国土面积的70%是山脉,连绵不断的阿尔卑斯山犹如一条巨龙横贯境内。蓝色的多瑙河在整个奥地利境内蜿蜒流过。这是一个水力充沛、森林茂密、矿产丰富、经济发达、人民富足的国家。奥地利的官方语言是德语,国民中61.4%的人信奉天主教,因此,与其他所有欧洲国家一样,奥地利也是一个富具宗教信仰、教堂林立的国家。

翻开奥地利的历史,我们看到的是它那曲折非凡、历久弥坚的沧桑岁月。历史上的奥地利曾先后被古罗马人、匈奴人、伦巴德人、东哥特人、巴伐利亚人和法兰克福人占据。公元前400年,凯尔特人在此建立起了诺里孔王国。公元15年被罗马人占领。到了中世纪的早些时候,哥特人、巴伐利亚人和阿勒曼尼人入境定居,致使该地区日趋日耳曼化和基督教化。公元996年,史书中首次提及“奥地利”的名字。公元12世纪中叶,巴本堡家族统治时期形成的公国，标志着奥地利作为一个独立国家的正式诞生。好景不长，1278年哈布斯堡家族进驻奥地利，开启了长达640年的哈布斯堡王朝统治。这个王朝也是欧洲历史上统治时间最长、统治领域最广的王室，其家族成员曾分别在不同的历史时段出任罗马帝国皇帝、奥地利公爵、大公以及皇帝、匈牙利国王、波西米亚国王、西班牙国王、葡萄牙国王、墨西哥皇帝和意大利若干公国的公爵。这个王朝后期繁衍甚广，因而出现了奥地利哈布斯堡王朝、西班牙哈布斯堡王朝和哈布斯堡-洛林王朝三个分支。通过联姻的方式，扩张领土疆域，巩固王朝统治是哈布斯堡王朝统治的一大特点。玛利亚·特利莎是当年显赫一时的奥地利女王，她在位40年，以她的名言“宁要中庸的和平，不要辉煌的战争”为信念，把国家治理得繁荣昌盛，井井有条。她生有3个儿子，13个女儿，因政治联姻的需要，她不惜将她的女儿们远嫁到欧洲各国王室当王后，所以，多产的女王被世人戏称为“欧洲的丈母娘”。由此可见当时的奥地利哈布斯堡王朝在整个欧洲各国王室的人脉、权势和政治影响力。不可否认，奥地利哈布斯堡王朝是欧洲历史上最为重要、影响力最大、统治地域最广的王室家族。然而，到了18世纪，这个曾经声名显赫的王室家族却突然衰落崩塌，其原因始终是一个谜，据科学家们最新的研究发现，王室成员间近亲联姻可能是导致这个昔日繁荣辉煌的欧洲皇室家族走向衰败的主要原因。

两次世界大战期间，奥地利（更准确地说是奥匈帝国）深深卷入其中。尤其是一战结束后，战败的奥匈帝国被分割，其中原先内莱塔尼亚的一部分，形成了今天的奥地利共和国。二战后，奥地利被苏、美、英、法田园占领。1955年后，上述四个占领国才与奥地利签订《重建独立和平民主的奥地利国家条约》，宣布尊重奥地利的主权和独立。同年10月26日，奥地利国民议会通过永久中立法，宣布不参加任何形式的军事同盟和不允许在其领土设立外国军事基地。今天的奥地利，仍然沿用1920年的宪法及其附则，政体上实行联邦制，是一个半总统半议会的代议民主制国家。经济上，奥地利是当今世界最富裕的国家之一，2018年其人均国民生产总值达到43 660欧元。

今天的奥地利，其人民生活水平在中欧地区算是相当高的，就整个欧洲而言，也是与英国、法国、德国、瑞士、意大利等几个传统发达国家不相上下。在人民生活保障方面，奥地利政府实行社会保险和救济制度，主要有医疗、失业、养老和事故四大类。国民人均年收入33 000欧元以上，就业人员月平均工资3 000欧元之多，每千人的小汽车拥有量为530辆之多。奥地利被誉为欧洲花园式国家，是个“美酒加音乐”的国度。据有关权威机构测评：整个奥地利国民生活水平和生活质量居世界第五位。如果用传统的眼光看奥地利人的生活理念和生活实践，往往会得出他们追求享乐主义的结论。的确，奥地利人很懂得生活，因此也很享受生活。但他们不短视，很务实。奥地利的政府和人民都坚持这样的生活准则和治国理念：必须关注和重视包括环境和资源保护在内的重大民生问题，甚至将其列为政府的基本国策。

据我观察，奥地利人对待生活的态度是随遇而安、知足常乐的。男人们普遍显得很有教养，公众场合个个庄重谦和，彬彬有礼；女人们更显得高贵娇媚、风情万种，她们风姿绰约地走在维也纳大街上，犹如一道美丽的风景，给本来就多姿多彩的都市增色无限。看得出，这个国家的人民活出了自己的精彩，可想而知，他们的婚姻和家庭生活也一定是幸福的。

的确，奥地利人十分重视爱情与婚姻，因为，他们深深懂得爱情、婚姻与人的一生幸福与否有着至关重要的因果联系。奥地利人在择偶上崇尚自由恋爱，他们宁愿公开征婚也不习惯于有第三者介入的婚姻介绍。恋爱双方的年龄、职业、学历、身体状况、家庭背景和个人的业余爱好等，一切都要以是否适合于伴侣的身心需求为前提。恋爱中的一切都是纯粹围绕着恋爱双方的个人感情。他们纯粹是为爱而结合，无爱便分手。纯粹的求偶标准，不带任何功利色彩。奥地利人注重婚姻质量，尤其注重婚姻当事者双方的情感交流和心灵的深度沟通。在日常生活中，在体现男女平等的同时，也处处可见男性对女性伴侣的呵护与尊重。为此，奥地利的法律还明文规定男女共同分担家务，男方不得让女方干过重的体力活。正是因为奥地利人有着强烈的追求婚姻幸福的观念，故而他们把两性之间的关系看得高于一切，甚至超越了亲情和友情。为此，他们也竭力保护和捍卫自己婚姻的质量。奥地利人不可能因为孩子、维系家族稳定、考虑自己的社会形象和个人面子得失等外在因素而勉强地来维持一个其实是死亡了的婚姻和名存实亡的空壳家庭。当然了，正是由于奥地利人对于婚姻质量的看重，所以，当夫妻双方一旦感情发生了变化，婚姻的变故也就很快随之而来。他们做得毅然决然，从不拖泥带水，这就是奥地利离婚率居高不下的原因所在。尽管他们的离婚率较高，每个成长发展中的家庭也都存在着潜在变故的可能，可他们在婚姻期间的感情都是忠诚和真挚的，他们不欺骗自己的感情，因此，如果一旦一方或双方情感发生变化，也绝不互相隐瞒和欺骗，而是明确相告，坦然面对，心平气和地接受现实，友好分手。这里需要特别指出的是，离婚对于夫妻双方来说毕竟不是一件令人愉快的事，尤其是对于男性一方，每离婚一次，他都要在经济上承受不小的损失。因为奥地利的法律是高度维护妇女儿童的合法权益。不管是哪一方提出离婚，如果女方没有工作，男方要负责女方及其孩子（包括非婚生子女）的生活，并将其工资收入的几乎一半支付给女方，直至其再嫁。记得有位当代哲人曾说过：一个人的文明，并不在于他爱着的状态如何，而是体现在婚姻破裂之后，以怎样的态度对待对方；一个国家的文明，不仅要看它繁荣时期所呈现的景象，还要看人与人之间处理重大问题和纠纷的手段、方式和能力。此言可谓精辟之至，一语中的。很显然，一个国家国民的婚姻质量直接关系到家庭结构的稳定性和家庭成员生活的幸福指数，奥地利人民在这个领域做得相当出色。

下面就让我们说一说奥地利的国民教育。奥地利的教育严格、严谨，而且很有特点，在许多方面可谓独树一帜。该国的学龄儿童享受九年义务教育，学费、书费和上学交通费均由国家负担。凡持有高中毕业文凭者均可免试上大学（这一点一定会令我们中国的许多高中生羡慕不已），大学教育也是免费的。奥地利大学下设三级管理：学校、学院和系/研究所，这一建制与我国目前的大学建制差不多。然而，他们是教授掌管研究所的教学、科研、财务、人事大权。奥地利大学的学习年限，一般学士阶段为 3 年，硕士阶段为 2 年，学生在学校规定的年限内完成必修和选修课的全部课程内容后，通过考试取得必要的学分，然后，撰写一篇毕业论文，论文通过后，即可毕业。奥地利大学教育的另一特点是，大学不设专门培养研究生的所谓“研究生院”，只设一种高级学位，即博士学位。博士生教育乃是硕士生教育的自然延续，而且博士生没有年龄限制。那么，什么样的人可以读博？先决条件有二：首先是取决于学生自身的研究能力(其中当然包括学分和平时的考试成绩)；其次取决于导师的同意与否。两者缺一不可。奥地利不但学制严谨，而且评判学生学习成绩和水平的主要依据是看其研究能力和创意、创新、创造能力。与私立大学相比，奥地利人更看重公立大学的毕业生文凭。奥地利迄今保存最完好的大学，就是坐落于德语区的维也纳大学。它创建于1365年，是奥地利最古老、教学规模最大的大学，在校学生达87 000之多，生源来自世界各地128个国家和地区，有1万多名专职教授、客座教授、助理教授以及其他工作人员从事教学和科研活动。维也纳大学高质量的教育和科研水平，令其成为奥地利最大、最权威的高等学府。

维也纳大学不仅拥有悠久的历史，而且拥有严谨和积极进取创新创造的学风，它曾为人类输送了大量的政界风云人物、科学巨匠和艺术大师，同时也是多位诺贝尔奖获得者的母校。奥地利不但是一个音乐的国家、一个以其古典建筑和优美的自然山水闻名于世的国家，而且它也是一个富于想象和创造的国家。从某种意义来说，这不能不说是奥地利先进的教育所建之奇功。

最后，我想谈谈对奥地利自然人文的一点观感。奥地利，这个国家虽然不大(尽管历史上的奥匈帝国曾经很大)，但它的能量不小，气场强烈：全世界谁不知道欧洲有个奥地利，它的首都叫维也纳；世人又有谁不知道莫扎特、舒伯特、贝多芬和车尔尼。就人文而言，奥地利除了有深厚的历史底蕴，这里特别要指出，奥地利城市的美丽和魅力。维也纳很美，真是太美丽了，这座城市庄重、典雅、高贵、大气。在没有到该国之前，我也通过各种传媒渠道和各种资讯对它有所涉猎，但这次身临其境，才从心灵深处产生强烈震撼，也改变甚而颠覆了我原有的一些对奥地利的陈旧观念和认识。尤其是首都维也纳古城的建筑规模和风格，给人以强力的视觉冲击。闻名于世的美泉宫，这座哈布斯堡王朝时期奥匈帝国的夏宫，早在20世纪90年代就被列为联合国世界文化遗产，这座包括宫殿、花园和植物园在内的皇家园林，整体设计精致和谐，气势宏大壮观，是维也纳乃至整个奥地利洛可可式建筑风格的最杰出代表，也是世人游览维也纳的首选人文景点。当然，如果说在奥地利，将人文、建筑和自然山水完美融合于一体的伟大作品，还要数那里的古典小镇。奥地利有一个叫因斯布鲁克的小镇，坐落于山谷中，确实很美，美不胜收，那里的山顶终年积雪，寒冬过后，碧绿的山野鲜花盛开，姹紫嫣红，和风轻拂，山谷里的小溪流水淙淙，山民们美丽的尖拱红顶小屋掩映在婆娑的绿荫丛中，不远处时时传来小镇教堂古老的钟声……

来到奥地利，还有一个地方必须得去，那就是位于首都西郊的维也纳森林，由于奥地利地形的特殊性，决定了这片大森林的美妙和神奇。整个林区绵延40公里，无数参天大树覆盖着大片山岭。林中有无数珍稀树种，其中有苍劲飘逸的云杉和蓝杉，还有许多耐寒的柏树，高耸入云的山竹青翠欲滴，挺拔秀丽，美伦娜河谷的溪水潺潺流过，风儿轻轻吹，百鸟林中飞……正是这片美丽的大森林给维也纳古城增添了无限的娇媚，也正是这片大森林，因约翰·施特劳斯谱写的乐曲《维也纳森林的故事》而名扬世界。森林中有许多富有诗意而又美丽幽静的小村落，数百年来，有许多音乐家、画家和诗人来这里长期居住，寻

美丽的维也纳城市建筑

找创作的灵感。此外，舒伯特、贝多芬等也在这里留下了他们的身影和足迹。迄今，在森林中的布吕尔小村落里还完好地保存着舒伯特的故居。离舒伯特故居不远处的路旁有一间破旧的磨坊，村口的菩提树旁有一口水井。据说，磨坊主有一个叫露西的女儿，长得异常妩媚动人，露西姑娘几乎每天清晨提着水桶来到井边打水，舒伯特在自己的森林小屋里时常看到这一情景，由此触发了他的创作灵感，于是音乐家以露西为原型，谱写了《美丽的磨坊姑娘》这首脍炙人口的世界名曲。直到今天，森林中还有不少村子仍然保留了当年的原貌：村边道旁的破旧磨坊、菩提树下的古老水井、饰有彩绘和雕花的小木屋、村中小酒店的门前悬挂着一盏小灯。正是这些带有几分古朴、几分萧瑟、几分悠远的逼真意境，触发了每一个光顾于斯的旅者的思古之幽情，从而让其有一种找回历史的感觉，仿佛自己真的置身于那个早已消逝了的久远的如诗如画的田园境界。这就是维也纳森林的神奇和魅力之所在！

永久中立的“仙境”

——“欧洲的公园”瑞士

有幸出席在日内瓦举行的国际图书沙龙，让我有机会对瑞士这个具有“特例”性质的欧洲国家进行近距离的观察。尽管在该国逗留的时间有限，但瑞士朋友诚挚友好而又细致周到的接待和安排，令我们领略到了这个中立国家无限美妙的风物人情和奇异风采。

瑞士，全称瑞士联邦，是一个位于欧洲中部的内陆山地国家，国土面积只有 4.1 万平方公里，其周边分别与德国、法国、奥地利、意大利以及列支敦士登公国接壤，全境四分之三为阿尔卑斯山区，人口只有 850 多万，但它却是世界领先的经济强国。日内瓦、巴塞尔、苏黎世这三座国际性城市是该国的经济中心，首都伯尔尼。这个国家，自然资源匮乏，但仍富得令世人惊羡。甚至苏黎世和日内瓦被分别列为全球生活质量最高的城市。尽管瑞士是由多种民族、多种语言和多种宗教组成，但却鲜见民族矛盾，国家统一而完好。瑞士还是一个宪法明令禁止在该国实行死刑的国家。瑞士地处欧洲的中心，无论是在战乱不

瑞士阿尔卑斯山

断的古代、近代，其周边王国、帝国以及独裁政权对其垂涎虎视，还是在时有政治纠葛和纷争的现当代，这个国家始终凭借其智慧、实力，以及古已有之的血脉和雄风，坚毅顽强地捍卫了自身的独立和完整。

追溯历史，瑞士的民主政体已有整整700年之久。瑞士实行议会民主制，是永久中立国。瑞士联邦实行多党制，其大小政党不下30多个。现如今，人民党、基督教民主人民党、社会民主党和自由民主党等四大政党在议会中占据了大多数席位。从1959年起，均由这四大政党联合执政。瑞士政局多年来一直很稳定。因联合执政的四大政党不但在席位上占据压倒优势，而且比较团结合作，故反对党的势力相对显得分散和薄弱，不足以左右政府的政策。这样，瑞士政府的施政大纲和一系列政策法令执行的稳定性和连续性也就得到了根本的保障。

尽管瑞士是资本主义国家，但它却实行着一套不同于其他西方资本主义国家的民主制度。瑞士公民的民主权利很大，实行以"公民表决"和"人民倡议"为表现形式的直接民主制度。这种直接民主是瑞士政体(除联邦制之外)的又一特征，即瑞士公民通过对国家在内政和外交方面的一些重大事情行使表决权和倡议权来参与国家的政治生活，并承担由此而产生的责任。早在1847年，这种直接民主就被载入联邦宪法，并一直沿袭至今。瑞士公民拥有很大的民主权利，比如公民对重大国事和地方事宜拥有表决、创制和否决权，可以成立请愿团，也可以通过投票表决抵制或否定政府的某些政策法令。瑞士联邦委员会是国家的最高行政机构，联邦主席由联邦委员会7名委员轮值，任期一年。

罗马天主教和基督教新教是瑞士的两大主要宗教，德语、法语、意大利语和拉丁罗曼语为官方用语。瑞士全国共分为26个州，其中有20个完整的州，其余6个州为半州。各州实行民主共和制，形式为直接民主和代议民主，权力下放到各个县、乡镇。每个县、乡镇都有自己的地方性委员会或政权。一个瑞士公民隶属于其所在的县、乡镇(在其护照上都有具体的注明)，而其所在的地区也将最终负责其福利。瑞士的县、乡镇实行完全的自治。瑞士虽然实行的是联邦自治，但如果在特定的情势和条件下，国家同样可以拥有高度的中央集权。对此，瑞士联邦政府宪法明确规定：在战争期间，联邦政府有全权，所有法令可不经公民表决。和平时期，如遇紧急情况，联邦政府也可以紧急法令的名义，不交付公民表决。但这类法令的有效期仅为一年。一年后如被公民投票否定，法令则不再生效。通常情况下，联邦范围内每年要举行4次公民投票。

无论在战时还是平时，瑞士非常重视其军事建设。由于瑞士是欧洲的一个山地内陆国家，故它只有陆、空两个军种，没有海军。瑞士实行的是全民兵役制。法律明文规定：凡年龄在20～34岁的身体健康之男性公民都必须服兵役。瑞士的全民兵役制由来已久，自从它奉行"永久中立"的外交政策以来，尽管200多年来欧洲战祸迭起，战火甚至烧至其国境，但在瑞士国内却从未燃起过战争的硝烟。人们不禁要问：这究竟是为什么？答案恐怕还得从其军事上去寻找。

瑞士在外交上虽然奉行"永久中立"的政策，但在军事上却实行"刺猬军事战略"。所谓的"刺猬军事战略"就是指瑞士这个国家犹如一只刺猬，它自身虽无意犯人，但一旦遭人之犯，它定将报以浑身之刺，以此抵御外敌的挑衅、入侵和骚扰。这个国家的最大的防御力量就在于它的"全民皆兵"的兵役制度。瑞士平时虽然只有一支职业军人数量不多的军队，然而一旦战争爆发，它随时具有紧急训练、动员和组织一支数十万后备军的机制和能力，并在短时间内快速反应将部队开到指定的作战位置。在瑞士，男儿服兵役历来都是人所共知并甘愿履行的天然使命和神圣义务。这种强烈的国防意识在瑞士国民的心中深深扎根，世代相传，并融化在全民族的血液中。如果战争爆发，政府无须专门为此进行征战的宣传教育、发号施令或动员。瑞士实行的是强制兵役制，男子 16 岁开始就要知道服兵役的情况，18 岁时政府就要为其造册，19 岁进入服兵役登记，20 岁开始服兵役。瑞士每年有数量可观的适龄青年登记服役。男性健康公民 20 岁起须接受为期 15 周的新兵集训，并被编入建制连队。此后的 22 年间，须接受 10 次、每次为期 3 周的复训。瑞士可以随时征召入伍的预备役人员有 35 万人，占全国总人口的 5%，占全国适龄男子的 90%。瑞士的全民皆兵是实实在在的，一旦出现紧急情况，每个适龄男子必须在 24 小时内进入战斗岗位。

瑞士将民防作为其国防的主要组成部分。为了战时最大限度地减少国家和人民生命财产的损失，瑞士全国已建造了 700 多万平方米的地下掩体，人均达 0.97 平方米。在这些掩蔽部中，储藏着必要的生活资料和医疗设备等，同时还建有 480 个地下医院和 12 万张床位。瑞士国民在平时也自觉地将防空掩蔽等措施作为公民建盖房屋等必须考量的内容进行设计规划，真正做到生活设施齐全，水电供应充足，通风性能良好，集攻击和防卫于一体。如果外敌胆敢入侵，瑞士居民皆可全部转入地下。在阿尔卑斯山区，瑞士也构建了许多秘密的山洞工事，作为部队驻兵掩体、地下粮食仓库和弹药储备库，可以坚持长期抗战。瑞士这个欧洲中部的山地小国正是依靠其坚毅强悍的全民皆兵来实现其"武装中立"。该国正是通过国防上的"高度警惕和常备不懈"来维系其国家的长治久安和经济的繁荣稳定，从而使它的国民在长期的和平环境下休养生息。

瑞士的国家政体和"全民皆兵"军事战略令世人慨叹，它的经济实力同样也令世人惊叹。就瑞士国民生产总值而言，它是世界上最富的国家之一。为何瑞士如此之富有？究其原因，我可以将其归结为以下三点：一是金融业，尤其是银行业的发达。瑞士的银行业由于信誉度高，故广受世界各地投资者的青睐。人们往往愿意将其巨资投放到瑞士银行，尤其是苏黎世银行。二是政局的长期稳定。瑞士政局的长期稳定决定了该国的长治久安和民生的康泰和繁荣，因此，也赢得了全世界信任的目光——人们都普遍愿意与这样的国家和人民开展包括旅游业在内的各种往来和交流。三是货币的持久稳定和坚挺。瑞士货币历来很稳定。瑞士法郎在全世界信誉度很高。在货币的管理和流通方面，瑞士虽然不是欧盟的加盟国，但在瑞士的国有铁路、大型商厦、机场和高级酒店等货币高流通场所，欧元的使用几乎是畅通无阻。由此可见，这个中立国家在处理本国与国际事务方面所展示的原则性和灵活性。

除了金融业发达，瑞士的精密机械工业（尤其是钟表工业）也是世界之冠。此外，诸如保险、医药、旅游和服务等行业也都很发达。这些行业已成了当今瑞士的支柱性产业。瑞士的产成品大量出口国外，这为国家换取了可观的外汇收入。正是这些外汇收入弥补了该国自然资源奇缺和没有海岸线等先天缺陷。瑞士人是很聪明的，面对本国的资源现状，他们非常知道自己该干些什么，怎么干。物竞天择，适者生存。万物生灵都首先是为了要获得生存，然后是为了要在获得生存的基础上活得更好而努力奋进和拼搏。在这一点上，人与动物在其心理（或本能）需求上似乎没有什么本质的区别。瑞士人当然也不例外。为了生存，为了让自己生存得更加美好，他们对其所从事的工作或事业怀有一种特有的敬重乃至敬畏意识。正是这种敬重和敬畏，才使这个国家问鼎世界钟表业。因为钟表工业是最能显示精致、严谨和一丝不苟的。据说，瑞士人由钟表的精准延伸到了火车到站时刻的精准。瑞士火车到站时刻的精准曾让世人惊骇不已，传为神话。其实无论是钟表的精致和火车到站时刻的精准都只不过是一种现象，只是从这些平凡的现象中折射出这个国家的光辉，反映出这个国家人民的生存智慧和生活态度，从而也让我们这样的异国旅者见识了这个国家的风格特征和力量。

谈到瑞士的钟表业，谈到瑞士的经济，我们就不能不谈涉到这个国家的原材料进口和产成品出口。的确，像瑞士这样的资源贫乏的国家，必定在很大程度上要依靠原材料的进口和发展国内加工业，然后将通过其加工制成的高品质商品返销国外。因此，瑞士同时也必定是一个依赖出口的国家。瑞士是世界贸易组织和欧洲自由贸易协会的重要成员，世界贸易组织甚至将其总部设在瑞士日内瓦。正是通过欧洲自由贸易协会，瑞士与欧盟签订了自由贸易协定。不但如此，近些年来，随着瑞士国内成品加工业的发展和出口量的日渐加大，它已先后与几乎所有中、东部欧洲国家和地中海地区的国家以及遥远的墨西哥、新加坡等国签订了双边自由贸易协定。由此足见这个国家的经济活力和良好的国际贸易伙伴合作关系。

由于瑞士是迄今为国际法所承认的唯一一个永久中立国，它自身也一贯奉行积极的中立政策，所以，许多国际组织都愿意在它那里设立机构或总部。除了上面我们提到的世界贸易组织总部，著名的国际奥委会总部设在洛桑（也有一些国际机构总部设在伯尔尼等城市），绝大部分国际机构总部都设在日内瓦。说起日内瓦，全世界有不少人想当然地将其误以为是瑞士的首都。这座人口不到30万的小城正是因为拥有众多国际性大组织机构总部而誉满全球。正是因为亨利·杜南于1859年在日内瓦创立的国际红十字会以及1863年由他发起签署的《日内瓦公约》，为日内瓦在国际外交史上的地位和发展奠定了基础。在此后的岁月，联合国欧洲总部、世界卫生组织、国际知识产权组织、国际关税贸易总协定、国际劳工组织、国际电讯联盟、世界难民署等150多个世界性机构纷将总部设于日内瓦。日内瓦城从此就成了一个国际社会交流交往的大舞台，享有"国际会议之城""和平之城"的美称。

瑞士在国家的行政管理方面也很有特色。就拿教育来说，瑞士联邦不设教育部，联邦一级的教育事务分别由内务部的科学与研究领导小组所辖的联邦高等工业系统委员会和联邦教科司负责。瑞士政府非常重视教育，这一点从其教育经费预算中足以见得。瑞士的教育经费在联邦政府的教育预算中占了8%，而在州和市政预算中则占到25%。瑞士

设在洛桑的国际奥委会总部

全国实行9年义务教育制。瑞士教育很有特点，它普及初中教育，高中教育的比重偏小，职业教育的学校比重较大，到了大学，则特别重视生员的教育质量。这个国家人口虽然不多，但却拥有密集的高等教育网。现有30多所高等院校，其中苏黎世联邦理工大学和洛桑联邦理工大学由联邦政府直接掌管，其余的均为州立大学，自筹经费、组编教材。瑞士的大学学制一般都在4～5年，医学专业为6年，大学不设硕士学位制，大学毕业后可直接攻读博士学位。

瑞士具有悠久的历史文化传统。纪元前，瑞士所在地区就已有渔、猎、农人和武士定居。公元3世纪日耳曼部族进驻。9世纪建立了法兰克人统治。自公元11世纪起，它就已经是神圣罗马帝国的一部分。1291年8月1日，乌里、施维茨和下瓦尔登三个州结成反哈布斯堡王朝的“永久同盟”，在神圣罗马帝国内以获得最低限度自治权为目的，并缔结誓约相互援助。这就是瑞士的诞生日，瑞士人也将此作为他们的建国纪念日。瑞士自16世纪开始就实行中立政策。1815年维也纳会议承认瑞士为永久中立国。此后，在历次国际战争和两次世界大战中，它都保持了中立。由此可见，瑞士作为中立国，其历史由来已久。

中立国家，自然有其特征和国民的传统文化以及生活习性。瑞士人很有意思。他们待人普遍真诚友善，并且也以同样的方式要求别人能做到这样。他们不愿意见到不诚实或损人利己的事情发生，甚至诸如小区中哪家住户的阳台没有收拾好，乱七八糟，遇到这种情形，“爱管闲事”的邻居就有可能会向警方举报。警方接到举报后随即过来干涉，弄不好，一张罚单就开过来了。当有人在开车或停车过程中不小心将别人的车给碰了或剐蹭了，事情一旦发生，不管被碰或被剐蹭车辆的车主在场与否，碰者或剐蹭者必须主动承担其责任。如果对方车主不在场，你也必须想办法告知对方（如留下自己的联系方式等）。如果你不这样做，而是看到对方车主不在，怀着侥幸心理，企图一走了之或逃之夭夭，好，那你就等着吧，被碰或被剐蹭的车主一定会找上门来的。如果事主一旦真的找上门来，那事情就变得复杂了。因为，这牵涉到一个人的品格和诚信问题。此类事情一旦被有关方面记录在案，那以后诸如到银行办理个人信贷等都将成为问题。瑞士人在对待公正、公平和实事求是等方面是非常用心的。所以，当有人将别人的车辆剐蹭或撞坏而趁对方车主不在场而选择溜之大吉，那对不起，自然会有当时在场的旁观者将逃逸者的车牌号记录下来，并一直要等到被损车主的出现，然后，不厌其烦地向其介绍先前所见事件的来龙去脉，并表示如果对方需要，愿意为其作证。瑞士人出于诚信、道德和常识的考虑，他们决计要将那些与己无关的闲事管到底。这就是瑞士人——无私无畏而又真诚可爱的中立国国民。瑞士人的严谨和守信还表现在生活的其他方面，如某人要租住房屋，那你必须严格按照规矩，租住者不得擅自对所租房屋作任何的修缮或改造，哪怕是一颗钉子都不能任意乱钉，退一步说，如果你不经意钉了钉子，那么你在退房时一定要将这颗钉子起出，并将钉子眼给涂抹得与原来一样，否则罚款或遭房东诉讼就避免不了，并且这个官司你一定会输。

由于历史的原因，瑞士的民族划分主要是以语言区域为基础。不同的语言区域居民往往也存在着思维方式和生活习性上的差异。瑞士人自己也承认，不同语言区域居民甚至在性格和处世的方法上也有较大的差异。例如，法语区的人在社交方面普遍显得生动、活跃和开放，他们处理事务的方法也显得比较灵活，不拘泥陈规，易于与人合作，善于变通。而德语区的人则不然，他们普遍显得刻板和坚守原则，做起事来一丝不苟，认真有余，平时不苟言笑，社交场合彬彬有礼。待人接物、做事处世中规中矩。意大利语区的人的处世风格和性格特征似乎介于上述两者之间。

在瑞士，我们同样了解到瑞士女性爱上中国小伙子的实例，但此例婚姻最后却是以一种马拉松的方式曲终人散。一位毕业于中国北京电影学院的青年与一位居住在日内瓦的瑞士姑娘结婚两个月后，女方提出要分手。提出分手的理由据说是生活习惯和文化背景的差异。不过，有意思的是，女方仍同意继续与其保持 5 年的婚姻关系。后来，我们才知道，尽管女方提出要与他分手，但总觉得让一个中国小伙子不远万里到瑞士，从某种意义上来说是女方将男方耽误了。所以，为了给男方补偿，女方决定不马上办理离婚手续，等过了 5 年，男方在瑞士取得合法身份后再办理离婚手续。女方和她的父母还帮男方在当地开设一家餐馆，并经常介绍女方及其父母的亲戚朋友到男方开的餐馆去用餐，以此帮助他招揽生意。虽然曾经的夫妻要分手，但女方还是很客观、理性、公允地表示：是她把男方的原有生活秩序给打乱了。在她的心目中，中国男人不错，值得爱。所以，她和家人决计要以这样的方式给男方补偿，以此释怀内心的歉疚，求得某种心理的平衡。

瑞士的确很特别，国家特别，国民的生活作风自然也很特别。世人都知道，瑞士是全球最富有的国家，人均财产全球第一，但就是这样一个富得流油的国家，国民还时刻不忘节俭。我们从日内瓦、卢塞恩、洛桑、苏黎世、伯尔尼一路观察，无论是在首都还是在其他城市，街道上行驶的汽车普遍都是以小排量车和老款旧车为主。我们还特别留意日内瓦街头的汽车状况，明显感觉到那些正在行驶的或停放着的车辆普遍档次不高。小型车几乎过半，其中不少是两门小型车。除了“小”，瑞士的许多私家车还“旧”。日内瓦街头的汽车种类繁多，犹如万国汽车博览会。从日内瓦街头的这道汽车风景中，我们不难探测和窥视到当年各国汽车厂商在瑞士互相竞争搏杀的商战硝烟。在那里，我们不仅可以看到20世纪80年代出品的老款汽车，甚至还可以领略到20世纪70年代法国出品的“两马力”低档车和头部挂着备用轮胎的德国大众面包车。据瑞士有关方面统计，该国车龄超过10年的汽车有110万辆，约占全国汽车总量的三分之一。瑞士人很富，瑞士国民的人均财产位列世界之首，但为什么瑞士人迄今仍然如此钟情于小型车和旧款车？这其实与瑞士国民平实朴素的生活意识和生活习惯有关。在瑞士人看来，汽车说到底就是一种代步工具，因此，只要车况允许，行驶安全可靠，尽量使用现有汽车是最经济和便利的。另外，使用小型车，客观上车价便宜且不说，小型车普遍油耗低，保养维修和保险的费用也相对低廉，加之耗油低带来的好处是减少尾气，有利于环保。正是由于瑞士人这些年来使用小型车比例的日益增大和汽车技术等的不断改进，10年来汽车油耗和尾气排放量下降了25%。我认识的一位在日内瓦联合国国际版权组织工作的朋友告诉我，他家有一辆开了10多年的小汽车，主要用于在附近购物，要是去市内较远的地方办事则往往选择公交车。这样做，既方便又省钱，还省了寻找停车位烦难之苦。其实，久居城市的瑞士人已经养成了徒步行走和乘坐公交车的良好习惯。要是到外地远足旅行，他们则往往乘火车，因为瑞士的火车快捷又便宜。如果有人要问，世界上哪个国家的人最爱搭乘火车旅行，答案恐怕就要数瑞士了。据瑞士公交系统的最新权威统计，瑞士人每年平均搭乘火车旅行的总公里数是2 103公里，高居世界之冠。瑞士人之所以如此愿意搭乘火车出游，其中一个主要原因是瑞士的铁路网呈高密度地纵横交错，四通八达。不管你想到哪里，坐火车要比自己开车方便很多。因此，瑞士人将火车戏称为他们的“第二双脚”——瑞士人的平实、幽默、乐观的性格可见一斑。

瑞士真不愧是典型的环保国家，除了国民自觉使用小排量汽车和他们的铁路网纵横交错、四通八达外，还完好地保留着以往的老式有轨电车。这种老式有轨电车的最大优点是节省能源和环保。此外，我还注意到瑞士人在自己的小汽车窗上贴挡光膜的很少。瑞士人认为，小汽车就是应该通透敞亮。贴车膜在他们看来似乎有点多余。瑞士人学开车，也去驾校，学费一般在4 000元瑞士法郎(约合人民币24 000元)。瑞士驾校有规定，考生三次考试不合格，就要请心理医生了。直到心理医生出具证明，证明该考生已无心理障碍了，方可获得继续学习的资格。瑞士的道路交通不用刷卡，每个上路者只需花40瑞士法郎(约合人民币240元)买一张年卡即可畅行无阻。瑞士道路设施的完善和交通的便利不但有利于国民的出行，而且也有利于旅游业等国民经济和生产力的发展。

瑞士的旅游业非常发达，是仅次于机械制造和化工医药工业的第三大创汇行业。游客主要来自德国、英国、法国和意大利。近年来，中国游客呈迅速上升趋势。瑞士的主要旅游点是苏黎世、日内瓦、卢塞恩和洛桑等地。瑞士不但富有，而且确实美丽，美不胜收。这个国家拥有丰富的得天独厚的旅游资源，其国境几乎都在阿尔卑斯山脉之中，故有很多的高山和湖泊。雄伟的阿尔卑斯山脉是全欧洲最高、最大的山脉，绵延瑞士境内的中部。阿尔卑斯山脉本身就是一道不朽的大自然奇观和经典风景，那里有终年积雪的奇异山峰、宁静婉约的田园村落、碧波逶迤的深谷溪流，色彩斑斓的湖光山色……在来瑞士之前，我就听人说：瑞士是“欧洲的公园”。这回，我真的来了。当我看到阿尔卑斯山，便被它的巍峨和壮美所震撼。“欧洲的公园”，真是名不虚传，特别是阿尔卑斯山脉的那座欧洲最著名的山峰——少女峰。早在19世纪晚些时候，著名美国作家马克·吐温就曾这样由衷地赞叹：“少女峰这个名称很好，没有比少女更洁白无瑕和圣洁的了！”2001年，这座山峰被联合国教科文组织评选为世界自然遗产。除了少女峰，瑞士境内还有许多座奇丽的雪峰亘古不变地耸立在那里，还有无数条终年不化的冰河静静地安卧在那里，正是这些美的雪峰、美的冰河、美的绿野、美的草原和美的人文、美的风情以及中立国家人民在其长期的生活历练中所积淀、形成的那种独特的价值观和意识形态，使瑞士这个“山民之国”蒙上了种种神奇迷离的色彩，从而使它成为美誉远扬的世界名胜和人间仙境！

郁金香，香自“欧洲后花园”

——“海上马车夫”荷兰

虽然我曾走访过不少欧洲国家，它们也给我留下了难忘的印记，但是，当我的脚步跨入有着“欧洲后花园”美称的荷兰，这个国家的曲折历史、非凡风姿和独特情韵还是令我折服和深深震撼。

荷兰国家虽然不大，其国土面积只有4万多平方公里，人口1 700余万。然而，就是这样一个欧洲小国，却创造了人类历史上许许多多的世界第一：荷兰是17世纪世界头号贸易大国，号称“海上马车夫”，直到今天，荷兰的外贸总额仍居世界十强之列；荷兰的鹿特丹是世界第一海港；创建于1680年的阿姆斯特丹证券交易所是世界上第一家证券交易所……荷兰是风车和郁金香的国度，也是大画家凡·高、伦勃朗的故乡。荷兰的国土面积虽然不大，但它的地形地貌却颇为独特，作为低地国家，荷兰是三条大河（莱茵河、马斯河和斯凯尔特河）流注大西洋的三角洲地带，是大河与大海交汇的地方。这里从来就是一个

无限美妙的荷兰风情

人口密集、商业繁荣之地。荷兰虽然是欧洲大陆的一部分，然而，作为一个半岛之国，它始终面向海洋，自古至今，荷兰一直是“开放的海洋性格大大超过封闭的大陆性格”。荷兰是君主立宪制国家，由荷兰本土12个省，圣俄斯塔休斯、萨巴、博纳尔3个海外特别行政区以及阿鲁巴、库拉索、荷属圣马丁3个自治国组成。荷兰也是申根公约、联合国、世界贸易组织等国际组织的成员国。今日之荷兰，仍是一个高度发达的西方资本主义国家，其首都是阿姆斯特丹，然而，它的中央政府机构、国王的住地和办公室以及所有政府机关和外国使馆、最高法院和许多组织机构都设在海牙。除了上述这些独特之处外，荷兰还是一个以海堤、风车、郁金香和宽容的社会风气闻名于世的国家。

那么，作为一个独立的国家形态，荷兰又是怎样形成的？按照历史学家的观点，一言以蔽之：荷兰的历史就是一部一个航海民族在西北欧北海上的多水低地三角洲上兴旺的历史。

荷兰在历史上属于尼德兰，地域范围包括今天的荷兰、比利时、卢森堡和法国东北部地区。尼德兰的本意即为“低地国家”。追溯荷兰国家形成的历史，可谓源远流长。早在古罗马时代，莱茵河南地区先是属于比利时高卢省，后归于日耳曼省，该地区北部居住着许多日耳曼部落，南部则是高卢人的聚居地。而这些高卢人在其漫长的迁徙过程中也逐渐融合同化了许多日耳曼部落，其中，撒利恩法兰克福人就是从这里迁移到高卢繁衍发展，并于公元5世纪建立起了强大的墨洛温王朝。大约在公元6世纪初，日耳曼的一个分支——法兰克人在其领袖克洛维的领导下，在欧洲建立了法兰克王国。尼德兰就是当时法兰克王国的统治中心。此后又历经近千年之巨大变迁：其间的中世纪时期，作为低地国家（大约包括现在的荷兰、德国西部的部分地区、卢森堡、比利时和法国北部部分地区），尼德兰存在着许多诸侯割据的封建领地，这些长期被诸侯割据的封建领地分别属于勃艮第公国和神圣罗马帝国。荷兰最早作为独立的国家形态雏形则确立于1463年。尽管如此，16世纪前，荷兰的发展也屡经曲折、并长期处于封建割据状态。到了16世纪初，荷兰虽然仍处于西班牙王国的强权统治之下，但那时的尼德兰在经济上俨然已经成了欧洲资本主义最先进、最发达的地区之一。其商业尤其繁荣，那时就已城市林立。全地区已建有300多座城市，其中在荷兰省和西兰省就有将近一半的人口居住在城市中，故当时尼德兰就有“城市国家”之美称。荷兰的独立战争始于16世纪中叶。当时，尚属西班牙管辖的尼德兰先后爆发了针对西班牙统治者的苛捐杂税、横征暴敛的贵族请愿运动和南方地区民众针对天主教会发起的“破坏圣像运动”。1568年，更是爆发了一场声势浩大、规模空前、历时80年之久的反抗西班牙统治的独立战争。其间，西班牙出动大批军队进入尼德兰进行了旷日持久的血腥镇压。然而，独立的洪流终究不可阻挡，1581年北部七省率先成立荷兰共和国（正式名称为“尼德兰联省共和国”）。直到1644年，波及整个欧洲的“三十年战争”结束，著名的《威斯特伐利亚条约》签订，才使荷兰共和国的独立获得了国际社会的正式外交承认。国际地位从欧洲峰巅跌落的西班牙则于1648年才正式承认荷兰独立。

荷兰共和国自宣布独立后，利用其后来者居上的发展优势，尽量弥补其某些方面的短板和先天不足，从而实现了赶超式的突飞猛进的快速发展。到了17世纪，荷兰俨然海上殖民强国，而且是继西班牙之后世界上最强大的殖民帝国，成了执掌海洋霸权的“海上马车夫”。小小的、原本并不起眼的荷兰王国这时竟然成了世界的商业和金融中心。此后的岁月中，尽管荷兰的发展在客观上遭遇到了英、法两大帝国和欧洲其他强国的制约，但仍稳居欧洲一流富裕国家和海上殖民霸主的地位。到了18世纪后，几乎强盛了近一个世纪的荷兰殖民主义体系开始走向衰落和瓦解。1795年，法国军队长驱直入，占领荷兰，并于1806年由拿破仑之弟任国王，荷兰被封为王国，于1810年被并入法国版图。颇具戏剧性的是，仅过了短短4年，1814年荷兰即摆脱了法国统治，并于次年重新成立了荷兰王国。1830年比利时脱离荷兰宣布独立。1848年，荷兰正式确立君主立宪制。第一次世界大战期间，荷兰始终保持中立，二战初期依然明确宣布中立，此时的荷兰王国已没有强盛优势，急剧衰落。1940年5月，荷兰被德国军队侵占，其王室和政府首脑机关被迫迁往英国，成了名副其实的流亡政府。1945年德国战败，二战结束，荷兰才重新得以恢复独立。二战后的荷兰，重新审视和反思自己国家的历史经验教训，不再坚持原来的中立国政策，很快加入了北约和欧洲共同体以及后来的欧盟。

荷兰摆脱西班牙统治赢得独立的历史，简言之，就是一部曾经辉煌（独占鳌头的殖民霸主）且在相当的历史时期长盛不衰的历史。一个小小的荷兰，自1566年爆发尼德兰革命，由此迈出了走向独立的第一步。在当时极其复杂的国际背景下，它又是如何做到与当时欧洲强大的西班牙顽强抗争以致最终取得完全独立，并拥有这样的历史发展机遇和地位成就，究其深层原因，除了西班牙的高压统治，另一个主要原因就是背后有着英、法两个邻邦大国的怂恿支持。而从更大的国际发展局势分析，由于各国和地区文明的矛盾冲突日益加剧以及如火如荼欧洲宗教改革运动的兴起给当时的尼德兰、西班牙乃至整个欧洲社会所造成的混乱局势也是导致了荷兰乘虚而入、有机可乘的重要原因。所有上述这些因素，都在客观上为荷兰的独立运动并在其独立成功后的继续巨大、快速发展创造了有利的时空条件。概言之，荷兰的独立和发展主要表现为以下几个方面。

首先，抓住16—17世纪整个欧洲难得的混乱局势，乱中独立，乱中获利。

我们知道，尼德兰是欧洲的低地地区，然而那里人口繁盛，农业、工业和商业贸易等均很发达，因此也是巨量财富的聚集地。尼德兰原先是神圣罗马帝国的一部分，然而，后因历史上的几经转手，故其时的民众早已对宗主国的情感淡漠，效忠意识薄弱。宗教改革运动后，由于皈依新教，底层民众对以天主教为国教的神圣罗马帝国更是在信仰上产生了对立。当年，哈布斯堡王朝分家时，将富庶的尼德兰地区划拨给了西班牙，而西班牙对这个地区的搜刮索取永无穷尽，这种杀鸡取卵式的无休止的压榨盘剥终令该地区民众起而反抗。那些被“逼上梁山”的好汉们纷纷组织并加入了“海上乞丐”和“森林乞丐”的造反队伍。持续了半个多世纪的尼德兰独立运动之所以能够以弱抗强、以小搏大并最终赢得胜利，就是因为它的独立运动的爆发选对了最合适的国际政治时机，换言之，当时欧洲大陆的外交格局可谓“一地鸡毛”，乱象丛生，尤其是作为宗主国的西班牙自身也面临着诸多的国际挑战，自顾不暇，因而，让小小的荷兰得以有机可乘，并在一片混乱的国际局势中火中取栗，赢得独立。

可不要小看荷兰的独立，这次独立的进步历史意义就在于，它是资产阶级革命的第一次胜利。它在欧洲乃至人类历史上建立了第一个资产阶级共和国。就凭这一点，荷兰铸就了它在欧洲乃至世界近现代史上的地位和影响力。

其次，赢得独立后的荷兰虽然是欧洲乃至世界第一个全新的资本主义化的商业国家，但是，领导世界先进生产力的工业革命却未能在这个新兴资本主义国家产生。究其原因当然是多方面的。就技术方面而言，当时整个欧洲的科技积累还算不上丰厚，科技革命浪潮尚未到来；在人们的思想观念中，由于荷兰民族是一个典型的海上商业民族，这个民族的民众心目中有一种天然的海洋意识——一种“航海是必要的，生命是次要的”传统意识。有学者认为，荷兰共和国就是一个典型的一切“归商人所有，由商人统治，为商人服务”的商业共和国。说到底，当时的荷兰，就是一个彻头彻尾唯利是图的重商主义国家，国家所制定的政策也都是紧紧围绕着商业这个轴心。因此，在那样一种国家重商主义政策的推动下，生意场上，只要有利可图，荷兰的商人们完全可以不顾任何常识、原则、道义和操守，不讲交情。对于这些生意人来说，只要自己有利可图，即便有损于国家或民族利益，他们也满不在乎。

最后，荷兰得以独立强盛自然有各种原因。能够从欧洲乱局中赢得成功独立，它自然首先要“感谢”西班牙的失败。正是这个欧洲老牌宗主国的败北和衰落，才在客观上给荷兰在世界争夺殖民地和对东西方实行贸易垄断提供了千载难逢的机遇和条件。我们知道，精明的荷兰人是很会做生意的，因此，独立后的荷兰，它的国家发展优势也首先表现在对内对外的贸易方面。故独立后的荷兰成了整个欧洲的贸易中心。那里的商品应有尽有，极为丰富，例如，产自比斯开湾的海盐和优质鲱鱼、来自不列颠和比利时北部弗兰德斯的大量布匹、地中海沿岸国家的各种酒类、瑞典的铜和铁，还有来自波罗的海地区的各种五谷杂粮、亚麻、木材，加之荷兰本土出产的各类商品，如经过腌制或烟熏的鱼类、纺织品和各种手工作坊制品等，甚至美洲和古老东方的商品(如中国的丝绸、茶叶和陶瓷等)也将通过西班牙和葡萄牙转运到荷兰。现今的阿姆斯特丹港，就是当时海上国际贸易的重要集散地。此外，阿姆斯特丹的宝石工艺也占国际领先地位，因此，从某种程度上讲，这里事实上已经成了国际性的贸易中心。由于这里商贸繁荣，大量的巨贾富商云集于此，故它又是欧洲的金融中心。为了便于商业贸易和资金流动，荷兰早已于1609年就创设了阿姆斯特丹银行。要知道，这可是欧洲大陆开天辟地第一个能经营存、贷、汇及各种票据交易的资本主义类型的国家银行。即便是到了18世纪，荷兰的金融地位仍然十分强大，无人可与之匹敌项背。它是大英帝国的债权国，甚至还曾一度掌控了英属东印度公司三分之一的股票、英国40%的国家债券。作为17世纪的海上强国，荷兰当时还拥有世界上最庞大的船队，并拥有世界一流的造船技术和世界上最大的造船基地。那时的荷兰造船厂工程师们，就已经很知道如何利用力学原理，已经懂得如何在造船施工中使用大型机械。这些都是荷兰在历史发展过程中领先于世界的主要标志和特征。

对于荷兰的辉煌历史，限于本文篇幅，我们只能暂且作以上概述。荷兰不但有着骄人的过去，同样也有着令世人瞩目的现在。今日之荷兰，坦率地说，的确早已不是17世纪那个威风凛凛、不可一世的“海上马车夫”。整整400年过去了，昔日的霸主地位早已不再，它今天展示给世人的则是另外一种别致的优雅和韵致——姹紫嫣红、缤纷怡然的自然生态环境，风车、木鞋和郁金香为举世闻名的“荷兰三宝”，荷兰的奶酪也与众不同，被世人誉为奶酪王国中的瑰宝，到那里的游客无论如何要品尝一下这难得的人间美食，方不虚此行。当然，这个国家全民体育运动中的足球也令全世界足球爱好者所热捧和称道，很值得世人们对之津津乐道。

凡是到过荷兰考察或游历的旅者都知道，尽管荷兰国家不大，但却不乏名胜古迹。就笔者个人的体悟而言，考察荷兰，要想在有限的时段内领略众多的名胜风情，就必须要讲究一点游览的技术和诀窍，以使自己的观光游历达到事半功倍之功效。鉴于阿姆斯特丹是荷兰名胜古迹最为云集的地方，因此，每个到了荷兰的旅者，只需到阿姆斯特丹一游，即可将从古典到现代的“各式各样的荷兰”尽收眼底。就以荷兰的古典建筑名胜来说，游览阿姆斯特丹，耸立于王子运河畔举世闻名的古典建筑西教堂是一定要去参观的。这座兴建于17世纪初的教堂，外观庄严肃穆，内部装饰古朴幽雅（不过其入口处则颇显狭窄），进入教堂后，就是一个形状类似于双希腊式十字架的中厅，屋顶全部采用木制拱形结构，是荷兰新教堂中格局最大的一个，其塔高85米，塔顶上是神圣罗马帝国哈布斯堡王朝皇帝马克西米利安一世的皇冠，很是抢眼。据说，与凡・高齐名、晚景潦倒凄凉的荷兰另一位著名画家伦勃朗去世后与其幼子（一说与其情妇）一起安葬于此。20世纪90年代初，因教堂大修之需，故令大量的遗骸被挖掘移葬，这样做就很有可能将伦勃朗的骨骸也裹挟其中。据说，若要将伦勃朗的遗骸检测出来，唯有通过DNA等高端科技检测手段方能完成。遗憾的是，因受制于经费等原因，此项检验工程一拖再拖，一直延搁至今未果，致使伦勃朗这位传奇大画家的遗骸下落成了不解之谜。说起来，这件事怎不叫世人感到遗憾和惋惜。西教堂毗邻第二次世界大战中犹太姑娘安妮・弗兰克躲避德国纳粹迫害的“安妮之家”，故在教堂外放置有安妮的雕像。西教堂是17世纪荷兰著名建筑大师亨德利克・凯瑟尔的杰作，也是王子运河畔最夺目、最引人入胜的古典建筑物，其落成后成了阿姆斯特丹地区最高的教堂，教堂只能步行拾级而上，堪称当地的标志性建筑和制高点。这座教堂自落成以来，在其周围的几乎近半数教堂都面临着风雨剥蚀、日落西山的苍凉、残败之景，而唯有这座西教堂却历久弥坚，不减往昔肃穆壮丽之容颜，一秉原初那种“冷眼向洋、傲岸于世”的雄姿以悦纳世人对它的钦敬和膜拜。如果旅者想一睹阿姆斯特丹全城的风采，那么，登上西教堂的高塔眺望就是最明智的首选了。

去荷兰观光旅游，如有时间，有一个地方最好去一趟，因为，它对旅行者在最短的时间和最小的空间内最大限度地了解荷兰大有帮助。那就是荷兰的“小人国”。这是座位于荷兰市郊，面积只有约1.8平方公里的微型城市，在里面居住和生活的数以千计的城市居民，都是一寸（约为3.33厘米）左右高的“小人”，这就是闻名遐迩的马德罗丹小人国。这个微型城市于20世纪50年代初建成并开园，有自己的城市徽章，市长由荷兰女王贝娅特丽克丝担任，市议会议员则由30名海牙的小学生组成。1972年，它被荷兰城市联盟接纳为正式会员，从而成为全世界最袖珍的城市。该城以1∶25的比例，汇集了荷兰国内120

多座著名建筑和名胜古迹。这座城市的内容和格局非常精准贴切地应对了我们中国的一句名谚——麻雀虽小，五脏俱全。旅者一旦进入其中，映入眼帘的是 11 世纪的坚厚古堡、14 世纪的壮丽教堂、中古式静谧幽雅的贵族庭院和用方块石砖铺设而成的城市街道以及中小贵族和一般平民居住的宅邸，还有那象征着沧桑岁月已经逝去的古老风车……当旅者的脚步迈入此境，犹如进入了时光隧道，那一幕幕历史进程中的沧海桑田和时代光影栩栩如生地呈现在眼前。为了让这个城市的一切景象逼真而又完美，用心良苦的荷兰建筑大师们重视每一个关键部位或不起眼的细枝末节，甚至连城中装置的雷达通信系统、火车标志、运河中的游艇、湖上的冲浪游戏、停泊于航空机场的喷气式民航客机等实物或场景也都无一遗漏。迷你城中还有为市民日常生活和日常行政运转所必备的各种设施，如学校、幼儿园、博物馆、影剧院、邮政局、广播电视塔、酒厂、炼油厂、兵营、娱乐公园、市政议会大厦、娱乐公园、河流、海港……甚至在皇宫广场，各式各样的艺人将自己装扮成死亡之神、蜘蛛侠和自由女神等，所有这些实物造型都惟妙惟肖，甚至连城中公园里成长的树木花草也都是严格根据其原型，依照比例缩小后复制培植出来。在这座迷你城中，除了上面提到的市政议会大厦，同样还有著名的海牙国际法庭、壮丽的皇宫、护城河等。总之，马德罗丹迷你城是一座充满动感的城市，在这里走马观花地浏览一圈，犹如仅用一个多小时提纲挈领式地饱览了荷兰 4 万多平方公里的土地之“大观园”，将其著名建筑尽收眼底。这是一个活生生的微型城市，除了惟妙惟肖的静态建筑，这里犹如一个正在真正运转着的活力四射的现代化都城：古老的风车在缓缓地转动、南来北往的船只在王子运河上穿梭游动、鹿特丹大港的万吨巨轮正在忙于卸货、各种各样的车辆风驰电掣般地奔驰在高速公路上、体育场里运动健儿们正在进行着紧张而又激烈的角逐和比拼、一对对新婚伴侣和前来恭贺的宾客正紧随着婚礼乐曲缓缓前行……特别要值得一提的是，这个小人国里的树木不但都是活的，而且经过园艺家们的精心修剪和栽培，使原先应该高达 16 米的树木可以保持在只有 60 厘米的袖珍高度。所有这些巧夺天工般的离奇神创，令任何一个到此驻足的观者为之惊叹不已！

和瑞士等欧洲其他国家一样，荷兰给我的总体感觉：这是一个小而强大的国家。国家不大，其能量的辐射气场却不小。如果说，17 世纪荷兰帝国的傲然崛起靠的是当时欧洲大陆各国互相争斗厮杀的混乱契机，那么，今日荷兰的繁荣强盛(经济实力跻身于西方十大强国之列，如果以人均收入计算则可位列西方强国之冠)，它的强盛或强势地位又是基于什么？

说实在的，荷兰这个国家，其实资源匮乏，作为一个低地国家，它的几乎一半以上的土地低于或等于海平面高度，人们也不无忧虑地认为，这个国家一不小心就有可能被浸泡在海水里了。尤其是在地球气候变化(温室效应、地球极地冰雪融化)日益严重的今天，正如同马尔代夫等海洋国家一样，荷兰也依然是受海平面上升威胁最严重的国家之一。正是由于资源的缺乏，也许是“物竞天择、适者生存”的法则效应所致，令这个低地小国发展出了渴望向世界寻觅和谋求资源的深刻意识、欲望和传统。昔日祖上充当“海上马车夫”，专靠殖民侵略、掠夺那一套在今天的世界显然已是行不通了，由于历史和传统以及所处海洋等地理条件的优势，今日之荷兰发展并建构起了一整套非常健全、完善、强固、高效的对外贸易和货物流转运送体系。正是由于荷兰长期以来对外发展的历史和传统，因而孕育出了诸如飞利浦电子、壳牌石油等驰名世界的大型跨国公司。荷兰也是诸如海牙国际法庭等重要的联合国机构和很多国际大型非政府组织的所在地（这一点又同中立国瑞士的情形十分相似，唯一不同的是瑞士迄今还是中立国，但荷兰早已不是）。

本书著者在荷兰乡间

纵观现代荷兰，尽管它以风车、郁金香、木鞋和奶酪为其主要特色，尤其是它那以郁金香为主打产品的花卉业也处于全球的领先地位，然而，真正决定这个低地之国经济强国地位的还是商贸、物流和以银行证券为主要代表的金融产业以及高新科技的研究开发。荷兰虽然是一个欧洲小国，但也有自己国家的独立语言——荷兰语，而且这个语种在整个拉丁语语系中的地位也是名列前茅的。在荷兰观光考察并与当地民众的交流期间，给我印象至深并同时也让我感到惊讶的是，尽管荷兰人有自己的官方用语，但国民中的相当一部分人也能讲一口流利的英语、法语、德语或西班牙语。可千万不要小看一个国家国民的语言能力和语言水平，在全球一体化的今天，一个国家的语言种类以及国民的语言能力和语言水平也是这个国家软实力的重要组成部分。荷兰人的语言能力和语言水平，也在一定程度上作为一种强大的国家文化软实力促进和推动着国家和民族的经济发展。当然，荷兰人的这种语言能力和语言水平是和这个国家人民的语言天赋有关，而这种语言天赋的生成可能与作为“海上马车夫”这个民族特定的航海经历和海洋性格不无关系。

上文既然已经说到荷兰以及它的国民性了，那我们就顺着这一话题来谈谈荷兰人的性格特点以及与此有关的荷兰国家的民风民俗。

荷兰人的生活态度非常务实。他们习惯于节俭，不事奢华，一切都讲究个实用。比如，人们买东西一般习惯于自由选购、集中购买，因此，超市和连锁店是荷兰人最常去，也最愿意光顾的地方。荷兰人的饮食也比较特别，他们的早餐、午餐一般以冷餐为主，早餐基本上是面包加奶油或奶酪，另外再加一些咖啡或牛奶。荷兰人不怎么喜欢喝茶，平常生活中以喝牛奶解渴。他们的午餐也很简单，一般都是面包火腿。但荷兰人十分重视晚餐，在他们看来，这才是他们的正餐。因此，餐前的准备工作也是颇为讲究：认认真真、规规整整地在餐桌上铺上台布、餐巾，而后放上刀、叉、汤匙、杯盘和各种相关的调味品。晚餐一般就两道菜、一道汤。第一道上来的就是汤，此汤一般是由粟米粉调成的稀糊。第二道菜常常是纯粹蔬菜，这些蔬菜的烹饪一般都不添加油盐等调料，食用时将奶油和肉汁混合盖浇在蔬菜上。第三道通常是肉类，而且大多为牛排。荷兰人的牛排制作颇为讲究。他们往往用奶油煎牛排，其方法是，先将牛排置放于平底铁锅中稍稍煎烤一下就将其拿起，盛放在盘子里，另外根据食者喜好在上面撒一些精盐、孜然粉、胡椒面、西红柿酱等调料，荷兰人吃牛排，一般都不愿意烤得太熟，普遍喜欢偏生一些，所以，在吃的时候，有的牛排切开时往往还带点血。

可能是由于其祖上长期的殖民和掠夺，也可能是因为这个国家的贸易主义或重商主义思维模式和传统观念使然，故荷兰人有精于计较、唯利是图甚至抠门吝啬的思维习惯和行为做派。据说，荷兰人的小气在欧洲是人所共知、出了名的，因此，在欧洲，拿荷兰人开涮取笑的也很多，不少欧洲国家对荷兰人的评价是：小气、好斗、不团结。例如，英语中就有“Go Dutch”(意即“按荷兰人的方式办”)一词。那么，荷兰人的方式是怎样的呢？实际上，就是去饭店吃饭，最后结算时大家各付各的账，这时就用得着说这个“Go Dutch”。由此看来，悭吝的确是荷兰人的一大特色。我还不由得心生疑惑，今天流行于欧美乃至整个西方的“AA”制，其始作俑者难道就是当年的“海上马车夫”?!

康桥遗梦

——英国纪行

初春，我有幸随同中国出版代表团赴英国出席2002年伦敦国际图书博览会，会议结束后，有关方面安排我们去苏格兰等地参观访问和考察。尽管我们一行在英逗留的时间很短，可谓来去匆匆，但这个举世闻名的国家给我们代表团的每个成员留下了深刻难忘的印象。

我们抵达英国的第一站是首都伦敦，记得那天飞机降落伦敦希思罗国际机场时，大约是当地时间下午4时左右，而之前由于机场繁忙，我们的飞机已在伦敦上空盘旋等候多时。在这个被英国人称为“三月风，四月雨，五月花”的时节，代表团一行初来乍到，就首先领略到了此句名言的恰如其分。我们走出机舱，迎接我们的是由英吉利海峡吹来的阵阵微风和飘自天际的丝丝细雨，在以后的一个多星期里，伴随着我们的似乎一直是这种略带寒意的清风冷雨。这种带有多风多雨特征的异国的春寒料峭，使我们对这个位于西部欧

本书著者在伦敦泰晤士河畔

洲不列颠群岛上的国家的气候状况有了比较直观的了解和切身的感受。看来，英国是一个多风多雾多雨少晴日的国家确实名不虚传。好在出国前，有关方面已预先一再提醒我们，所以，我们团员中的绝大部分都已事先做了一些准备，一下飞机，大家都将各自准备的雨具打开，并暗暗为自己此次出行准备工作的充分而庆幸和得意。然而，令人遗憾的是，团员中也有一些人由于未认真听取领队忠告而没带雨具，到了英国，他们才领略到在“三月风，四月雨”的大不列颠，此时此刻，作为一个异国游客，没有挡风遮雨的雨衣雨伞将是一番什么滋味。这时，他们才后悔自己当初不该把带队同志临行前由衷的经验性提示不当回事，无奈之下，只得从自己有限的出国备用金支出一部分，在伦敦街头重新购置一把雨伞。这个小小的教训使我们都长了见识和记性：到英国，不带雨伞是不行的。即使是在伦敦，出门时纵然阳光灿烂，也别忘了带把雨伞，因为，英吉利海峡的风云，常常骤然突变。因此，据说，常驻英国的当地人出门都有备雨具的习惯。这当然是观光途中关于英国气候的一个小小插曲。

英国人的谨慎和谦虚从容在全世界是出了名的。对男人而言的所谓“绅士风度”其中已不同程度地包含着上述特征。在与英国的各种人士的交流过程中，我觉得英国人对人普遍很友善。他们没有美国人那样热情奔放，而且在行为举止方面似乎显得更严谨、庄重和自律。他们一般在公共场合不大声喧哗，比较注意照顾到其周围环境的存在。无论是在集会或酒吧，或饭店，或车船飞机的旅途中，我们几乎看不到有哪位英国人在公众场合追逐打闹或扯着嗓门大声嚷嚷的。他们普遍待人温文尔雅，这一点，男女都一样。我尤其注意到他们的一些行为举止颇体现其较高的公德水平。就拿我在我们下榻的海德公园酒店所遇到的一件事来说。一天早晨，我去餐厅用餐，在电梯里看到一位金发碧眼的姑娘手中拿着一种像中国的春卷一样的东西在吃，一不小心，将其中的一块馅儿掉落在电梯地板上。这件事如果发生在我们周围，当事者也许根本不以为然。但此时，我看到那位女孩的脸上对刚才自己的过失充满歉意。临离开电梯时，只见她毫不犹豫地弯下身子将那块掉落的肉馅儿捡了起来，然后用餐巾纸包好，并用歉然的目光向我们所有乘坐在电梯中的人认真示意后而离去。可以看出这是一个素质较高的普通英国女孩，其所受的家庭和社会教育的背景状况可想而知。就这么一个小小的由于一不留神而造成的过失，竟致使这个英国女孩如此不安，并向我们这些毫不相识、素无往来的外国人频频致歉这一点，就足以让我们的心灵受到震撼。电梯里偶遇的这位英国女青年的一个不经意的举动，却给我们这些来自东方的外国人留下了深刻美好的印象，这种印象至今难忘。文明是一种人文修养和气质的自然流露，它是装不出来的。

英国是一个至今仍保留王室的君主立宪制国家，凡是到伦敦的外国人很少有人不去白金汉宫观光的，因为那里是英国君主在伦敦的王宫，它建造在威斯敏斯特城内，由 18 世纪为英法百年战争和英格兰玫瑰战争中兰开斯特王朝的重要人物白金汉公爵建造的房屋而得名。1761 年乔治三世为其妻买下，称“女王宫”。1825 年重建。维多利亚女王是居住在这里的第一位君王。我们的运气很好，尽管时值多风多雨季节，但参观白金汉宫那天，天公作美，伦敦上空万里无云，天气格外晴朗，在灿烂阳光的照耀下，整个宫殿显得金碧辉煌，气派非凡，尤其是高高耸立在宫殿广场上的那座维多利亚女王纪念碑更是熠熠生辉，气势恢宏，傲岸挺立。面对着这辉煌壮丽的王室宫殿，我们的团员们情不自禁地拿起自己手中的相机，摄下这珍贵的历史遗迹。正当团员们游兴酣畅之际，隐隐约约我们听到从远处传来的鼓乐齐鸣声。朝远望去，一队人马正在一条通往白金汉宫的南北大道上缓缓行进。嗨，正可谓天赐良机，赶得早不如赶得巧，英国皇家卫队换岗的时刻让我们给赶上了，怎不叫人喜出望外。眼看着皇家卫队由南往北徐徐地走来，我们争先恐后地拥上前去看个究竟。真不愧是皇家卫队，彪悍英武的卫士头戴高高耸立的古代皇家卫士帽，脚蹬齐膝的长筒军靴，背负着现代化的无线步话机，骑着强壮威猛的棕褐色战马，腰间横挎着未出鞘的军刀，踩着富有节奏的古典军乐，雄赳赳气昂昂地向着我们这些来自世界各地的游人走来，而后又从我们身边走过，一直走向古老壮丽而又辉煌灿烂的白金汉宫……就在这皇家军马队从我们身边擦身而过的时候，我注意到了这支队伍的气势之宏大，装备之精良，军士之威严，乐曲之雄壮。我还特别注意到了皇家卫队战马的强健和俊美，除了其中有两匹是纯白色的之外，其余的战马都是棕褐色，身体呈滚圆状，马尾梳剪得齐刷刷的呈一水平状，犹如美丽少女的发尾，在太阳的照耀下闪闪发光，它与整个队伍浑然一体，构成了一幅雄伟壮阔的动人画面，此情此景，真可谓风光无限。由此我自然联想到我以前曾看到过的位于法国东南地中海岸边摩纳哥公国皇家卫队的换岗仪式，尽管也很壮观，很有特色，但与英国皇家卫队的换岗仪式比较起来，不论从其规模还是水准而言，英国皇家卫队要远高一筹。毋庸讳言，英国所保留的王室及其卫队的换岗仪式，显然已经不光是为来自世界各地的游客提供了旅游意义上的观光景点，更重要更深层的含义在于它已成了英国献给当今世界的一份丰厚而又独特的人文和政治的历史遗产。

要了解英国，除了了解英格兰，不能不了解苏格兰，因为它是这个联合王国的重要组成部分，而且也确实有它自身的特点。苏格兰，位于大不列颠岛北部，包括它周围的许多小岛，面积7.88万平方公里，人口542万，主要为苏格兰人，首府爱丁堡。由于行程紧张，我们在苏格兰逗留的时间并不长，所到之处来不及细细观察和品味，甚至连著名的爱丁堡大学也都未来得及进去看，这种路过其校门而不入的滋味确实不好受，故我们的苏格兰之行也只能说是走马观花，但不管怎么说，苏格兰民族的风情我们还是足足领略了一番。其中给我印象最深的是苏格兰的迷人风光。记得小时候我最喜欢看的书就是那些有关欧洲童话之类的。西洋的景色和田园牧歌式的异国风情激发着我对未知领域的探求和想象。幼小的我，总是将西欧风情想象成是一种绚丽多彩的童话世界。这次苏格兰之行，总算了却了我童年的夙愿，脚踏西方土地，回忆儿时在东方故土所做的关于西欧风情的童话之梦。如果说，英格兰、威尔士和北爱尔兰的乡间是美丽的，那么，苏格兰的乡间的风情则更迷人。当我们的旅游大巴疾驶在爱丁堡郊外的公路上，那一望无际的绿色原野实在让我们叹为观止：远处山脚下的红墙白瓦和红瓦白墙的民居小屋（其实，走近一看乃是地地道道的乡间别墅）错落有致地洒落在广袤无垠的绿荫丛中，在阳光的照耀下，在蓝天白云的映衬下，显得有点儿像《圣经》中描绘的伊甸园，也有点儿像我们中国人常说的仙山琼阁。这样的迷人景色往往给人以无尽的遐思和对生活的信心与憧憬。在这一点，我想，无论是中国人还是英国人，无论是东方人还是西方人，其心灵和审美情趣都是相通的。所谓的人同此心，说的也就是这个道理。

以前，我也早就听人说英国人比较传统保守，其中苏格兰人尤其如此。对于这样一种比较固定的传说，或者说对于这样一种比较固定的评价，作为一个东方人，我们又怎么来看呢？我认为，任何的道听途说或偏听偏信，都不利于对事物做出客观真实的品评。不过，我们中国有句话叫作“百闻不如一见”。这次到了英国，我发现，大不列颠的人民，既不像美国人民那样松散随意、自由豪放，也不像我们国内有些人所说的那样传统古板、墨守成规。从他们行为的中规中矩中，我似乎读到了这个民族的严谨厚重、自信自律、从容大度和友好善良，并且充满现代感。在伦敦海德公园，我看到晨练中的市民是那样的友善和彬彬有礼，尽管他们跑步累得气喘吁吁，但当遇到我们这些明显具有东方特征的异国游人时，仍总是免不了要主动与你打招呼，一句“Good morning”（早上好）或“Ni hao”（你好），足以让我们这些在国内习惯于不与陌生人主动打招呼的中国人感到既惊愕又亲切，于是，意外和慌忙之际回礼反应不及，只能滞后性地望着对方远去的背影，颇具歉疚地向他道一声“再见”，还不知道人家听到了没有。

本书著者在英国牛津大学皇家学院

以上所说是伦敦和英格兰的一些情况。其实，就英国而言，它的各个地区（或民族）之间，无论是在政治和民情风习乃至语言等方面也都是有着诸多的差异和不同。我们就以位于英国最北部的苏格兰民族为例。苏格兰人，就他们的民族来说，尽管族源不同，即分别来自凯尔特民族、盎格鲁民族和诺曼民族，但现今的苏格兰经过长期的历史兼容和合并，已基本融合成一个单一的民族。英语是它的主要语言。当然，这种英语严格说来是苏格兰式的英语，或者说，他们既有人用标准的伦敦英语（犹如我们的国人讲北京话或以北京方言为基础的普通话），又讲当地方言（即苏格兰式的英语方言，或曰苏格兰语）。所谓的苏格兰语，从其历史的源流考察，则是苏格兰低地人的历史语言。它与英语极其相近。人们可将其视为英语的一种方言。因此，苏格兰语是直接由北部英语衍生而来。由于盎格鲁人、诺曼人的统治，北部英语在11—14世纪之间取代了苏格兰境内大部分地区通行的苏格兰盖尔语。到14世纪早期，北部英语已成为高地以东及以南全部苏格兰人的官方用语。只有高地地区继续使用苏格兰盖尔语。1328年，苏格兰取得独立，其后当地口语便被称为苏格兰语，以别于英吉利语，而两个世纪过去后，苏格兰语同北部英语在语音上已有差别，在词汇方面亦然，只是程度较小而已。苏格兰语最早的文献可以追溯到14世纪晚期。到16世纪时，它已完全代替了拉丁语而成为王国主要文学语言和卷宗文献语言。不过，自16世纪中叶以来，由于英格兰文化、经济和政治上的支配地位，已使苏格兰语不断英语化。到20世纪中期，它被看作英语的一个地区方言。由此足见，大不列颠王国尽管国土面积不大，人口也不算多，但其历史很悠久，就从其语言的流变，就可以看出这个民族文化的奇特和底蕴的深厚。

苏格兰除了有其政治和语言等方面的特点外，其民情风俗也很值得我们玩味。记得那天我们一行到了爱丁堡城，中午在该城的一家中餐馆用饭，出来迎接我们的是一位中国籍老板，此人大约50开外，操着重庆口音，据他自己说，他也是知青出身，早年响应号召，上山下乡。后来，返城后不久，携同妻女，举家迁居英国，在爱丁堡一住就是15年。看到我们一行是中国出版行业的代表团，而且大多是出版社的社长、总编，他很高兴。他说自己早年很爱读书，什么书都看。看到国内这么多的编书大腕云集自己的餐馆，老板感到非常惊喜和意外。热情好客的老板与老板娘一道，拿出好茶好饭好酒水，热情款待我们这些来自祖国的客人。席间，我们问及他们在苏格兰生活得怎么样，当地的民俗风情怎么样，苏格兰当地的政府和人民对来自中国的外国人好不好？老板说：苏格兰当地政府和人民对中国人很好，这里的人民勤劳善良，朴实敦厚，智慧务实。苏格兰民风淳朴，老百姓普遍恪守政府法纪，平时大家平安相处，不招惹是非。他们在这里生活得很祥和安宁。凭借他们夫妇的勤劳和智慧，硬是在爱丁堡创出了一番天地。这位姓宋的老板用借贷的方式承租了面积约200平方米的街面房。据他说，尽管租金不菲，但他们完全有信心，再经过一两年的打拼，就可以还清全部借贷，当一个真正的既无内债又无外债的、货真价实的苏格兰中国餐馆的老板了。从与这位宋老板的交谈中，我们不难看出他对自己事业和前途的信心和憧憬。临别时，我们由衷祝愿这位老板生意兴隆，在苏格兰这个异国他乡，一生平安！

用完中午饭，告别了一见如故、亲切友善的宋老板，我们又踏上了旅途。我们在一家小镇上停车游览，并去一家有苏格兰羊绒衫和羊绒围巾销售的商店。苏格兰的羊毛制品举世闻名、种类繁多且价廉物美，仅凭这些优势就足以勾起我们的购买欲。回国后总得给亲友同事带点具有异国特色的礼品，而印有“Made in Scotte”字样的苏格兰围巾最受大家青睐，而且这种价位在10英镑左右一条的围巾既不太贵，也不算低价，正好符合我们这些出国人员的购买能力，所以一时竟成了俏货。看到我们一个个兴致勃勃、踊跃购买的情景，商店老板乐不可支。就在其他人大肆选购的时候，我发现有一位美丽的苏格兰女郎，上身穿着乳白色的高领羊绒衫，下身穿着由红蓝灰褐棕等色交织的苏格兰短裙，样子婀娜动人，富有苏格兰风情。出于异国人的好奇，我们有的团员想与她一起合影留念，有个勇敢的年轻小伙子用简单的英语向其提出请求。出人意料的是，她用一种略带歉意的微笑向这个小伙子表示婉拒。起先，我们认为，这个女孩的此种婉拒之举也许是出于羞怯，而非本意使然。故而这个小伙子又重新寻找了另外一位30岁左右的苏格兰女士，她同样也身穿美丽的苏格兰短裙，娇美清秀，透溢着苏格兰女性的风韵。我们本以为能在这位女士这里实现与穿苏格兰裙子的英国人合影留念的愿望，但让人意外的是，我们的友好请求再次遭到婉拒。有了上述“不幸”的经历后，我们便打消了执意要和穿苏格兰裙的女士合影的念头。经过反思，我们不得不把上述情形的出现与苏格兰当地的民风联系起来。这时，我们才想起那位爱丁堡中国餐馆宋老板所说的：苏格兰人民淳朴敦厚善良，甚至在外人面前显得有些拘谨。其实，他们确实是一些可亲可爱的苏格兰本土乡民。大不列颠和中国，尽管地域相隔遥远，两国人民的语言和生活方式以及各自所处的社会制度有极大的不同，但两国人民的忠厚善良是何其相似。

香飘云天的浪漫之国

——法兰西写意

法兰西，一个伟大的欧洲国家。每当人们谈到法国，自然会联想到拿破仑，想到法国首都巴黎，想到埃菲尔铁塔、香榭丽舍大街、卢浮宫、凡尔赛宫、塞纳河、巴黎圣母院，想到胜利女神、断臂维纳斯、蒙娜丽莎的微笑，想到马赛、尼斯和戛纳国际电影节，想到当年的法兰西内战和巴黎公社社员墙，还有卢梭、雨果、巴尔扎克、莫奈、德彪西，以及狄德罗和他的百科全书派，还有那大名鼎鼎的波兰裔法国籍女物理学家和化学家、诺贝尔奖得主居里夫人……这是一个底蕴深厚、芬芳瑰丽香飘云天令世人陶醉的国家，又是一个足智多谋、勇敢善战、英豪辈出的国家。从小对法兰西充满神往、幻想和敬意的我，曾三度踏进它的土地，每次去到那里，都是不一样的时空不一样的感受。

法国，全称法兰西共和国，其国名源于中世纪前期的法兰克王国。自从法兰克王国分

法国巴黎圣母院

裂后，西部法兰克王国沿用此名称并演变为“法兰西”。“法兰西”这一称谓最早出现于11世纪的《罗兰之歌》。作为高度发达的资本主义国家，也是欧洲四大经济体之一，法国是联合国安理会五大常任理事国之一、欧盟和北约创世会员国、申根公约和八国集团成员国，总人口6 699万。由于历史的原因，今天的法国，在包括南美和南太平洋的一些地区，仍有它的一些海外领土。法国是西欧面积最大的国家(全欧洲名列第三)。它的东部与比利时、卢森堡、德国、瑞士和意大利接壤，南部则与西班牙、安道尔和摩纳哥毗邻；三面临海：南临地中海，西濒大西洋，西北则隔着英吉利海峡与英国遥遥相望。其中，拿破仑·波拿巴的故乡——科西嘉岛是这个国家的最大岛屿。法国强大繁荣的鼎盛时期是在19—20世纪，建立了当时除大英帝国外的世界第二大殖民帝国——法兰西帝国。近代末期，由于葡萄牙、西班牙和荷兰这些殖民列强都相继衰弱式微，历史上曾经不可一世时所扩张掠夺到手的殖民地，此时也丢失得所剩无几了，而唯有法、英两国一直将殖民帝国维持到二战以后。法兰西帝国在其殖民高峰时，版图面积高达1 000多万平方公里。纵观历史，这个国家也是历经沧桑、底蕴深厚、文明璀璨的。法兰西人民以他们特有的民族精神和意志，创造了这个国家独特的文化和文明，从而使其成为世界第四大文化历史遗产拥有大国，在其历史发展进程中，产生了许多伟大的政治家、军事家、思想家、文学家、艺术家。正是这些杰出的法兰西民族精英，为这个国家创造了耀眼于世的辉煌成就，从而令其走在世界的前列，成为欧洲的翘楚、举世瞩目的精神灯塔和楷模。

法兰西，据说早在远古时期，就有人类在此居住和繁衍、生息，其发现人类遗迹大约在200万年前。迄今为止，考古学家已从这块土地上发现了从旧石器时代到铁器时代各个时期相当系统的人类文化遗迹，其中包括30万至40万年前的人类颌骨化石、法国西南部拉斯科等地洞穴中约2万年前的人像雕刻和各种描述动物形状的壁画、法国西部三四千年前布列塔基尼巨石墓碑和土坟，以及各种式样的生产工具和艺术创造。在公元前1000年左右，凯尔特人自中欧山区(现今的德国南部和奥地利)来到西部欧洲的法国。关于这一时期的历史，史学界也持有两种说法：一种认为，在地中海文明的影响下，社会逐渐发生变化，外来民族逐渐扩张；另一种则认为，是凯特尔人侵略了原住民的领土，而这些原住民从史前一直到凯尔特人的介入前，变化很小。实际上公元前500年至公元前2世纪一部分凯尔特人自欧洲内陆越过莱茵河进入法国东北部，在塞纳河以北、阿登山区以西和以南地区扎根定居。这时，法国实际上已经成了凯尔特人的主要居住区。之后，凯尔特人曾经一度广泛散布于欧洲大陆，并先后征服了法国、西班牙、葡萄牙和意大利等地区。鼎盛时期的凯尔特人占据的大片土地，几乎堪与后来的罗马帝国版图面积媲美。尽管如此，凯尔特人最终也未能形成一个统一的国家。公元前1世纪，罗马的高卢人总督恺撒占领了全部高卢(古罗马人将那些居住在现今法国、比利时、荷兰、瑞士和德国南部和意大利北部的凯尔特人统称为高卢人，将高卢人居住的地区也统称为高卢)。从此，受罗马统治长达500年之久，直到486年，法兰克人在克洛维一世的带领下战胜罗马帝国在北部高卢的最后统治者西格里乌斯。这场胜利使法兰克人的统治扩展到了卢瓦尔河以北地区，并建立了法兰克王国。法兰克人是日耳曼人中的一支强悍部落，3世纪左右进入高卢(今法国南部)东北,定居于莱茵河下游地区,那时,他们尚处于原始氏族部落社会阶段,当西罗马帝国开始瓦解时,他们便乘机扩张地盘。法兰克王国维持了长达500年历史(5世纪末至10世纪末),这是由日耳曼法兰克人在西部欧洲建立起来的一个封建王国。9世纪中叶(843年),根据《凡尔登合约》,法兰克王国内部分裂为三部分,即西法兰克王国、中法兰克王国和东法兰克王国三国。后来又经过870年的《墨尔森条约》的调整,成为后来的法兰西王国、意大利王国和德意志第一帝国三个国家的早期雏形。

10世纪后的数百年间,欧洲的封建社会开始迅速发展,1337年英王爱德华三世觊觎法国的王位和领土,爆发了英法历史上的"百年战争"(1337—1453年)。这场断断续续进行了长达116年的战争,虽然初期对法国十分不利,法王被俘,法国的大片土地被英军占领,但经法国人民奋起反抗,最终赢得了战争的胜利。战争胜利使法国一举完成了民族统一,并为其日后在欧洲大陆的扩张打下了坚实的基础。到了15世纪末16世纪初,法国的中央集权国家形态基本形成。17世纪中叶,君主专制达到了顶峰。18世纪,资本主义在法国部分地区已相当发达,出现了许多手工工场,个别实力雄厚的企业已经达到雇佣数千名工人并拥有先进设备的规模程度。金融资本雄厚,资产阶级已经成为经济上最富有的阶级,然而,他们在政治上却仍然处于无权无势的地位。法国的广大农村地区仍然保留着过去那种旧的地主土地所有制,并实行严格的等级制:由天主教教士组成的第一等级和贵族组成的第二等级,是居于统治地位的特权阶级;其他公民如城市平民和广大的农民组成被统治的第三等级。这时,特权阶层的最高代表是波旁王朝国王路易十六。到了18世纪晚期,以城市平民和农民为主体的第三等级同特权阶级的矛盾日益加剧,尤其是1789年5月5日,路易十六在凡尔赛宫召开三级会议,试图对第三等级施行增税,以解救政府的财政危机。这时,第三等级则要求国王制定宪法,限制王权,实行改革。6月17日,第三等级宣布成立国民议会(随后改称"制宪议会"),路易十六调集军队,企图解散议会,从而激怒第三等级,巴黎人民奋起反抗,终于爆发震惊世界的法国大革命,这次革命废除了统治法国几个世纪的君主专制,路易十六被推上断头台,建立了第一个资产阶级共和国——法兰西第一共和国(1792—1804年),先是由代表工商业资产阶级利益的吉伦特派掌权(1792—1793年),然后不久又转由罗伯斯庇尔领导的雅各宾派(亦称"激进共和主义派")专政(1793—1794年)。雅各宾派专政期间,除了出台严格限制物价等政策,还实行红色恐怖主义,以所谓的暴力镇压反革命叛乱的名义,将数以千计的疑似反革命者残酷杀害。1794年7月27日由国民公会中的反对派"热月党人"发动"热月政变",推翻了雅各宾派专政,将罗伯斯庇尔送上了断头台,由此宣告了雅各宾专政的结束和法国大革命中市民革命的终结(在此,有必要一提的是,尽管雅各宾专政实行红色恐怖主义的暴力统治,然而,它的执政也为法国历史做出了一些积极的贡献,比如推广教育、提倡宗教信仰自由、废除法国殖民地的奴隶制度等)。

1799年,拿破仑·波拿巴以解除雅各宾派过激主义威胁法兰西第一共和国为借口发动兵变,控制了督政府,接管了革命政府的一切事务,建立临时执政府,自任执政,并于1804年称帝,改共和国为法兰西第一帝国(1804—1814年)。拿破仑上台后,对内致力于中央集权，取消民主自由，颁布《民法典》，试图从法律上维护和巩固资本主义所有制和资产阶级的社会经济秩序，这对于法国资本主义的发展确实起到了积极的推动作用；对外，屡屡发动战争，多次击败欧洲各国为了对抗法国新兴资产阶级而结成的“反法同盟”。1813 年，拿破仑集结 40 万人马与反法同盟的联军作战，结果，形势发生了出人意料的变化，在莱比锡战役中，拿破仑军惨败，巴黎被联军攻陷，各附庸小邦乘机反水，纷纷摆脱法国管控。拿破仑被迫退位，并被流放到意大利的埃尔巴岛，波旁王朝复辟。之后，拿破仑从戒备森严的埃尔巴岛逃脱，并组建人马进军占领了巴黎，重新登基，建立了短暂的所谓的“百日王朝”。然而，好景不长，欧洲各君主国再次集结重兵，组成阵容强大的第七次反法同盟与法军开战，法军在滑铁卢战役中彻底败北，拿破仑再次退位，并被放逐到圣赫勒拿岛直到离世。随着拿破仑帝国的崩溃，波旁王朝复辟，路易十八即位，作为波旁王朝复辟后的第一位国王，路易十八在位时比较注意吸取大革命的教训，采取了较为温和的专制主义统治策略，他也承认大革命时期的一些社会变革，比如他宣布要实行君主立宪制、给全民以宪法的权利、对宗教持宽容态度等一系列较为开明的政策。然而，即便是这样的新政，推行也不是一帆风顺，其阻力主要来自以国王之弟阿图瓦伯爵（即后来的查理十世）为代表的极端王党。面对极端派的不顾大局和偏执利己，路易十八只得解散国会，重新选举的议会中自由派成员占据了多数。此后的一段时期，施政顺畅，政治清朗。但是，极端派不甘失败，他们利用阿图瓦之子遇刺事件，乘机将之归罪于自由派，于是逼迫首相下台（大有“清君侧”削弱国王力量的意味），立阿图瓦为王储，由极端派组成内阁。因教士均穿黑色袍服，人们将极端派的这种强行蛮横和倒行逆施称为“黑色恐怖”。面对失控的状况，路易十八已无力挽回危局，由此一病不起。1824 年，复辟的波旁王朝第二位国王查理十世即位，他热衷于恢复被大革命摧毁的旧制度。新任国王的倒行逆施激起了社会各界的普遍公愤，整个法国社会的公众舆论也倒向了资产阶级自由派。为了压制日益不满的公众情绪，查理十世于 1830 年 7 月 26 日断然颁布了“七月敕令”，提出要修改出版法、限制新闻出版自由、解散新选出的议会、修改选举制度等。此敕令破坏了 1814 年制定的《宪章》精神，引发了资产阶级自由派和广大劳动群众的强烈愤慨。他们起草抗议书，拒绝承认解散议会，宣布政府已经失去合法性（但并不否认王权），接下来的 27 日至 29 日，先是几千名工人和手工业者走上街头与军警发生冲突，随后发生了修筑街垒、夺取武库、攻占市政厅的声势浩大、浪潮汹涌的大革命起义。1830 年的法国“七月革命”推翻了以查理十世国王为首的复辟波旁王朝，并建立了以路易·菲利普为首，由银行家、铁路大王、大矿主、大森林主和大地主等组成的金融资产阶级掌权的“七月王朝”（由于路易·菲利普是以波旁·奥尔良为姓氏，故由他执政的“七月王朝”也被人们称波旁·奥尔良王朝）。至此，法国大革命遂告终结，进入到了维护大革命成果的新的历史时期。

菲利普执政后，鉴于历史的经验和教训，他选择走了一条不偏不倚的中间路线。即便如此也依然无法摆脱国内经济持续衰退、低迷的历史困局，尤其是 1846 年开始的法国工农业大萧条，最后导致了菲利普的被迫退位和法兰西第二共和国的诞生。

法兰西第二共和国成立后，路易·拿破仑·波拿巴当选总统。在 1849 年的立法议会选举上，以保王派和天主教教士为核心的秩序党获得了多数席位。宪法规定总统不能直接连任，波拿巴要求修改宪法，然而遭到了立法议会多数成员的否决，于是，波拿巴发动政变，宣布解散议会，重新建立君主专制政体——法兰西第二帝国，波拿巴自己也由原来的总统改封为皇帝，史称“拿破仑三世”。拿破仑三世上位后，为了扭转1815年以来法兰西的孤立困境，为了争夺欧洲大陆优势、实施海外殖民掠夺，他曾屡次发动对外战争，尤其是发生于1853—1856年的克里米亚战争，法国联合英国、土耳其、撒丁王国攻打俄国，最终以后者的败北重新又确立起了法兰西在欧洲大陆的雄霸之势。在法兰西第二帝国的最辉煌时期，除了英国外，几乎整个欧洲各国均臣服于拿破仑三世并与其结盟，由此形成了庞大的拿破仑帝国体系，创造了一系列的军事、政治奇迹。然而，好景又不长，在帝国专制下广大劳动人民的深受剥削和压迫，工人运动持续不断地高涨，共和派不甘失败发起斗争，支持罗马教皇阻挠意大利统一、武装干涉墨西哥以及在奥普战争中支持奥地利（反对普鲁士）等一系列政策和战略的失误，终于使第二帝国陷入了内外交困的窘境。为了摆脱国内危机和重夺欧洲大陆的雄霸优势，第二帝国以西班牙王位继承问题为借口发动了一场对普鲁士的战争（史称“普法战争”），结果惨败，1870年拿破仑三世在色当被迫投降。

拿破仑三世在普法战争中的失败导致了第二帝国的终结。随之兴起的是以议会民主模式为政体特征的法兰西第三共和国，后又因第二次世界大战期间纳粹德国的入侵而告结束，历时整整70年（1870—1940年）。1940年6月22日，维希傀儡政府的首脑贝当元帅（此人为法国第一次世界大战英雄）与德国签订了标志着法兰西第三共和国统治时代结束的投降协定。从第三共和国的垮台到第四共和国的建立，其间又经历了法兰西举国奋力抗击纳粹德国和意大利法西斯的浴血救国之战和制定新宪法的斗争。尤其值得一提的是，由夏尔·戴高乐领导的抵抗运动迅速发展壮大，并于1944年解放了法国，同年6月宣布成立临时政府（1944—1946年），戴高乐任临时政府首脑，领导和团结国内以及殖民地反法西斯力量继续抗战，在同盟国和法国共产党领导的抵抗运动的有力配合下，终于在1944年8月25日收复巴黎。

二战结束后，摆在全体法国人面前的最大问题是：法国向何处去？换言之：战后的法兰西应该建立一个怎样的共和国？由于临时政府是由共产主义者、社会主义者以及戴高乐主义者等不同的政治派别所组成，这些组织又都参与了抗击纳粹德国的侵略，因此也都有话语权，以致形成了各派政治力量意见不一、众说纷纭的局面。1945年10月，制宪议会通过新宪法，宣告成立法兰西第四共和国。第四共和国成立初期由法国共产党、法国社会党以及人民共和党组成联合政府，后来，随着国际政治局势的变化（主要是冷战思维的抬头和发展），共产党被驱赶出政府不再掌权。新宪法明文规定实行两院议会制，并对总统的权力作了严格的限制。然而，由于第四共和国长期陷于越南战争、阿尔及利亚战争和之后又入侵苏伊士运河地区，连年的战争导致国家财政危机、国内动乱加剧，阿尔及尔大规模的暴乱等事件的发生，直接导致法兰西第四共和国政府垮台。

随之而起的法兰西第五共和国由戴高乐任总统（1958年末当选，次年初就任）。戴高乐任职期间，法国经济获得了较快发展，法国独立发展自己的国防和核力量，进而推动了

法国巴黎凯旋门

欧洲(当时主要西欧发达国家范围)在经济上和政治上联合与美苏抗衡,并改善与以中国为首的第三世界国家关系,承认各殖民地独立等。1964 年法国与中国建交。尽管戴高乐在 1969 年的公民投票中失利而辞去总统职务但是接替他的蓬皮杜在对内对外政策基本上沿袭了戴高乐的轨迹。在蓬皮杜执政期间,法国经济以平均年增长率 6.2%的速度,一路高歌猛进,成为西欧国家经济发展速度之冠。

从风雨中走来的法国,犹如历史的陈酿,底蕴深厚、浓郁馨香,前文所述已经成为历史的定格。我们之所以浓墨重彩地叙述这个国家的过往历史,就是想让历史告诉未来,以便人们更清楚更准确地观察、理解和认知今日法国社会及其所发生的一切。

经济上,法国作为欧洲发达的老牌工业国家,迄今仍然保持着它在这方面的传统优势,尤其是在核电、航空、航天和铁路方面依然居于世界的领先地位。钢铁、汽车和建筑业是法国工业的三大支柱。此外,矿业、冶金、造船、机械制造、纺织、化工、电器和食品加工等,都是法国的重点工业领域。核电设备能力和石油及其加工技术稳居世界第二(仅次于美国),航空和宇航工业则仅次于美国和俄罗斯,名列世界第三。就总体而言,诸多的传统工业迄今仍在整个法国工业中占据主导性优势。

法国不仅是现今欧洲发达的工业国家,同时也是欧洲乃至世界的主要农业大国,其农业也是极度发达,主要生产小麦、大麦、玉米、马铃薯、烟草、葡萄、苹果以及花卉等。它的葡萄酒产量居世界首位。由于法国已基本实现了农业机械化,因而其农业生产率很高,尤其是农业食品加工业成了该国外贸出口获取顺差的重要支柱产业,整个欧洲前百强农业食品工业集团中的几乎四分之一坐落于法国，世界前100强的农业食品工业集团法国就占据了7家，法国的农副产品出口额占全球出口市场总量的11%。

法国的商业也非常发达。法国商业的繁荣由来已久，且雄风犹在，不减当年。今日之法国，它有许多非常有名的超市和连锁店，例如为大家耳熟能详的家乐福，然而，真正为法国创收和获取巨额利润最多的则首推食品销售。当然，法国的电子商务销售额也非常巨大，且呈快速增长的发展势头。此外，诸如香水、手袋、时装等奢侈品销售创利也是相当了得。法国香水，闻名世界，香奈儿、娇兰，还有法国名包LV(路易·威登)，几乎是全球消费界无人不知、无人不晓的顶级品牌。在种类繁多、星罗棋布的商厦中，超市和连锁店则是最具活力的一支新兴商业异军。电子商务在今天的法国也异常活跃。大量高档时装、香水、化妆品、名包、名表、金银珠宝首饰和波尔多红酒等，极大地吸引着全世界慕名而来的旅游消费者的目光，使他们来到了巴黎就乐不思蜀、流连忘返、倾囊而出。在巴黎的“老佛爷”(由法语原名Lafayette音译而来)百货商场，让我们从中窥视和领略到了法国商业繁荣之一斑。以前，我总觉得法国人有点儿与众不同，他们和德国人一样，有点儿民族自尊和自恋，比较高傲。然而，百闻不如一见，当我几度来到法国，并对这个伟大英勇的民族做深入细致的近距离观察时，我得出的结论与我原先的看法是有差异的。法国人不保守，不但做事十分讲究细节，而且他们的经营理念也是与时俱进，随机应变。随着中国经济的腾飞和中国综合国力的飞速增长，近些年，逐渐富裕起来的中国人纷纷走出国门，拥抱世界。法国人很早就观察并意识到了这里面潜藏着巨大商机。记得多年前，我为此而专门在《人民日报》上发表过一篇题为“塞纳河上的中国之声”的文章，论述法国旅游界的与时俱进。当改革开放迅速富起来的中国人民潮水般地涌向法国时，精明的法国商人意识到巨大的商机来了。比如“老佛爷”百货商场的主要场合都挂上了中国式的红灯笼、中国结，还摆放金猪、金狗、金猫之类的富贵吉祥物，还用懂普通话的店员来接待中国的众多游客。为了交流方便，在“老佛爷”的一层店面，还重点加设中文翻译。这在以前是想都不敢想的事，今天，居然成了事实。

法国的文教体育事业也有着它自身的内容和特色。就拿教育来说，法国教育在西方各国中是很先进的，在尊崇传统教育的基础上，该国一直以来也都是在与时俱进地进行改革，尤其是20世纪50—60年代的前后两次重大改革，逐渐形成了今天法国这样一种极具特点、复杂多样的教育体制。法国的教育体制，是属于中央集权制性质。因此，它强调教育治理要统一，那就是在教育治理上长期实行高度的中央集权。法国政府非常重视教育，并确立教育优先的地位，强调公民受教育的权利和机会均等，规定小学和中学实行校长负责制和学校、家长、学生三者合同制，其基础教育结构全国统一：小学5年、初中4年、高中3年。法国的基础教育是实行统一治理，但在小学和初中拓宽知识的基础上，一旦进入高中就开始注重学科的选择和多样化。法国的中小学一律实行校长负责制，校长作为学校的一员，既是校长，同时也是任课老师。法国校长同教师一样，都属于国家公务员，其聘任权不在学校，而在国家，因此他们的工资由教育部来发放。法国中小学校长的聘任颇为严格，要经过诸多筛选，既要注重任职者的资格，又要注重其经历，竞聘校长通常来自现任

美丽的塞纳河

的教师，但这些教师事前必须经过严格的考试和培训。可不要小看这些竞聘选拔的措施和方法，它们是保证所聘校长的质量及其受聘后享有权威的有效手段。

法国的高等教育分为公立和私立两种。公立大学一律免费，学生自己只需支付少量的注册费。法国的高等教育历史悠久，享有世界声誉。十分发达的教育体制使法国的教育质量得到了有效保证，因此，法国的大学文凭为国际所公认。前面我们讲到，法国是一个不断与时俱进的国家，在教育方面也是如此。它总是处在不断的变革或革新中，这也是这个国家的教育理念使然。法国大学于 2004 年开始实行与国际接轨的 LMD 教育制度。所谓的 LMD 教育制度，简言之就是将大学教育分为 3 个阶段：第一阶段，学制 3 年，毕业后获取大学基础文凭（相当于中国的本科文凭）；第二阶段，学制 2 年，毕业后取得硕士学位；第三阶段，学制 3 年，毕业后获得博士学位。凡是要申请就读第一阶段的外国学生，必须通过由法国使馆主持的法语考试。法国大学接受取得法国大学录取资格的中国高中毕业生赴法攻读本科，中国大学的在校生也可去法国插班就学，中国的大专和本科毕业生均可赴法攻读硕士学位。法国的高等教育呈多元化结构体系，结构复杂、学位种类独特。法国现有 400 多所高等院校，就其培养目标、招生制度和教学安排以及行政管理等特点，大致可分为三类：综合性大学、高等专业学院、高等专科院校。

不同类型的学校各有其不同的教学目标，因而，这些学校的课程设置和学生入学条件也是各不相同的。公立学校与私立学校各有千秋。公立学校的最大特点是由国家资助，学费低廉得近乎免费，显然这对于减轻学生及其家庭的经济负担绝对具有很大的优势。法国的大学也有精英教育和普通教育之分。法兰西有着悠久的大学精英教育的历史传统,其最著名的大学是巴黎大学,这是一所自古以来在国际上享有巨大声誉的法国国立综合性大学,是欧洲历史最悠久的大学之一,创立于 9 世纪,起先附属于巴黎圣母院,其前身是索邦神学院、1180 年法王路易七世正式授予其“大学”称号,其与创建于 1088 年、迄今已有 900 多年历史的意大利博洛尼亚大学被并称为世界最古老的大学,英国牛津大学就是由从巴黎大学回到英国的师生于 1167 年创建的。“巴黎大学”名称的正式使用始于 13 世纪中叶,迄今也已有七八百年的历史,欧洲各主要大学的建立模式均受此影响,堪称是“欧洲大学之母”。早在 13 世纪,巴黎大学的学生就已达上万,他们中的许多都是来自欧洲各国。在一个相当长的历史时期,这所大学与教皇和国王有着特别紧密的关系。尤其是在 17 世纪,宰相黎塞留(1585—1642,法国著名政治活动家)亲自出任该校校长,从而使巴黎大学又有了一个飞速发展,并由此确立起了它在欧洲乃至世界的威望。后来,由于受拿破仑一世教育改革的影响,巴黎大学于 1793 年被撤销,又过了一百多年,到了 1896 年才得以恢复重建。今天的巴黎大学,与传统意义上的巴黎大学已经有了诸多的不同,它实际上是 13 所大学的统称。1968 年,巴黎大学的学生由于不满陈旧过时的课程和填鸭式的教学而举行学潮,要求更多的学术自由和校园民主。正是在此学潮事件的影响和推动下,法国政府对巴黎大学采取了一系列的改革和调整,从而重新组成了 13 所完全独立的大学,即巴黎第一至第十三的序列大学。这重新组建并新诞生的 13 所大学在同一时间宣告成立。这些学校统一被称为巴黎第一、二、三、四……十三大学。当然,这些学校之间仍然是有明确的学科归属的,例如巴黎第一、二、四、八、九、十大学这 6 所学校以人文和社会科学为主,同时也兼设一些其他科目;而如巴黎第五、六、七、十一、十二、十三大学这 6 校则兼有文、理、医、法律以及经济学等诸多学科,除此之外,巴黎第十一、十二、十三大学还设有工科。

我们先来关注巴黎大学关于其校园环境建设和营造的理念。在欧洲,早在文艺复兴时期,人文主义的教育家们就已经懂得并十分强调学校环境建设的重要意义。在他们看来,优美的校园是建设优良的教育环境、培养良好的校风、造就一代人才的重要基础性条件。巴黎大学就是这一思想和理念的体现者和践行者。迈进巴黎大学,映入眼帘的是那些富有古典气息的建筑、一棵棵高大而又苍劲挺拔的参天大树、一马平川的绿茵,整个校园鲜花盛开,通往教学楼的道路显得格外的宁静整洁。迎面走来的莘莘学子,无论男女,个个优雅从容,彬彬有礼,看出我们是东方人,有的双目对视后点头示意,有的莞尔一笑,匆匆而过。在校园中,我们看到了一些知名学者的名言碑刻和反映学校历史、办学特色的壁画、雕刻等,置身其中,不由令人心旷神怡。不要小看校园的环境建设,其实,这是反映一个学校(乃至一个地区或一个国家)的教育理念和教育风格的重要方面。巴黎大学之所以如此重视其校园环境建设,理由就是如此。

这里说一说古代法国和巴黎大学与汉语和汉语研究的关系。

早在 13 世纪中叶,法国国王路易九世先后于 1248 年和 1253 年两次派遣多名法国耶稣会修士到蒙古(当时的中国境内)。1477 年,意大利旅行家马可·波罗的游记在欧洲出版并传到法国,16 世纪后期,欧洲的传教士来华人数逐渐增多,到了 17—18 世纪,来华的传教士人数已增达数百人之多，这其中就有早在1610年就来华的法国传教士金尼阁（原名尼古拉·特里戈）。金尼阁利用其掌握的知识和技艺，博得了当时中国朝廷的欢心。从17世纪下半叶开始，法国传教士开始进行对汉语的研究，就此揭开了中西方文化交流、切磋、碰撞和互相吸纳彼此精神营养的序幕。法国的传教士们乃至整个西方也逐步由浅入深地接触到了博大精深的中国儒家经典学说，在这众多的西方汉语学研究者中，真正能做到较为全面系统研究汉学者，则首推巴黎大学的阿贝尔·雷马萨。1814年，他在巴黎大学首创性地开设了"中国语言学"课程。也正是由于雷马萨这一富具前瞻性眼光的首创行动，使中国语言学（或曰"汉学"）作为一门专门的学习课程，在欧洲从此进入了大学这个神圣的教学（研究）殿堂。正因为如此，20世纪上半叶，包括巴黎大学在内的整个巴黎被誉为无可争议的"西方汉学之都"。由此可见，巴黎大学与我们中国的语言文化交流和交往源远流长。到了近现代，这种良好的中法语言文化交流交往的传统依然得以保持和传承。近百年来，巴黎大学一直与中国高校保持着友好的合作关系，在学术交流、派遣留学生等方面交往与合作日益广泛，它为中国培养了大量著名人士。全国人大常委会原副委员长严济慈、许德珩，著名物理学家和中国原子能科学事业的创始人、"两弹一星"元勋钱三强，著名学者陈寅恪、施士元、杨秀峰、王力、王毓瑚、汪德昭等都是巴黎大学中国留学生中的杰出代表和佼佼者。其中，施士元于1929年清华大学毕业后赴巴黎大学留学，是诺贝尔物理学奖和化学奖双得主玛丽·居里夫人为中国培养的唯一一位博士。如今，巴黎各大学仍一如既往地注重在各个方面加强与我国的教育界和其他学界的学术交往与交流，例如，在1999年，中国书法大展在巴黎索邦大学小教堂举行，时任法国总统希拉克在中国驻法大使和该校校长的陪同下亲自前往观展，我国的领导人和希拉克总统也都为该展览题了词，由此可见，中国与法国巴黎大学的友好交流交往历史一直绵延至今。

巴黎大学可以说是全面反映和代表了现代法国的教育风格和教育理念，它无疑是法国教育的一个象征、缩影和典范，更是法式教育的一面不朽的旗帜。不管怎么说，像巴黎大学这样的学校，它所贯彻和执行的是一种由来已久的精英教育的方针和路线。它在政治、经济、法律、管理乃至史地和艺术等方面都拥有着其他学校无可比拟的绝对优势，为法国也为世界其他国家培养了无数的专家、科学家和精英。

当然，法国还有一种"大学校"，这是一种高等专业学院，也是主流大学之外的教育机构，这样的学校通常也有公立和私立两种。此外，法国还有高等专科学校和大学校预备班等教育体系设置。高等专科学校属于长期学制，在入学条件方面，一般（大部分学校）都是自行组织入学考试，择优录取。除了长期学制外，短期学制在法国的职业教育中也发挥着重要作用。至于法国的大学校预科班则类似于中国的高考复读机构。这类机构在当下的法国名目繁多、鱼龙混杂，且教育质量也是参差不齐，因其填鸭式的教授方式和应试教育的弊端明显而备受质疑和诟病。

今日之法国，它那悠久的历史、具有丰富内涵的名胜古迹及迷人的法兰西乡野风光每年都吸引着千千万万来自世界各国的旅者慕名而来。风情万种香飘云天的巴黎、蜿蜒伸展的金色海岸、美丽深邃白雪皑皑的阿尔卑斯山滑雪场等都是旅者的神往之地。这个国家的游览名胜不胜枚举，其中被列入联合国世界文化和自然遗产的就有 20 多处，例如以巴黎圣母院和卢浮宫为中心的巴黎塞纳河滨、凡尔赛宫、枫丹白露、香波堡、斯特拉斯堡和圣米歇尔山等，都是来到法国的旅者必须光顾的游览胜地。正是在法兰西进行非同寻常的游历和考察过程中，人们读到了这个国家悠久的历史，以及包括哲学、宗教、文学、建筑、雕塑、绘画、音乐在内的人文精神和艺术成就。法国的博大精深，历来为世人瞩目和惊叹。

举世闻名的卢浮宫就是法兰西人文精神和艺术成就的集萃之地，这座位于全球四大博物馆之首的大型宫殿，总占地面积 24 公顷、纯粹建筑面积 4.8 公顷，坐落于巴黎市中心的塞纳河畔的北岸、巴黎歌剧院广场的南侧。它始建于 1204 年，当时正值十字军东征时期，为了保卫塞纳河北岸的巴黎地区，国王菲利普二世在此修建起了一座通向塞纳河的城堡，其主要用途在于放置王室的档案和珍宝等。1546 年，被称为开明君主的骑士国王弗朗索瓦一世在位期间决定在原城堡的基础上建造新的王宫，此后又历经 9 位君主不断承续扩建，前后耗时达 300 余年，最终形成了今天我们所看到的其整体呈 U 字形的气势恢宏的大型宫殿建筑群。卢浮宫内由古希腊罗马艺术馆、古埃及艺术馆、古代东方艺术馆、绘画馆、雕刻馆和装饰艺术馆六大部分、198 个展览大厅组成，一般人想用一两天时间浏览完全部的珍品那是根本不可能的。卢浮宫是法国文艺复兴时期最珍贵的建筑物之一，以其丰富而珍贵的古典绘画、雕刻等藏品（宫内的艺术收藏多达 35 000 件）而闻名于世。关于卢浮宫的收藏还有一种说法，那就是 1793 年 8 月 10 日卢浮宫艺术馆正式对外开放，从此它便成了一个对外展览的博物馆。从那时起，其收藏与日俱增，更毋庸说拿破仑一世向那些被征服国掠夺的艺术贡品了。博物馆有关收藏目录上记载的艺术品数量曾高达 40 万件，其中包括许多门类品种，例如有源自古希腊罗马、古埃及和古代东方各国的艺术品，有自中世纪到现代的雕塑作品，还有数量惊人的东方古董、法国本土和意大利的远古遗物、王室珍玩和绘画精品等。有人曾做过粗略估计：就按照 35 000 件展品的数字计算，假如一个人平均在每件展品观摩上花 2 分钟，每天连续观摩 5 个小时，这样不间断地观看，那也起码要花上整整半年的工夫，才能将卢浮宫所展藏品过目一遍。此外，卢浮宫的 6 个展馆不是每天都向游人开放的，除了每周一、三两天几乎全部开放外，其余的每周二、四、五、六这四天则轮流开放，周日只开放半天。据说，现有开放的展品只占全部馆藏品的三分之一。以所藏画品为例，卢浮宫迄今为止收藏的画品高达 15 000 件之多，但日常展出的也就 2 000 幅左右。这在客观上给观赏者全面领略卢浮宫藏品人为地设置了限制。

卢浮宫内的各展馆建立于不同的时期。就拿东方艺术馆来说，此馆建立于 1881 年，共辟有 24 个展厅，它的 3 500 件展品主要来自中东和南亚（一说西亚和北非国家或地区），如伊朗（波斯）、黎巴嫩、叙利亚、巴基斯坦等。这些国家或地区藏品（展品）的最大特点是年代的古老久远，如距今已有四五千年的雕像、石刻和烧制泥像等。馆中尤为引人关注的是那几尊带翅膀的牛身人面雕像（公元前 8 世纪），它之所以有名并受人关注是因为它们曾在杜尔·沙鲁金（即今天位于伊拉克尼尼微东北的豪尔萨巴德古城——一座由方形城墙围绕的大型宫殿遗址）守卫过亚述国王萨尔贡二世宫殿（行宫）大门。关于这些藏品如何来到法国还有一段曲折的历史：1843 年，法国人保罗-埃米尔·博塔发现了这些极具历

本书著者在巴黎卢浮宫

史文物价值的带翅牛身人面雕像，便想方设法将其运抵巴黎，其中两尊于 1847 年陈列于卢浮宫当时的世界上第一个“亚述博物馆”中，第三尊也是历经周折，在运回巴黎途中船舶失事后幸免于难，并最终于 1856 年运抵巴黎。在“东方古文博物馆”的第四展厅，人们一定会对一部古老的经籍（石经）加以关注，那就是世界历史教科书中所重点提到的《汉谟拉比法典》。这部典籍是中东地区古巴比伦国王汉谟拉比亲自制定并颁布的一部法律汇编，是最具代表性的楔形文字法典，也是迄今世界上最早的一部较为完整地保存下来的成文法典。此典的全部原文镌刻在一段高 2.25 米、上部周长 2.65 米、底部周长 1.90 米的黑色玄武岩石柱上。石柱上端镌刻着汉谟拉比国王站在太阳和正义之神沙马什面前接受象征王权的权标浮雕图案，借以象征君权神授、王权不可侵犯；石柱的下端则是用阿卡德楔形文字镌刻的法典铭文。整个《汉谟拉比法典》由序言、正文和结语组成，其语言丰富、用词华丽，字里行间充满着对汉谟拉比国王个人的崇敬、礼赞、美化和神化。全典总共 282 法条，合计 3 500 行，分别对刑事、民事、贸易、婚姻、继承、审判等法律制度做出了具体的详细规定。鉴于全部经文全部刻写在石柱上，故也有人将这部《汉谟拉比法典》称为“石柱法”。汉谟拉比（又译汉摩拉比、汉穆拉比）是阿摩利人的巴比伦王国的第六任国王，巴比伦原是在美索不达米亚平原星罗棋布的众多古代城邦中的一员，在连年的战争中，它击败了众多与其毗邻的国家，将巴比伦的统治区域扩展至整个两河流域，从而使巴比伦王国达到鼎盛。汉谟拉比以制定了《汉谟拉比法典》而闻名，在现代也被誉为“古代立法者”，也有人将《汉谟拉比法典》看成是第一部成文民法典。

走出东方艺术馆，我们信步从容地来到了同样是辉煌灿烂的古埃及馆。古埃及馆建立的时间更早：1826年。它有23个展览厅，其中收藏珍贵的历史文物共有350件，主要包括尼罗河东西两岸的古埃及先民们所穿戴的服饰和日常生活中所使用的玩具、乐器、饰物等。展馆中还陈列有古埃及神庙的断壁残墙、墓室及其壁画、法老的木乃伊和2 600年前的人头塑像等种种文物真迹。更令人可喜的是，法国人通过埃及馆，将古老神秘的古埃及世界带入卢浮宫，人们可以从埃及移运过来的狮身人面像去回溯悠远的古埃及时空。那座用极其坚硬的花岗石雕刻而成的斯芬克斯狮身人面像，自19世纪早期的建馆之初就矗立于埃及馆的入口处。我们知道，在古代埃及，狮子是至高至上权力和权威的象征，因而古埃及人往往将他们法老的面孔与雄狮的身体雕刻于一体，以此赋予法老王狮子般雄强的力量、尊贵和威严，守护着庄严的神庙和金字塔。在埃及馆中，人们还能看到古埃及墓穴中的珍贵石刻和壁画。古埃及是一个崇尚死亡和相信灵魂再生的时空境界，因此，如果旅者仔细留意，还会发现四五千年前埃及人写的“亡灵书”。这种“亡灵书”从王宫贵族到平民百姓所有墓葬中都能看到。因为古埃及人相信生死轮回：人能死而复生。不过，复生是需要一定条件的，那就是需要指引，故古埃及墓中的用纸莎草做的“亡灵书”其实就是木乃伊复生的引路书。

无论是东方艺术馆还是古埃及馆，它们展示的都是代表东方或亚细亚等地区的古代人类文明演进发展的历程。卢浮宫中的古希腊罗马艺术馆则从另一个巨大的侧面反映或折射出古代西方的文明起源和发展。古代希腊，是欧洲文明的摇篮。卢浮宫的古希腊罗马艺术馆中所收藏的一切艺术珍品，都是欧洲乃至整个西方文明起源与演进、发展的深刻写照和记录，无不打上了西方文明发展的历史印记。

卢浮宫古希腊罗马艺术馆最早向公众开放的时间是在1800年，总藏品不下7 000件。这个馆的藏品主要以历代法国王室的收藏品为主，其中有相当一部分是拿破仑一世率法军在意大利获胜后，将其所获得的许多珍稀的意大利古代艺术珍品运回法国，并充实到卢浮宫。古希腊罗马艺术馆是我最感兴趣的展馆，也是我每次到法国后（除工作外）必去观赏的重点选项。我之所以尤其喜爱并关注古希腊罗马的艺术和文化，其理由除了古代希腊是欧洲文明的摇篮，更可能与我所从事的职业不无关系，由于长期以来一直专注于西方哲学和西方美学的编辑和研究，使我对西方文化尤其是古希腊的文化艺术情有独钟。我喜欢古希腊罗马的雕塑，尤其喜欢古代希腊的人体雕塑。我们知道，所谓的雕塑品，一般是指用大理石、铜、象牙等基础材料雕刻而成。它们与东方民族和东方国家的泥塑、陶俑及庙宇中的佛像相比，难分伯仲，各有优长和特点，我觉得古希腊罗马的雕塑（雕刻）更注重个体精神内涵的刻画和表达，在美学上高度追求人体作为宇宙最高审美客体的逼真美感。古希腊罗马雕塑家在考虑作品用什么样的石块色调和纹理基质的前提下，更注重人体的凹凸有致和线条的自然流畅，注重人体肌肉的均匀分布和人表情的丰富和生动。古希腊罗马雕塑家们对人体概念的内涵有着极其全面、深刻、独到的认知和理解，要不然，他们就不可能具有如此高超的写实技巧。作为观赏者，我注意到，古希腊罗马雕塑家们在处理人体及其衣饰等细节时，连衣纹线条及其随风飘动的生动质感都被表现得栩栩如生、淋漓尽致。这些艺术家们正是通过其苦心孤诣、独具匠心的艺术手法和对人体及其细节的表现技巧，通过雕刻(雕像)展现和揭示人体的无限优美，从而创造出许多具有英勇、善良、愤慨、疾恶如仇、公平正义等性格特质的崇高、典雅、完美的人物形象。古希腊的雕塑作品是这样，古罗马时代的雕塑艺术也是如此。无论是意大利的古罗马馆还是法国卢浮宫的希腊罗马艺术馆，其陈列或展示的雕塑作品也都是以人体为主题。看过古罗马的雕塑，给人印象至深的是，其题材的相当比例是用来表现和歌颂历代的罗马皇帝以及王公贵族。罗马早期雕刻是被少数的奴隶主和贵族所垄断的，因此，那时的作品中，罗马皇帝都是被作为帝国的英雄和伟大的统帅来讴歌和表现的。除此之外，古罗马雕塑家们还在许多建筑诸如广场、城堡、纪念柱等上面创造性地装饰上许多精美、逼真的圆雕和浮雕图案。

在古希腊罗马艺术馆中，有两件作品备受世人瞩目，那就是萨莫色雷斯的胜利女神和断臂的爱神维纳斯。胜利女神是公元前2世纪时期的古希腊石雕，雕像高3.28米，大约在公元前190年，由罗得岛的雕塑家为纪念塞浦路斯海战胜利而创制，并将其竖立在该岛上，“萨莫色雷斯的胜利女神”便由此得名。现今游客所观赏到的胜利女神像虽然已经头手残缺不齐，但从其保存完好的躯干中，仍能感悟到女神英姿勃发、潇洒飘逸的纯美气势，尤其是那张开的双翼和飘拂的衣裙，让人们觉得女神在空中自由自在地腾飞，有着一种清晰强烈的运动感。女神那丰腴的躯体在轻灵的薄衫下透露出了力量和健康的生命韵致和律动，表现了胜利带来的喜悦。这件展品与米洛斯的雕塑《维纳斯》和同在卢浮宫绘画馆展出的意大利文艺复兴时期著名画家达·芬奇的名画《蒙娜丽莎》并称为卢浮宫的“三大镇馆之宝”。

说到卢浮宫的绘画馆，它所收藏的绘画作品之全之稀有也是同类艺术馆所无可比拟的。该馆总共设有35个展厅，2 200余件作品，约三分之二出自法国本土的名画家之手，其余三分之一左右则来自外国画家，而且在这些作品中，自文艺复兴后的14至19世纪各种主要绘画流派的经典代表作在这里均有展示，除了藏有上文提及的号称卢浮宫“三大镇馆之宝”之一的达·芬奇的《蒙娜丽莎》，比较杰出的展品还有让·富凯的《查理七世像》(15世纪)、拉斐尔的《美丽的园丁》(16世纪)、勒南的《农家》和夏尔·勒布伦的《大法官塞吉埃》(17世纪)、亚森特·里戈的《国王路易十四像》和弗朗索瓦·布歇的《狄安娜出浴图》(18世纪)、安格尔的《土耳其浴室》和米勒《拾穗》(19世纪)等。

说完卢浮宫，接着说凡尔赛宫。它与中国北京故宫、英国白金汉宫、美国白宫和俄罗斯克里姆林宫并称世界五大宫殿，1997年即被联合国教科文组织列入世界文化遗产名录。驰名于世的凡尔赛宫，犹如人类艺术宝库中的一颗耀眼夺目的明珠镶嵌在法兰西的大地上。它的设计者是法国造园家、路易十四的首席园林师安德烈·勒·诺特尔(凡尔赛宫令其名垂青史，被誉为“皇家造园师和造园师之王”)，他在世期间，深受国王恩宠，其园林设计风格通过他的弟子传遍欧美。凡尔赛宫代表了法国古典园林的顶尖水平。这座宫殿坐落于巴黎城西南18公里的凡尔赛镇，始建于路易十四时代，至今已有300多年的历史。这里原是一片荒无人烟的丛林沼泽地。16世纪早些时候，法王路易十三买下了这块风水宝地，并将其修建成了一座用于狩猎的简易行宫。以后又经几代王朝增扩，形成如今拥有 2 300 个房间、67 个楼梯和 5 210 件家具的大型王宫。自 1682—1789 年，凡尔赛宫作为法兰西的王室宫廷，历时长达 107 年。1682 年，路易十四时代，法国王室奉国王之命，将宫廷从巴黎城迁往凡尔赛。之后不断完善和扩建，使这座宫殿主体及其附属的花园建设规模空前，成为全欧洲占地面积最大、气势最雄伟、最豪华的宫殿建筑和贵族活动中心、艺术中心和文化时尚的发源地。据有关史料介绍，在这座宫殿的鼎盛时期，居住在宫中的国王和王后、王子公主、亲王贵族、大主教及各类仆役侍从等不下 36 000 人。据说，为了凡尔赛宫的安全，宫内还驻守着瑞士的百人卫队、苏格兰卫队、宫廷警察和 6 000 名王家卫队、4 000 名步兵以及 4 000 名铁骑，可谓壁垒森严。骄奢好色、拥有众多“正式情妇”的路易十四，为了安置这些他心爱的女人，又增建了大特利亚农宫和马尔里宫。继承者路易十五、路易十六又在各自的执政时期建造了小特利亚农宫和瑞士农庄等建筑。到了 1762 年，法国的王室也由巴黎卢浮宫迁来凡尔赛宫。直到 1789 年法国大革命爆发，路易十六于 10 月 6 日被闯入凡尔赛宫的起义民众挟持到巴黎城内，后被推上断头台。至此，凡尔赛宫作为王宫的历史才宣告结束。随后而来的法国大革命的恐怖时期，更是令这座宫殿屡遭洗劫，以致宫中原有的壁画、挂毯、吊灯、桌椅等家具陈设惨遭洗劫。1793 年，宫内残存的艺术品和设备全部被运往卢浮宫。此后凡尔赛宫沦为废墟长达 40 年之久，直到奥尔良王朝时代，其命运才出现了新的转机，国王路易·菲利普下令整修凡尔赛宫，并决定将其改为历史博物馆，至此，凡尔赛宫才终于摆脱颓势，迎来转机，并开始重振雄风。

法国巴黎凡尔赛宫后花园

凡尔赛宫，就其风格而言，是典型法国古典主义的宫殿建筑。就建筑的立面而言，它是标准的古典主义三段式，即将立面划分为纵、横三段，整个建筑呈左右对称状，整个宫殿的造型轮廓规整清晰，整体感浑厚、庄重而不失雄伟，故有人甚至将其称为自文艺复兴以来古典主义理性美宫殿建筑的杰出代表。不过，综观凡尔赛宫殿的整个内部装饰，除了个别厅室是洛可可式的风格外，其设计的主流则给人以巴洛克式的风格印象。我们知道，巴洛克式作为一种艺术风格，最早出现在意大利，是17世纪初至18世纪上半叶流行于欧洲的主要艺术风格。巴洛克风格从其诞生之初就深深烙刻了罗马教廷和皇室宫廷的印记，故凡尔赛宫所选用的都是贵重材料，它的装饰充满典雅高贵和奢华雍容。这样的气质和情韵既有庄严深沉的宗教特色，又有享乐主义的风格倾向。凡尔赛宫建筑无论是其外在形象还是内在装饰，均以色彩富丽示人，这也是它的一大特色。装饰上，它采用花样繁多的装饰，做大面积的雕刻、金箔贴面、描金涂漆处理，在色彩的处理和运用上面虽然手法丰富，但均能做到合理有序、多而不乱、彼此辉映，相得益彰，不会给人产生某种视觉上的杂乱无章感。凡尔赛宫殿的室内装饰强调物体线型的流动变化。运动与变化可以说是巴洛克艺术的灵魂，因此，巴洛克风格的装饰往往习惯于钟爱运用曲线、弧面，借以突出室内建筑物体的动感和线型流动的视觉变化。最后一点是凡尔赛宫殿建筑艺术注重其外观形状的整体性（无论是建筑物外形还是内在装饰均是如此），例如，体现在宫内家具设施等的外观装饰上，除了精致的雕刻之外，金箔贴面、描金填彩涂漆以及细腻的薄木拼花装饰等均很盛行。总而言之，富具古典主义造型风格的凡尔赛宫不仅外观以庄严宏伟示人，其内部陈设也是极具艺术内涵和魅力，殿厅间室无一不是精雕细刻、金碧辉煌。

凡尔赛宫是世界建筑艺术史上的一座丰碑。这座宫殿的风格特征反映了当时法国社会的政治、经济、宗教、文化艺术乃至时代的风尚和生活理念。这座宫殿的诞生，让世人看到了人类文明发展能达到的一个前所未有的境界和高度。凡尔赛宫是欧洲自古希腊罗马以来第一次展示出专制王朝政体在人力、物力、财力以及建筑技术和文化艺术等方面所拥有的巨大掌控力。为了建筑这座宫殿，路易十四动用了3万多名工人和建筑设计师、园林师、园艺师、装潢师、工程师、画家、雕刻师、技师和工匠、艺人等。此外，还要解决诸如宫殿内外的道路设施、水资源供应（引水工程）以及建造这样一座规模巨大的建筑群所需要解决（或会随时遇到意想不到）的种种困难、障碍和问题。由此可见，凡尔赛宫建筑群的横空出世，有力地向世人证明了当时法国的政治、经济实力和包括建筑在内的技术水平以及法兰西人民的文明与智慧。它那气势恢宏而又沉稳庄严的外观和严格规整的园林设计其实是当时法国封建专制统治巅峰时期文化上古典主义的一个表征，其对后世的影响是很深的。此后的数百年，凡尔赛宫风格便风靡欧洲，欧洲各国的皇家园林趋之若鹜地唯凡尔赛宫马首是瞻，几乎一边倒地遵循、学习或模仿凡尔赛宫，如俄罗斯帝国沙皇彼得大帝在圣彼得堡郊外修造的夏宫，神圣罗马皇后、奥地利大公、波西米亚女王玛丽亚·特蕾西亚在维也纳修建的美泉宫，巴伐利亚国王路德维希二世修建的海伦西姆湖宫等，均属此类。由此可见凡尔赛宫的历史价值、地位及其深远的历史影响。

说到法国的名胜，不讲埃菲尔铁塔和巴黎圣母院，似乎说不过去。我们知道，埃菲尔铁塔竣工于1889年，耸立于塞纳河畔南岸巴黎战神广场，是巴黎的地标，也是法国文化的象征和骄傲。有法国人将其爱称为“铁娘子”。说起这座铁塔，还有一段历史背景故事。刚刚摆脱了普法战争耻辱和阴影的法国，为了显示其国力和国威，1884年议会决定将于

1889年5月5日至11月6日在巴黎举办“世界博览会”，旨在庆祝法国大革命胜利100周年，并在巴黎的战神广场修建一座高塔以示法国的荣光而面向世界进行招标。建成后的铁塔高达300米，加上天线高度24米，故其总高度为324米。除了四个铁塔脚是用钢筋水泥外，铁塔身子的其余部分均由钢铁构建而成，犹如一堆模型组件。铁塔共分三层，顶层设有观景台，从塔座到塔顶总共需登1 711个阶梯。当然，现在早已设有升降电梯，游客也无须逐层拾级而上，乘直升梯上去参观即可。每次去巴黎，我都要去登顶埃菲尔铁塔，因为它太有吸引力了。登上这座世界高塔，美丽的塞纳河及其两岸风光尽收眼底，整个巴黎城全在观赏者的视域中。尤其是金风送爽的秋季，选一个碧空如洗的晴好日子，登顶埃菲尔铁塔，映入旅者眼帘的必然是美不胜收的法兰西风情。埃菲尔铁塔在一个多世纪前的横空出世，从表面看似乎是一个带有很大偶然性的历史个案，其实，它是人类文化文明史上的一个必然产物。它的诞生，标志着当时席卷世界的工业革命发展到了一个前所未有的崭新高度。这座原先准备在庆祝法国大革命胜利100周年纪念的世博会结束后拆除的建筑竟成了欧洲工业革命的象征和人类建筑史上的技术杰作，曾经保持世界最高建筑的荣誉称号长达45年，直到1931年，总共77层、高320米、坐落于美国纽约市中心的克莱斯勒大厦落成后才退居第二。有人甚至将埃菲尔铁塔和巴黎圣母院视为现代巴黎和古代巴黎的两个不同象征。埃菲尔铁塔代表着19世纪下半叶欧洲由古典主义传统向现代主义开始逐渐过渡的特定历史时期。

作为古代巴黎象征的巴黎圣母院也值得推荐。巴黎圣母院是一座坐落于法国巴黎市中心西岱岛上的教堂，也是天主教巴黎总教区的主教座堂。它始建于1163年，初步落成于1250年，直到1345年整座教堂才全部建造完毕，历时达180多年，因此，屈指数来，这座教堂距今已有800多年的历史。巴黎圣母院，就其建筑风格而言，是典型的哥特式教堂建筑，是法兰西诸多哥特式教堂中极具代表性的一座。哥特式建筑是一种兴盛于中世纪的建筑风格。此种建筑风格早先是由罗曼式建筑发展演进而来，后来又为文艺复兴时期的建筑所继承和发扬，一直绵延至16世纪。哥特式建筑的主要特征包括尖形拱门、肋状拱顶与飞拱、花窗玻璃、十字平面、束柱和圣经故事绘画等。这些特征在巴黎圣母院体现得尤为明显。哥特式教堂建筑的整体风格均为高耸，且穹顶带尖，这种给人跃跃升天之感的卓越建筑技艺所产生的艺术视觉效果，表现了神秘、哀婉、崇高、强烈的宗教情感，对后世其他艺术均有重大影响。如今，巴黎圣母院早已被列入联合国教科文组织的世界文化遗产名录，它同时也作为主教座堂和教堂知识学科的研究对象而受到世人的关注、推崇乃至热捧。巴黎圣母院大教堂作为法国哥特式建筑艺术的早期作品之一，它的出现也是当时法兰西历史和时代发展使然。在12—15世纪，法兰西的城市手工业和商业行会就已经相当发达，市民们以极高的热情建造教堂，以此相互争胜来表现自己的城市风貌和特色。当时的教堂已不再是纯粹的宗教性建筑物，它已经成为城市的公共活动中心，成为市民聚合的大会堂和公共礼堂，甚至可用作自由买卖的贸易市场和看戏的剧场。在宗教节日，教堂往往成为热闹的赛会场地。第一座哥特式教堂不是巴黎圣母院，而是始建于1143年、坐落于法国巴黎大区圣丹尼市市中心的圣丹尼教堂。圣丹尼教堂在技术方面不但巧妙地解决了各拱间的肋架拱顶结构等问题，而且它的大面积花窗玻璃装饰风格，也为以后建造的许多教堂所追捧和效仿。1144 年，在庆祝圣丹尼教堂修建完成举行的典礼上，各国的主教们无不惊骇地发现这种教堂建筑的风格和形式有着不可抵挡的魅力。于是若干年之后，凡早先有代表参加过此次圣丹尼教堂庆典的地区都出现了哥特式教堂及其修建的热潮。例如，始建于 1176 年的法国斯特拉斯堡的教堂（又称圣母教堂）就是例证。由此可见，圣丹尼教堂的风格特征和它的魅力及影响力。我想，始建于 1163 年，最后全部完工于 1345 年的巴黎圣母院一定在相当大的程度上受其影响。

巴黎圣母院的外形很美，很有特色，让人一睹不忘，百看不厌。这座教堂的建造全部采用优质石材。几百年来，历尽风雨沧桑，依然庄严肃穆、巍然屹立、傲然于世、雄风犹存，甚而被 19 世纪的法国浪漫主义作家维克多·雨果誉为“石头的交响乐”。巴黎圣母院的伟岸高耸，使其在整个巴黎市中心显得尤为抢眼。人们即便站在较为远端的塞纳河畔，也能一眼望见高耸云天的教堂主体及其错落有致的林立尖顶，它犹如凝固的音乐，让世人从中读到史诗般的节奏，聆听到了中世纪圣乐的超时空律动。正是从这个意义上我们完全可以这样说，巴黎圣母院是古代教堂建筑艺术的卓越典范，是中世纪欧洲艺术家留给后世的一部超时空旷世杰作。它不但具有深厚的宗教学价值和建筑学价值，同时更具有卓越的艺术独创及其审美学价值。曾有学者在谈到巴黎圣母院的艺术水准和美学价值时如是评述：巴黎圣母院的主立面是世界上哥特式建筑中最美妙、最和谐的，水平与竖直的比例近乎黄金分割率之比（1∶0.618），立柱和装饰带将立面分为 9 块小的黄金比矩形，显得十分和谐匀称。巴黎圣母院大教堂作为欧洲大陆早期哥特式建筑艺术的代表，一路风雨兼程地走来，沐浴过文艺复兴的曙光，接受过古典主义的洗礼，迎来了科学时代的明丽春风，如今则继续朝着新世纪的发展方向庄严神圣而又从容不迫地走向未来……

本书著者在法国巴黎圣母院

最后，我们谈谈法国的民俗民风。法国人有许多与众不同的个性特征。就拿待人接物来说，法国人与同是西欧地区的德国人、英国人等都有很大的不同。首先，法国人生性活泼好动，喜欢社交，也善于交际。社交是法国人的一项必不可少的生活内容，没有社交的生活，对法国人来说是不可想象的。因此，法国人普遍喜欢生性外向、性格开朗的人，也乐于同这样的人打交道。他们一般不喜欢性格内向、沉默寡言的人。因为，在他们看来，这样的人比较沉闷，情商也不会很高，与其交流起来比较无趣。其次，法国人天性浪漫和诙谐幽默，平时在人际交往中大都爽朗热情，朋友间爱开玩笑，也不乏互相调侃抬杠、逗乐解闷。也许是受他们的传统文化影响，法国人不仅喜欢浪漫的人生旅程和经历，而且更爱人生的挑战或历险。再次，崇尚并追求自由。法国人渴望和追求自由是全世界出了名的，自由、平等、博爱不仅是法国人民共同的信条，同时作为法兰西民族的律条写入国家宪法，并在国徽上明确标示。最后，法国人的民族自尊心和民族自尊感极强。法兰西民族伟大的心理意识时时在这个国家的国民心中开花、荡漾。法国人钟爱国货，不轻易推崇外来的东西。不过，他们的这种自尊骄傲是有理由的：法国的时装登顶世界时装业；法国的美食和艺术品在全世界也有口皆碑；还有法国香水，不知迷倒过多少追赶时尚的消费者。如此，法国人那种“世间的一切都是法国最棒”的民族自尊心和民族自豪感，就不难理解了。在法国期间，我注意到，同是西方人，法国人与英国人、美国人就是不一样。同样作为陌生人走在马路上，如果对面走来的英国绅士，对方一定彬彬有礼地与你目光对视，并首先报以“Hello”；如果对方走来的是一个美国人，那他一定是从老远就“Hello、Hello”地主动与你打招呼。然而，法国人就不一样了。当你与他在同一道上对面走来，如果你不首先打招呼，那他一般不会首先给你来个“你好”。还有，法国人习惯于用法语与人交谈（尽管他们也能听能说英语）。所以说，在与法国人进行交流时，如能讲几句法语，一定会增加对方对你的热情程度，否则，意思就差多了。我国的年轻人去美国、英国、加拿大、澳大利亚等国留学的不少，但去法国的却不多，这是为什么？在我看来，这与法国人的民族自尊心、他们对外国人的态度（涉外心态）和情感交流方式以及法语语种本身的特殊性等诸因素均有一定的因果关联。由于历史的原因，在法兰西民族的男人身上迄今仍然留有骑士的古风，翻开法兰西的历史，我们不难看到，所谓的“骑士风度”，乃中世纪法国的一大创造。法国社会尊重妇女，作为具有骑士风度的法国男人，他们更是对女士尊重有加，比如，当男女见面时，男士要待女士先伸出手后才能与之相握，如果女士不主动伸出手来，无握手之意，男士就应该点头鞠躬致意，而不可主动伸出手执意与女士握手。在男女初次见面时，女士可以不与男士握手，点头致意即可。还有，如果是在人家家里做客，或是在别的其他社交场合，如遇到女士入室，此时，原先已在室内的男士必须起立；如果此时进来的男士年龄和地位比自己高，室内男士也应起立，而女士则没有这个必要。只是当给女士介绍男主人和主宾及年龄较自己大得多的宾客时，女士才需起立。如果遇到在饭店一同就餐，男士就应自动走在前面，并主动为女士引道开门，帮女士将椅子挪到合适的位置；落座后，在征得女士首肯后方可开始点菜；待用餐完毕，男士应请女士先行离席，如果与女士同乘一辆小汽车，女士先上后下。在法国，送礼是情谊的标志和象征，如果对别人送来的礼物拒收，那是一件很失礼的事，相反，应该立即表示感谢，尤其是女士送的礼物，更应如此。因为，在法国，女士在任何时候任何情况下都是应该受到全方位的礼遇和厚待。说了那么多，我想，法国女人如此优雅浪漫、风情万种、令人迷醉，可能与“骑士”们平日里的呵护和娇宠不无关系。用我们今天北京人的话来说就是“给惯的”，难道不是吗？

与欧洲其他许多国家一样，法兰西是一个非常注重礼节和礼仪的国家。除了日常的礼节是握手、拥抱、吻面(脸颊)外,法国人在社交场合非常注重衣着修饰,这一点,男女都一样,尤其是女性。要知道,法国人讲究服饰穿戴是全世界出了名的。时装界流行的所谓“巴黎式样”就是意味着新潮和时尚,也是新潮和时髦的代名词。不过,注重服饰穿戴和讲究时髦、时尚可不是一句空泛的说辞,它是富有实际内涵的。要想让自己在公众或社交场合给人留下深刻印象,首先就应该做到穿戴得体有度,而要做到这一点,服装的颜色(色彩、色调)和穿戴物(如领带、领结、围巾、帽子、鞋子、手表、腰带、眼镜、头饰、首饰、胸花等)之间的有机合理搭配都是非常非常重要的(由此可见穿戴者的审美格调和情趣品位),这里甚至可以说是“细节决定成败”。在这一点上,法国人(尤其是法国女士)是不厌其烦、不遗余力,她们的确是做得非常到位、非常成功。在一般的正式场合,法国的男士穿西装,女士则穿套裙或连衣裙,颜色一般以黑色、灰色或蓝色、深蓝色为主,其衣料质地多为优质纯毛料。如果要出席一些重要的庆典仪式,法国人的着装就更为讲究:一般男士必须穿礼服(这种礼服大多是配以蝴蝶结的燕尾服,也可以是纯黑色的毛料西装套装);女士则穿连衣裙式的单色晚礼服或小礼服。

除了衣着礼仪,法国人的餐饮习惯也是非常了得,换一句话说,法国人的饮食非常讲究。他们偏爱酸、咸、甜和鲜、浓、肥、嫩的烹调口味。作为誉满全球的世界三大烹饪王国之一,法国的菜肴烹饪在西餐中是堪称最为地道正宗的。在饮食上,他们不但讲究,而且舍得花钱。这个国家居民的主食是米面,尤其对面食情有独钟。法国人爱吃点心,因此,法式面包的种类繁多,吃法也多样。法国人大多爱吃奶酪,那些肥嫩的鸡肉、牛肉、猪肉、羊肉和鹅肝、鱼子酱等也是法国人所爱。他们也吃鸡蛋和鱼虾类水产食品,有时也愿意品尝诸如蜗牛、蚯蚓、马兰一类的新奇时鲜食品,但不吃带鱼、鲳鱼等无鳞类鱼和带有尖利骨刺的鱼,更不吃肥肉、动物内脏(鹅肝除外)等。法国人在日常烹饪和餐饮中也喜欢用香菜、丁香、大蒜、胡椒和西红柿汁等作调料,他们对那些通过煎、炸、炒、烧、烤的制法烹调出来的菜肴食品(如脆皮炸鸡、炒虾仁、菠萝火鸡和拔丝苹果等)尤其喜欢。法国红酒驰名世界,饮酒的爱好和习惯是法兰西民族的一种传统文化。因此,即便是那些平时不怎么喜欢喝红酒的人,也常喝啤酒之类的饮品。此外,法国人也习惯于喝矿泉水、苏打水、橘子汁或咖啡、红茶等。然而,法国人是非常讲究餐饮礼仪的,他们除了特别善饮,每餐必喝外,还非常讲究餐桌上所出现的不同种类的酒品与不同种类的菜肴之间的相应的合理搭配。另外,法国人在用餐时,允许将双手放在餐桌上,但万万不可以将两肘在餐桌上呈支撑状(这样的形状确实有点儿不雅)。刀叉的使用也很有讲究,比如,人们在放下刀叉时,往往习惯于将其一半放在餐碟上,一半放在餐桌上。据说,法国人钟爱水果,尤其是钟爱甘甜中略带微酸的菠萝,除此之外,草莓、樱桃、梨、苹果、葡萄、猕猴桃等也是法国人的心头好。难怪法国女性中的美人比例偏高,皮肤白净而又水灵,除了化妆品和香水,是否与法兰西的女士们天生爱吃各种水果有关?

尽管法国人在他们的生活中有许多爱好,然而,这个民族的人们也有一些禁忌,比如,他们与其他一些欧洲国家一样,比较忌讳“星期五”和数字“13”(巴黎第十三大学除外);法国人大多喜爱蓝色、白色和红色(法兰西的国旗便是由这三种颜色组成),而比较忌讳和排斥黄色和墨绿色，据说理由是：黄色是僧侣专用的颜色，墨绿色则是纳粹法西斯军服的颜色。还有，法国的国花是鸢尾花，这是法国由来已久的历史传统文化的标志和象征，因此，其他一些诸如玫瑰、牡丹、水仙、杜鹃等一般不宜随便送给法国人。再有，法国人在人际交往中十分看重礼物的馈赠，但赠礼是有讲究的，最好选择一些具有艺术品位、艺术价值或具有纪念意义的物品，不宜给亲朋好友赠送餐具用品或明显带有广告标志的物品，更切忌将锋利的刀、剪、剑类作为礼物赠人。还有，男士向关系尚属一般的女士赠送香水，也会被认为是一种不合适的行为举动而遭非议或诟病。

法国俨然是欧洲的一面旗帜，这个古老的国家和民族能走到今天这样已经实属不易。这是一个崇尚自由、张扬个性的国度，一个以时装与红酒驰名世界的国度，更是一个优雅和浪漫情怀兼备的国度，如今的法国不但具有深厚的历史文化底蕴，而且更具现代活力。它的自然文化遗产和诺贝尔得奖人数都让世人瞩目，埃菲尔铁塔、巴黎圣母院、卢浮宫和凡尔赛宫代表着法兰西民族的辉煌灿烂，象征着欧洲的文明与骄傲，它们不但属于巴黎，属于法国，更是属于世界。愿北京与巴黎、中国与法国、亚洲与欧洲、东方的文化文明与西方的文化文明在不断地接触、交流、碰撞和融合中优势互补，相得益彰，发展前进，以更加炽盛的光焰，昭示人类，光耀世界！

走在塞万提斯的故乡

——别样的西班牙

伟大的欧洲，是当今人类政治、经济、文化和高新科技最为繁荣发达的地区之一，这个号称被上帝亲吻过的地方，是由众多大小不等的国家所组成，其中大多数国家都是玲珑剔透、精巧别致，它们各有特点、难分伯仲。今天我要在这里与读者们分享的是我对欧洲的翘楚——西班牙的目光所及和心灵感受。

西班牙，全称西班牙王国，是一个位于欧洲西南伊比利亚半岛的君主立宪制国家，欧洲文艺复兴时期伟大作家塞万提斯和已故前国际奥委会主席萨马兰奇的故乡。西班牙地处欧非交界，它的西部与同处于伊比利亚半岛的葡萄牙为邻，北部濒临比斯开湾，南隔直布罗陀海峡而与非洲的摩洛哥遥遥相望，东北部则紧挨法国和安道尔，其领土还包括地中海中的巴利阿里群岛、大西洋的加那利群岛及非洲的休达和梅利利亚。西班牙的国土面积有 50.6 万平方公里，其海岸线长达 7 800 公里，而且是一个多山之国。西班牙是欧洲列国中人口密度最低的国家之一，也是目前世界上人口出生率最低的高福利国家。这个国

西班牙传统的斗牛表演

家拥有大量的古代建筑和历史名胜，其文化遗产数量位居世界第三，因此，它的旅游业尤其发达，2018 年西班牙入境旅游人数位居世界第二，入境旅游收入居世界第二。西班牙还是一个长寿之国，其国民的总体平均寿命高达 82 岁。考察期间，令我万万没有想到的是（也许是孤陋寡闻了），这个国土面积不算很大、人口只有 4 600 多万的西班牙，竟然还是迄今世界上少数几个能制造航空母舰的国家之一，不由得令我对之刮目、肃然起敬。

西班牙，拥有悠久的历史，它起始于伊利比亚史早期，据人类考古学的权威论证，人类在欧洲居住的最早记录就是在西班牙的阿塔普埃尔山发现的。大约自公元前 11 世纪至公元 5 世纪之间，西班牙曾先后遭到伊贝洛族、塔尔提西奥族、腓尼基人、希腊人、凯尔特族的入侵。之后，凯尔特族和伊贝洛族融为一体，从而衍变成半岛上颇为独特的凯尔提贝洛新生代一族。继此之后，迦太基人和罗马人先后陆续侵入，从而使西班牙成了罗马帝国西边的势力范围。罗马人的入侵对现代西班牙的语言、宗教和法律等产生了深远的影响，直到今天，凡到西班牙观光考察的旅者，都可以从古罗马人在伊比利亚半岛残留的遗迹中，领略到当年那铁骑奔腾、外族入侵的历史硝烟。到了公元 5 世纪，第一批日耳曼部落入侵伊比利亚半岛。到了公元 6—7 世纪，西哥特人入侵并建立王国，定都托雷多。今天的旅者，只要在西班牙稍加留意，当年西哥特人遗留下的文化斑痕就会随时映入眼帘。到了 8 世纪，信仰伊斯兰教的北非摩尔人入侵西班牙，自此到 15 世纪，西班牙处于摩尔人统治之下。西班牙人开始了旷日持久的收复失地、驱逐入侵者的战争，这场战争一直持续到 1492 年，摩尔人首都格拉纳达终被攻陷，在卡斯蒂利亚王国和阿拉贡王国联合的基础上成立了西班牙王国，至此，西班牙的复国运动宣告完成。

同年，航海探险家哥伦布首次率领一支庞大的船队扬帆出海寻找新大陆，由此揭开了西班牙兴盛的序幕。船队由西班牙巴罗斯港出发，10 月 12 日发现了美洲新大陆，并遂即登上巴哈马的圣萨尔瓦多岛，然后带了几个当地土著人及一些相关物品打道回府。自哥伦布发现西印度群岛后，西班牙便逐渐成为海上强国，并取得了海上霸主地位后。之后，它又将殖民的目光转向拉美，在对这些地区的征服和占领的过程中，西班牙将殖民地疆域扩张到大西洋的彼岸和菲律宾。1512 年，西班牙终于完成了国家的独立和统一。到了 15 世纪末，西班牙俨然已经成了一个殖民大国。正是通过其殖民侵略和通过对美洲掠夺所获取的巨大财富，从而使其成为 16 世纪欧洲综合国力最强大的殖民帝国和海上霸主。为了扩张和掠夺，西班牙对殖民地土著实施种族灭绝式的血腥屠杀，这引发当地原住民的持续反抗斗争，最终使其国力衰退。18 世纪，西班牙又发生了君主王位继承之战争，这场战争使西班牙的危机雪上加霜，其间向英国割让了直布罗陀，并陆续丧失了葡萄牙和荷兰的领土，从而陷入了毁灭性的灾难。这次战争让西班牙先后痛失卢森堡、比利时和米兰等要地。到了 19 世纪，又遭法国拿破仑军队的入侵，整个 19 世纪的大部分时间，西班牙几乎都在与法国作殊死的抗争，这时，精疲力竭的西班牙也失去了在美洲的殖民地，并于 1898 年引发了美国为夺取古巴、波多黎各和菲律宾等西班牙属地而发动的美西战争。这次战争也就是人类历史上列强为了重新瓜分殖民地而爆发的第一次帝国主义战争，西班牙作为交战国的一方，扮演了重要角色，但最终以失败告终，不但丧失了所有的海外殖民地，而且也丧失了国际大国的地位，昔日不可一世的殖民帝国至此终于雄风不再。进入20世纪后，西班牙享有一段较为短暂的和平时期。1931年建立第二共和国，但由于持各种不同政见的党派日益增多，加上各方面的压力以及始终未能得到有效控制的各种暴力活动，故终于20世纪40年代爆发内战，以佛朗哥为首的国家主义者打败了共和党人而上台执政，从而开始了佛朗哥长达36年之久的专制统治。

从20世纪70年代开始，命运多舛的西班牙终于时来运转，迎来了它的光辉岁月。西班牙与时俱进，逐步转变成为一个拥有繁荣旅游业的现代工业经济强国。1975年独裁者佛朗哥寿终正寝，由他生前指定的继承者卡洛斯王子先是接受赐予给他的国王和国家元首头衔，但在实际操作上却有意将西班牙朝着更理性、更健康、更文明的现代化民主国家的方向转变。1976年7月，国王任命原国民运动秘书长苏亚雷斯为西班牙首相，这就意味着这个国家已经开始向西方议会民主政治制度的方向迈出了关键性的一步，也表明了现有的西班牙政权同佛朗哥的独裁政权体制进行了彻底的切割。

总之，西班牙自史前时代以来就一直受到外来影响，除原始时期外，它先后经历了异族统治、海洋强国和共和国等几个重要的历史发展阶段。中世纪时曾有多个国家并立，直到15世纪才建立了统一独立的国家形态。在欧洲乃至世界近代史上，西班牙是一个重要的文化发源地，在文艺复兴时期是欧洲最强大的国家。尤其是在15世纪中至16世纪末期成为影响全球的"日不落帝国"，当时，用西班牙语作为官方语言使用的国家数量竟居世界第二（仅次于英语），由此可见其世界影响力。

西班牙是欧洲的重要旅游大国，其旅游业非常发达。西班牙自1982年加入《保护世界文化与自然遗产公约》缔约国行列以来，截至2019年7月，经联合国教科文组织审核被批准列入《世界遗产名录》的西班牙世界遗产竟高达48项，在数量上位居世界第三，仅次于意大利和中国。由此可见，西班牙拥有丰富的旅游资源。有人说，位于欧洲西南伊比利亚半岛上的西班牙，是一片充满热情、挥洒艺术气息的乐土，素以斗牛、舞蹈和吉他弹唱名扬天下。在我看来，此言不为过。斗牛是西班牙的传统民族文化，也是这个国家的品牌、名片和经典国粹。西班牙不仅拥有悠久而又厚重的历史，而且拥有迄今犹在的尊贵王室、浪漫的吉他民谣以及热烈奔放的弗拉明戈舞蹈。由于地处半岛，西班牙的大部分地区气候温润、山清水秀、阳光明丽，尤其在它那长达3 000多公里蜿蜒曲折的海岸线上，更是遍布着许多天然的海滨浴场。西班牙拥有许多王宫、城堡和教堂，还有许多古老而又富具民族特色的文化传统和别具一格的民族文化娱乐活动。西班牙有许多著名的游览胜地，如首都马德里、巴塞罗那、塞维利亚、加拿利群岛、太阳海岸的地中海沙滩等。西班牙还拥有数不胜数的历史文化遗产，供全世界的旅者去浏览和鉴赏，比如科尔多瓦历史中心、格拉纳达德阿兰布拉宫、布尔戈斯大教堂、埃斯科里亚尔修道院、巴塞罗那的圭尔公园、阿尔塔米拉洞窟、塞哥维亚古镇及高架引水渠、阿斯图里亚斯王国时期教堂、圣地亚哥-德孔波斯特拉古城、阿维拉古镇及城外教堂、特鲁埃尔的穆德哈尔式建筑、历史名城托莱多、卡塞雷斯古镇、塞维利亚大教堂、埃库莱斯（又译为海克力士）灯塔等等。尽管我以前去过世界的许多地方，然而，却从来没有见到过有如此密集荟萃的珍贵历史人文遗产"群落"。有的遗产的珍贵度和稀有性犹如凤毛麟角，比如上述的埃库莱斯灯塔。这座建于古罗马时期现仍在使用中的灯塔，迄今已有约 1 900 年的历史。灯塔塔高 55 米，尽管历经沧桑，却一直雄姿勃发地屹立在西班牙拉科鲁尼亚附近的一个半岛上。2009 年 6 月 27 日，联合国教科文组织世界遗产委员会将埃库莱斯灯塔列入《世界遗产名录》。

尽管西班牙列入《世界遗产名录》的数量排名世界第三，但西班牙国土面积只有 50.6 万平方公里，可见西班牙世界文化遗产的密集程度。在这个世界遗产密集的国度中，还有更密集的地区，那就是这个国家的卡斯蒂利亚-莱昂自治区。仅这一地区，被列入《世界遗产名录》的就有 10 项，占西班牙全国世界遗产名录总数的 22%。其次是安达卢西亚自治区和加泰罗尼亚自治区。来到西班牙，无论是深入古原始洞穴（如阿尔塔米拉洞穴），登上古城遗址（卢戈的罗马城墙），还是漫步于西班牙人亲手创造的古建筑群落和雄伟的教堂（如布尔戈斯大教堂），扑面而来的古典风情和历史气息给前来光顾、身临其境的旅者以深深的震撼，他们似乎回到了文艺复兴，回到了中世纪、回到了古罗马时期甚至更遥远的史前时代！

西班牙的文化遗产主要包括史前（岩画）洞穴、古城（考古）遗址、皇宫、城墙、要塞、古堡、教堂、寺庙和修道院等。例如，公元 8 世纪，摩尔人占领了西班牙，科尔多瓦进入了它的鼎盛时期，在此期间，城中 300 多座清真寺拔地而起，众多宫殿和公共建筑与君士坦丁堡、大马士革和巴格达的繁荣辉煌竞相媲美。公元 13 世纪，西班牙国王费尔南德三世时期，科尔多瓦大清真寺被改建成大教堂，一些新的防御性建筑也一并得以修建，其中特别著名的有基督教国王城堡和卡拉奥拉高塔要塞等。大约修建于公元 50 年前后，迄今保存完好，令世人惊骇的塞哥维亚输水道，以双层拱洞为特点，其与众不同的奇特造型格外夺人眼球，给世人留下深刻印象，以致成了塞哥维亚历史古城一道最为亮丽的风景。在这里，旅者还可以参观始建于公元 11 世纪，竣工于 16 世纪的阿尔卡萨尔教堂。这是一座呈典型哥特式风格的著名教堂，它坐落于西班牙西北部加利西亚自治区境内的德孔波斯特拉古城，是一个著名的朝觐圣址。它于公元 10 世纪末遭到严重损毁，但在 11 世纪又得以彻底重建。这里特别要指出的是，圣地亚哥古城建有各色各样的罗马建筑、哥特式建筑和巴洛克式建筑，堪称世界上最美的城市之一，城内那些稀有的文物古迹一般都坐落于圣雅各坟墓和奉有圣雅各圣骨的教堂周围。与德孔波斯特拉古城处于同一地区并具有两千多年历史的西班牙古代历史名城——托莱多城，曾先后是罗马帝国统治下的城市、西哥特王国的首都、科尔多瓦酋长国的要塞、基督教徒和摩尔人战斗的前线以及公元 16 世纪查尔斯五世统治时期最高权力时的所在地。这座城市的最与众不同之处就在于在同一种环境条件下竟孕育、承载了不同的文明。而之所以能产生（或承载）多种文明的主要原因是基于三种宗教，即犹太教、基督教和伊斯兰教在这块土地上的共同存在。西班牙著名的古代大学城——萨拉曼卡古城，这座位于西班牙首都马德里西北部的历史古城，最早于公元前 3 世纪被迦太基人征服，后来成了罗马人的居住地。此种状况一直维持到公元 11 世纪，被摩尔人占领。这里的大学是欧洲最古老的大学之一。萨拉曼卡古城的黄金鼎盛时期也令其大学发展达到了巅峰。在该城的中心，迄今仍有许多保存完好，具有罗马风格、哥特风格、摩尔风格和文艺复兴时期风格以及巴洛克风格的建筑物，尤其是市长大厦，以其别具风格的走廊和拱廊给前来观赏的人们留下难忘的印象。位于安达卢西亚自治区塞利维亚中心的三座著名建筑——大教堂、城堡和西印度群岛档案馆构成了一个气势宏大的古建筑群。其中，大教堂和城堡的历史可以追溯到13世纪中叶到16世纪，仅就建筑风格而言，两者均受摩尔风格之影响，它们同时也是阿尔默哈德文明和信仰基督教的安达卢西亚文明的历史见证。希拉尔达大寺院是阿尔默哈德时期的建筑杰作，它的侧旁是塞维利亚大教堂。这个教堂共有5个大殿组成，此乃欧洲大陆规模最大、气势最恢宏的哥特式建筑。在这里，我必须要特别强调指出的是，教堂内安放着西班牙探险家和航海家哥伦布的棺材。

西班牙除了有上述骄人的世界文化遗产，同时也有自己本民族长期以来所形成的民族习惯和人文风情。当然，在所有这些民族习惯和人文风情中，最著名最有代表性的无疑是他们的“斗牛”。西班牙斗牛，源于其先民的原始宗教活动。迄今，西班牙全国仍有300多个斗牛场，其中，最具规模的当数马德里的文塔斯斗牛场(可容纳25 000名观众)。每年的3月至10月是西班牙的斗牛季。西班牙斗牛是一项人与牛斗的运动，参与斗牛的人被称为斗牛士。“斗牛士”无疑是具有英雄气概的象征和称号。人类斗牛的历史源远流长，甚至可以追溯到史前时代的牛崇拜以及与此相关的岩洞壁画。作为西班牙经典国粹的“西班牙斗牛”，也已经有上千年的历史。据有关考古学的史料记载，早在阿尔达米拉岩洞中发现的新石器时代的岩洞壁画中，就已经出现了有关人与牛搏斗的形象描绘。有关史书也明确记载，历史上曾经一度统治过西班牙的古罗马大帝恺撒，就热衷于骑在马上与牛搏斗。之后，斗牛逐渐被发展演进成斗牛士只身站立地上与牛搏斗。至此，现代斗牛技术和风格的雏形算是基本形成。西班牙的斗牛竞技运动，一直被世人视为英勇善战的象征，这项运动在西班牙的贵族中尤为流行。写到这里，有一位西班牙斗牛史上的英雄不能不提，他的名字叫马诺莱特。他是西班牙现代最负盛名的斗牛士。马诺莱特所取得的成功和他于1947年悲剧性的死亡都成了这个国家的传奇。英雄离世时年仅30岁，噩耗传来，举国震惊。无论是传记作家还是历史学家，在谈到他的社会价值和历史贡献时都一致认为，这位斗牛士在佛朗哥独裁统治时期给人们带来了许多欢乐，帮他们减轻了心理压力和痛苦。在那个艰难时世，斗牛士和现在的摇滚明星一样受人欢迎。对马诺莱特深有研究的专家在谈到这位斗牛士为何如此名闻遐迩时这样写道：“马诺莱特之所以成为当时家喻户晓的名人，不是因为他在斗牛场上使用了新的方法，而是因为在电视出现之前，他把斗牛这项运动推向了一个全新的高潮，从而使之成为一项更受大众欢迎的娱乐活动。”比马诺莱特年轻10多岁、打小就受到马诺莱特新式斗技启发的著名西班牙斗牛士安托奈特表示：“虽然内战后数年里西班牙到处都是饥饿和痛苦的景象，但是，他却让许许多多人着迷。人们会说：‘为了能看到马诺莱特，就算抵押床垫我也干。’”安托奈特在9岁时就从马诺莱特的斗牛技术中得到启发，他说：“马诺莱特不仅用左手，而且还用右手。现在来看这种方法像家常便饭一样平凡，但在当时可非常了不起。他在斗牛场内外的高贵品格给人留下深刻印象。他过去不仅在大型斗牛场一展雄姿，而且还经常在村里为老百姓表演，因为他常说即使是穷人,也有看斗牛的权利。”马诺莱特的不幸去世是发生在安达卢西亚利纳雷斯的表演中,就在他独创著名新方法不久,就发生了这起轰动整个西班牙的公牛抵伤事件。24 小时后,这位英勇无畏、品格高尚的西班牙斗牛士因失血过多而不幸离世,令举国热爱斗牛运动的西班牙人扼腕叹息、悲痛不已。

西班牙是一个多民族国家,由 20 多个民族所组成,其中主要有卡斯蒂利亚人(即西班牙人)、加泰罗尼亚人、加利西亚人和巴克斯克人等。显然,卡斯蒂利亚(西班牙人)是西班牙的主流民族,这个民族的人除了在西班牙本土外,还分布于法国、德国、巴西、瑞士、墨西哥、阿根廷、委内瑞拉等地。如果有人要问西班牙人究竟有什么风格特点的话,据我观察,在西班牙人身上,普遍具有南欧人的性格特征:凡是观赏过西班牙斗牛的人都不难领略到斗牛士身上发散出的那种热情奔放、英气逼人、乐观向上、无拘无束的精神风貌。西班牙男人豪侠而英姿勃发,女人妩媚而柔情万种,灵动婉约。这些精神风貌与同是欧洲地区的英国人的矜持、德国人的古板、法国人的浪漫都有着明显的差别。西班牙人性格上的最大特点是豁达和乐观向上。在与西班牙人的交流交往中,我们不难发现,他们驾驭生活的信心和能力都很强。西班牙人普遍认为,人活着就应该“潇洒走一回”,要驾驭生活,不应成为生活的奴隶。只有将生活安排得丰富多彩,才能其乐无穷,才有生活质量,才能活出精气神。因此,体现在生活和工作方面,他们显得格外努力和自强不息,比如,他们做什么事总喜欢自己亲力亲为,尽量不求别人,不给别人添麻烦,更不愿意随随便便去依赖他人,即便是对于一些自己做起来颇有难度或者说力不从心的事,他们也要去试验和尝试。这个民族有一种一往无前、不服输的要强好胜精神,即使在尝试中失败了,他们也决不因此而懊丧、气馁、怨天尤人。在他们看来,只要用心去做了、努力了,这本身就是收获和成功。一些富于挑战和刺激性的事,更能激发起他们那种冒险和披荆斩棘、一往无前、迎头而上的拼搏勇气。另外,西班牙人的热情大方也是在全世界出了名的。凡是与西班牙人打过交道的人一般都会留下这样的印象:他们率真坦诚、谦和温良极易于接近。哪怕是初次交流,西班牙人也往往给人以犹如结识已久的老朋友那样的感觉,他们侃侃而谈,无拘无束。正是西班牙人的这种似乎是与生俱来的亲和力,给人以非常放松、舒适惬意的感觉。西班牙人做事认真且循规蹈矩,用我们中国人的话来说就是办事靠谱。正因为如此,所以,日常生活中,照章办事也是西班牙人的一大特点。我们中国人所说的“没有规矩,不成方圆”的处世理念在西班牙人那里也是深入人心,简直就成了他们的生活常识和准则。西班牙人平时经常挂在嘴边的一句口头禅就是:“按规定办吧!”在他们看来,“规定”“规矩”对他们来说很重要,是不能随意破坏的,一旦被破坏,就会出问题,生活就会乱了套。“规则”或“规矩”不是摆设,而是要让人们去共同遵守的准则。因此,西班牙人也很愿意用这些规定或规矩来规范和约束自己。西班牙人不但做事靠谱,讲究规矩,而且很善良,很好心。记得有一次我们一行前往当年哥伦布扬帆远航的出发地——巴罗斯港,许多西班牙人也在那里休闲度假。当我们围着那尊苍劲挺拔、雄姿勃发的哥伦布雕像观赏品评时,从离我们不远的一处葡萄架下,一群正在下棋或闲聊的老人中有人边一溜小跑边向着我们的方向大声地呼喊着“Molo,Molo,Molo……”开始,我们还不以为然,后来知道了事情的原委，我们才恍然大悟。原来，那里有不少从摩洛哥偷渡过来的非法移民，这些人不务正业，专门以偷窃甚或公然抢劫他人财物为生。他们在观光的游客中选定目标，择机实施偷窃或抢掠。刚才发生的一幕就是当地的西班牙人唯恐我们中国游客对摩洛哥劫掠者麻痹大意，特意提醒我们，怕我们蒙受损失。这件事虽然算不得什么了不起的大事，但当时大家备受感动：西班牙人真是太好了，他们富具正义良知，为了不让我们这些外国旅者被摩洛哥小偷侵扰和伤害，他们毅然挺身而出，管起这在旁人看来完全是与己无关的“闲事”。在哥伦布远航起锚地所遇到的这件事，虽然已过一些时日，但如今回想起来，仍然令我对那位一路小跑一路呼喊的西班牙老者充满感动和敬意。

条条大路通罗马

——话说意大利

意大利，全称意大利共和国，一个具有悠久历史和古老文化文明的欧洲国家，曾孕育出罗马文化和伊特拉斯坎文明。当今世界，国际潮流汹涌奔腾、浩浩荡荡，然而，又有几个国家能像意大利那样时尚华贵，那样新颖别致和充满时代的气息和律动。人们每每谈及意大利，自然会谈到恺撒、屋大维、马克·安东尼、克劳狄乌斯、图拉真、西庇阿、查士丁尼一世、西塞罗等这些曾在古罗马历史上叱咤风云、举足轻重的伟大人物，就会想起古罗马时代灿烂辉煌的文化文明，想起文艺复兴运动中涌现出来的但丁、薄伽丘，想起达·芬奇、米开朗基罗、拉斐尔和他们所创造的不朽的艺术经典。曾有人说，爱上了意大利，就犹如爱上了一个优美雍容而又智慧深邃的气质男人。说得真好！为何意大利能有如此的历史奇迹和骄人成就，为何它能享有如此光辉夺目的珍贵殊荣，让我们翻开它的历史篇章，走

意大利首都罗马古罗马角斗场

进强大的古罗马帝国时代、走进波澜壮阔的意大利文艺复兴运动，揭开这个伟大文明古国的历史面纱，从古老的希腊罗马历史中窥探和读解这个伟大国家和民族一路走来的兴衰成败、风雨沧桑。下面，让我们走进意大利，对这个璀璨辉煌的欧洲古国作一历史巡礼。

今天的意大利是一个高度发达的资本主义国家，是欧洲四大经济体之一（另三大经济体为德国、英国和法国）。意大利总人口 6 040 万，国土总面积 301 333 平方公里，主要由南欧的亚平宁半岛和位于地中海的西西里、撒丁两个岛屿组成。在位于北方的阿尔卑斯山地区北侧，由西至东延伸，分别与法国、瑞士、奥地利和斯洛文尼亚接壤，东、西、南三面紧邻地中海的属海亚得里亚海、爱奥尼亚海和第勒尼安海，与号称地中海"心脏"的马耳他、非洲大陆的微型岛国突尼斯和北部非洲的阿尔及利亚诸国隔海相望。意大利拥有长达 7 200 多公里的海岸线，整个国土面积中的五分之四为山丘地带，平原低地占整个国土面积五分之一强，与法国接壤的边境地区勃朗峰海拔 4 810 米，位居欧洲第二，有著名的维苏威火山和欧洲最大的活火山——埃特纳火山。波河是意大利国内的最大河流，此外还有加尔达湖、马焦湖等著名湖泊。意大利的大部分地区属于亚热带地中海气候，主要岛屿撒丁岛和西西里岛气候较大陆干燥，基本上是冬季温和，夏季干燥，其大陆南北气候明显不同。意大利耕地的大部分用于种植粮食作物小麦，其余种植玉蜀黍、大麦和燕麦等，波河谷地区为该国的主要农业产区。意大利的矿藏资源，无论是种类和蕴藏量都十分有限，其中有商业开发价值的矿产主要有锑、铁、镁、汞、铅、锌、铜等。这个国家的语言比较单一，除了意大利语，一些少数民族地区还讲法语、德语和斯洛文尼亚语等。绝大多数国民信奉天主教。意大利经济发达，其经济结构既有私有又有公有。服务业、采矿业、制造业和公用事业在整个国民生产总值中占有比例最大。意大利主要港口有热那亚、奥古斯塔、的里雅斯特、威尼斯和塔兰托等。意大利全国共划分为 20 个行政区共 101 个省。意大利旅游业发达，资源丰富，截至 2019 年被联合国教科文组织列入《世界遗产名录》的意大利世界遗产有 55 项。意大利的首都罗马、"水城"威尼斯举世闻名，而米兰不仅是意大利经济和工业中心，也是享誉世界的时尚之都，此外，被整个意大利（更准确地说是被整个意大利罗马城）"包裹"的独立主权袖珍宗教之国梵蒂冈，常令旅者叹为观止。

意大利人或者说意大利民族，最初是由罗马人、伊特鲁里亚人、希腊人、日耳曼人和阿拉伯人等长期混居融合衍变而成。在古罗马时代，所谓的"意大利"是指北起亚平宁山脉，南至"长靴子头"的意大利半岛。公元前 42 年，其疆域版图延扩到了山南高卢。到了公元 3 世纪末，意大利的版图已包括今天的西西里、科西嘉和撒丁诸岛以及北面的雷提亚和潘诺尼亚的一部分。意大利半岛上最初的强大民族是伊特拉斯坎人。后来，罗马人逐步完成了意大利境的统一。公元前 90 年，意大利境内的全部居民统统变成了罗马公民。

意大利古老到什么程度呢？考古证据表明：早在旧石器时代，就有人类在这片土地上繁衍生息。那时，一个与法国南部克罗马尼翁人十分相近的部族，占据了这个地方。在新石器时代，一些来自北非、西班牙和高卢一带的民族也来到这个地方。到了青铜器时代，考古已知的就有几次新的外来入侵。从阿尔卑斯山脉以北迁徙过来了首批操印欧语

意大利古罗马废墟

的移民。历史学家们认为，这些翻山越岭，历经千辛万苦从阿尔卑斯山麓北部来到南部的人，是一些将马匹、轮车文化和生产技术传入意大利的农耕者和牧民。这些农耕者和牧民的文化基本上是以青铜器为基础，尽管到了公元前1000年左右，他们似乎已经发现并懂得对铁器工具的开发和使用。大多数所谓的意大利人（自然也包括罗马人）的先祖，好像就是这些从山北翻山越岭过来的印欧语人。他们在人种或人种学上很有可能与从希腊半岛入侵的希腊人有关（起码来说在血缘上有不同程度的融合或交叉）。

约公元前8世纪，有两个民族各自占领了意大利半岛的不同地域，他们就是伊特拉斯坎人和希腊人。前者究竟起源于何方？学界迄今莫衷一是。大多数考古学家和历史学家认为，他们是近东某个地区的人，在很大程度上，极有可能是小亚细亚地区的人。尽管这个民族的文字始终未能被现代人类所完全识别、认知和解读，然而，却有足够的考古和历史学资料可以佐证和表明其文化、文明的基本特征和性质。比如，他们有以希腊字母（更准确地说是古希腊字母）为基础的字母表，有在当时看来具有熟练、先进的冶金术，有与东方国家和地区的频繁贸易，有对以人形出现的神的偶像崇拜的宗教等等。此外，他们还将建造拱形和圆形房屋的知识和技术、占星术、残忍的角斗娱乐文化毫无保留地传给了罗马人。到了公元6世纪，伊特拉斯坎人已经建立了一个疆域包括拉丁姆、波河流域和卡佩尼亚在内的庞大帝国。此时的希腊人则主要分布于意大利南部和西部海岸以及西西里岛。他们最密集、最主要的居住地是他林敦、叙拉古和那不勒斯。这里的每个地方都是完全独立的国家。正是从这些外来的希腊人那里，罗马人学到了希腊字母表，学到了大量的宗教思想和宗教观念，学到了许多关于艺术与神话的本领和知识。

因此，每当人们谈论古老的欧洲文明，他们是无法避开古罗马和古希腊的。两者在整个西方（更准确地说是在整个欧洲）文明发展史上有着极其紧密的内在联系。换言之，没有古代希腊,就不可能有古代罗马。记得有一位西方历史学家在谈到古希腊罗马的文化文明特征、古罗马帝国的兴起以及它们的发展和两者的历史关联时说:远在希腊繁荣开始衰落之前,在很大程度上,来自希腊文明的另一处文明,在意大利的台伯河两岸崛起了(台伯河是仅次于波河和阿迪杰河的意大利第三长河,源出亚平宁山脉,富默奥洛山西坡,向南穿过一系列山峡和宽谷,古老的罗马城依台伯河而建,这条河见证了罗马数千年来的风雨沧桑,故台伯河也被意大利人视为母亲河)。实际上,当希腊人进入黄金时代之时,罗马就已经是意大利半岛的主宰了。此后6个多世纪,它的势力增强了,而当希腊的鼎盛之光黯然失色后,在文明世界中,罗马依然保持其霸主地位。由此可见,罗马的实际建立者应该是那些长期定居于台伯河南部拉丁姆地区的意大利人。尽管迄今关于古罗马及其王政时代(又称"罗马王国",属于伊特鲁里亚时期传统的君主制国家)建立的精确年代尚有待于进一步的新资料的发掘、发现来加以考证或佐证,但目前国际史学界的考古研究将此年份确定于欧洲传统纪年的公元前753年。所谓的"罗马王国",其实就是指罗马从原始社会的公社制度向国家形态逐渐过渡的时期。

罗马王政时期(公元前753—公元前510年),先后经历了7任国王。罗慕路斯为第一位国王。传说,王政初期罗马有300个氏族,罗慕路斯将每10个氏族组成一个"胞族"称"库里亚"。每10个胞族成一部落,3个这样的部落就构成了"罗马"。库里亚会议是罗马人民的政治组织形式,由它讨论重大问题并做出决定、宣布战争与和平、选举产生国王等。国王是军事首领。各氏族首领组成元老院,其主要职能是协助国王处理国家事务。罗马王政时期先后共有7位国王,他们分别是罗慕路斯、努马·庞皮留斯、图鲁·霍斯梯留斯、安库·马尔修斯、塔克文·库里斯库斯、塞尔维乌斯·土利乌斯和塔克文。

到了公元前510年,罗马人将王政时期最后一位国王卢修斯·塔克文·苏佩布驱赶下台。此时,罗马人终于告别了历时长达243年的所谓"王政时代",并建立了罗马共和国。罗马共和国是罗马有史以来开创的一种新型的国家政体。这个政体是由元老院、执政官和部族会议三权分立构建而成,简要解释为:掌管国家实权的元老院由贵族组成;执政官由百人会议从贵族中选举产生,行使最高行政权力;部族会议则由男性平民和男性贵族构成。

在罗马告别了王政时代之后,取而代之的是罗马共和国。纵观罗马共和国时期,除了国家治理实行元老院、执政官、部族会议三足鼎立的政体外,另一个显著的特征是罗马共和国版图的不断扩展延伸(甚至到了意大利南部),尤其是通过几次大的战争(或曰对外征战),不断开疆拓土,扩大国家版图,如通过第二次布匿战争(公元前241年),将西西里纳入罗马共和国的版图,通过第三次布匿战争(公元前202年)和前后四次马其顿战争,打败了位于非洲北岸的迦太基,从而将位于欧洲西南部的伊比利亚半岛、地处欧洲与非洲的交界处西班牙和希腊划入罗马的版图。扩张远远没有结束,对外征战屡屡得手、尝到甜头的罗马人,又通过在叙利亚的战争,控制了部分的西亚地区。在恺撒执政时期,罗马又继续对外征战,击败了高卢。不但如此,他们甚至向南征战,跨越了地中海,征服了非洲大国埃及。贵族出身的盖乌斯·尤利乌斯·恺撒是罗马共和国的执政官,史称恺撒大帝,罗马共和国末期杰出的军事统帅、政治家,他以其卓越的才能成为古罗马帝国的奠基者。公元前60年,他与庞培、克拉苏秘密结成前三头同盟,随后出任高卢总督,在仅8年的时间里,几乎征服了高卢全境,还袭击了日耳曼和不列颠。公元前49年,他率军占领罗马,打败庞培,集大权于一身,实行独裁统治,并制定了《儒略历》。公元前44年3月15日,恺撒被暗杀身亡,享年58岁。恺撒身亡后,其养子盖维斯·屋大维·奥古斯丁继位,成为罗马帝国的第一位君主,元首政制的创始人。为加强统治,他对军队进行改革,实行雇佣兵制度,建立禁卫军,驻守罗马和意大利,对外继续扩张,向西完成对西班牙的征服,向北推进至多瑙河、莱茵河一线。他善于审时度势、进退有节,处事机智果断、谨慎稳健。他所采取的一系列顺乎形势的内外政策,开创了相对安定的政治局面,为帝国初期的繁荣打下颇为坚实的基础。由于罗马共和国的连年对外征战和扩张,故使其超出了一个城邦的概念,从而成为一个环地中海的多民族、多宗教、多语言、多文化的大国。公元前27年,古罗马元老院授予盖乌斯·屋大维"奥古斯都"称号,罗马共和国由此进入了帝国时代。屋大维统治罗马长达40年之久,给罗马带来了长久的繁荣,是世界历史上最重要的政治人物之一。

罗马帝国之前,罗马已拥有近500年的共和制历史(公元前509年—公元前27年),然而,自从斯巴达克起义(公元前73—公元前71年,世界古代史上规模最大的一次奴隶起义,由斯巴达克领导,后被罗马军队镇压,6万起义者战死,斯巴达克本人英勇就义),罗马开始进入军人执掌政权的时代。共和国的后期,社会动荡。罗马自公元前27年由共和制改制为帝国后,一直到395年帝国的完全衰落,历时422年。对于这422年,国际史学界比较一致认同的做法是将其划分为前期帝国和后期帝国。前期帝国先后经历朱里亚·克劳狄王朝(公元前27—公元68年)、弗拉维王朝(69—96年)、安敦尼王朝(96—192年)和塞维鲁王朝(193—235年)。这段时期的罗马经济繁荣、国家稳定、人民安康,是罗马史上极盛时代。此后,罗马开始式微,走向衰落,期间还经历了一个所谓的"三世纪危机"(235—248年),后期帝国是在一片内忧外患的窘境中逐步凋敝和衰落的,后经戴克里先实行四帝共治,到君士坦丁大帝重新统一帝国,395年狄奥多西一世去世,他将帝国一分为二给了他的两个儿子,罗马帝国由此分裂为东西两部分。410年8月,西哥特人长驱直入,攻陷了罗马城,由此,西罗马帝国的皇帝被沦为攻陷者高级将领的傀儡。476年,日耳曼人首领奥多亚克将西罗马帝国皇帝罗慕路斯·奥古斯都废黜,至此,西罗马帝国彻底灭亡。东罗马帝国(拜占庭帝国)则直到15世纪中叶(1453年)才被奥斯曼帝国苏丹穆罕默德二世所灭。

罗马帝国是古罗马文明由原来的共和国时代转换成帝国时代之后的一个阶段。这个阶段从理论上讲(或者说从外表形式上看),似乎仍然是一种维持着由元老院主持的共和制,其实,这时的元老院已经名存实亡,其权力已经被架空,真正的实权已经掌控在皇帝及其控制的政体机构手中。尽管早期的皇帝好像并没有正式称帝,但实际上已经足具帝制的特点。皇帝显然已经成为大权在握的独裁统治者,不但独揽军事、行政、司法、宗教等,而且与专制君主已没有什么两样,整个政府机构的运行和操控全是在皇帝的旨意下进行,而整个古罗马时代,帝国皇帝权力拥有盛极一时的时代就是屋大维的"奥古斯都时代"。

从屋大维的“奥古斯都时代”所开创的古罗马繁荣昌盛和国泰民安的历史视角看，人们也不得不承认，古罗马帝国的专制独裁统治尽管有其种种历史的弊端，但由于皇帝的权威高度集中，故中央政府的政策法令的贯彻顺畅，有利于对整个国家的管理和监控，也有利于国家经济建设的推动，从而使国家按照中央集权者（皇帝）的思想意志快速发展。

中世纪时期，当年那个盛极一时的古罗马帝国已不复存在，从历史的角度看，分久必合，合久必分，古罗马帝国的解体和文明的衰落也是历史的必然。568 年在意大利北部冉冉升起了一个伦巴德王国。这是伦巴德人在意大利北部建立起来的一个封建王国。其版图范围大体包括近代的伦巴德以及威尼西亚、利古里亚和托斯卡纳的大部分地区。首都为帕维亚城。伦巴德人是日耳曼民族的一个支脉，1 世纪居住在易北河下游一带，5 世纪初迁至多瑙河中游一带。后因阿伐尔人侵袭，首领阿尔博因率部于 568 年进入拜占庭帝国统治下的意大利，占领伦巴德和托斯卡纳等地，由此创建了伦巴德王国，后又攻占帕维亚并定都于此。征服之初，伦巴德军事贵族势力强大，各地公侯割据称雄。在这种条件下，原先比较固化的伦巴德血缘公社也开始逐渐瓦解，并随之建立起以地域划分的农村公社——马尔克公社，在所有制方面有所变化，例如自由买卖、转让和抵押土地，农村公社内部因此也开始逐步出现两极分化，大部分的公社社员失掉他们原有的份地，与原罗马的自耕农一起沦为半自由的佃农。在伦巴德人剥削形式的影响下，原有的本土罗马奴隶及被释放的奴隶逐渐同伦巴德的这些半自由人融合，依附农民；伦巴德的军事贵族们则通过入侵夺占大量土地，从而成为大地产的所有者。正是针对上述国家出现的新情况、新形势，国王罗塔里施行新的对策，他于 643 年亲自主持编纂了《伦巴德法典》，该法典规定各公侯必须交出一半地产，以助王室。此后，危机缓解，王国局势走向稳定。继此之后，各代国王也陆续对《伦巴德法典》进行修订和增补，不断完善，使其成了一部伦巴德人习惯法的汇编。这部法典促进了伦巴德人新的封建关系的形成，也是今人研究 6—8 世纪伦巴德人的生活习俗、国家机构、司法制度、社会经济关系和阶级状况的重要历史资料。727 年，国王留特普兰德颁布一系列法令，进一步强化了王权。其后，伦巴德加强对外贸易，积极扩张，势力达到意大利半岛中部和南部地区，并继而建立起了斯波莱托和贝内文托两个独立公国，751 年夺取拉文纳，并企图夺取教皇驻地罗马城。应罗马教皇斯蒂芬二世之请，法兰克国王丕平于 754 年和 756 年两次远征，击败伦巴德人，夺回拉文纳，交还教皇。773 年查理征服伦巴德，废黜伦巴德末代国王德西迪里，并于次年（774 年）并入了法兰克王国。

意大利王国是 774 年法兰克人击败了伦巴德人后，处于法兰克王国卡洛林王朝控辖下的一个政治实体，更准确地说，这时的意大利王国充其量是一个半独立的国家。888 年在法兰克王国分裂后，意大利王国才得以摆脱控制，获得独立，并于 961 年被归并于神圣罗马帝国，全称“德意志民族首都罗马帝国”或“日耳曼民族神圣罗马帝国”，10—19 世纪初地跨西欧和中欧的封建君主帝国。其疆域版图以日耳曼尼亚为中心，包括一些周边地区，在其鼎盛时期，包括意大利北部（原属中法兰克王国）和勃艮第、弗里西亚（今低地国家）。这里我特别提示一下：所谓的意大利归并，其实就是意大利王国与同为奥托（法兰克国王，也是意大利国王，属共主）治下的法兰克王国合并构建成了神圣罗马帝国的基础。到了中世纪中期，意大利地区的中央政府迅速消失，然而，“意大利王国”的名称和概念依然存在。意大利在中世纪时期最显著的表现特征就是其北部城邦（城市共和国）的迅速崛起，尤其是在10—11世纪期间，其中的威尼斯、佛罗伦萨和热那亚共和国以及米兰公国等就是在这个时期形成和兴起的新型城邦和国家。后来，这些国家或地区都先后被法国、奥地利等国所侵占或吞并。

在中世纪行将结束之际，作为南部欧洲重要大国的意大利迎来了新时代的曙光，伟大的文艺复兴运动先是在这个半岛国家如火如荼地兴起，之后以其锐不可当的燎原之势席卷整个欧洲大陆，这场洪波连天的运动使意大利成了欧洲文艺复兴的摇篮和发源地。文艺复兴运动是欧洲历史上一次伟大的意识形态革命。这场运动虽然起始于中世纪的尾声时期，但在本质上却标志着中世纪的结束和新时代的开始。早在13世纪末14世纪初，资本主义的萌芽最先在意大利产生。14世纪中叶，随着资本主义生产关系在封建社会中逐步萌生和发展（如城市商品经济的发展）和随着世俗政权反对教会斗争的发展，文化上也开始反映新兴资产阶级的利益和要求，于是，一种广泛的文化运动率先在佛罗伦萨、热那亚、威尼斯等这些意大利的先进城市中蓬勃发展起来，之后逐渐推广蔓延到英国、法国、德国、荷兰等欧洲其他国家。因此，这三个城市后来也就成了意大利乃至整个欧洲文艺复兴的发源地和最大中心。“文艺复兴”这个词，最初是由意大利画家兼建筑家瓦萨里使用的。他在《优秀建筑家画家雕刻家传》（1550年出版）中指出：那个时代的意大利造型艺术的特点是复兴古代的审美标准，艺术的目的在于模仿自然，表现人的个性，高扬人的思想情感。这就与中世纪神学统治的教会文艺思想、与表现心灵朝向天国的哥特式建筑、与抽象的象征的甚至是怪诞离奇的艺术形象有着本质的区别。所以，就文艺的范围来说，所谓的文艺复兴，其实就是对中世纪以前古希腊罗马文化的重新肯定和发扬，换言之，就是意味着古希腊罗马古典艺术和美学的“再生”。

意大利文艺复兴其实是个引子而已，由它导出的是一场席卷全欧洲、历经4个世纪（14—17世纪）的伟大文艺复兴运动。这场运动，说到底是欧洲那些正在形成中的资产阶级在复兴希腊罗马古典文化的名义下发起的一场实质弘扬资产阶级思想和文化的运动。它发源于意大利，然后在西欧各国得到广泛传播和高度发展。这场伟大运动的最早的两位代表人物是佛罗伦萨诗人但丁和画家乔托。但丁，出生于意大利佛罗伦萨一个没落的城市贵族家庭，13世纪末的意大利诗人，现代意大利语的奠基者，欧洲文艺复兴时代的开拓者之一。但丁被认为是中世纪末期意大利文艺复兴中最伟大的诗人，也是西方最杰出的诗人和最伟大的作家之一。他既是中世纪意大利文学艺术的杰出代表，同时又是意大利文艺复兴时代的先驱。恩格斯在谈到但丁和意大利文艺复兴的价值和历史地位时曾对之作过如是论述：“意大利是第一个资本主义民族。封建的中世纪的终结和现代资本主义纪元的开端，是以一位大人物为标志的，这位大人物就是意大利人但丁，他是中世纪的最后一位诗人，同时又是新时代的最初一位诗人。”

但丁的作品基本上是以意大利托斯卡纳方言写作的，对现代意大利语言形成以托斯卡纳方言为基础起了相当大的基础性作用，因为除了拉丁语作品外，古代意大利作品只有但丁是最早使用活的语言写作，所以，他的作品也对文艺复兴运动起了先行者的作用。

千古流传的《神曲》是一部长诗，总共 14 000 多行，乃是但丁一生中最重要的作品。它不但是意大利的珍贵文化遗产，而且在整个欧洲和世界文学史上都享有很高的荣誉和地位。但丁的《神曲》是欧洲由中世纪时期进入文艺复兴这一历史转变时期所出现的一个艺术高峰。从这部作品中，人们既可以窥视到已往时代的历史风云和光晕余晖，又可以看到蓬勃升腾的新时代曙光。《神曲》原名《喜剧》，薄伽丘在《但丁传》中为表示对诗人的崇敬，故给它冠以"神圣的"这个形容词，后来的版本便以《神圣的喜剧》为书名，中译本一般都将其译为《神曲》。

意大利文艺复兴时期的早期还涌现出了堪与但丁齐名的另两位杰出的代表人物，那就是彼特拉克和薄伽丘。前者是用人文主义的视角和观点研究古代文化艺术的最早代表，著有抒情诗集《歌集》，作品反映人文主义精神，否定中世纪的道德观念。他的一些政治诗则洋溢着作者的爱国主义精神。彼特克拉的抒情诗更是开了近代欧洲抒情诗的先河，从而确定了十四行诗在欧洲诗歌领域中的重要地位。至于薄伽丘，其代表作是中国人熟悉的《十日谈》。他与但丁、彼特拉克并称意大利文艺复兴初期的"三杰"。《十日谈》主要揭露教会腐败堕落和僧侣的虚伪、狡诈，抨击封建特权和禁欲主义，歌颂对爱情、幸福的追求和聪明才智等，是一部抒写意大利文艺复兴初期自由思想的不朽杰作。

14 至 16 世纪，正是意大利文艺复兴绘画艺术臻于成熟的巅峰时期，达·芬奇、米开朗基罗和拉斐尔被称为意大利乃至欧洲文艺复兴时期的"美术三杰"。

达·芬奇，现代学者称他为"欧洲文艺复兴时期最完美的艺术家代表"，是人类历史上罕见的全才。达·芬奇最大的成就是绘画，他那流芳千古的《蒙娜丽莎》《最后的晚餐》《岩间圣母》等杰作，体现其精湛的艺术造诣。他认为自然界中最美的研究对象就是人体，人体是大自然的奇妙之作品，画家应以人为绘画对象的核心。达·芬奇思想深邃、学识渊博、多才多艺，其一生兴趣广泛，不但是画界巨匠，而且擅长雕塑、音乐、发明、建筑，同时还通晓数学、生理、物理、天文、地质、工程、解剖、历史和制图等学科，可谓是文艺复兴时期一位多学科领域的博学家和通才。达·芬奇迄今被保存下来的手稿大约有 6 000 页。他全部的科研成果尽数保存在其手稿中，著名物理学家爱因斯坦在谈到达·芬奇的科研成果时曾说过这样的话："达·芬奇的科研成果如果在当时就发表的话，科技发展可以提前 30～50 年。"这是对达·芬奇何等高的赞誉！

米开朗基罗是意大利文艺复兴时期最有代表性的雕塑家、画家、建筑师和诗人，文艺复兴时期雕塑艺术最高峰的标志和象征。13 岁进入佛罗伦萨著名画家多梅尼科·吉兰达伊奥的工作室工作学习，在那里，他接触到了后来成为其终生所从事的神圣事业，并以令人惊异的神奇速度习得和掌握了的那些复杂高深的绘画技巧。后来，米开朗基罗又进入佛罗伦萨统治者洛伦佐·德·美第奇开办的"自由美术学校"(即当时很出名的"美第奇学院")。由于这位年轻艺术家的出众才华而倍受洛伦佐的赏识和重视，宫廷中大量的艺术品也就成了他学习、研究的对象。那些经常出入宫中的人文主义诗人和学者也给了这位极具艺术天赋的青年艺术家以极大的影响。米开朗基罗毕生坚持自己的人文主义创作思路和创作方向，矢志不渝地追求艺术的高尚和完美，这可以从其所创作的大量作品中可见一斑。米开朗基罗通过对解剖学和绘画技巧的娴熟掌握和有机糅合，致使其作品（尤其是雕塑）达到了炉火纯青、出神入化的高度谐和境界。米开朗基罗绘画中的原型往往是取材于雕塑。因此，我们从他的绘画中常常能见出一种立体的雕塑感。米开朗基罗一生作品无数，代表作有《大卫》《摩西》《垂死的奴隶》《创世纪》《哀悼基督》《被缚的普罗米修斯》等。后世的人们在评价这位艺术家的作品的价值、地位和历史影响时，往往用“无与伦比的雕塑、撼人心魄的绘画和气势恢宏的建筑设计”等话语来加以简述和概括。的确，米开朗基罗的作品及其风格对后世艺术家产生了深远的历史影响。小行星 3001 以他的名字命名，以此表达今人对他的崇敬之情。法国思想家和批判现实主义作家罗曼・罗兰曾专门撰写了《米开朗基罗传》，由此可见这位艺术家的价值、地位和历史贡献。

拉斐尔，意大利著名画家，代表了文艺复兴时期艺术家从事理想美的事业所能达到的巅峰。在绘画创作中，拉斐尔用世俗化的描写手法处理那些宗教题材，例如，他画的那幅圣母怀抱着耶稣的油画就是画家借鉴了俗世生活中普通母亲与其亲生幼子的那种现实造型，在此基础上加以艺术的提高和审美理想化。拉斐尔的一生创作了大量的圣母像肖像绘画作品。这些作品充分地体现了安宁、协调、和谐、对称以及完美、恬静的绘画秩序和法则。拉斐尔作品中反映古罗马时期的作品也有一些，但最具代表性的要数梵蒂冈教皇宫中的那四组壁画。拉斐尔的作品题材广泛，如反映神学方面的有《圣礼的争辩》、反映哲学方面的有古希腊《雅典学派》，反映文艺方面的有《巴那斯山》，反映法的精神方面的有《法律》等等。这些作品均通过采用历史画的方法处理上述这些普遍具有抽象而矛盾特征的创作主题，它们从一个特定的历史视角和侧面反映了当时教会上层的观念、理想和要求。拉斐尔比肩达・芬奇，被世人誉为“画圣”。他最主要的艺术成就就是代表作《西斯廷圣母》《卡斯提利宾奈像》和《自画像》等。

始于意大利的文艺复兴运动，其光焰不仅照亮了它自身，也照亮了幅员辽阔的欧洲大陆。这场人类文化史上前无古人后无来者的伟大运动，使意大利在欧洲乃至整个人类世界的文化文明发展史上抹上了一笔浓墨重彩，这是意大利作为一个古老民族的时代辉煌和历史骄傲，为世人永久仰望、缅怀和铭记。辉煌过后的意大利，在 16 世纪的早期，其大部分领土是在奥地利哈布斯堡王朝的统治和管控下。在法国皇帝拿破仑一世于 1796 年入侵之后，业已消失了数百年的统一征兆又重新开始露头。19 世纪中期，在意大利革命家、民族解放运动的领袖马志尼（意大利建国三杰之一，另两位是撒丁王国的首相加富尔和号称“两个世界的英雄”的加里波第）的努力下，意大利的统一运动（亦称“意大利复兴运动”）如火如荼地蓬勃兴起。1861 年，意大利王国成立，原撒丁国王埃马努埃莱二世成为意大利国王。统一之后的意大利很快走上了通过对外战争实现领土扩张的资本主义殖民之路，并以欧洲强国的面目和姿态出现在国际的政治和外交舞台。19 世纪 60 至 80 年代，意大利侵占了东部非洲红海沿岸的交通要地厄立特里亚和南索马里，1912 年，又将位于北部非洲的利比亚和爱琴海罗德地区的若干岛屿归并到意大利版图。此后不久，墨索里尼篡政，与德国和日本法西斯分别签订了所谓的“钢铁同盟”和“反共产协定”，成立了“轴心国”集团，其罪恶的野心是想通过世界大战而重新瓜分和霸占世界。20世纪上半叶人类现代史上所发生的两次世界大战及其战争结局已经证明，墨索里尼等法西斯想征服人类、瓜分世界的野心是不可能得逞的。

今日意大利，俨然以一种与其过往历史完全有别的全新形象屹立于世。首都罗马，这座有着悠久历史的欧洲辉煌古城，文物云集、古韵醇厚、景点密布、风情无限，是一个值得人们为之而千里万里来追梦的历史古城。人们可以在那里窥探和领略到人类数千年以前的古远遗风，实地驻足观赏那历经千百年风雨沧桑而不朽的古罗马斗兽场、圣彼得大教堂，还有那全世界独一份的神奇景观——国中之国梵蒂冈。古罗马城是古罗马乃至今日意大利的象征和标志，也是意大利的缩影。我们今天所说的罗马特征其实就是以古罗马建筑、雕刻等为主要载体的艺术形式和风格。说到古罗马建筑，其源头肇始于古罗马人沿袭亚平宁半岛上伊特鲁里亚人的建筑艺术，继承和发扬古希腊建筑成就，在建筑形式、技术、艺术风格、审美标准和理念等方面广泛创新的一种建筑风格。古罗马建筑类型繁多，最主要的有罗马万神庙、维纳斯和罗马庙以及巴尔贝克太阳神庙等教堂庙宇宗教建筑，此外还有皇宫、剧场、角斗场、浴场以及广场和巴西利卡（长方形会堂）等各式各样的公共建筑。古罗马的人居建筑也是风格别样，其中有内庭式住宅、内庭式与围柱式院相结合连通的宅院和四五层结构的多层住宅等。除了首都罗马城集中了古罗马建筑的最高成就外，意大利各地也都保存着许多年代久远、规模宏大、形式多样、技艺精湛的各类建筑。下面，我们以威尼斯和佛罗伦萨为例加以叙述。

本书著者在意大利威尼斯水城

很早以前，威尼斯就与东方民族有贸易上的联系和往来。这一点，我们可以从托尔切洛大教堂和圣马可教堂等这些古罗马早期建筑所留下的显著印记（如教堂壁画等）得以窥见。然而，这还不是主要的。威尼斯古代建筑艺术的精华则主要集中体现在其运河两岸那些独特的哥特式建筑上。文艺复兴时期，该城的两位建筑大师柯杜齐和桑索维诺，他们一方面运用文艺复兴的（人文主义）表现形式，另一方面却又基于威尼斯城市的自身精神对这些建筑形式进行了微妙的修改，由此而导致了精巧、轻灵、简约、密致的造型结构蔚然成风，比如那种伦巴第式雕刻的大理石墙面和雕像的空间构图设计，使建筑主体的视觉观感更显丰富多彩，从而也令建筑更具特色。之后，意大利著名建筑师安德烈亚·帕拉第奥别出心裁地在意大利南部岛屿上倾力设计建造了两座气势恢宏的大型教堂，从而为威尼斯的建筑艺术注入了完美的古典风格和新的活力。17世纪，隆盖纳以其不朽的巴洛克建筑造诣赋予了威尼斯城庄重华贵而又绚烂明丽的清新风格。正是这些建筑大师们的天才智慧和呕心沥血的倾力奉献，才让威尼斯城拥有了今天我们所领略到的如此耀眼璀璨的建筑巨作和城市风貌。威尼斯只是这方面的一个代表性城市，我们从这座富具代表性的城市中已经领略到了作为古罗马艺术风格的要义和精髓。其实，类似风格的古罗马建筑、雕塑乃至绘画艺术，除了在威尼斯，在意大利的另一座著名城市佛罗伦萨，也同样存在。

佛罗伦萨是意大利中部位于亚平宁山脉中段西麓盆地中的一座历史名城，托斯卡纳大区的首府，15—16世纪欧洲最著名的艺术中心，欧洲文艺复兴运动的发祥地和举世闻名的文化旅游胜地，19世纪下半叶的晚些时候，曾是意大利王国统一后的临时首都。整个城区至今仍保持着古罗马时期的基本格局，全市有40多座博物馆和美术馆，乌菲齐和皮提美术馆举世闻名，世界上第一所美术学院，世界美术最高学府佛罗伦萨美术学院蜚声世界，意大利绘画精华荟萃于此。佛罗伦萨迄今存有大量的建筑艺术，而这些建筑艺术又以教堂为主，其中，佛罗伦萨大教堂堪称是这座历史名城建筑艺术的杰出代表。

佛罗伦萨大教堂（又名花之圣母大教堂、圣母百花大教堂），是世界五大著名教堂之一。鉴于佛罗伦萨在意大利语中具有“花之都”的含义，故我国大诗人徐志摩也曾将其译成“翡冷翠”，这个译名的确比“佛罗伦萨”译名似乎更有色调和诗意，也更符合这座古城沧桑、冷峻、深沉、庄严的气质和神韵，然而，这一译名由于种种社会的和历史的原因而终究未能被得以广泛地认知和流传。

佛罗伦萨大教堂位于佛罗伦萨历史中心城区，其建筑群是由大教堂、钟塔与洗礼堂构成，1982年作为佛罗伦萨历史中心的一部分而被联合国教科文组织列入了《世界遗产名录》。当我漫步于教堂附近那些狭窄的旧街陋巷时，仿佛窥探到了古罗马帝国征战的历史硝烟，似乎聆听到了文艺复兴新时代的澎湃潮声。这座用白、绿、红三色花岗岩贴面按几何图案装饰而成的美丽教堂，在视觉上给人以一种强烈的审美冲击，它将文艺复兴时期艺术家们所推崇的古典、庄重、优雅、奔放的精神理念诠释得淋漓尽致、天衣无缝。追溯这座教堂的历史，年代久远，原址是建于公元4世纪的圣·雷帕拉塔教堂，1296年，乔凡尼·美第奇出资予以重新翻修建造，花了长达175年时间才算最终完成。教堂圆顶是按照当时意大利杰出的建筑师布鲁涅内斯基借鉴罗马万神殿的风格设计建造而成，堪称古典艺

意大利佛罗伦萨大教堂

术与当时科技的完美结合，连教皇看了以后也不禁赞叹其“神话一般”。后来，米开朗基罗又模仿它设计了梵蒂冈圣彼得大教堂，然而，这位文艺复兴时期最杰出的艺术家却不无遗憾地感叹道，此教堂“可以建造得比它(指佛罗伦萨大教堂)大，但却不可能比它美”。最令人不可思议的是，建筑师布鲁涅内斯基在其整个建造过程中，竟没有画下一张草图，也没有写下一组计算数据，整座圆顶似乎早已经成竹在胸。教堂广场上的布鲁涅内斯基塑像手指着心爱的圆顶。圆顶内部是瓦萨里所绘制的穹顶画《末日审判》，大厅墙壁上有壁画《乔凡尼·阿古托纪念碑》和为纪念但丁诞辰200年所绘的《但丁与神曲》，浮雕比比皆是。登上教堂北侧的463级台阶到达圆屋顶，可以俯瞰整个佛罗伦萨老城区的古典街景。布鲁涅内斯基的陵墓就在这座教堂的地底下。此外，这里还安放着但丁、伽利略、米开朗基罗、马基雅弗利、罗西尼等许多意大利名人和大师的纪念碑、陵墓和遗骸等。

意大利的古典艺术不仅在罗马、威尼斯、佛罗伦萨等城市比比皆是、举目可见，而且在意大利的米兰、都灵、热那亚等古城同样熠熠生辉，令前去观瞻的现代人叹为观止。鉴于篇幅原因，不再赘述。

意大利的城市很伟大，意大利的人民也同样伟大。在这个几乎被古希腊罗马文化包围的国家，其国人的思想观念、行为操守和生活习惯等，都有其历史的根源和理由。因为任何一个国家或民族的人民不可能割断其历史而凭空走来。因此，凡是历史越古老悠久的国家或民族，人民的思想意识形态和生活理念、生活信条、生活习惯也一定是与这个国家或民族的历史和文化、文明紧密联系在一起的，意大利也是如此。我们不妨将目光视野转向意大利的普罗大众，以一种求索、探奇的视角聚焦他们，观察他们。

与欧美许多国家一样，意大利有很多(甚至可以说是太多)的节日。这个国家动不动就来一个什么节日。这可是他们的国情。因此，有些初来乍到的外国人或留学生还不大习惯。由于节日很多，故动不动就找不到人(因为意大利人又出去度假玩了)。你如果是一个时间观念很强，又很讲求工作效率的人，那么，你到了意大利之后，在与意大利人打交道时就必须要有耐心，要不然，你会很不适应。因为，你着急，人家不着急，人家就压根儿没有这根着急的弦儿。更何况人家一年之中大约有三分之一的时间是节假日，其中大多是民间传统节日，也有宗教节日和国家规定的纪念日等。这一事实从一个侧面折射出意大利人崇尚自由宽松、追求浪漫的精神特征。你不是外来客吗？好嘛，既然是外来客，那就“入乡随俗”吧！为了适应新的生活环境，赶快改变自己。尤其是到了每年的夏季，意大利更是休假成风，时间长短不等，短的一两个星期，长的则要个把月。主要休假形式无非是这样几种：去海滨度假、去湖边山间回归大自然或远近不等地出国旅游。一旦到了这个“大休假”的节坎儿（犹如我们中国的国庆节或春节那样），意大利的大大小小城市便一改往日的嘈杂、拥挤和喧嚣，骤然变得寂静，这些平日里喧嚣的街头闹市终于有了短期的宁静和怡然清幽。我曾经专门向中国社科院的一位意大利文化研究者咨询过：意大利人民一年的法定节假日究竟有多少天？答案是122天。我的天哪，真是名副其实、货真价实地占了全年总天数的三分之一！

意大利人喜欢宽松、崇尚自由，正因为如此，他们普遍自由散漫惯了，日常生活中往往也不怎么有时间观念，在出席亲朋好友的聚会或宴请时，迟到也是常有的事。一般迟到一20分钟乃至半个钟头也是司空见惯。因为迟到是普遍现象，故迟到者也不必歉疚，即便迟到时间过长，那也最多是一句：“哎呀，今天的路上，车实在太多，想开快都不行！”这就算是向在场的主人和宾客们变相地致歉了。在实际的生活中，意大利人并不把一个人的守时与否作为他们衡量或评判一个人的道德或美德的一个标准。意大利人的热情好客在全世界也是出了名的。因此，如果你被人邀请，一般情况下是不宜拒绝或回绝的，否则将会被看作是很不礼貌的行为。

意大利人生性活泼好动，这是一个爱好体育、崇尚足球的国家，因此，在他们的社交场合或其他活动中，除了谈工作、学习、生活、娱乐、家庭、新闻等，比较多的会谈及体育和足球。意大利的足球确实踢得不错，这是世人有目共睹的。不过，与意大利人谈足球，劝君最好避开美式足球。

与德国、法国等国家一样，意大利也是一个盛产葡萄酒的国家，他们的葡萄酒质量也是有口皆碑的，与之相关的是在意大利商店小铺门口时常有插新鲜葡萄枝的风俗习惯。旅者如果到意大利的乡野去走一遭，定会大饱眼福，收获多多，其中，你就会领略到：因袭传统，那里的许多小镇居民乃至纯粹的乡村农户普遍都会酿酒（主要是葡萄酒）。在过去，有些农户家里酿制了许多葡萄酒，自给有余，便将一部分拿来出售，这时，他们就将新鲜的葡萄枝悬挂在自家的屋前门口，路过此处的人一看便知这户人家有酒可卖。一旦售罄，挂在门口的葡萄枝便随即取下，这一古老的传统风习一直沿袭至今。

意大利人饮食的一个主要特点就是：他们将各种面食（如馄饨、葱卷通心粉等）均当作佐餐而不是当作可充饥的主食来食用。意大利最有名的食品是通心粉。吃通心粉也是很有讲究的，那就是你千万不要用刀叉将其切割成细小碎段，也不要用汤匙将其送入口中，那样做都是不符合意大利人的餐饮习惯和要求的。吃意大利通心粉的最合理规范的方法是将其卷成团，然后再吃。当然，除了通心粉，意大利更有名的面食品种就是人所共知的比萨饼。这是一种纯粹用发酵的白面烤制而成的、上面覆盖一层五颜六色馅儿的美妙食品，享誉世界。

一谈到比萨饼，我就联想到了意大利著名的比萨斜塔以及当年在观瞻比萨斜塔时所遇到的至今难忘的生动一幕。那是21世纪初某年的一个晴朗的春日，托斯卡纳大区比萨

意大利比萨斜塔

古城风和日丽，比萨斜塔坐落的奇迹广场上空白鸽飞翔，显得格外和平吉祥，斜塔附近游人如织，就在我们一行在斜塔座基旁边休息片刻的当儿，一群十五六岁的意大利中学生向着我们小憩的地方走来。当走到我们这儿时，他们不再前进了，不少学生就在草坪上席地而坐。这帮学生似乎对于我们这些东方旅者颇有几分好奇，但一旦交流开后，彼此的拘谨和陌生感很快就被热烈的交流气氛所代替。开始，他们大概知道我们是来自东方亚洲一带的，但他们不能判定我们究竟是哪国人？因此，他们一开始就用英语而不是意大利语问我们：Where are you from?（意大利人一般都能用英语作些简单交流）当他们知道我们是中国人时，其交流的兴致和热情也随之高涨。有的说，起先以为我们是日本人，但穿戴不太像。有的说我们像韩国人，但也不像，因为韩国人有明显的发型区别，而且不管是男人和女人都有明显的脸部标志特征：女人的脸格外的细白，且头发不长，金黄黄的；男人也是细高白净，呈“小鲜肉”型号的居多。交谈中，一个学生问我：“你们中国人为什么要穿长衣服（我个人将其理解为是旧时期的长衫）？小孩穿，老人穿，男人女人都穿。还有，北京的道路坑洼泥泞吗？中国人为什么喜欢蹬三轮车（人力车）？”我们听后既不觉得奇怪，也并不觉得可笑。因为这个学生所说的那些情形在我们的古装电视剧、电影和图片中都有。其实，这是因为东西方隔阂和文化交流、宣传不对称、不对等造成的。我想，这种个别或相当一部分老外对中国认知上孤陋或偏颇的情况的确客观存在。中外文化交流，在每个国家的不同人群中，也是存在着认知程度上的差别。那位意大利中学生对我们所发出的提问，只能是基于他作为一个涉世不深、阅历窄浅、对中国认知度停留在一鳞半爪的基础上。指不定，他是从哪本有关介绍中国或中国文化的书刊或其他相关资料中获取的那些有限而且是不太符合中国实际情况或者说是已经完全过时了的误导性信息。其实，东西方语言文化交流中出现这些现象一点儿也不奇怪。

意大利是一个很好沟通、很容易与之交流的民族。意大利人性格开朗，除了以上所述的在比萨斜塔旁的交流，我们在意大利的其他地方也同样能领略到一些别样的风情。比如，我们在去米兰市中心的路上，由于当天正值节日，米兰街头也是游人如潮。尽管人群很杂，但不用问，光用肉眼就能判别出谁是旅者，谁是当地的意大利人。米兰人长得真漂亮，无论男女，个个身材高大挺拔，神采飞扬。男士的身高大多是在 180 厘米以上，190 厘米以上者也并不鲜见，高高的个儿，棕色或浅金色的头发微微卷曲，眼窝略微深凹，明亮的双眼深藏其中，从而使其显得含而不露，幽深而神秘。他们的脸型都是瘦瘦的、窄窄的、长长的，下巴也是尖尖的（如果是宽脸型、扁平的下巴，那绝对不是纯意大利人种），双肩宽阔而微耸，瘦腰长腿，无论是着西装、运动衫或其他休闲服，只要走在大街上就是一道流动的风景。意大利的男士是这样，意大利的女性就更具迷人的风采。意大利女性，普遍都是长圆脸型，眼睛、鼻子和嘴的分布彰显了黄金分割率特征，由于发自内在的自信，故她们的眼睛犹如一汪秋水，个个明亮而清澈，长长的睫毛不停地扑闪扑闪，传达出她们内心的甜美、安详和宁静，她们身材修长而匀称，身高大多在168～175厘米，姑娘们个个自信而开放。她们那种发自内心的饱满精神和昂扬的特征时时处处洋溢在她们的脸上，女孩子的着装穿戴并不显得过度的刻意和奢华，见不出矫饰和造作，因此更给人以一种稳重、大气和从容的优雅。她们的表情总是挂着浅浅的笑意，肤色洁白如玉，飘逸的秀发、长腰细颈、身材健美而又高挑，这样的女性无论是独自一人走在路上，还是与恋人或闺蜜结伴而行，走到哪里都是流光溢彩，都是一道令人驻足回眸、顿生迷恋的流动风景。意大利的姑娘们不但美丽而真诚，而且也很友善。记得有一天我们在一家中餐馆用餐，我忘了是什么缘由，与几个意大利姑娘进行了一次友好的交流。这些姑娘对中国充满向往，由于交谈甚欢，故临走时，她们似乎对我们一行的离去有些不舍，一直送我们上了大巴。车轮徐徐移动，她们还在路边望着车里远去的我们，当我回头再看她们一眼的时候，我清晰地看到，她们中有的还在那里驻足张望，有的还在不停地向我们挥手，有的甚至来了一个大胆的飞吻！

在意大利的佛罗伦萨，我们领略到的则又是一番别样的风情，令我们万万没有想到的是，米兰人美，佛罗伦萨的人更美。在那里，我听到过一种有意思的说法，那就是：在意大利，罗马人除了米兰人，谁都瞧不起；而这米兰人呢，除了罗马人，谁也看不上；而佛罗伦萨人呢，除了佛罗伦萨人，不管是哪里的人都看不上。因为佛罗伦萨人觉得他们自己才是真正的贵族啊！作为一个普通的外国旅者，一般对于上面这样的趣谈一笑了之，也实属正常。然而，当你静下心来细细研究，就能琢磨出其中的韵味儿来了：翻开欧洲的演变和发展历史，我们就不难品味到上述那些表面看来似乎是调侃的趣谈，其实还真蕴含着意大利历史发展的精髓和真意。我们知道，西方（尤其是欧洲）文明的内涵应该是多元的，其中最主要的是古代的希腊元素。古罗马的文化艺术之根就是古希腊，而佛罗伦萨又是意大利文艺复兴的发源地和中心点。这个历史事实对于佛罗伦萨人来说可是无比重要啊！这无疑是他们作为佛罗伦萨人而倍感自豪和荣耀的支点和基础。

非　洲

远古的呼唤

——走进埃及

记得在很小的时候，我就已知道在那遥远的非洲，有一个文明古国叫埃及，那里不但有尼罗河，而且有神秘的金字塔和法老的木乃伊。故孩提时代，我就对这个神秘的国度无限憧憬，心向往之。年初，我有幸随同中国出版代表团赴埃及出席第三十九届开罗国际图书博览会，从而有机会对这个神秘古国进行零距离的接触。当我们的飞机徐徐降落在漫漫黄沙中的一个城市丛林，意识告诉我，我已经来到了埃及。一踏上这片土地，一股浓郁的伊斯兰风情扑面而来。作为一个外国旅者，此时此刻，将自己投身或融入这浓浓的异域风情之中，无疑是一种美妙的际遇。

人们一提起埃及，就自然联想起金字塔、法老和尼罗河。正是因为有了这些，埃及才似乎成了人类古老文明的发源地、代名词和象征。埃及作为世界四大文明古国之一，说它是世界上最大的露天博物馆一点不为过。著名历史学家希罗多德早在两千多年前就曾说

埃及开罗郊外的金字塔和狮身人面像

过，埃及是尼罗河的馈赠。的确，五千年文明留下来的人类奇迹星罗棋布于纵贯埃及南北的尼罗河两岸。这些瑰丽灿烂的古代遗产不但成了今天现代埃及向全世界炫耀的历史资本，同时也是这个国家的旅游资源和财富。对于从没去过埃及的人来说，他们往往会问：除了尼罗河和金字塔，人们还能看些什么？其实，埃及是看不完读不尽的：美丽的红海，养育着五颜六色的热带鱼和千奇百怪的珊瑚礁，从而使其成为举世闻名的海滨度假和潜水的乐园；变幻莫测的沙漠风光和茫茫大漠中的点点绿洲更为这个国家增添了妖娆和妩媚；苏伊士运河与巴列夫防线乃是近现代历史给现代埃及的厚重馈赠；地中海沿岸不仅拥有众多的避暑胜地，而且是古代希腊罗马历史遗迹的云集所在。走进埃及，人们才能真正领略到这个国家的博大雄浑和神秘深邃。几千年来，来自不同地区和不同种族的人在埃及这块土地上留下了他们的历史足音，其影响绵延不断传承至今，因而铸就了埃及的特有风貌习俗风尚。

古代埃及人坚信，人的死亡只是另一种存在形式的开始。他们的灵魂将永存。古埃及人根据太阳总是从尼罗河东岸冉冉升起，又从其西岸缓缓落下这样的自然现象，认为这犹如人的生死轮回，而尼罗河就是一条划分阴阳二界的冥河。人们在这条冥河的东岸繁衍生息，为了祭神，他们建起了高大的神庙，而西岸则是死者灵魂的栖息地，故人们在那里建起了陵墓和祭拜殿。这种信仰一直世代相传，绵延至今。闻名于世的金字塔和法老文化无疑就是这种信仰的产物。据说，在整个埃及境内就有大小不等的金字塔近 90 座（一说 110 座）。它们是古代埃及法老的陵寝，其中以迄今仍巍然屹立于开罗西南郊吉萨高地上的胡夫金字塔为最大、最典型。它的塔基呈正方形，每边长约 232 米，高约 146.5 米，占地 5.3 公顷，由至少重达 2.5 吨的 230 万（一说近 260 万）块巨石叠砌而成。塔内有甬道、阶梯、墓室等，其内部结构十分复杂。这里的三座大金字塔分别属于古王国第四王朝的胡夫、哈夫拉和曼考拉三位法老，从血缘角度来讲他们是祖孙三代。除了这三座金字塔外，那里还有狮身人面像、太阳船和河谷神庙等世界著名古迹。究竟是何人建造了如此巧夺天工的宏伟工程？千百年来一直是个不解之谜。

要了解古代埃及，光考察开罗城是不够的。在埃及，流传着这样一句话：不到卢克索，算不得真正到过埃及。因为那里有据说约占埃及全国 30％的古代文物。由此可见，卢克索古城在埃及历史中的地位。卢克索位于开罗以南约 675 公里的尼罗河上，它是古埃及新王国的首都，也是古埃及鼎盛时期的代表性城市。有人将它称为全埃及最重要和最生动的地方。"卢克索"一词来自阿拉伯语"宫殿"一词的复数。当古代阿拉伯人最初来到这个地方时，他们为眼前如此众多的宏伟神庙而感到震惊，于是用"宫殿"一词来形容和命名这座城市。而在古代埃及，这个城市叫"底比斯"，它和两河流域的巴比伦等同为古代东方最辉煌耀眼的城市。随着岁月的流逝，后者的辉煌日渐销蚀，仅留下些许断壁残垣供后人凭吊，但卢克索却历经数千年沧桑而风貌犹存。我们可以从那里观赏到雄伟的神庙、精妙的壁画和神秘的地下陵墓。神庙一般都按照大致相同的原则修建，其外部都镌刻着大量的浮雕，记录着各种重大的历史事件。神庙建筑早在第 19 王朝（公元前 1291 年）就已经很有规模了。而最能证明卢克索辉煌过去的是那里的阿蒙（即太阳神）神殿。卢克索

气势恢宏、历经数千年沧桑的卢克索神庙

是以古典主义风貌耀眼于世，而亚历山大则以其富丽多彩的风姿吸引着全世界游人的目光。有人将亚历山大称为埃及最美丽的城市。由于人们对埃及这个国家的理解和领悟一般仅仅停留在"开罗即埃及"这样一种单一模式上，故当人们看到位于地中海南岸的亚历山大城，不少人由衷地惊叹了：埃及居然还有与开罗模式不同的另一种美轮美奂。亚历山大城虽然没有金字塔，没有尼罗河，没有阿斯旺和卢克索神庙，但它那种充满地中海风情的韵致使每一个游客领略到这个城市的异样美丽。一般的旅者可能会认为，埃及除了尼罗河和金字塔，就是沙漠，殊不知，埃及还有浩瀚的大海、温润的气候和金灿灿的阳光。那种为西班牙等欧洲地中海国家所有的风情在亚历山大也毫不鲜见。在开罗，我们为那里的吉萨金字塔的恢宏雄伟和萨拉丁城堡中的穆罕默德·阿里清真寺的神秘悠远叫绝，而在亚历山大，我们则为耸立于东海岸的盖贝依城堡的雄美风姿所震撼。在亚历山大，我们看到的更多的是古代希腊罗马的历史遗韵，那种似在非洲，又似在欧洲，似在东方，又似在西方的感觉，犹如钟摆似的时时在我们这些异国旅者的心头不停摇曳。的确，亚历山大风情别样。为了更全面地了解古代埃及，我们走进了亚历山大的希腊罗马博物馆。该建筑格调优美，馆内绿草如茵，所展示的古罗马时期的艺术雕塑不少已是高度残损，但它们似乎仍在顽强地散发着不朽的艺术魅力。而正是透过这种风雨剥蚀的历史沧桑感，我们感受到了埃及这个国家所走过的那种与众不同的历史路径。博物馆的藏品大多来源于亚历山大地区。从这些藏品中，人们可以看到西方文明与埃及文明交汇融合的历史情景。因此，从某种意义上来说，亚历山大博物馆的珍贵藏品填补了开罗埃及国家博物馆等大型博物馆馆藏文物的空白或不足。此外，在亚历山大，我们还有幸走进孔姆索嘎法地宫，看到了那里堪称最大、最神秘的地下墓葬群。人们可以通过一条曲折的阶梯走入地宫。这座地下的古墓群建筑由多层结构构成，里面有宴会厅（祭拜和宴飨死者的处所），还有数层摆放石棺的墓室。底层中心墓室装饰有精美的图案。这些图案的风格均体现古典的希腊罗马与埃及风格融合的特点。如墓室中站立的狗头人身阿努比斯神像和穿着罗马服饰的鳄鱼头人身索贝克神像就是典型一例。通过对这座距今 1 800 年的罗马墓葬群文化遗址的参观，我们可以很直观地了解和认知到那种被埃及化了的罗马历史（或者说被罗马化了的埃及历史）。直到今天，亚历山大人仍十分重视和珍惜当年罗马人统治时期所遗留下来的历史痕迹。从现有展示的文物以及相关遗址的挖掘和保护情况来看，信奉伊斯兰教的埃及人也并没有因为异教因素而刻意回避历史，这一点也很值得称道。与历史悠久的古都开罗一样，亚历山大古城也经历了希腊、罗马、拜占庭、阿拉伯帝国、土耳其奥斯曼帝国等多个时期。受不同文化的交叉影响，亚历山大尽管在历史遗韵方面与开罗的古城具有相似的基调，但它更有自己的地域特征。这些特征主要表现为浓郁的地中海风情、经济上的活跃繁盛、文化内涵的多样性和多元文化的兼容并蓄。就整体而言，亚历山大的文化严格说来，既不是正宗的法老文化，又不是纯正的欧洲模式。但不管怎么说，亚历山大文化是埃及文化的一部分。世人可以从中了解到埃及文化的另一面。无论是古代埃及还是现代埃及，对于世人来说都是一个难以探究穷尽的谜。这个谜团的根源就是因为它的悠久而又复杂的沧桑历史。正是基于如此悠久而又复杂的沧桑历史，不但使埃及变得神秘莫测，而且更使在这样的国度里成长起来的埃及人具有别样的风情和味道。

埃及人，他们是怎样的人？作为人类，全世界的人都具有许多共性（或曰共通的人性），但就每个国家或地区而言，他们的人民又必然有自己的特质或个性。从这个意义上说，埃及人当然也不例外。记得有一位哲人在谈到埃及人时说过这样一句话：埃及人在整体上是谦卑的和虔诚的，并有点调皮和淘气。埃及人的谦卑有很多不同的表现形式，其中主要表现为对生命的悲观意识。而这种意识形成的根源则是他们那由来已久的悲观历史观。与谦卑有着内在联系的虔诚则在埃及人身上表现得尤为充分。任何一位异国游人，当他踏上埃及这片土地，都会被那里人民的好客和虔诚所感动。远的不说，为我们的埃及之行充当向导的埃及本土导游哈森就是一例。哈森是一个地道的埃及人，生于开罗，长于开罗，40 多岁，在 20 世纪 80 年代末 90 年代初留学中国，就读于北京大学中文系，其中文名字叫“大海”，汉语很棒，几乎是个中国通。此人聪明好学，善良厚道，酷爱中国历史和中国文化，有很深的中国情结，他不但在埃及写了许多文章，要求埃及学习中国的经济开放形式，而且还曾希望能与中国女孩缔结百年之好。一路上，他大谈中国的成就和辉煌，并不时说：“其实，埃及和中国有许多相似之处。”我们觉得他讲得很真诚，而且也有些道理。他讲到埃及社会风气和埃及政府的办事效率，讲到其个人家庭生活，甚至讲到他的太太与他母亲的那种“婆媳关系”，讲到私房钱等等，趣味横生，令我们捧腹大笑。在哈森的整个陪团过程中，给我们这些外国旅者的感觉是此人谦虚、实在。因此，说埃及人民是一个友善好客且虔诚谦卑的民族是一点也不为过的，因为眼前的埃及人哈森，就足资佐证，这一点，对于我来说，也算是眼见为实了。

除了谦卑、虔诚和善良的品格，埃及人不乏聪明、机智和幽默。埃及人性格温和开朗，习惯于说些俏皮话，与人交谈一般不具进攻性，往往很客气。但如果对方发出“唇枪”，那他们也必然报以“舌剑”，这也叫有来无往非礼也！想不到，相隔万里之遥的埃及人，处世哲学方面竟同我们中国人有着如此惊人的相似之处。这不能不叫人暗暗叫绝。这也许就是我们的古人所说的“人同此心”“人同此理”吧！埃及人的心态普遍比较平和。人民的经济水平虽然不算很高，但生活的方式显得比较闲适。他们互相攀比的意识并不严重，往往是生活能过得去就行了，不要搞得太劳累、太紧张。据说连埃及政府机关的办公时间都是上午 9 时至下午 14 时，这样算来，他们实行的是 5 小时工作制。这令我们大开眼界。每当看到开罗街头那些政府工作人员在太阳刚刚偏西的午后 14 时就行色匆匆地踏上了下班回家的归途，我们这些长年习惯于朝九晚五的上班族惊慕不已。尽管埃及人的工作时间如此之短，但人家的小日子过得也不差呀！这就是一个人有一个人的活法，而作为一个国家或一个民族，他们的人民也有他们自己特有的群体生活意识和生活方式。这个民族不但显得很闲适，而且也不仇富，他们还很善于怜贫和乐善好施。埃及有个优良传统，那就是逢年过节不忘那些生活艰困的穷人。宰牲节是埃及最大的节日，也是整个伊斯兰教的重大节日之一，其热闹气氛和被人重视的程度很像我们中国的春节。在此节，那些生活富有的人们，往往会自觉自愿地真诚地破费资财，相助那些贫穷的人们。他们从乡下购买牛羊，然后将牛羊肉切割包装，分送给穷人。有的富商大贾，则更是大手笔，出手阔绰，一掷千金万金，买进整车牛羊交由某家饭店承包操办，并打出“某某某祝您节日快乐”一类的巨大横幅。当那些前来排队领取牛羊肉的穷人笑逐颜开地离去时，无论是布施者或受施者，他们的心情都是欢愉的。一位叫艾哈迈德的富人曾这样动情地坦陈他对穷人的施舍动机：“以前我也经历过穷苦的日子，知道穷人生活的滋味，所以，每逢过节，总是惦记着他们。他们都是我的兄弟姐妹，从他们身上我看到了以前自己的影子。我没有理由不帮他们。”的确，在埃及，具有这种想法者不乏其人。对于施者，他们授人玫瑰，自己留有余香。对于受者，虽然自己身处贫穷，但社会上好人和富人们毕竟没有忘记他们，由此，他们的心灵也会生出些许慰藉。对于埃及民间的这种优良风尚，政府的态度也很明朗：不但首肯，而且予以实际的支持和鼓励，并倡导一切有能力的社团或个体有钱出钱，有力出力，尽其最大的努力向穷苦人民伸出援助之手。其实，富人们在乐善好施的同时，也帮助国家分忧解难，减轻负担，可谓一举两得。

埃及是一个很耐人寻味的国家。这一点，无论它的历史或现状都是如此。当我们踏上这块土地，在首都开罗，除了教堂和城堡等古代遗迹，还可以看到那大片大片的坟地和古墓。要是这种情况发生在其他任何一座城市，都是有点不可思议的，但对于开罗市民来说，这是再习以为常不过的了。从这些坟地古墓的断相残貌看，它们都是由来已久，颇有年头了。死者的墓地是如此别样，生者的住地也挺有意思。在埃及，无论是首都开罗还是其他地区，我们所到之处，那种下面一二层业已住人，而最上层房顶上依然钢筋林立未竣工的民用住宅随处可见。据说，埃及人盖房并不主张一气呵成，而是根据其经济能力分阶段地进行。未完的工程可等主人有了经济能力后再继续。他们的这种不紧不慢的建房方式令人匪夷所思。埃及政府有规定：房屋一旦竣工封顶，那房主就得照章纳税。故埃及市民为了规避政府的税收，他们的房屋大多有奠基开工之日，却难有完工收摊之时。了解这一情况后，我们对于这一道道民用住房钢筋林立的奇特风景产生的疑问便顷刻释然。同为人类，但地区之间、国家之间、人民之间甚或政体之间对事物的认知和管理方式竟然如此大相径庭。

埃及不仅是非洲举足轻重的大国，而且也是一个多民族融合的国家。由于历史的原因，致使今天的埃及不但拥有人类最古老的历史，而且拥有广袤的国土和多元人种。在埃及，有黑色人种，也有白色人种、棕色人种以及黄色人种，此外还有一些混血人种。在开罗街头要寻找纯粹的黑种人或纯粹的白种人都不是一件难事。那些罗马人的后代至今仍像他们的先祖那样挺着优美雄健的身姿徜徉在阳光明媚的开罗街头。而那些身材修长高挑、肤色呈沥青般黝亮的黑人女子们，不管她们是单独出行还是成群结队，其轻盈敏捷中略带跃动的步履，更是掩饰不住丛林先祖赋予她们的天然柔韧和野性。这样的优美生灵云朵般地飘动在开罗的都市或原野，随时随地都可构筑出一道道靓丽迷人的风景。埃及的男人大多温和友善，真诚好客，且豁达刚毅，从其骨子里透溢出一个倔强民族的彪悍雄风。而埃及的女人却显得格外的阴柔温婉、高雅妩媚和从容善良。富有伊斯兰风情的面纱使这个民族的女性显得内敛沉稳，也更加神秘。在埃及，无论是男人或女人，也许是由于宗教信仰的关系，一般都比较传统。这种特征也是为阿拉伯国家所共有的。在埃及，国家允许一夫多妻制，一个男人最多可以娶四个妻子。但许多人仍选择了一夫一妻制，之所以未选择一夫多妻，乃是因为一夫多妻制是受制于经济能力的。与其老婆多了养不起，不能善待，那还干脆不如不要或少要。这也是不同的男人根据自身条件所做的现实选择。我们的那位博士导游哈森就只有一个妻子，之所以不想多娶，主要的原因就是经济能力所限，养不起，太累。看来，埃及男人不但聪明而且务实，一切都是量力而行，从实际出发。

尽管埃及目前的经济还不算很发达，但它的发展速度还是很骄人的。就拿旅游业为例，有的地区的旅游设施相当完备。记得我们在红海海滨度假胜地下榻的那家宾馆，其豪华气派和干净整洁程度一点儿也不逊色于发达国家的顶级宾馆，而它的收费价格却要较后者低廉得多。埃及人将红海边上的那块绿洲比喻为埃及的拉斯维加斯，我们观其总体景象也觉得确有几分神似。

趁考察红海地区之际，我们抽空实地走访了离红海度假村不远的贝多因部落旅游景点。“贝多因”在阿拉伯语中是“沙漠之子”的意思。贝多因人就是阿拉伯大沙漠中逐水草而居的游牧民族。据说这个民族已有 3 000 年的历史，但人口仍然稀少。贝多因人素以英勇强悍著称于世。他们迄今依然保持着古老的、与自然抗争的生活方式，并形成了这个民族特有的传统和习惯。我们所到的这个部落只有七八十人，生存环境十分艰苦甚至可以说是恶劣：周围都是些秃山荒丘，没有河流，没有树木，甚至见不到一棵荒草。民居简陋不堪，除了日常生活起居所必备的衣被锅勺和炉灶等器具，另加上他们跑运输用的几辆破旧卡车，几乎就没有什么值钱的家当。村落中仅存一口可供人手摇的水井，这口井乃是

本书著者与贝多因部落居民在一起

这个部落全体人民赖以生活和生存的生命之源，倒是显得格外的珍贵和抢眼。当我们走进一户正在编织挂毯的居民家中，只见一位二十七八岁的蒙面女子在忙于编织，她有3个孩子，其中一个大约8岁的瘦弱女孩抱着一个襁褓中的小弟弟面无表情地坐在地上看着她的母亲劳作。望着襁褓中的婴儿，我的第一想法就是：诞生在如此恶劣的生存环境中，这个婴儿的未来不知是喜还是忧，是幸还是不幸?！他以后的人生不知道还要经历多少的风雨坎坷和艰辛。虽然已回国多时，但那个艰难困厄的生存环境至今仍像烙印那样铭刻于心，挥之不去。然而，尽管贝多因人的生存环境如此恶劣，但这个部落中的居民却长得都格外的结实壮硕，男人缠着包头，长袍垂至靴面，行走如风，显得英气十足，为人厚道且好客。部落中的女性则终年蒙着面纱，仅露双眼并羞于见人故更显得妩媚动人和神秘。前来给我们开车的那位司机师傅就是贝多因部落的成员，此人开始显得沉默寡言，不苟言笑，他头上裹的那条带有图案的蒙面头巾，使我们不免生出几分害怕。后来当我们的车驶进部落地界时，大人小孩都出来迎接，只见其中一个不到3岁的俏丽小女孩噌地一下跃上车来，隔着车窗搂着正在开车的司机亲了一下，此时，这位冷面司机也开怀地笑了，而且笑得那样的爽朗和酣畅。由此我想，先前从驻地出发时他的那种沉默寡言可能是由于言语不通的原因。其实不同民族人民之间不但都是心存友善，而且彼此都是渴望交流和沟通的。古老的贝多因部落同样也不例外啊！因为，地球上的人类都是长着一颗同样的心。事后，我们还得知，那个美丽可爱的跳车小女孩原来是个先天失聪的哑巴，可这位司机却很喜欢她。从小女孩身手矫健地跃上车一幕，使我们隐隐约约领略到了当年骁勇善战、英姿勃发的贝多因先民的影子和他们那历久不衰的基因积淀和遗传。

埃及是一个伟大的国家，它不但有古老的历史和灿烂的文化，而且人民善良、智慧、幽默。金字塔和法老的历史以及尼罗河的优美多情更使这个国家美不胜收。它的魅力令古往今来的人们惊羡不已。当然，埃及作为非洲迅速发展中的大国，也存在着许多困难和问题，如人口就业、旅游业的发展和环境保护、国内的治安和反恐等。值得一提的是，埃及的公共卫生有待加强和改进，我们在开罗市中心看到的卫生状况尚可，但该市边缘地带的卫生情况就难以恭维了，污水横流、垃圾堆积的场景不在少数。此外，埃及国内的治安任务仍然繁重，反恐形势依然严峻。为了保障国内安全，埃及政府动用大批警力维持社会秩序，有的重点地区甚至不得不三步一岗五步一哨地严加防范。由于我们是国家代表团，故在我们旅埃期间，所到之处，都是由当地军警一路护驾开道，保证我们代表团平安无恙。旅游的安全是不太成问题的，但旅游过程中的游商小贩们的骚扰（主要表现为围追游客强行兜售、以次充好等）却令众多的游客感到不爽，甚至连埃及的旅游部长也说：游商小贩围追游客强行兜售商品，旅游从业人员素质低服务差，这两大“污点”对埃及旅游业的打击甚于恐怖分子用炸弹袭击所造成的危害。与此同时，埃及政府也已经清醒地意识到占整个埃及外汇收入五分之一的旅游业在其整个国民经济中举足轻重的地位。我们相信，未来的埃及一定会更加美好和更具诱人的魅力，从而令更多的世人去那里探寻人类发展的历史之谜，聆听人类文明的古远足音！

漂洋过海来看你

——“彩虹之国”南非

因出席一年一度的南非国际图书博览会，我有机会与这个神往已久的非洲大陆最南端的国度有零距离的接触和观察，领略了这个国家别样的风姿和魅力。

南非，全称南非共和国，面积121.9万平方公里。周边与纳米比亚、博茨瓦纳、津巴布韦、莫桑比克、斯威斯兰接壤，并有一个国中之国——莱索托王国。国土中央有一个跨越40万平方公里、海拔500米以上的干燥盆地——大卡鲁，中东部耸立着海拔超过3 000米、群峰绵延的德拉肯斯山脉。而其靠近印度洋的东部沿岸则是一片绿色大平原，西北部是广袤的卡拉哈里沙漠。此外，发源于德拉肯斯山脉的奥兰治河曲折蜿蜒，横断南非东西。从空中鸟瞰，这个国家犹如一颗瑰丽的宝石镶嵌在大西洋和印度洋之间的非洲大陆最南端，格外壮阔美丽。由于它东临印度洋，西靠大西洋，我们用“左右逢源”来形容这个

本书著者在南非

国家得天独厚的地理条件一点不为过。

一个国家拥有三个首都，是不可思议的，南非就是这样。比勒陀利亚是行政首都，开普敦是立法首都，布隆方丹是司法首都。许多人都将国际机场所在的约翰内斯堡认为是南非的首都，其实不然，约翰内斯堡是南非最大的城市和经济中心。

实行民主共和制的南非，是一个多民族国家，其中科萨人、祖鲁人、索托人、茨瓦纳人等非洲原住民占75.2%。此外，白人占13.6%（主要包括阿非利卡人和英裔非洲人），有色人占8.6%，印度裔占2.6%。南非国民大多信奉基督教，此外还有信奉伊斯兰教、印度教和犹太教的，各部族一般都信奉自己的原始宗教。由于历史原因，南非还是一个拥有众多语言的国家。除了英语、阿非利卡语、索托语、祖鲁语，还有恩代柏拉语、茨瓦纳语等11种公共语言，其中使用最多的是英语和阿非利卡语。在黑人中也说一些由各个民族的语言衍变而成的独特词语。而一般的大众文书、标志等大多还是用英语或阿非利卡语，或者两种语言一起书写。即便是英语，在南非也有某种程度的变异而有其特殊的表现形式。所谓的阿非利卡语，其实就是17世纪的荷兰语与法语、德语、英语及东南亚一带的奴隶劳工语言的杂糅、融合、演进发展而来的一种特殊语言，也有人称为荷兰方言。讲阿非利卡语的人往往是一些有欧洲血统的南非人和白人，当然也有一些混血人讲此语言。讲阿非利卡语的人，他们一般也会听、会讲普通英语。在南非，用英语交流没有障碍。

南非的早期历史是他们的黑人原住民的历史。南非西部的早期原住民是科伊人和桑人，东部的原住民是图班人。1652年，荷兰人入侵，从此打破了这里的原始宁静。他们首先建立了开普殖民地。此后，法国和德国的移民也相继入驻南非。随着英国的崛起和支配势力的强大，1814年开普敦一度成了英国的领地。荷兰后裔的南非白人阿非利卡人由于不满英国人的统治而大量内迁，并建立了奥兰治自由联邦和德兰士瓦共和国。再后来，亚洲各国（如马来西亚、印度等）劳工的大量涌入，这些人与当地白人、土著的通婚，繁衍出了混血人后代。这一人种繁衍的特点在开普敦尤为明显。在以德班为中心的纳塔尔省，我们可以看到许多呈棕褐肤色的印度人的后裔。

19世纪末，布尔共和国荷兰人后裔阿非利卡人首先发现了钻石和金矿，为了争夺钻石和金矿的支配权，阿非利卡人与英国人发生了“盎格鲁-波尔战争”（1899—1902年）。这场战争最后以英国人的胜利和布尔共和国的被兼并而告终。1910年，胜利者将原来的各省合并为“南非联邦”，该联邦即是英国的自治领地。1948年，国民党大选获胜，该党不仅代表贫困白人的利益，同时还代表追求经济势力的新兴南非白人企业家的心声。在其执政后，迅即实行种族隔离制度，镇压南非黑人的反抗斗争。他们这样做的结果受到了国际社会的谴责和制裁，同时也激起南非黑人更加强烈的反抗。1961年，南非终于摆脱英国统治，退出英联邦，成立南非共和国，宣告独立。1989年，德克勒克出任国民党领袖和总统。他积极推行政治改革，取消对黑人解放组织的种种禁令，并释放非洲人国民大会（非国大）主席曼德拉和其他政治犯。1993年，曼德拉和德克勒克分享了当年的诺贝尔和平奖。1994年，南非举行首次不分种族的民主大选，成立民族团结政府，曼德拉当选总统，成为南非首位黑人总统。1996年，南非政府制定并通过了禁止各种差别歧视的新宪法。

开普敦给我的感觉好像不在非洲，而像在欧洲，因为那里充满着地中海般美丽的欧陆风情。除了满目的荷兰、英格兰白人的后裔，那里的教堂、园林、民居、建筑艺术、绘画以及人文气息，普遍透溢着浓重的欧罗巴特征。开普敦一片繁荣昌盛，社会治安较之以前要差一些，但还是南非最安全的地区。在种族隔离时期，开普敦市居住着清一色的白人和有色人。自从曼德拉执政后，黑人开始入住开普敦。

约翰内斯堡的情况与开普敦大不相同。那是一个由众多黑人及其团体屯驻的地区，街道两旁那些行色匆匆的都是些黑人。那里的治安令我们无法恭维，抢劫凶杀事件时有发生。我们看到该市街道两旁的商厦店铺几乎家家户户都是安装了坚固的铁栅栏以防抢劫。外国旅者大多不敢单独在街上行走，以防不测。我们的团员在商店买东西时，老板要求我们随时将大门关上，等我们买完东西出门时，也让我们先透过锁闭的铁栅栏仔细观察周围动静，出门后立即上车离开。约翰内斯堡城内原有北京楼、上海楼、福建楼等，许多中国人在那里从事经商等活动，如今由于治安不良等原因，许多中国人纷纷搬离，致使这些昔日买卖兴隆热闹非凡的大楼如今人去楼空。

尽管南非在社会治安等方面有许多不安全的因素，但南非的国家魅力还是深深吸引着世界各国的旅者，人们依然不远千里万里接踵而来。南非不但有美丽的自然风光，还有奇特的人文景观和多元文化。其自然风光和人文景观主要集中在开普敦和约翰内斯堡。开普敦位于南非的西南端，是仅次于约翰内斯堡的第二大城市，由于该城是当年欧洲殖民主义者最早在南非登陆的地点，故有“南非诸城之母”之称。开普敦城市居民的人种比例结构和其他城市有很大不同，这就是有色人最多。此外，以荷、英、法、德等国为主的欧洲后裔——白人也占很高的比例。那里的商厦、影院、酒店、餐厅和教堂等大多体现为欧美风格。异国旅者置身其中，如果没有其他南非的标志性参照物，就很难想象自己置身在非洲。他们或许都有这样一种感觉，那里与其说是非洲，倒不如说是更像二十世纪五六十年代的欧洲和美国。而开普敦的核心景点则是桌山和好望角。两者都位于号称拥有世界最美丽海岸线的海角——开普半岛。

从开普敦驾车大约 1 个小时，就能抵达美丽的桌山。桌山是开普敦的象征。由于那里是非洲殖民地的源头，所以，旅者从桌山脚下那些荷兰式风格的建筑、酒窖和大片的葡萄庄园，就可以窥见当年的早期殖民主义的历史痕迹。桌山脚下的人文景观是美的，桌山顶上的自然风光和景物则更是奇特瑰丽，美不胜收。山上生活着 150 种鸟禽以及诸如狒狒、小岩羚、开普猫鼬、灵猫和岩兔等奇异的野生哺乳动物，据说，那种体重约 2 千克的岩兔，它的基因与大象十分相近。植物种类很多，除银树等树种外，那里还生长着 2 000 多种濒临绝种的原生花卉、植物。整座山俨然就是一个巨大的国家森林公园。好望角更是非洲的源头。旅者到了好望角，犹如抵达天涯海角。那里有碧蓝的深海、狂吼的飓风、滔天的巨浪。回溯历史，1482 年 2 月的一个晴天丽日，葡萄牙航海家迪亚士带领船队驶入了一个植被丰富的海湾，船员们看到了当地的土著黑人在悠闲地放牧牛羊，迪亚士遂即将其取名为“牧人湾”(即今天南非东海岸的莫塞尔湾)。本想继续前行，无奈疲惫不堪的船员们归心似箭，迪亚士只好下令返航，就在这次不寻常的返航途中，他们发现了地球奇观。

远行归来的南非企鹅

葡萄牙历史学家巴诺斯描述当时发现这一奇观的情景时这样写道："船员们惊异地凝望着这个隐藏了多少世纪的壮美岬角，他们不仅发现了一个突兀的海角，而且发现了一个新的世界。"这个突兀的海角就是地球之角——好望角！这个新的世界正是今天的彩虹之国——南非！期盼再有机会登好望角，细细品读美丽南非。

大洋洲

骑在羊背上的国家

——澳大利亚行记

在未到澳大利亚之前，这个国家在我的概念中，无非是英联邦中一个以英国后裔为主流的普通移民国家，一个人口不多而土地面积却很大很大的国家大草原，仅此而已！然而，当你走进它并置身其中，你才恍然明白，其实，澳大利亚不但富饶美丽，而且它那充满生机的多元文化以及多元文化之间互相交汇、碰撞、融合所折射出来的巨大光焰和魅力也令世人瞩目！

众所周知，澳大利亚是一个典型的移民国家，它位于南太平洋和印度洋之间，主要由澳大利亚大陆、塔斯马尼亚等岛屿和海外领土组成。据说，早在4万多年前，那里的土著就在这块古老的土地上繁衍生息。公元15—16世纪，西班牙、葡萄牙和荷兰的一些航海家已经涉足澳大利亚。1788年，由英国航海家库克率领的一支由6艘运送囚犯的船组成

澳大利亚悉尼歌剧院

的船队发现了澳大利亚东海岸，将其命名为“新南威尔士”，并宣布归英国所有。澳大利亚的殖民地历史由此开始。澳大利亚这块原本平静的土地终于出现了“天外来客”、滚滚红尘和喧嚣。为了纪念库克船长这一历史性的伟大发现和成功登陆，澳大利亚将每年的1月26日定为国庆日。由此可见，这国庆日确定的本身就包含着澳大利亚国家起源和发展的历史足音。正是由于澳大利亚的这种特殊历史原因，故它的政治体制也很独特：英国女王是澳大利亚的国家元首，由总理提名、女王任命的总督乃法定的最高行政长官，并在联邦行政会议的咨询下执掌联邦政府的行政权。联邦议会则是澳大利亚的最高立法机构，它由女王(或总督代表)和参议院、众议院组成。1992年12月17日，澳大利亚联邦政府内阁会议作出决定：澳大利亚的新公民可以不再向英国女王及其继承人宣誓效忠。对此，我们也可以将其理解为澳大利亚作为英联邦成员在国家发展新情势下为了与时俱进而作出的一项重大的政治体制改革。

本书著者摄于“澳大利亚之父”库克船长的小屋

习惯上，每当人们提起“澳洲”，自然会与当地土著民族相联系；而当人们谈论“澳大利亚”时，往往是一个全新的现代国家概念。无论是历史上的澳洲土著及其后代还是今天的澳大利亚新老移民，他们都已融为一体，共同构成了这个国家多姿多彩的夺目形象。今天的澳大利亚，2 500多万的人口中，74%为英国及爱尔兰裔，亚裔和土著以及其他民族后裔各占一定的比例。与欧洲许多国家不同，澳大利亚是一个有宗教信仰但没有国教的国家，约63.9%的居民信仰基督教，5.9%的居民信仰佛教、伊斯兰教、印度教等其他宗教。无宗教信仰或宗教信仰不明人口占30.2%。

这里要说一下墨尔本，这个澳大利亚的第二大城市。有人曾作过如此的比喻：如果说悉尼是南太平洋的纽约，那么，墨尔本则可以说是伦敦。它是维多利亚州的首府。相对于其他相继发展起来的城市，墨尔本无疑显得古老。由于历史的原因，该城迄今仍是新老移民汇聚的中心。一般来说，凡是来到澳大利亚的移民，他们首先会来到墨尔本或悉尼落脚。大量的移民正是从这里开始了他们在澳大利亚的新生活。就饮食文化而言，墨尔本就令我们这些走马观花匆匆来往的旅者足窥一斑。你想了解澳大利亚多元的饮食文化吗？墨尔本会详尽地告诉你。你想了解意大利人的饮食吗？请你去莱贡街。你想了解中国人的饮食文化吗？那么请你去唐人街。同样，如果你还想了解土耳其、泰国、越南、日本等民族的饮食，同样可以找到相应的可去之处。如果为了简便起见，那么，从唐人街上那驳杂斑斓的市井风情中就能窥探到中国、东亚、东南亚乃至整个亚洲民族丰富绚丽的多元文化。此外，墨尔本还拥有许多卓越的饮食中心，其中包括诸如圣基尔达、南亚拉以及位于卡尔顿的里戛纳街等地，那里有一些风格独特、经营出色而闻名遐迩的酒吧、餐厅和咖啡室文化。再如在南闸，用餐者可以一面进食，一面欣赏亚拉河的迷人景色。在著名的小伯克街，各种小吃和名点种类繁多，应有尽有。为了便利食客，流动的电车餐厅会将各种佳肴、名酿、糕点等食品送至客人面前，供其随意选择和享用。在这里，值得一提的是，维多利亚州还是澳大利亚奶酪、酒、肉类、鱼类、水果和野味的重要产地。正是由于其物产的丰富和多元的饮食文化结构，使墨尔本理所当然地成为令全世界人向往的“美食天堂”。

举凡到过澳大利亚的人还会注意到这样的一景：那就是澳大利亚的苍蝇特别多，并且会不顾一切地往人们身上飞扑过来并作顽强的停留。不过，朋友，请你不要紧张，也请你不要怀着传统的敌意去讨厌它们。因为，据说澳大利亚的苍蝇比人们常识中所知的苍蝇要干净得多。关于类似苍蝇的传说有很多，有人甚至将其视为“国宝”，并尊崇有加，而且还堂而皇之地将其印在该国的钱币上。这就让人纳闷了，人们不禁要问：这么一种渺小、丑陋且与肮脏为伍、与细菌相伴的昆虫为何让现代的澳大利亚人如此青睐呢？经了解，我们才知道，澳大利亚的苍蝇与其他苍蝇不一样，它们已经脱胎换骨，摆脱了其原有的生活环境和习性，它们已经不再像它们的先祖那样与肮脏为伍。正是在这样一个优美得让人慕羡，洁净得让人惊叹的国度，苍蝇失去了传统意义上的生存环境和条件。在到处是森林、草地、鲜花的国度，苍蝇们为了生存而与时俱进，它们历经世代的磨难和蜕变，终于找到了一种能维持其生存营养所必需的植物浆液。就这样，澳大利亚的苍蝇们离其先祖的肮脏特征越来越远，而与洁净越来越近，以致今天澳大利亚的苍蝇似乎已经全然忘却和摆脱了吃肮脏腐臭食物的习性，它们也变得像蜜蜂那样，对花蜜之类产生兴趣而采食之。与此同时，它们也在履行勤劳的蜜蜂的使命，为山岭和原野上的庄稼、树草传授花粉，真可谓脱胎换骨，开创了昆虫界丑陋裂变为美丽、肮脏转化为洁净，从而化腐朽为神奇的独特范例！

这里的人们好客友善是出了名的。在公共场合，给老弱病残者和妇女、孩童让座等现象是司空见惯的。无论是在墨尔本还是悉尼或其他城市，我们几乎听不到汽车的喇叭声。各种车辆在它们的行驶途中显得格外悠然静谧，即便前方出现拥堵或行人挡路的情况，司机们也绝不会用按喇叭的方式来处理。在他们看来，动辄按喇叭是对人不礼貌的。行人与车辆同在马路上，任何时候都必须是车辆无条件地礼让于行人。在澳大利亚我们经常可以看到，当行人在十字路口或交通拐弯处犹犹豫豫，想过而又不太敢过时，司机往往会主动热情礼貌友善地用手势、肢体语言或脸部表情示意行人先过。用澳大利亚当地人自己的话来说就是：行人就是“上帝”。此外，澳大利亚人具有良好的公德意识和守规矩的习惯。无论是歌厅酒吧，还是剧场影院或候机楼商场等公共场所，我们很难看到有人嬉笑怒骂或大声喧哗。人们之间的交谈都是低声细语，唯恐给周围的人们造成不适或干扰。在机场安检、在银行的柜台或 ATM 取款机前，当前面的人正在例行操作时，后面的人绝对是礼貌审慎地将自己远远置于一米线之外静静地等候，即便是遇到像咳嗽或打喷嚏这样的情况，人们也总是用手握着空拳捂着嘴，随后还不忘环顾左右，向周围频致歉意。

在澳期间，我们无意中发现，无论是独步在嘈杂喧嚣的悉尼大街还是在幽美宁静的乡间原野的路上，澳大利亚人的身材无论男女，都普遍显得高挑挺拔。男人剽悍壮硕不失优雅，女人健美飘逸不失婉约。人们个个挺着宽厚的胸膛，仰着高昂的头，目视前方，显得悠闲、高贵与自信。我们到澳大利亚的时间是 12 月份，当我们从冰天雪地的北京飞到墨尔本，走出机舱，进入市区，墨绿浓荫下的大街上，一群群穿着轻薄短衫和衣裙的男女学生轻松闲适地徜徉在都市的大道上。看到此情此景，我们一行才恍悟，澳大利亚的学生们正在放一年一度的暑假。十四五岁的初中男生个头普遍都已长到 170 厘米(有的甚或在 180 厘米)以上，女生身高在 170 厘米以上者比比皆是。澳大利亚人为何普遍个子高大？答案

澳大利亚鹿王

可能只有一个：因为这是一个到处“风吹草低见牛羊”的“骑在羊背上的”国家，是充裕丰沛的牛羊乳汁滋养着这里的人们，从而使该国的子民们生来就不缺奶和钙，当他们一生下来也许就命中注定，他们必然要在这个世界上“高人一等”，傲然挺立。

澳大利亚的经济繁荣和美丽富饶举世公认，而该国广博丰富的旅游资源则更令世人惊羡。蓝天、碧海、青山、绿野构成了这个国家的自然主色调。任何一位初来乍到的异国旅者，踏上这片优美神奇的土地，都会感到心旷神怡，宁静致远。这里的空气格外清新，这里的阳光无比明媚，这里的人们好客友善，这里的文化多元而分明。考拉和袋鼠，俨然是澳大利亚的国宝，然而，令人赞叹的佳肴美酒，绵延不断的海滨沙滩，崩涌不息的火山喷泉，简陋低矮的毛利人居，原始土著的音乐歌舞，承续演化的变异英语，菲利普岛的企鹅登陆等等，更为全世界旅者所心驰神往！

"无聊"的天堂　奢侈的美丽

——静读新西兰

新西兰是一个不平凡的而且是越来越为世人瞩目的南太平洋岛国，它主要是由南岛和北岛以及其他一些零星岛屿组成，隔着塔斯曼海，与澳大利亚遥遥相望。该国与世界其他一些相关的国家和地区比较，无论是地理位置、国民结构还是风土人情等，都有许多与众不同的情韵和特征。

凡是到过新西兰的人，首先都会被它那得天独厚的自然条件所叹服。这是一个不缺蓝天碧水绿树青草的国度。当我们的飞机在奥克兰机场徐徐降落时，我们鸟瞰到的是碧蓝的湖泊、墨绿的山林、青青的草原。此时此刻，映入眼帘的各种信息告诉每个初来乍到的异国旅者，他们已经来到了这个太平洋上非凡美丽的国家。走下舷梯，一股特有的岛国风情扑面而来。仰望着出奇湛蓝的天穹和那团团起伏的巨状白云，伸手可及参天巨杉，旅

充满欧陆风情的奥克兰市政厅

者犹如触摸到了原始森林的神奇力量。畅游于海湾，身姿轻盈的海鸥穿梭前后，陪伴身旁。在人迹罕至的广袤原野上支搭帐篷，燃起炊烟，更有一种完全融入大自然的感觉和韵致。这个满布天然花园的国度，终年柔风拂面，四季景色宜人。当第一批欧洲人抵达新西兰时，奥克兰的面积比惠灵顿和达尼丁还小，但它那怡人的气候和美丽的海边风景很快就吸引了成千上万的新移民。当你沿着奥克兰的交通主动脉——皇后大道向海港走去时，你会深深地感受到充满活力的多元文化在此交汇融合的特殊魅力。不但如此，奥克兰更是号称“千帆之都”，每5个奥克兰人就拥有一艘帆船，因而，海滨就是他们的一切，每逢假日或周末，浩瀚的海面上总是白帆点点。奥克兰的私人游艇平均拥有量也是世界之最。此外还有辽阔的沙滩和优质的海滨浴场。它有田园牧歌，也有深谷峻岭。由于该国主要由南北二岛组成，故除了境内多山，其河流大多具有短而湍急的特点。当地的地质学家在给我们介绍南北二岛的地理特征时如是概括：北岛多火山、温泉，南岛则多冰川和湖泊。由于日程时限的原因，南岛我们未来得及去。我们在奥克兰和毛利人居住密集地罗托鲁亚却实地考察并窥探到了这种奇特的地质地貌风光——终年从地缝中崩喷不息的高热温泉告诉每一个远道而来的旅者：这里曾经是历史上火山频频爆发的非凡地域。从地质学角度来看，新西兰仍然是个年轻气盛的美少年。大约在8 000万年前，巨大的地球力量将这片土地从其大陆母体上撕裂开来，故今天的这个年轻国度的性格仍处于正在形成的过程中，甚至在有些地方，这个岛国的山脊还正在继续生长发育着，而且其优美的风姿偶尔也会因为其内在生长力情绪的勃发和涌动而不时生变，故直到今天，新西兰仍有“舞动的岛国”之美称。

新西兰的确是值得世人光顾的旅游胜地，这除了上述美好的自然风光，还由于它那得天独厚的气候条件。新西兰北部属于亚热带气候，其四季气温同我国的广东、广西地区十分相似。南部则是温带气候，与我国的春城昆明相差无几。因此，与我同行的朋友在总结新西兰优长之处时感叹道：新西兰看得见的最好东西是它的蓝天，新西兰看不见的最好东西则是它的空气。对此，作为同行的成员，我完全认同。的确，新西兰的蓝天和空气是值得世人赞美的，独一份的。

作为世界著名的岛国和旅游胜地，新西兰不仅有碧海蓝天和洁净的空气，而且它也是世界著名的“美食之乡”。游客们在领略该国美妙自然风光的同时，还能品尝那里的美味佳肴。新西兰盛产海鲜和肉类食品，而且非常注重品质。作为临海国家，诸如龙虾、海参和三文鱼之类的海产类食品自不待言。此外，它还出产牛肉、羊肉、鹿肉和其他森林野味。水果盛产有草莓、酪梨和野果等。由于畜牧业的高度发达，新西兰的牛奶不但优质而且便宜，据实地考察显示：新西兰的牛奶每瓶价格只有1.80元新西兰币，而矿泉水每瓶则要卖到2.80元新西兰币。因此，有人说，新西兰是全世界唯一一个牛奶比水便宜的国家。

新西兰国民的整体经济收入可能不如它的近邻澳大利亚，但其国民的生活水准却不在澳大利亚之下。新西兰国内的物价较低，尤其是住房价格并不昂贵。由于那里的人口比较稀少，故相对来说，其土地价格也比较便宜。在新西兰，一般老百姓住别墅是很平常的事。我们接触了一些在那里工作或定居的中国同胞，他们有的年纪在四十开外，在新西

千帆之都奥克兰

兰拼搏了多年，现都已建立起自己的家业，有房有车自不待言，此外还有一定的(有的甚至是较为可观的)财富的积累。当然，新西兰尽管多情美丽，但由于它的特殊国情和地域文化，对于许多外来移民而言，也有不少令他们不习惯和不适应的地方。在新西兰，中国移民很多，尤其是近些年来，中国移民逐渐呈上升趋势。我们接触了一些移居该国的中国朋友，他们分别在那里待了几年、十几年甚至几十年不等，当然，也有刚去那里不久的。他们在谈到新西兰许多优长之处的同时，也不无幽默地这样慨叹：新西兰——美丽的国家，美丽的花园——好山好水好无聊！他们认为，新西兰是适合少年儿童健康成长的地方，是退休老人颐养天年的地方，然而也是有志青年缺乏前途的地方和惆怅男女情感无处倾诉的地方。尽管这样的言语带有诙谐和调侃的意味，但也确实从一个侧面反映了外来移民投身其中后的复杂心情及其心理感受。他们中的许多人，有的是来求学，有的是来打工，有的则是想来经商挣钱，以期改变原本在国内贫困的境遇。我遇到一位给我们作短暂向导的年轻人，一看就知道是“80后”男孩，操着一口掺杂港台味道的普通话，戴着一副耳环，染着棕红色的头发，样子颇有点像涉世未深的小年轻。他来自四川广元，父母都是中学教师。我问他到新西兰来后感觉如何？面对我如此简单的提问，他竟吞吞吐吐，支支吾吾，最后也没有给我一个清晰明了的回答，但他脸上那颇为复杂甚而似乎带有某种程度痛苦和酸楚的表情已经明明白白地告诉了我：他对这块异国乐土不适应。我注意到，作为导游，每每把我们带到一个旅游目的地后，他就独自找一块草坪仰面一躺，然后木呆呆地望着天穹出神。我想，此时此刻，这位“80后”的广元小伙一定是在思念生他养他的中国故乡，思念他那在广元为人师表的父母，或许是在内心呐喊：天苍苍，野茫茫，七尺男儿啊，你的前途在何方？作为游子，我十分理解这位初出茅庐的年轻人在远离故国、远离父母，只身来到举目无亲的新西兰后此时此刻的怅惘、忧郁和无奈。那时才 20 岁的他，毕竟还是一只未经风雨历练的稚嫩雏燕，未来的岁月，还有许多阳光和风雨在等着他呢！虽然已回国多时，但这位广元小伙子写在脸上的那种真实生动又喜忧参半的复杂神情至今深深地留在我的记忆中，同情和怜悯之心油然而生。我愿这位四川广元的小后生在今后的新西兰之路上坚定信念，勇往直前，从此告别困惑、迷茫与无奈，在异国他乡谋发展，建功业，开创自己的新天地。我相信，这位后生的未来一定能成功，他的前程一定是美好的，因为，他还很年轻！

北美洲

岁月流转中的美国
——重访美利坚

时光荏苒,十五年后(2014 年)的一个隆冬时节,我的足印重又刻进了美利坚的土地。仅仅十五年光阴,可谓"弹指一挥间",然而,在这十五年中,中美两个东西方足具代表性的泱泱大国,各自都发生了超乎人们想象的变化,真是不一样的时空,不一样的感觉。这也印证了哲学辩证法一条颠扑不破的定律:任何时候任何事物都是处于运动和变化过程中,变是绝对的,不变则是相对的。中美两国及其关系理所当然也离不开这一辩证发展的基本法则。十五年后,我重访美利坚,中美两国发展的种种事实也证明了这一点。

十五年前,我在纽约世界贸易中心"双子塔"前留了个影,然而,令我万万没有想到,十五年后,两座大厦早已于 2001 年毁于恐怖袭击,我的留影也因此而"升值",因为,它已经成为永恒的定格。

美国林肯雕像

十五年前，在美国，由中国人开的超市凤毛麟角，十五年后，中国人在美国开了许多商厦和超市，中国移民在美国购物犹如在国内一样，你要想买国内产的诸如美的空调电扇、容声牌电饭煲和九阳豆浆机，绝对没有问题，那里的“大华超市”是国内超市的完整复制，应有尽有，而且价格绝对比那些纯粹由当地美国人开的商店要便宜一至五成甚至更多。

十五年前，我在美国曼哈顿附近的一家商厦给我当时正在读高中的女儿买了一双耐克鞋，喜滋滋地带回家，女儿惊叫着对我说：“爸爸，你给我买的‘耐克’产自中国台湾。”当时，我只能无语。十五年后，中国产品（尤其是轻工产品）在美利坚大大小小的商厦和店铺随处可见。

十五年前，凡是去过美国的人们都会觉得美国商店里的东西特别贵，买不起。十五年后，我们竟然觉得美国的商品也并不很贵，有的商品价格与国内相差无几，有的也许还略为便宜。

十五年前，中国的汽车工业开始发力快速发展。十五年后，美国著名的“汽车之城”底特律正走向衰落，濒临破产。

十五年前，当我们乘坐大巴行驶在美国西部内华达州大沙漠中无限延展的高速公路上，不免惊羡于美国高速公路的规模和水平；亚洲金融危机后，我国采取积极的财政政策，其中一个很重要的措施就是大规模投入包括高速公路在内的基础设施建设。十五年后的今天，我国的高速公路总里程突破十万公里大关，跃居全球第一，令世界瞩目。

十五年前，美国时任总统是来自民主党的克林顿，他在执政的八年里把美国带入了有史以来经济最好的时期，但也是他的决策，给中美关系投下新的阴影——美国为首的北约轰炸中国驻南联盟使馆。十五年间，美国人不仅成全了共和党人“父子皆总统”（老布什、小布什）的美梦，还为全体黑人带来了一个“奇迹”——选出了美国史上首位黑人总统奥巴马。

十五年前，我随同中国出版代表团出席在美国洛杉矶的国际图书博览会。十五年后，我的女儿程秧秧定居美国，成为坐落于洛杉矶的“Hello 好莱坞”电视节目主持人，紧接着，她又迅速华丽转身，利用自己精通汉语和英语的优势，创办了“优优汉语学校”（Yoyo Chinese Language），成了当今美国人气指数最高的中文网络教师和中美文化交流的使者。

十五年前……好了，不说了，就此打住，因为，这十五年来中美两国间的互动和变化的实例是不胜枚举，太多太多了。下面，还是让我们言归正传，谈谈我十五年后再踏入美利坚的所见所闻及心灵感受吧！

美国，全称美利坚合众国，是一个由华盛顿哥伦比亚特区、50 个州和波多黎各、北马里亚纳以及关岛等众多海外领地所组成的联邦共和立宪制国家。其主体部分位于北美洲中部，国土面积 937 万平方公里，通用英语（也有人将在美国通用的英语称为“美式英语”或“美国英语”）。美国是一个极为典型的移民国家。美丽的北美洲原先是印第安人的居住地，15 世纪末，西班牙航海家哥伦布发现了美洲大陆，于是西班牙、荷兰等国首先向这块土地迁徙移民。英国人则后来者居上，到了 1773 年，他们已在北美洲建立了 13 个殖民地。1775 年，爆发了北美人民反抗英国殖民者的独立战争。次年 7 月 4 日，第二次大陆会议在费城召开，会议通过了《独立宣言》，正式宣布美利坚合众国诞生，乔治 · 华盛顿出任总司令。1788 年,独立战争宣告结束,乔治·华盛顿当选为美国首任总统。1841 年 4 月,南北战争爆发,参战双方为北方的美利坚合众国和南方的美利坚联盟,4 年后,最终以北方胜利而告终。战争爆发的原因和初衷本是一场为了维护国家统一的战争,后来则演变成一场为了黑奴自由而战的革命战争。南北战争是美国历史上唯一一次内战,北方在战争中获得了最后的胜利,并由此确立了北方大资产阶级在全国的统治地位。这次内战摧毁了原有的奴隶制,同时在客观上也较好地解决了农民的土地问题,从而为美国的资本主义迅速发展扫清了道路,也为美国跻身世界强国之列奠定了基础。19 世纪初,业已强盛的美国开始对外扩张,并先后参与了两次世界大战。第二次世界大战后,美国的国力更是骤然大增,一跃成为世界头号强国。无疑,美国是近现代政治、经济、军事、文化、教育和科技发展最快、综合国力最强大的高度发达的资本主义国家,尤其在军事、教育和科技创新等领域领先于世界之林。尽管进入 21 世纪以来,这个国家也面临着国内外各种各样的困难和问题,但是仍一如既往地继续吸引着来自世界各国或地区的人,来到美利坚追寻他们的人生之梦。

美国这个国家确实很特别,有些地方简直让人觉得不可思议。例如枪支管理,一个国家,居然可以允许其国民拥有枪支。但是,人家就是这么做的,尽管屡屡发生枪击事件,但美国允许公民拥有枪支的政策始终没有因此而改变。其实,一些在某个国家合法存在,而在其他国家看来不可思议的事情也是很多的,这里主要牵涉到一个国家或民族自身的历史原因。当然,美国政府对于私人持有枪支是有严格规定的,而在此基础上,各州及城市对于枪支的管理政策也不尽相同,有些州或者城市就不允许私人拥有枪支,例如芝加哥就是如此。即便是允许私人拥有枪支的州或城市,它们对枪支拥有者也有一整套严格的规定,例如,通常情况下,私人所拥有的枪支不可以随身携带出家门。携带枪支必须有携枪证,而这个证件除了警察、保安等专业保卫人员,普通人很难办到。如果枪支拥有者想到靶场去过过枪瘾怎么办?可以!但必须事先向当地警察局报告,行走路线必须是从家庭所在地到靶场的最短路径,而且时间都有严格的限定。如果某枪支拥有者携枪出现在非指定的线路上,一旦被警察发现查实,那么,等待着他的很可能是牢狱之灾。

私人拥有枪支的情况是这样,关于美国的死刑制度,情况也是很特别。笼统地说美国有死刑制度,不对;笼统地说美国没有死刑制度,也不对。具体地说,就死刑制度而言,美国的确经历了一段曲折的历程。早在 1967 年,美国曾一度废除了死刑,然而,在保守派的压力和谋杀率居高不下的情况下,1976 年美国又恢复了死刑制度。不过,实际上美国有部分州已经废除死刑(例如密歇根州在 20 世纪 70 年代就已废除死刑),或者说置而不用。2009 年 3 月,新墨西哥州废除死刑,最高刑罚为终身监禁。2011 年 1 月 11 日,伊利诺伊州议会表决通过废除死刑,结束了长达 10 年的死刑存废争议。

对于美国的私人拥有枪支和死刑制度的存废对错,我个人倒是觉得,对任何事物的存在合理性问题的价值判断,都不能离开事物存在和发展变化的历史条件。还是德国哲学家黑格尔说得好,存在即合理。这就是事物存在及其评判的辩证法。美国的私人拥有枪支和死刑的存废现状,其实都是美国作为一个特定的国家个体发展到今天的一种历史必然，换言之，它的存在必定有它的历史和现实的原因及其合理性。

由此，我们也联想到，当我们在观察和思考中美两国间的事物发展规律和特点时，必须坚持辩证的观点，历史地客观地看待中美两国的发展现状，否则，往往会犯形而上学的错误。就拿高铁来说，毫无疑问，我国已成为世界上高速铁路里程最长的国家。人们也都知道：日本、法国和德国的高铁发展起步比我们早，它们都是高铁技术和高铁管理世界领先的先进发达国家，然而，由于上述三国国土面积都不大，所以，我国修建两三条跨省高铁的里程就比这些国家的总里程还要多。那么，世界上道路交通最发达的美国呢？他们高铁的里程为何不长(甚至可以说很短很短，在统计学意义上几乎可以忽略不计)？难道是美国人只乘飞机，不坐火车吗？还有俄罗斯，为何不修建高铁？原因很简单，这与上述两国的具体国情有关。首先，我们知道，美国是一个号称“轮子上的国家”，如果需要跨州旅行，美国人一般选择自己驾车出行。如果距离更长，因为美国的机票不贵，他们往往会选择飞机出行。所以，美国坐火车的人一般不太多，既然乘坐火车的客流量不大，就没有必要修建高铁设施。迄今，高铁乃是人口稠密，常规运载工具超负荷情况下的最佳选择。中国乃平均人口稠密的国家，因此，中国也就自然是目前世界上最适合推广修建高铁的国家，事实也证明中国是高铁建设发展最快最好的新兴经济体国家。那么，俄罗斯也是世界大国，而且人口也有1.46亿，他们迄今不修高铁，那又是为什么呢？理由同样很简单：首先，俄罗斯面积世界第一，地广人稀，修建一条看不到未来乘坐客流量前景的高铁，成本太高，风险自然就很大。其次，俄罗斯的高铁技术和高铁管理迄今也还不够成熟完备。因此各国有各国的特殊情况，中国与美国同样有着包括历史条件在内的各自的具体国情，我们也不能认为美国的高铁里程没有中国长(或者说迄今几乎还没有什么高铁规模)就认为美国在这方面不如我们，也不能简单地认为日本、法国和德国在高铁技术和高铁建设方面都比我们强。不过最近我获悉加利福尼亚州正计划在洛杉矶和旧金山两大城市间修建一条高铁，全长1 287公里，投资总额约680亿美元，该州希望中国能够投资美国高铁项目。据美国相关媒体报道，加利福尼亚州州长布朗早在2013年就曾经与中国铁道部门官员会谈，讨论这一项目。该州高铁管理局执行主任杰夫莫拉蕾斯在交流会上说，中国已经建成7 000英里(约11 265.41公里)的高铁线路，而美国目前这一数字仍为零。的确，在高铁建设领域，我们中国的发展速度的确快得令全世界震惊。据我了解，在修不修高铁，修建多大规模的高铁等一系列问题上，美国有美国的优势，同时，它也有其自身的不足和困难。从20世纪60年代中期美国就已开始计划发展高铁，美国“高铁梦”最有希望的那一刻是在2009年4月16日，当时，刚上任不久的美国总统奥巴马信心满满地提出要推进高铁规划，他说：“想象一下吧，火车以超过100英里(约160公里)的时速快速穿越城镇，起点距家门口只有几步之遥，终点站距目的地不过几个街区……这不是遥不可及的虚幻远景。”自从奥巴马政府提出发展高铁以来，美国联邦政府的相关拨款累计已超过百亿美元，但现实却很无情，2010年2月8日，美国副总统拜登宣布了一项在6年内投资530亿美元建设高铁的计划，但被由共和党人占多数的国会众议院否决，到2012年后，“高铁”一词基本从曾提出“高铁梦”的总统奥巴马的国情咨文中消失，美国的高铁规划在资金、市场需求和党派之争的多重制约下，停滞不前，终于流产，做了整整50年的“高铁梦”，至今仍遥不可及。这无论是对奥巴马还是整个美国政府都是一件很无奈的事。与此形成鲜明对照的是：2014年12月26日，我国的兰新、贵广、南广三条高铁新线正式开通运营，中国高铁版图进一步扩展，贵州、甘肃、青海、新疆四省区于同一天同步迈入高铁时代，并一举结束了中国山区和中国高原地区无高铁的历史。我想，如此快速的高铁建设发展速度，一定会令包括美国在内的全世界感到震惊。

美国的城市建筑

这次到美国，我尤其注重对美国人际关系的考察。有一次，我去参观一家博物馆，参观结束出了大门后，才想起将摄像机落在里面，原来的门票票根也在不经意中给遗失了，于是，我对门卫说了一下情况，看得出，她非常信任我，二话不说，示意让我进去寻找。我原以为，里面人群嘈杂，东西很有可能找不回来了，但没想到，摄像机原封不动静静地躺在讲解员的座椅上。更令我印象深刻的是，这次去美国，住在女儿家，我发现，除了长期出远门，女儿平时离家从不锁门。那天我们要去拉斯维加斯玩，出门前将房屋钥匙交给了正在打扫卫生的墨西哥阿姨，临走时，三言两语略作交代，就离开家门了，这可让我大开眼界。邻居们也都很亲切友善。我有早锻炼的习惯，乘着洛杉矶的风和日丽和加利福尼亚的充足阳光，每每出去晨练，总会遇到一些并不很熟悉的面孔，但人家总是在见面的第一时间与你说“Hello”“Good morning”，有的甚至在驾车迎面相遇时也不忘在车厢里向你摇手致意。尽管彼此还不太熟，但当对方给出这样的问候或致意时，心里总不免充满温馨——人间自有真情在，真好！其实，人与人之间的气场是很重要的，气场乃人与人之间感应的基础。互相信任、彼此友善的人际关系本身就是人类生活幸福的重要元素。

十五年时间过去了，其间一直想来而没有来过美国。记得十五年前，无论是走在纽约街头或其他美国城市，那时的中国人还是并不多见，或者说凤毛麟角，可是，时隔十五年，我发现在美国的许多城市，中国人明显增多。东部的费城、纽约、华盛顿，中西部的底特律、西部的洛杉矶和拉斯维加斯等城市，还有著名的老华人移民根据地旧金山等，几乎可以说是华人随处可见。如果说十五年前，由于你不懂英语，在大街上迷了路，可能由于语言的障碍而会带来麻烦和不便，那么在十五年后的今天，这已经不是一个问题了，因为，当你迷路需要问路时，你的视野中往往不乏黄皮肤黑头发黑眼睛的中国同胞。据我所知，西海岸的洛杉矶城，除了老的唐人街外，还有几处华人聚居地（在这里权且请允许我将其称为“新唐人街”）。那里的华人大部分是从中国大陆移民过去的，大约占60%以上。请读者们细想一下，在一个华人如此集中的“新中国城”（或曰新唐人街，当地的美国人将其称为“小中国”）生活，你还会有“身在异乡为异客”的异国陌生感吗？你还会为自己的语言障碍而发愁吗？再加上聪明绝顶的中国移民头脑灵活、办法多多，根据中国人的生活习性和兴趣爱好，他们与时俱进地在那里新建了许多完全适合中国人生活习惯，完全与中国文化、中国民俗一模一样，并且全是由中国人自己执掌的“中国餐馆”“华人酒吧”“华人茶室”“华人超市”“华人药店”“华人宾馆和旅社”以及专门为华人服务的“国际国内华人旅行社”，甚至还有专门为华人妇女生孩子及其此后需要继续调养的“华人月子公司”，真可谓应有尽有。他们简直就像是在美利坚复制了中国。啊，中国人，真的实在是太厉害了！

随着中国经济的腾飞和军事、科技、教育、文化的发展，综合国力的迅速增强以及中国国际地位的不断提升，世界范围内的“汉语热”已是一个不争的事实，这一点，在美国同样表现得很明显。近些年来，美国的汉语热呈持续升温的趋势，尤其是2014年11月11日奥巴马总统在中国北京APEC会议上宣布中国公民赴美签证有效期10年的政策后，更是在美国掀起了新一轮的汉语热高潮。我接触了一些当地的美国人，令我暗暗吃惊的是，怎么会有那么多的美国人懂汉语和喜欢汉语。这似乎是一夜之间的事。更令我吃惊的是，这些老美汉语竟然学得如此地道。比如在我女儿家中聚会那天来的当地老美，能用汉语直接与我们交谈的不在少数，其中有一位四十五六岁的南加州大学计算机教授吴凯文（英文名约翰·乔治），他的一口标准流利的普通话及其对汉语的理解深度和精通程度，不禁让我对这位聪明勤奋又好学的美国学者暗生敬意。在聚会上，还有一位身材高大、长得特像美国前国务卿鲍威尔模样的黑人朋友，普通话同样也讲得非常出色，此人一进门，见到我们就嘴巴特甜：“认识你们，真是非常荣幸！”“我非常喜欢中国，喜欢北京，我在北京语言文化大学留过学。”交谈中，我对他说：“你长得很像你们的前国务卿鲍威尔。”他先是一怔，耸耸肩，紧接着答道：“是吗？噢，那我太荣幸了，但是我可没有他那个本事，哈哈哈哈！”美国人可真是真诚活泼，率性随意。尽管我们之间初次见面，加之也有一定的年龄上的差距，然而，这些都不影响我们之间的谈话交流。

在此次旅美行将尾声的时候，我和太太应小女所邀，与她一起（当然是女儿当主持人），共同在她的“优优汉语学校”网络视频上制作了一期时长56分钟的汉语教学直播节目。受众是以美国和加拿大等北美国家为主的年龄不等、人种各异、职业不同的汉语水平为初级和中级的学生。他们向往中国，也对学好汉语充满渴望和期待。女儿在美国创办的这所“优优汉语学校”，很受以北美国家为主的西方汉语学习者的欢迎。有一次，我在与一位美国汉语学习者(此人系内华达州一所大学著名教授)的聊天过程中，他亲口对我讲，他非常喜欢秧秧创办的“Yoyo Chinese Language”网络视频教学，认为秧秧是目前全世界最优秀、全美国网上人气指数最高的中文教师。对眼前这位美国学者给予女儿的高度评价，作为秧秧的父亲，我自然高兴，同时也向他表示感谢。我们和秧秧联合录制的那期直播网络视频也受到了受众的欢迎，节目播出后，好评如潮，完全出乎意料。原先我们还担心美国学生是否能够接受我们的形式和风格(因为这是初次尝试，心里没有底，最低标准就是希望直播别“砸锅”就行)。当然，也许学生们客气，所以给了我们许多鼓励和褒奖，后来我就此事专门问及女儿，她对此怎么看？女儿的回答很简单，她对我说：“哎呀，老爹，你有没有搞错啊，人家美国人是很诚实的，他们最喜欢实话实说，如果你做得不好，他们不喜欢，人家凭什么还要恭维你啊！”女儿一语中的，我也终于醍醐灌顶，弄明白了。难得去一次美国，适逢女儿教学需要，偶尔“友情客串”一次网络视频教学，竟然还获如此成功，我很是欣慰。

美国很大，总共有50个州，大城市和特大城市也有很多，要想将这些地方跑个遍显然不太可能。但就我所到之处，明显感觉到美国的一些州与州之间，城市与城市之间都存在着程度不同的差异性，有的差异性还很大。此外，美国的南北地区和东部、中部和西部之间都有着种种明显的特征差异，甚至在同一地区(例如东部)的不同城市之间也存在着差异，例如同是东海岸城市，纽约、费城和华盛顿，这三个富有代表性的城市在我看来也是风格迥异。纽约城一看便知，这是一座老牌移民城，其英格兰“祖宗”的气息和特征体现得尤为明显，而且很有“帝国”的时代特征，虽然谈不上饱经历史沧桑，但也能看出一些岁月的遗痕。总之，那是一座典型的“美利坚”名城。费城就不同了，这座位于宾夕法尼亚州东北部的城市，是德拉瓦河谷都会的中心城市，它在华盛顿建市前曾是美国的首都，也是迄今美国最老、最有历史意义的城市之一，因而在美利坚历史上占有非常重要的地位。闻名遐迩的“友爱之城”是费城的别称，这座城市还是美国的第五大城市，仅次于纽约、洛杉矶、芝加哥和休斯敦，也是美国第四大都会区。在我看来，它没有纽约城那样繁华和躁动，反而犹如一位优雅的少女，庄重、妩媚而宁静，街道整洁，到处绿荫掩映，风和日丽的时光很多。由于该城处于副热带湿润气候的外围，四季分明，气候宜人，因而，旅者只要到了费城，不但能感觉到那里的阳光充满金色，还能感觉到那里的风儿也是甜润的，很舒服。

华盛顿，位于美国的东北部、中大西洋地区。华盛顿是美国的首都，它于1790年作为美国首都而设置，是由美国国会直接管辖的特别行政区，因此华盛顿不属于美国的任何一个州。由于华盛顿是美国的政治中心，故它给人的印象是经济色彩不浓，它是包括美国国会、总统府、国务院、国防部等在内的大多数美国联邦政府机关和各国驻美大使馆的所在地，也是世界银行、国际货币基金组织、美洲国家组织等国际组织总部的所在地，还拥有为数众多的博物馆(如美国国立博物馆)和文化史迹(老国立博物馆、老国立美术馆、林肯和杰斐逊纪念堂等)。说起华盛顿，真还有一段在这里值得书写的历史故事。华盛顿的地理位置是在马里兰州和弗吉尼亚州之间，这里原是一片灌木丛生之地，只有一些村舍散落其

本书著者摄于白宫草坪外

间。1789 年联邦政府正式成立，乔治·华盛顿当选为首任总统。当国会在纽约召开第一次会议时，建都选址问题引起激烈的争吵，南北双方的议员都想把首都建在自己一方境内，1790 年，国会最后达成共识，由总统华盛顿选定南北方的天然分界线——波托马克河畔长宽各 16 公里的地区作为首都地址。华盛顿总统也很有意思，他为了纪念哥伦布发现新大陆，故将华盛顿特区命名为“哥伦布”。遗憾的是，新都尚未建成，华盛顿便于 1799 年与世长辞。联邦政府和国会为了纪念他，在 1800 年建成时，将新都命名为华盛顿。因此，一般人所说的“首都”，即指联邦政府机构所占的地区。如果说“华盛顿哥伦比亚特区”，那就是指居民所占的地区。与费城不同，华盛顿为温带大陆性气候，夏热冬寒，四季分明，8 月份的平均气温约 30 ℃，春秋两季温和，全年平均气温约 20 ℃，春季相对干燥，夏秋之间会受到飓风影响。冬季气温会降到冰点以下。

由于历史的原因，美国的东部地区开发较早，因此，工业革命后的城市繁荣首先从东部开始，然而，美国西部地区的发展也是相当快速。在这方面，最典型的城市和地区就是加利福尼亚州的旧金山、洛杉矶和内华达州的拉斯维加斯。

旧金山(美国当地人普遍将其称为“圣弗朗西斯科”，但中国人大多习惯于叫“旧金山”或“三藩市”)，美国加利福尼亚州太平洋沿岸港口城市，是加州地区仅次于洛杉矶的第二大城市，美国西部最大的金融中心和重要的高新技术研究和制造基地。1769 年西班牙人发现此地，1848 年加入美联邦(1848 年由美国购得)。早在 19 世纪中叶，旧金山在移民的淘金热中迅速发展，华侨称其为“金山”，后为了区别于澳大利亚的墨尔本，改称“旧金山”。

旧金山的一个显著特点就是，它是全美华人最为密集的聚居地(华人约占全城总人口的三分之一)，也是世界著名的高新技术产业园“硅谷”的所在地，每天吸纳着无数高科技人才和世界各地的游人。旧金山位于美国加利福尼亚西海岸圣弗朗西斯科半岛，三面环水，环境优美，而且是一座山城，属亚热带地中海气候。这种气候的最大特点是冬暖夏凉、阳光充足，因此而被誉为“最受美国人欢迎的城市”，这座城市有很多艺术家、作家和演员，在20世纪和21世纪初一直是美国嬉皮士文化和近代自由主义、进步主义的中心之一。世界著名的斯坦福大学就坐落在这里。旧金山也是著名的旅游城市，其中最有名的风景有缆车、金门大桥、海湾大桥、泛美金字塔(又译“传斯美国金字塔”或“全美金字塔”)和唐人街。值得一提的是，旧金山的唐人街乃是全美国所有城市中规模最大的，迄今已有120多年的历史。该街入口处有深绿色中式牌楼和一对石狮子，上书孙中山先生的“天下为公”四个大字。其中主要的街道为格兰特街，其两侧有许多富具中国特色和中华文化元素的纪念品商店和中国餐馆。来此街观光游览和采购的人们不单单是络绎不绝，而是人潮涌动，高峰时段整条街经常会被挤得水泄不通。

同属于加利福尼亚州的另一座世界名城洛杉矶，较之旧金山，则又是一幅截然不同的城市风格和景象。这座大约有1 800万人口，以其旖旎的风光、大都市的气派、集繁华与宁馨于一体的西岸城市，濒临浩瀚的太平洋东侧的圣佩德罗湾和圣莫尼卡湾海岸，背靠莽莽的圣加布里埃尔山，整个城市坐落在三面环山、一面临海的开阔盆地中。洛杉矶给我的直接印象除了市中心那几座稍稍高一些的建筑外，整个城市几乎没有什么高楼大厦，绝大多数房屋都是平房建筑(也有个别二三层楼者)，因此，这样一个号称全美第二大、世界第三大(仅次于纽约和东京)的城市，在那些没有到过该城的常人的合理想象中，一定是高楼林立、鳞次栉比，而实际情况恰恰相反，洛杉矶城简直就是一个开阔扁平的巨幅平面图。然而，正是这样一个看似平面图似的洛杉矶，除了“天使之城”，它还享有“科技之城”“名人之城”等美誉。它是美国西部地区最大的都会和全美最大的海港，也是全世界的文化、科学、技术、国际金融和高等教育中心之一，它还拥有世界知名的各种专业与文化领域的专门机构。此外，洛杉矶是当今美国石油化工、海洋、航天工业和电子工业的最大基地，同时也是美国高新科技的主要中心之一。它的金融业发展速度也是惊人，已经在全美范围内仅次于纽约金融中心，位居第二。论气候条件，洛杉矶也是位于地中海型气候带，故气候温和，长年干爽，只是在冬季时节反而降雨稍多，一年四季总是风调雨顺、碧空如洗、阳光明媚，真可谓加利福尼亚的阳光金不换，海洋性气候的温润与北部内华达州大沙漠的干爽通过自然的中和与调节，加之终年无霜冻，致使洛杉矶成了全美国最宜居的城市。

与旧金山和美国其他一些城市一样，洛杉矶也有唐人街，而且也有一些年头了，十五年前，我到那条街上转了一圈，当时就感到很亲切，因为，身在域外的中国人，来到中国城，每当在那里听到乡音，顿觉“宾至如归”，心里头总能涌起一股思乡的暖流和家国情怀。在我看来，唐人街，它跨越了历史，跨越了国界，俨然是形神兼备华夏民族的伟大象征和缩影。然而，如今的唐人街，随着祖国的日益繁荣和强大，它的形式和内容也在与时俱进地演进与发展，别的城市且不说，就拿洛杉矶来说，偌大的一个城市，本来有一个老中国城，

本书著者在美国洛杉矶街头

但那里往往都是由一些早期移民过去的“老移民”住在那里操持管理，新移民似乎对那些地方不感冒，于是，他们重新在这座城市建立起新的居住区和类似老唐人街那样的商业经营区。我权且将这些由中国新移民开创建立起来的中国城称为“新唐人街”。在美国的中国人，尤其是在洛杉矶的中国移民，一定都会知道“中国谷”。何谓“中国谷”？华人来到洛杉矶的历史已逾百年，从20世纪初，到20世纪后半叶冷战结束，百万华人来到洛杉矶，在洛杉矶形成了最大的美国新移民聚居地——“中国谷”。这时，华人在美已经掀起了蔚然大观的创业活动高潮。“中国谷”这一说法是著名的美国《洛杉矶商业周刊》在对华人密集的洛杉矶圣盖博谷地进行了全面的社会调查而首次提出的。这家周刊强调圣盖博谷地无论从人口、政治、商业、社区角度而言，都已成为全美华人最大的聚居地。根据美国2013年10月底的人口普查显示，全美华人已有289万，而生活居住在洛杉矶的圣盖博谷地的华人就将近有100万。“中国谷”的具体范围大约从洛杉矶的老唐人街沿圣盖博谷地向东，经素有“小台北”之称的蒙特利公园市，成链条状涵盖了13个城市，并在最近一两年又扩展到离洛杉矶市中心50公里以东的钻石吧市和河边县，并且每年还在以3至5公里的速度沿谷地向东扩张。据洛杉矶县政府“都市研究”资料显示，在圣盖博谷地沿线13个城市，以华人为主的亚裔人口已占总人口的60%以上。在“中国谷”北面的帕萨迪纳市，是美国最重要的航空航天科研重镇，华人在那里已成为一支重要的力量。加之每年元旦举行的“新年玫瑰花车游行”，使这里成为家喻户晓的名城。在“中国谷”南面是著名的洛杉矶长滩港，再远处是朝气蓬勃的橙县地区，那里的尔湾高科技园区，几乎三分之二以上是华裔，其发展势头之猛直逼北加州的硅谷地区。由此可见华人精英在美国高新科技领域的作用、地位和影响力。

美国很大，任何人要想短时间内跑遍美国，那是不可能的。但到了美国，总是想到西部看看，而到了西部，除了洛杉矶，必然会要到拉斯维加斯去看看。因为，那是美国西部除了洛杉矶外最有代表性的世界名城。拉斯维加斯是内华达州最大的城市，以赌博业为中心的集旅游、购物、度假于一体的，拥有“世界娱乐之都”和“结婚之都”的美称。据有关方面的权威统计，2014年，美国赌城拉斯维加斯成为全球最多新婚夫妇选择的旅行目的地。拉斯维加斯，原是美国西部的一个小小村落，经过一百多年的脱胎换骨的蜕变，迄今已变成了一个以赌博业为龙头的巨型世界旅游城。“拉斯维加斯”一词源自西班牙语，意即“肥沃的青草地”，由于拉斯维加斯是周围荒凉的石漠与隔壁地带唯一有泉水的绿洲，故逐渐成为来往公路的驿站和铁路的中转站。拉斯维加斯建于1854年，是由当时在美国西部的摩门教徒建成的，后来摩门教徒迁走了，美国兵使其成为一个兵站，但这里的人口还是稀少，直到1890年，联合太平洋铁路通达，这里才逐渐兴旺，一个小镇形成。1905年，拉斯维加斯正式建市，1931年，美国经济大萧条，为了渡过经济难关，内华达州通过了赌博合法的议案，拉斯维加斯从此便成了一个受法律保护的合法赌城，并在以后的岁月迅速发展。由于拉斯维加斯的主要经济是博彩业，加之赌场是个“淘金碗”，故令美国各地的大亨纷纷到拉斯维加斯投资建赌场，甚至日本的富豪、阿拉伯王子、世界各地的著名演员等都来此投资。到20世纪中叶，拉斯维加斯出现了大型赌场，并在此基础上发展为以赌博为特色的著名游览胜地。到了60年代，又开辟出了沙漠疗养区。拉斯维加斯的城市经济主要依赖旅游业，市内的夜总会、酒店、餐馆和赌场林林总总，多得数不胜数。此外，还有查尔斯顿娱乐区和峡谷国家博览馆。城郊是矿区和牧场，有规模颇大的内利斯空军基地、美国能源研究所和开发局的内华达试验场。每年5月的赫尔多拉多节，当地居民穿着古老的西部服装举行竞技表演和游行。到了20世纪末，“中国城”也落户于拉斯维加斯，并很快成了亚裔美国人的聚集地。

今天的拉斯维加斯俨然已是一座与众不同的国际大都会，活力四射、充满生机、充满律动。黎明的出现乃是人类一天的开始，然而，拉斯维加斯则与之相反，它的一天的到来则要等到夜幕的降临。只有夜幕降临，才是赌城迎来它一天中最辉煌的时刻。如果你是在天黑之后抵达拉斯维加斯，在通过一片荒凉的大地之后，大地的边缘突然出现一座金碧辉煌的不夜城，你一定被这个特别的城市所震撼。是的，这就是拉斯维加斯，一个不可思议的人工化城市。在这里，任何人的目光都会被那闪耀的霓虹灯及极有特色的巨大观光旅馆所吸引，甚至于在完全脱离日常生活的幻境中迷失自我。这里是全世界的娱乐中心，所有城市的设计都是为了尽情地享乐。当然，除了赌场，很多酒店门口都会有各种精彩的表演，什么“火山爆发”、音乐喷泉都是很值得一看的，此外，还有很多诸如杂技、魔术、催眠、歌舞脱口秀等精彩的剧场表演，一定会令你眼花缭乱，不知道该看哪个好。拉斯维加斯虽然地处美国西部最荒凉的沙漠腹地，然而却拥有全世界最奢华的酒店、赌场和餐厅。当你走在如梦如幻般的拉斯维加斯街头，你一定会看到琳琅满目的国际大牌奢侈品商店。当然，旅者到其附近的奥特莱斯“血拼”，则完全可以以超低的价格，购买到心仪的商品也是一种不错的选择。我就是在那里小试牛刀，果然颇有斩获。然而，任何事物都具有两重

西方不夜城拉斯维加斯的神剑大酒店

性，拉斯维加斯当然也不例外。拉斯维加斯是世界的娱乐之都，也是世界的不夜城，它的名号个个响亮：超级赌场、娱乐之都、国际赌城……拉斯维加斯是世界第一大赌场；拉斯维加斯是纸醉金迷的不夜城；拉斯维加斯是沙漠的奇迹；拉斯维加斯是人类的天堂，也是人类的地狱！

中美两国自 20 世纪 70 年代建交以来，由于在国家政治体制、社会制度、意识形态和国民的价值观取向等方面存在着差异，因此，各种矛盾、问题乃至摩擦也不可避免地时有发生，两国关系一度时紧时松、时好时坏，起起伏伏，其实，这也很正常，因为，中美两个大国间毕竟各自都有自己的价值观原则和利益诉求。但不管怎么说，三四十年来，中美两国关系总的来说是呈波浪式前进、螺旋式上升的发展趋势，尤其是近十多年来，中美两国关系明显呈现快速发展的势头，这是非常令人欣喜的。尤其在中美两国民间互动方面，更是动作频频，不断升温，例如，鉴于美国先进的医学技术和医疗水平，中国人（尤其是癌症患者）有前往美国就医的现实需要，最近在南加州地区拟建两个四星酒店，据说是专门用来欢迎和接待有此类需求的中国公民。近些年来，中美两国无论是政府高层和民间往来日益频繁，中文热和中华文化热也随着两国关系的不断发展而日益升温，例如 2014 年 12 月 6 日由美国南海岸中华文化协会暨（洛杉矶橙县）尔湾中文学校主办、由华人赞助的第三届“中华文化嘉年华”于尔湾市政府广场前热闹登场。来自南加州各地的表演者提供中华文化表演，如在节庆或热闹庆典中一定会出现的舞狮，还有中华传统乐器表演、古筝、扬琴演奏，活动还包括民族舞蹈、中国功夫、养生太极，还有神乎其技的扯铃表演。此外，还有洛杉矶橙县女生合唱团、儿童合唱团及华声合唱团等多个由南加州华人团体组成的合唱表演，以及手语和民乐舞表演。南海岸中华文化协会创办至今，已开设一百多项具多元文化的综合教室，诸如中文、国学经典读书会、中文电脑班、合唱团、民族音乐班、太极拳、国画、书法、中国结、棋艺、瑜伽、有氧舞蹈、民族舞蹈、乒乓球、篮球等。橙县的尔湾中文语言学校从语言、道德、体育、智力、音乐、舞蹈等全方位多元文化课程教育学子。多年来致力于参与、赞助南加州社会各主流及华裔社区的比赛活动，并举办各类学术文化讲座，通过社区间的文化交流，让更多的美国人认识中国和中华文化悠久的历史。

事实上，今天的中美两国，无论是从官方和民间，无论是从经济还是文化、教育、科技乃至金融、贸易等领域都有着千丝万缕的联系，中美两国之间已经存在着相当程度的交互渗透和互相依存关系。任何一个国家的发展和繁荣富强都是靠实干出来的，而不是靠天上掉馅饼。历史已经证明，并将继续进一步证明，中美两个大国斗则两伤，和则两利，和为贵。因此，在此基础上，中美两国在新的历史条件下，建立两国新型大国关系是很有必要的，这对于继续提升中美两国人民的利益和福祉乃至对于整个世界的和平与稳定都是具有相当重要的战略意义。

附　录

和你一起看世界

——本书作者夫妇结伴共读地球村

东方云子

从相识、相知、相恋到结婚，从两地书到一地情，他们的缘分从南延续到北。此后生女育女，直到女儿长成，由北京飞向香港求学，奋斗在美利坚，远行的女儿不再需要他们操心。他们各自在职场忙碌着，将个人的才智、心血和汗水浇灌在出版和铁道战线上。而今，他们远离职场，开始了新的征程——国内自驾游、结伴出境游，形影不离。从当初的恋人、爱人到今天真正的伴侣，没有女儿陪伴的两人，像"人"字结构一样互相取暖、支撑、照应，走向更遥远的地方，沐浴更明媚的未来。

我一直称呼本书作者程孟辉先生的妻子为嫂夫人。嫂夫人12年前的倩影早已永载史册——我所著的开国上将、全国政协副主席、铁道部原部长吕正操的传记彩色插页里收入了嫂夫人与全国铁道系统劳动模范、先进工作者代表在拉萨合影的两幅图片，记得当时我加配的图注是这样的："2006年7月1日，青藏铁路通车，圆了吕正操的一个梦。当日，铁路劳动模范、先进工作者代表在拉萨合影。"而贡献那两张照片的正是嫂夫人的先生程孟辉。当他在位于北京史家胡同的办公室里将照片递给我时，脸上洋溢着喜悦和自豪，可见妻子在丈夫心里的分量。因此，当我翻阅程孟辉提供的图片时，发现一张他们夫妇俩在拉萨的合影，与2006年嫂夫人留影的背景何其相似。于是，我建议将夫妻俩的合影放入本书。目的很简单，让广大读者知道，美学家不是一个人在战斗，他笔下的世界里没有呈现的另一道风景就在他身边，和他一起端详着阅读着我们共同的或熟悉或陌生的世界。

夫妻俩时常自驾出游，自驾线路也显得狂野不羁：或去京城郊外的乡间和山林，或去河北承德的避暑山庄、木兰围场、军马场和塞罕坝，或去内蒙古的赤峰和茫茫的呼伦贝尔大草原。他们回家探亲也不乘坐飞机和高铁，而是自驾爱车直奔上海，先浏览周庄古镇、雁荡山等周边秀丽的江南风光，再由上海驰往广州，然后又从羊城直奔北京。最疯狂的莫过于2012年，夫妻俩突发奇想，从首都出发，直奔祖国的天涯海角——宝岛海南。到了海南，从海口出发，绕岛一周，冲顶尖峰岭，然后下山直插海南腹地，经五指山、万泉河，拜访了电影《红色娘子军》女主角吴琼花的原型人物的故乡后回海口，人车摆渡，到湛江的雷州半岛上岸后，再沿京广线返回首都。虽然我比他们早7年（2005年）疯狂过一把——一天跑7城（北京—枣庄—徐州—南京—上海—海口—雷州），火车—火车—汽车—火车—飞机一轮船，海陆空，晴雨交错，却不是自驾行，汗颜啊。

写这篇短文第一稿的时候，恰逢庆祝中华人民共和国成立68周年的国庆长假，1亿多人在10月1日这天出游，饱览了多娇如画的祖国山河大地，其中就有本书作者夫妇的身影。他们自驾在齐鲁大地的青州，次日又驱车到聊城，给抱伤静卧京城的我发来了他们拍摄的美图……想象着他们幸福的同行，我既羡慕又感动，相信读者朋友们也有同感，祈愿诸君也和本书著者夫妇一样，找机会抽时间，与自己爱的人或情投意合的人（家人、朋友、同学、闺蜜、同事）投入广阔世界的怀抱，像程孟辉伉俪那样亲近自然，领略别样的自然和人文景观。

圣灵的故园

——访莫斯科新圣母公墓

凡是去过俄罗斯的人都会知道，在莫斯科，有一座世界著名的公墓——新圣母公墓。说是公墓，但我更愿将其谓之“圣灵的故园”。它给每一个来此参观的人留下不可磨灭的印象。

新圣母(或曰新修女)公墓，位于莫斯科城西南部、紧挨着麻雀山东侧的新圣母修道院的大型墓地，始建于16世纪。最早是古代皇族的陵园。到了19世纪，这里成了著名知识分子和富商大亨的灵魂归宿。墓地面积为7.5公顷，安葬着自公元1574年以来生活在俄罗斯这块土地上的26 000多个不寻常的灵魂，是闻名遐迩的欧洲三大公墓之一。公墓中安葬着俄罗斯(甚至也有外国)已故政要和各界名流。就我所看到的，苏联政要有赫鲁晓夫、米高扬、莫洛托夫、波得戈尔内，著名作家普希金、契诃夫、果戈理、奥斯特洛夫斯基、马雅可夫斯基、法捷耶夫，音乐家柴可夫斯基，戏剧理论家斯坦尼拉夫斯基，大歌唱家夏里亚宾，舞蹈家乌兰察诺娃，军界功勋卓著的元帅将领和硕果累累的科学院院士、征服太空的宇航员等。此外，还有列宁的胞弟、斯大林的第一个妻子娜杰日达(娜佳)和苏联总统戈尔巴乔夫的妻子赖莎·戈尔巴乔娃等。所谓公墓，这里其实更像一座艺术宫殿或一片精致的石结构雕塑森林。每个墓的建造都是精雕细刻、风格迥异、别具匠心。在我看来，与其说是一个墓地，倒不如说是一座超大型的露天艺术宫殿。在这座宫殿里，我们才重新读解到了人类对于死亡的另一种非同寻常的解释和表达，从而也拓展了来此瞻仰的异国游人对人死亡后灵魂归宿的认知空间——人类的墓地竟然可以用这样一种特殊的方式来设计和建造，对已故圣灵的追思和缅怀竟然可以通过如此丰富多元和蕴意深刻的手法来实现。墓碑主题鲜明，形状富有个性，其风格与墓主人生前的人格魅力和人格特征的浑然融合。它既是对墓主人一生的深刻概括，又是以高度艺术化的形式给人以强烈的视觉冲击，从而给前来瞻仰和凭吊的人们以巨大的艺术感染和心灵净化。当我和同伴踏着凝重的脚步行进在蜿蜒通幽的墓园小径，内心不禁被现场氛围所深深吸引并震撼。此时此刻，任何来此的人无不为之肃然起敬。因为，这是莫斯科乃至整个俄罗斯人的圣殿和精神家园。在这片宁静肃穆的圣土上，来自全世界的游客们都将会怀着虔敬和求索探秘的心情，来考察和解读他们心中的俄罗斯以及这些曾经为这个国家、这个民族乃至整个人类做出过卓越贡献、如今已长眠地下的英雄和精英们：果戈理，这位为中国人民熟知的《死魂灵》作者；奥斯特洛夫斯基，铸就了《钢铁是怎样炼成的》；阿·托尔斯泰，贡献了他的《苦难的历程》；卫国战争时期的英烈卓娅，曾是我国亿万青少年学习和崇拜的英雄偶像……

一座墓碑，就是一个故事，记载着墓主人的传奇人生。一座墓碑，就有一尊雕像，这尊雕像代表着墓主人的灵魂和不朽。尽管每座陵墓的造型及风格各有不同，但它们所表达的是一个共同主题：斯人已驾黄鹤去，圣魂永留我人间！作为来自友好国度的外国旅者，在这寒风瑟瑟、落叶飘零的深秋季节，我们怀着神往和景仰之情穿梭于莫斯科新圣母公墓这片令全世界人神往的“雕塑森林”，竟然没有寒意，没有疲惫，没有厌倦，没有以往那种墓地综合征——那种“万户萧疏鬼唱歌”的阴森、哀怆、冷寂。相反，在对这些高贵灵魂的精神追求和寻觅中，我们似乎在与大国的先圣对话。这里几乎没有悲哀和恐惧感，倒是处处弥漫着静谧、幽香和诗意。随着游人脚步的移动，我们在寻觅着人类精英们的不朽灵魂和精神，这些此时此刻已长眠于此、曾在俄罗斯乃至整个欧洲和人类历史舞台上扮演主角、叱咤风云的伟人和精英们，通过自己富有独特个性的墓碑，向世人昭示和述说着他们生前所经历的波澜壮阔的生命旅程。在这里，我们丝毫感觉不到死亡的气息和由之而来的恐惧，有的只是心灵深处的强烈震撼和净化，只是对人类生命意义的重新解读和领悟。

新圣母公墓是俄罗斯近现代历史发展的一个记录，也是一部被“石化”了的历史教科书。它冷峻而又逼真地记录了俄罗斯乃至苏联社会发展的不平凡的辉煌历史。从这部不朽的教科书中，我们似乎了解到了俄罗斯的过去、现在和将来。它是一个伟大民族的精神圣殿。安葬于此的英烈们，他们的精神和遗韵足以彰显这个民族的非凡品格。他们被这个国家和民族的物质、精神所滋养、哺育和成长。同时，他们也竭力地为这个国家和民族做出奉献。正是这个精英群体的这种奉献和积累，支撑、捍卫和激励着这个民族的生存与发展，才使俄罗斯作为一个伟大的民族傲然于世。因此，我们说，那些长眠于此的英烈，才是俄罗斯的中流砥柱和民族之魂，才是推动俄罗斯乃至整个世界历史车轮滚滚向前的真正动力。正是这些英烈们生前的豪情壮志和辉煌业绩，铸就了俄罗斯民族的伟岸和不朽，从而给俄罗斯民族乃至整个人类留下了宝贵的精神遗产。

德国人，你为什么吝啬微笑

不知道从什么时候开始，在我的印象中，德国人的面部表情总是那样的庄重和严肃，他们往往不苟言笑，或者更直接地说，他们简直就是吝啬微笑。

我这样说，不知道在一些德国朋友看来是否有些主观武断或者说失之偏颇。关于德国人表情的严肃，持上述看法者，应不仅我一个人。在平时与一些人的交谈过程中，当谈到德意志民族和人民的种种特征时，人们往往会很自然地关注到这一点，并在不同程度上认同我的观点。其实，人的表情是一个很值得研究的问题。因为，我们通常所说的所谓“社会”，前提就是作为构成这个社会主体的“人”。换言之，没有人，也就构成不了社会。因为没有人的社会和没有社会的人都是不可思议的。在当今社会，由于其开放度和包容度的提高，由此生成了一种宽松和谐的人际交往的生活环境。在这样一种宽松的环境中，人们理应心情舒畅，从而笑口常在。其实，细细分析人类的微笑，我们会不难得出这样一个结论：笑是与人类的文化和观念有着密切关系的。撇开德国人的笑与不笑暂且不谈，我们在许多场合看到并留下如是印象：南美人很奔放，非洲人很散淡，英国人很庄重，法国人很高雅，瑞士人很正义，俄罗斯人很率性，美国人很活跃，埃及人很虔诚，中国人很含蓄，日本人很礼貌，土耳其人很诙谐幽默，德国人则很严谨。那么，德国人为何以严肃和严谨著称呢？这个问题似乎牵涉到一个国家的国民性。而一个国家的国民性则是与这个国家长期以来的历史文化传统和生活习性不无关联。换言之，一个国家的国民性乃是这个国家民族历史与人文传统的积淀和表征。它具有某种深刻的象征意义。德国地处欧洲的中心，欧洲文明在德国得到了充分发展和彰显。我们知道，古代希腊是欧洲文明的摇篮，早在 2 500 多年前，那里就诞生了诸如柏拉图、亚里士多德和毕达哥拉斯学派等伟大的哲学家和科学团体。希腊文明的辉煌传统在欧洲一直得以继承、发扬和光大。特别是到了近代，德国在科学文化领域，尤其在哲学科学领域，走到了世界的前列，诞生了诸如康德、黑格尔、费希特、谢林和费尔巴哈等一批灿若星辰的伟大哲学家和人文思想家。他们思想缜密，学风严谨，崇尚经典，谨言慎行。即便在日常生活中，他们也都中规中矩，比如康德的守时是出了名的。近代以来，严谨的哲学风气似乎给德意志民族以深刻的熏陶和影响。正是他们这种严谨的学风和辩证的思维方法使该民族人民养成了一种精于思考问题和严肃对待客观事物的品行和操守。他们用哲人或思想家的严谨严肃地对待和谨慎地处理现实生活和工作中的各种困难和问题，正是这种长期以来形成或养成的习惯和意识，成了德意志民族国民性的特征。毋庸讳言，德意志民族无论过去、现在(甚或将来)，都有一种深刻的民族自豪感和优越感。这种民族自豪感和优越感的产生原因无疑是多方面的，同时也是有其历史原因的。我想，这个民族的卓越智慧和思维的严谨和缜密无疑是其重要因素。当然，构成德意志民族自豪感和优越感的因素一定有很多，但思维缜密和行为严谨无疑是这个民族的基本特征，这一特征堪称是德国人的精神特征和灵魂。即便是像在对待第二次世界大战后作为战败国的反思来看，德国与某些妄自尊大的战败国的态度也迥然不同，前者是真正做了严肃意义上的国家和民族层面上的深刻反思。德国人的态度是极其严肃认真的，而且是理性的，因而也赢得了世人的称道和尊重。

回忆起以往和德国朋友交往过程中的切身感受和在德国考察期间的所见所闻，德国人给我的印象是相当不错的。他们都富有思想，待人接物谦虚诚恳，实话实说，不绕弯子，工作踏实，办事细心认真。我们徜徉在德国的都市，无论是在柏林、波恩还是法兰克福等地，无论在公共会议厅还是其他公众社交场合，遇到的德国人都是比较严谨、严肃的。反映在他们的脸部表情上，就是我们中国人说的那种一本正经、不苟言笑。由此看来，德国人的不苟言笑乃是他们的一种社交意识或行为习惯，我们甚至也可以将其理解为是一种国民特征或民族文化。因为，任何一个民族的国民，都有其符合或带有其本民族文化历史特征的言行举止习惯。正如我们看到的国人，一般都比较含蓄。如果在某个场合与一个或一群美国人照面，美国人会很自信礼貌地说着“Hello，Hello”打招呼。但我们中国人见到陌生人一般不太会主动打招呼，有时你若热情过分反而会让别人产生某种误解，甚至会觉得你这个人有点不正常。这些在我们看来都是一个国家或民族的国民性特征，这些特征背后的底蕴就是这个国家或民族的历史文化传统和习惯。因此，也正是在这个意义上，我们认为，德意志人民的所谓不苟言笑或者说吝啬微笑，其实是以自己的民族文化历史背景为参照来审视其他民族国民的礼仪举止习惯所得出的一种具有相对论意义的感觉或结论。其实，哪个国家或民族的人民都有爱笑者，同时也有不苟言笑者。就我所知，当你与你的德国朋友的交情或交谊达到一定程度，他们的脸上同样也会绽放灿烂的笑容。当然，能够让他们产生微笑的原因则是深刻而又复杂的。因为，这里牵涉到一个国家和民族的文化历史传统和生活习惯，同时也牵涉到一个国家或民族的深层心理学问题。

塞纳河上的“中国之声”

再度到巴黎，与前一次相比，真是不一样的时空，不一样的感受。这次到巴黎，给我留下印象最深刻的是塞纳河游船上的汉语解说。

那天，结束了一天的工作，我们忙里偷闲，匆匆赶到游船码头，趁着这美丽的晚秋夕阳尚未西下，登上塞纳河的游船，领略两岸的绮丽风光，感受巴黎这座世界名城的神韵和风采。

随着游船在河面上慢慢启动，船上广播开始为来自世界各地的游客进行讲解。开始，我们一行根本没有注意船上的解说，但当船开出一段里程后，我们突然听到游船的广播中传来汉语的解说，而且这解说是那样的字正腔圆，那样的“北京”。对此，我们都不约而同地感到惊愕——这，这怎么可能呢！这可是在法国巴黎！在一个历来以自己的母语为荣的国度。法国人非常尊崇他们自己的语言，在与人交谈中往往习惯使用法语，而不太乐意用其他国家或其他民族和地区的语言(包括英语)。在塞纳河游船上，共有三种语言解说，即法语、英语和汉语。就上述三种语言而言，我们认为，在法国本土，作为旅游行业重点窗口的塞纳河游船，它向来此一游的世界各国游客的首选解说用语当然是本国语言——法语；其次是英语，因为不管法国人心目中的英语处于何种地位，英语在全世界的影响和普及程度毕竟很广，因此，在塞纳河游船上使用英语向世界各国游客解说也是很容易理解的。然而，在巴黎的塞纳河游船上使用汉语解说，这不能不说是一件既令我们兴奋，又令我们深思的事。

塞纳河游船上的汉语解说，其实只是一种现象，一种随着中国改革开放力度日益加大，中国经济高速发展，综合国力日益增强，国际交往日益扩大和国际交流日益密切而在国际社会所产生的积极反响。在法国，乃至在整个欧洲和世界，中国人愈来愈多了，中国人关注世界，同时也引起了全世界人民对中国的瞩目和关注。这种国际社会的交往交流是一种良性的互动。今天的法国人为什么要将汉语解说引入塞纳河游船？要知道，全世界有文字的语言数以千计，为什么如今汉语在法国受到如此的青睐、厚待并享有如此的优势？究其原因，主要恐怕还是离不开近年来我国改革开放和由之产生的经济的高速增长。正是这种经济的高速增长和人民的日益富足，才使得众多的中国人有能力和机会走出国门。这些旅游者大多怀着一种对西方文化和文明了解的渴望走出国门，同时也将中国和东方的文化和文明传播给西方。

无论是东方文明还是西方文明，它们都是人类文明不可或缺的重要组成部分，而且，民族与民族之间的文化和习俗都是在人民的交往和交流的过程中互相影响、互相融合。民族与民族之间的情况是这样，国家、民族和地区之间的情况也是如此。特别是随着交通、通讯事业的飞速发展，不但人与人之间的距离变得近了，民族与民族之间，甚至东西方之间的距离也变得愈来愈近。整个世界今非昔比，人类科技文明的发展，尤其是交通和通信的快速、便捷改变了昔日那种人与人之间、民族与民族之间乃至东西方民族之间的地理遥远感。这种观念的改变，大大刺激和促进了包括中国人在内的全世界人民的交往和交流。

巴黎塞纳河游船上之所以要用汉语解说，其主要原因就在于如今有大量的中国游客涌入法国和欧洲这一事实。正是因为有相当数量的中国游客去了欧洲，去了法国，去了巴黎，才有可能在塞纳河游船上出现中国游客人头攒动的场面。这给法国的旅游业带来巨大的生机和活力，也引起了法国政府的重视。法国的旅游当局也正是看到了这一点，为了在更广范围、更大规模和更大程度上吸引中国游客，在塞纳河游船上使用汉语向包括中国游客在内的世界各国游客解说。在这个意义上，我们可以说，塞纳河游船成了我国向世界展示和传播汉语的一个重要的国际窗口。在法兰西游人如织的旅游黄金时间，作为在异国身为游客的我，聆听着经过塞纳河碧水和法兰西微风漂洗过的我最熟悉又备感亲切的中国之声，一种民族自豪感从心底升起。因为，这不是一般的声音，这是在法兰西飘扬的汉语之声、东方之声。

正如美国前总统布什站在长城上说的那句意味深长的话："长城依旧，中国今非昔比。"在我们与法国有关人士的交谈中，他们普遍承认，中国游客的大量到来，给法国的经济注入了活力。

今天，汉语不但走向法国，走向欧洲，而且已经走向整个世界。从中国经济的繁荣和崛起，到巴黎塞纳河游船上汉语之声的持久回荡，我们听到了中华民族在新世纪的世界舞台上所发出的时代强音。